我 们 的 故 事

——教学生 6 年，心里要想着学生 60 年

胡亚珍　著

东北师范大学出版社

长　春

图书在版编目（CIP）数据

我们的故事：教学生 6 年，心里要想着学生 60 年 /
胡亚珍著. —长春：东北师范大学出版社，2021.8
ISBN 978 -7 - 5681 - 8324 - 6

Ⅰ．①我… Ⅱ．①胡… Ⅲ．①小学教育-文集 Ⅳ.
①G62-53

中国版本图书馆 CIP 数据核字（2021）第 176614 号

□责任编辑：冀爱莉　□封面设计：优盛文化
□责任校对：刘兆辉　□责任印制：许　冰

东北师范大学出版社出版发行
长春净月经济开发区金宝街 118 号（邮政编码：130117）
电话：0431—84568062
网址：http：// www. nenup. com
东北师范大学音像出版社制版
定州启航印刷有限公司印装
2021 年 9 月第 1 版　2021 年 9 月第 1 次印刷
幅面尺寸：170mm×240mm　印张：27.5　字数：478 千

定价：98.00 元

序 言

胡亚珍老师的《我们的故事》即将公开出版,我受邀作序。由此,我就成了本书的第一名读者。十多天来,我每天清晨五点以前起床,坚持逐字逐句全神贯注阅读三四个小时,还不时做点笔记,每天都被书中以胡老师为主,伴有她的25名学生、11名学生家长、15名同事徒弟和几位记者共同讲述的二三百个故事牢牢地吸引。一幅幅生动活泼、扣人心弦的画面呈现眼前,一声声亲切智慧、发人深省的话语萦绕耳际,使我这个耄耋教育老人时而欣喜无比,时而热泪盈眶,时而掩卷回首自己曾经的阅读和研究,思考如何作序。

我曾经在杭州大学教育系任教二十多年,是德育学的主讲老师,主持浙江省教育科学研究所工作期间和退休以后,仍以研究中小学德育和班主任工作为重点,因而也就曾经成为以南京师大鲁洁教授为首的中国教育学会德育专业委员会成员,浙江省教育学会德育分会和实验学校分会的创会会长。从大学求学开始,64年来,我曾经读过不少中外班主任工作的名著,看过各地中小学班主任的参评文章不少于1000万字,虽然其中也有很多好故事、好文章,但是比较之下,胡老师的这本《我们的故事》更让我敬佩和感动。这是因为,直到今天我还没有读到过像本书那样由50多人叙述,多角度、全方位、全程性地,以大量真实性、具体性、独特性、可信性极强的故事,集中展示一位著名班主任的精神、智慧、艺术、心路历程和出众成就的书。

教育是神圣的育人事业,也是良心事业。它之所以神圣,是因为在人们成长发展的关键时期,教育帮助天真烂漫的儿童和活跃向上的青少年逐步实现德智体美劳的全面发展,逐渐成长为祖国社会主义事业的合格建设者和接班人。它是社会主义事业和未来社会的基础。教育之所以是良心事业,是因为在教育教学过程中,教育者心智和体力的投入是很难计质计量的。在实际教育生活中，照着教学参考资料教学，让学生考试及格，是一名教师；想方设法让学生爱学、会学、学好，并且能够在教学中巧妙地把五育恰当地融合起来，也是一名教师。把全班学生牢牢地管住，以每天不出"大问题"为限，是一名班主任；能够根据时代的需要和学生的实际，把班级建设成为优良的班集体，使每位学生都得到最优发展的，也是一名班主任。因此，建设高质量教育需要无数有强烈的育人义务感或者责任感的学科老师和班主任，也就是要有大批真正有良心的教育人，为履行自己的立德树人的崇高社会责任做出奉献。胡老师就是这样一位有良心、愿奉献的优秀人物。她是一位有高尚育人理想的班主任，她决心为实现自己的教育理想而做出贡献。她平常爱说只问耕耘不问收获，就是说她要为培养好自己所带的班级和班内的每名学生而竭尽奉献，不计较自己到底能够获得多少。25年来，她谢绝升迁，一心扑在班级教育和建设上，为每个学生的健康成长而呕心沥血。而为了一个后进班的转变，应校长的请求放弃三分之二的产假，离开原任课班级，中途接任该班班主任，一边安抚原任班级的家长，一边做好新任班级的教育管理工作，还要一边哺育自己刚刚出生不久的孩子，就是其中感人肺腑的一例。

世间万事万物都有自己发展变化的规律，人们只有遵循规律才能获得事业的成功。胡老师的高度的教育智慧、精湛的育人艺术，集中表现在她能自觉遵循规律上。而且正因为她能够把科学育人和炉火纯青的育人艺术有机地结合起来，持之以恒，坚持不懈，才获得了一般人难以企及的成就。下面，我想在这些方面多说几句。

胡老师从教以来，25年如一日，满腔热情地坚持做班主任，她恪守做引导学生健康成长的明灯，教学生6年，心里想着他们60年的初心，怀着希望自己所带的学生都能够积极向上，成为有文化素养，有思考力量，有无限活力，有人格魅力，构成社会希望的真正的人，并不是培养个别成绩特别出色的学生的教育理想，根据党和国家的教育方针，遵循小学儿童生理、心理和人格发展的规律与特点，针对班级及每个学生的实际，将系统教育和随机教育相结合、全体教育和个别教育相结合、有形教育和无形教育相结合，将教育的相对稳定性和发展性相结合，持之以恒地开展了春风化雨、润物无声的班级教育，抓关键，抓落实，抓实效。

一、实施大爱教育。胡老师基于没有爱就没有教育，孩子在犯错纠错中成长是规律，孩子需要教育者和集体的关爱、尊重、宽容、帮助的认识，坚持在所带班级开展全过程、全覆盖、全浸润、不间断式的大爱教育，包括爱祖国、爱英雄、爱集体、爱他人，师生互爱、生生互爱、亲子互爱、爱护自然等具体内容，爱是她班级教育的主旋律。浓浓的师生之爱，纯净的生生友爱，老师和家长之间、亲子之间、家长和家长之间、家长和其他孩子之间的相互关爱，像阳光，温暖和激励着班级每一个人的心；像清泉，洗涤着可能玷污孩子灵魂的杂质，是班集体和包括学困生、暂后生在内的每个学生成长的基本动力，也是教育者继续成长的重要因素。在她的班级，心怀真爱、懂得感恩、守正为善是班风，也是每个学生人格品性的底色。班风正了，班级就成为幼苗茁壮成长的摇篮；打好了纯正的人格底色，小树就可能生长为参天大树。更了不起的是，学生毕业离校后，大爱教育仍在他们中间延续，陪伴他们前进。

二、有计划、有系统地培养学生良好的行为习惯，其中涉及学习习惯、生活习惯、做事习惯、劳动习惯、待人接物习惯、各类道德习惯。习惯教育是胡老师班级育人的基础内容和重要基本功。胡老师想方设法使遵循小学生行为规范成为孩子们日常行为自动化的生活方式，有力地提高了班级人格品德教育的实效，惠及家长，也提升了教师素质。

三、六年一贯，循序渐进地要求学生参加家务劳动，进行社会实践活动，效果神奇。特别是人人参与的适度厨艺劳动，培养了孩子的劳动兴趣、劳动意识和劳动习惯，提升了他们的生存能力、实践能力，激发了他们的创新意识，大大改善了亲子关系，对于未来家庭和社会的正向效应也乐观可期。这一活动，不但是对相当长一段时期以来社会上轻视劳动娇惯孩子的失误的有力矫正，也成为当前中小学有效实现五育融合的一条可行途径，是胡老师班级教育的最大创新亮点，已经受到孩子和家长的普遍欢迎，也引起了教育领域内外的广泛关注。我以为，仅此一项，胡老师就称得上一位出色的十佳智慧班主任了。

四、以科学的态度探索当代小学生教育中的新问题。例如小学生的性教育问题、教育小学生正确使用电子产品的问题，研究引导儿童健康成长的有效举措，眼光新锐，也是胡老师班级教育的鲜明特色。

五、胡老师坚信，只有教育者的教育和受教育者的自我教育相结合才是完整有效的教育，她充分相信学生有能力和智慧进行自我教育。所以，她用心加强对学生自我教育的指导，从一年级开始就引导学生逐渐学会学习自主、生活自理、道德自律、错误自纠，放手让学生管理班级，而且使每位学生都有参与班级管理的机会，在参与管理的过程中接受教育和锻炼。培养学生努力解决问题的能力，有力地促进了学生的意识和行为由他律到自律的逐步顺利过渡，为他们长大后能够自觉担当更大责任打好了初步基础。这是胡老师班级教育和管理的主要特色和成功原因。

六、以爱为纽带，以提高家长的育人素质为中心，构建充满爱心、有正确教育理念、有良好教育态度和方法的家校育人共同体，是胡老师班级教育管理成功的有力保证，促进了每位孩子和许多家长的快乐成长。

七、胡老师有符合辩证唯物论和唯物辩证法的思想方法，能够以身示范。她怀着一颗纯洁的童心，努力从孩子的角度，以孩子的眼光观察了解孩子，实事求是地理解孩子的所思所想所爱所需，以是否符合孩子成长发展的规律，是否适合孩子的正向需要，是否有助于孩子终生的健康发展为教育的出发点和归宿，拒绝揠苗助长和急功近利。她以辩证唯物主义认识论和实践第一的观点为指导，机智地发现日常生活中的教育资源，把许多不引起常人注意的生活细节巧妙地转化为教育契机，做到处处有教育，时时有教育，小事大教育，小事巧教育，把教育要求落实和体现在学生的生活和学习之中，实现了生活即教育，教育即生活，教育与生活一体化。她善于换一个角度、换一种心态观察和处理班级出现的各种问题，特别是那些恼人的问题，她常常能够巧妙地把所谓的坏事转化为好事，同时注意防止好事转化为坏事。她始终以积极健康的心态，引领班集体和每位学生健步前进。她教育民主，以身示范，以人格引领，实行无声教育、无形教育、温柔教育，以教育浸润心田，长善救失。她善于学习，善于反思，善于积累，勇于探新，在继承中发展，在发展中继承。她始终不忘初心，不减献身教育的一腔热情，不停积极进取的步伐。

八、胡老师在长期的班主任工作中形成了许多深受孩子和家长欢迎的行之有效的具体教育方式和方法。诸如：传递爱心的"胡亚珍式拥抱"，富有新意的"爱要大声说出来"，激动人心的回校日留影班俗，每个季节的第一杯奶茶，"四颗糖教育"的新版，魅力无限的奖励卡，对待孩子犯错的四句名言和"热爱尊重、理解宽容、自我反思、自我矫正"的指导学生纠错补失模式，每天早晨一起朗读"我们可以……"的仪式，"入室即静"的规矩，找回丢失习惯的活动，"三思而行"的提醒，剥毛豆和解绳结，活力四射的"玩转厨房"活动，传承人人有为集体服务的岗位和责任的传统与建立班干部竞选制度，发放家校联系本和家长作业，坚持在关键时节给已毕业学生写信，等等。这些方式和方法有模仿、有继承，有发展，有独创，也凝聚了教育智慧，显示了教育艺术，承载了教育经验，都已经在班级教育和学生终身发展中发挥了良好作用，有的甚至产生了奇妙的效果。

正是由于胡老师的出色工作,她从教 25 年来所带的 5 届 5 个班级,包括衢州市巨化一小 2005 年 7 月以前毕业的两个班(四班、一班,各从三年级带到毕业)和从 2005 年 9 月一年级带到 2009 四年级的二班,金华市东苑小学 2015 年 7 月毕业的五班,金华市湖海塘小学 2021 年 7 月毕业的九班,每个班级在校时都没有一人严重违纪,毕业后没有一人违法,思想、学习、工作、生活整体都很优秀,实现了她的育人理想。她在 2001 年 10 月接手的一班原是后进班,经过她的努力,该班迎头赶上,也很优秀。而她的高尚思想境界和优异育人成就,她在 25 年班主任生涯中所形成的先进教育理念,她的教育睿智和育人艺术,都得到了她的学生、家长、同行和社会的高度赞赏与肯定。学生亲切地称她为姐姐老师、妈妈老师、终身最好的老师、自己心中的明灯;家长因孩子能够遇到她为幸,有的还称她为自己的老师;弟子们牢记她的教诲,学着像她那样工作,因有她为师而深感此生有幸,引为骄傲,赞扬她是自己的明灯,是夜间前行者身边的一束光。198 名新教师,听了她 5 个小时的讲座,愿意当班主任者竟由听讲前的 0 人激增到 138 人,证明了她的育人思想、育人智慧、育人艺术和育人实绩的吸引力、说服力、感染力。从金华到省城,乃至全国,不少报刊都争相报道她的育人经验和事迹,浙江省教育学会在 2012 年就评她为"浙江省首届十佳智慧班主任",浙江省教育厅还授予她"浙江省第三届最美教师"和"2017 年浙江教育年度十大影响力人物"称号,这都是社会对她的充分肯定。还记得在她评上浙江省十佳智慧班主任的当年,我曾说过她是一位成熟的班主任工作专家。读了本书,我深感经过近八九年的磨炼,她提高得很快,已经是一位在国内具有良好影响力的杰出班主任工作专家。我认为,这一评价对于她来说是当之无愧的。这本《我们的故事》则是当代班主任工作的不可多得的优秀教材,很值得班主任老师、小学生、学生家长和一切关心教育的人阅读。我深信胡老师一定还会将新的更出色的育生培师成绩和研究成果,奉献于中国共产党领导全国人民开创的伟大时代。

以上文字,是我阅读本书的主要体会和解读,权以为序。

王炳仁

2021 年 6 月 10 日于杭州

目　　录

第一章

爱的教育

我们开学了（一）

2017 年 9 月 1 日

今天清晨五点醒来之后就没了睡意，想到孩子们，想到班级，想到一些想做暂时还没有着手的事情，脑细胞立刻就变得异常活跃，在床上赖了三五分钟后，按捺不住起了床开了电脑。

彼时的窗外还是晨曦微露，隐约可见枝叶随风摇曳，秋意渐浓。

六点二十分，爱人就去学校了。一个人在家待着也觉无聊，我索性也跟着出了门。

到办公室才六点四十分，烧了水，泡了茶，然后去教室开了门。接着完成了插班生信息的发送、家访记录单的整理。而后翻阅了会议记录，把近几天还要完成的几件事情写在便利贴上，并郑重其事地贴在办公桌前的隔板上。

年纪大了，不用闹钟也能早起了；会议记录却常常忘，需要写在便利贴上才安心。这是初老的症状哪，哈哈！

七点二十分进教室，发现已经有两三个早到的孩子，没有追逐打闹的，也没有聊天说笑的，只是安静地在座位上或整理，或阅读，"入室即静"已经内化于心，他们逐渐明白了"静能生慧"的道理。

小熊来得也很早，一如既往地热情，距离我两米左右就开始鞠躬行礼，响亮地问好。之后，他就快速入座，拿出《海塘晨风》读起了第一课的词语，我在他对面一边批改作业一边仔细听着，发现他少有错误，心里不禁漾起了快乐的涟漪。这个假期，在同学和妈妈的陪伴之下，他收获很多，进步不小。

七点五十分，全班孩子都到位了，很不错的表现。从微信群里得知，因为又多了一个年级，校门口异常拥堵，孩子们能按时到达，实属不易。再看看他们的着装，除了一个小妞，其他的孩子都穿上了校服。没有批评那个唯一，偶尔的疏忽理应谅解。没想到做早操时，小妞竟然穿上了校服。后来才知道，是孩子的妈妈从我发在群里的大家认真晨读的视频中，敏锐地发现了孩子衣着的不同，就马上给我微信留言要给孩子送校服来。我因为上课，她的留言未能及时看到。她就自己来了，还给孩子及时换上了。在她看来，学生只有穿上校服才有读书人的味道。

有对比才有发现，才有了九班孩子每天这样的一份坚持，在我看来，这也是他们的美好。

昨天就和孩子们约定，以后的每一天早晨，我们都要一起大声朗读"我可以……"，这是一个仪式，也是一份宣言，更是一种责任。在这个明丽的早晨，看着孩子们纯净的眼神，聆听着他们稚嫩的童声，我相信文字的温度和力量已经直抵他们的心田。

或许是太久没有上课了吧，久别重逢的感觉特别美妙。孩子们专注的模样，高举的小手，对我而言，是惊喜，更是一份鼓励。回归，意味着更多的陪伴。这样的一份陪伴，我格外珍惜，心甘情愿。

走廊的花架上已经摆放上了不少的花花草草：冒出小芽尖的，想必是蔬菜；绿萝长势喜人，孩子们也知道它好种易活；各色各样的多肉，总是那么惹人喜爱……当然，最让我欢喜的还是课间时，孩子们对这些小生命的关心与照顾。苏霍姆林斯基说："我们竭力使我们的每个学生从幼年起就能以精心爱护和细心关怀的态度等待每棵树、每丛玫瑰、每株花草和每只小鸟——一句话，一切有生命的和美好的事物。非常重要的是，要让这种关怀爱护之心变为习惯。"在种植花花草草、小葱大蒜的过程中，孩子们见证了生命的过程，感受到生命的可贵，也悟得了成长的不易，内心多了一份柔软与感恩。这也是他们在成长过程中逐渐悟得的一份承担。

午餐、午睡的时间与地点没有改变，孩子们的表现依然出色。二楼的餐厅因为学弟学妹们加入，略微显得拥挤和闷热，但孩子们没有因此而烦躁，表现出了良好的素养。一涵、子臻等几个瘦小的孩子似乎胃口大开，今天添了好多次饭菜，这是要长个儿的节奏啊！新学期的第一次午睡，无人被批评，人人都入睡了。最让我高兴的是，平日里不爱睡觉的奕含今天一直睡到了下课铃声响起，还不肯睁眼。

除此之外，全班都按时完成了作业，并且放学前都在操场上跑步一圈，学得充实，玩得尽兴。离校的时候，孩子们手拉着手，扬起了小脸蛋，冲着我喊道："胡老师再见！""周末愉快！""周一再见！"……

三年级了，开学的第一天，一切都是那么美好，孩子们积极向上的面貌，更让我对新学期充满了期待。

我们开学了（二）

2021 年 2 月 27 日

今天是孩子们来校报到的日子，这是他们在小学的最后一次开学报到。

早上七点半就到办公室了，但我没有像以往那样马上就去教室。听到隔壁十班传来的欢声笑语，我想：久别重逢，想必九班娃也是激动万分的，内心一定有许多话儿要说，我就先不去打扰他们吧！

在办公室里待到八点多，我才起身去了教室。没有想象中欢乐的笑声传来，即使到教室门口也没有听到，探头看了看，发现除了个别孩子在那里窃窃私语，绝大多数的孩子都在奋笔疾书，那场面就像平日里自习课一般。

按捺不住好奇心，我悄悄走到左如一同学的旁边低头一看，她正在认真地写着英语作业，她身边的刘欣予也跟着一起做。她们后面的梓阳和鑫城也在写。往窗边走去，一路所见不是在做《数学口算》，就是抄写英语单词，不是在阅读《鲁滨逊漂流记》，就是在看语文书，孩子们专心致志的模样让我突然心生感动。

没有老师的教室，没人要求却很自觉，有空闲的时间就做点儿力所能及的作业，看一本值得阅读的书籍，这算不算已经悟得自主学习的重要性了呢？当然，并非所有的孩子都学会了自主学习，但一部分好学的、自律的已在率先垂范，并潜移默化地影响着他人，这是不容置疑的。

按照惯例，报到日这一天大家要合影留念。孩子们看到背景之后都欢呼起来，大红的底色让他们觉得好喜庆，还有浓浓年味的感觉。至于老师的用意，彼此心灵相通，不用解读，他们自然懂得。于是，自由组合，两三个可以，三五成群也行，每个孩子都找到自己喜欢的人儿，在我的镜头前微笑着，灿烂着，调皮着……最有趣的是子睿同学，他在结束了与男生们的合影之后，凑近我的身边问道："胡老师，我还想再邀请一个人合个影……"他的话儿还未说完，我已心领神会："你是想和你的女神左如一一起拍照，对吧？"他立刻就笑得合不拢嘴，把头点得像鸡啄米似的。

得知他的心意，如一也很大方地走上讲台，两个孩子还别出心裁地用手指"画"出了一颗"爱心"，台下顿时响起一片热烈的掌声，一切都是那么自然而然，没有丝毫的做作，更没有任何的嘲讽之味。受到他们的影响，彬宇、唯奕、怀远、思蕴等孩子也纷纷上台合影，看到少男少女们毫无拘束，大大方方地站在一块儿，一脸的阳光灿烂，我也心生无尽的欢喜。由此我也更坚定了自己一贯的做法——从一年级开始，循序渐进地对学生进行生理健康教育、青春期教育和性教育，的确是非常有必要的。因为有了正确的引导，孩子们的身心健康，情感世界也纯真美好。面对青春期男女同学的交往与相处，作为父母老师，我们应该多给予一些尊重、理解与引导，少给他们一些怀疑、训斥和限制。

接着，我对寒假的学习情况做了反馈，虽然各科作业都有个别孩子存在拖欠行为，但正因为是个别，所以他们才觉得更加尴尬。这个寒假，心怡、小熊对待学习的自觉性大大提高，我毫不吝啬地给予表扬。最让老师们敬佩的是子臻同学，年后因为阑尾炎手术住院许久，得知消息后，我希望他能静养身体，不要带病写作业。没想到这孩子每日坚持做一点，在开学前几天就把各科作业都补上了，这样努力上进的他让全班同学肃然起敬。

新学期的座位如何安排更妥当？当我把这个问题抛给全班，安安说："最好可以和自己的好朋友坐在一起。"结果，小天马上提出不同的意见："那样很容易在课上就玩到一起，毕竟是好朋友同桌，难免就克制不住要说话的。"其他的孩子竟然纷纷点头表示赞同。

"我觉得吧，还是和上学期一样，四人一小组，每个组安排一个学习上有困难的同学，大家一起来帮助他。"

原以为芮豪的建议会被否决，没想到孩子们的想法竟然不谋而合，举手表决显示有四分之三的同学赞成这样做，这大大出乎我的意料。我又被他们深深感动了。苏霍姆林斯基说："使集体受到崇高精神鼓舞的最重要活动是经常关心人。帮助人、关心人并不是一件乍看起来很容易的事。要激起孩子们把自己的精力用于为别人创造幸福的愿望。"不抛弃、不放弃，要带上每一个同学一起前进，从一年级到六年级，每个九班的孩子都秉持着这样的一份善良。他们怀着慈悲之心，他们发自内心地同情弱者，这是比他们学业优秀更让我觉得欣慰的。

　　班队干部的改选有着太多的看点，老班长王晨宇辞职不干了，任凭大家如何挽留，他也不肯答应。他选择去当一名卫生委员，全班哗然。我毫不诧异，并且积极支持。生活需要不同的经历，班级管理也是如此。任何岗位都值得我们去体验，他能当好班长，也一定能干好卫生委员的工作。在这样的鼓励之下，申若影、张越、余依恬、周彬宇挑战了副班长的工作，郑佳骏和郑皓诚放弃了副班长的职位想去当学习委员，这些举动也都顺理成章得到大家的支持和鼓励。小学最后一次班队干部的改选仅用了十几分钟就完成了。全班孩子人人都谋得一份自己喜欢的工作，都希望为这个集体做一分力所能及的贡献，这样甚好！

　　良好的开端是成功的一半，相信这些孩子在未来的 100 多天时间里还会带给我更多的惊喜。

耳聪目明的孩子

一

"孩子们，你们觉得聪明的人应该是什么样的？"

我的发问并没有难倒这群小孩子，眼前高高举起的小手，俨然已是一片小树林：

"聪明的人，智商特别高，至少 140 以上。"

"聪明的人，不用老师教，自己就能学习。"

"聪明的人，考试都考第一名，作业都是对的。"

…… ……

一番争先恐后的发言之后，热闹的教室慢慢安静了下来。最后，所有的孩子都不吱声，把目光投到了我的身上。

"想不想知道胡老师心中最聪明的孩子长什么样子啊？"

小家伙们点头如捣蒜，那样子十分可爱。

"昨天下午，在给'流浪铅笔'寻找新主人的时候，排在队伍最前面的那位男孩子把盒子里最短的一支铅笔领走了。我很纳闷：他排在第一个，可以挑选一支最长最好的铅笔，为什么却要了一支最短的？当我把疑惑告诉他的时候，他笑着说他拿走了最短的，其他人就可以领到更长一些的铅笔了。我觉得他就是我心中聪明的孩子。今天午自习，你们在阅读课外书的时候，我在批改作业。当我批改到一位同学的作业时，意外地发现她的本子和别人的不一样。她在老师要批改的那一页折了一个角。因为这个折角，胡老师很快就找到要批改的内容。她真的是一位聪明的女孩啊！现在，你们知道聪明的孩子长什么样子了吗?"

"我知道了,聪明的孩子会关心别人。"

"我也知道了,聪明的孩子为自己想得少,为别人想得多。"

…… ……

"是的,聪明的孩子眼睛很明亮,耳朵很灵敏。看到老师手里捧着作业本,他们会主动上前接过;听到同学剧烈的咳嗽声,他们会马上嘘寒问暖。他们之所以这样做,是因为他们有一颗善良的心。他们的确是为自己想得少,为别人想得多……"

此刻,眼前的这群孩子的神情是那么专注,他们的眼睛就像一潭秋水,闪着亮光。我相信这一刻,他们的内心不再平静,而是荡起了美丽的涟漪。我还坚信在接下来的日子里,九班聪明的孩子一定会越来越多。

二

2017 年 10 月 12 日

早晨和孩子们诵读《论语》的时候,小芳老师给我送来一份通知,我们简单地聊了几句,她就匆匆离去了。这期间,孩子们没有趁机聊天说笑,而是很安静地等待着,表现出了应有的素养。我因此夸奖了他们,随即又说道:"我突然有点儿小小的难过,因为我发现你们竟然丢失了一个非常宝贵的好品质,是什么呢?"

孩子们你看看我,我看看你,集体性茫然。这样大约七八秒之后,左如一举手说道:"我们忘记和王老师打招呼了。"她的话音刚落,其他孩子顿时恍然大悟,连连点头,随之露出一副副难为情的模样。为缓解他们的尴尬之色,我笑着说道:"主要原因是小熊同学还没有到教室,因为每一次都是他先带头和来宾打招呼的!"于是,原本鸦雀无声的教室里立刻响起了欢声笑语。

全班到齐之后,我决定带他们去参观书画展,小家伙们很激动。在走廊上排队的时候,偶有窃窃私语响起,立刻就有人举起食指置于双唇之上,示意不要讲话。

这时，张丹丹老师领着值周生来检查。钱奕彤看到后立刻就热情地招手问好，其他的孩子见状也纷纷跟上一句："老师，您好！"

耳边响起的一个又一个美好的声音，尽管是送给张老师的，但心里乐开花的人是我——这就是我的孩子们，真的是耳聪目明的好孩子！

张老师和值周生检查结束离开之时，夸奖九班的教室真干净，说怎么可以做得那么好！让我意想不到的是这群小家伙又送给我另一份惊喜——

"谢谢张老师的夸奖，您辛苦了！"

养成的好习惯，会有偶尔丢失的情况；但为师者切不可忘记，一定要带孩子们将它找回来。若是一开始就没有养成好习惯，那么即使再怎么找，也是回不来的。

三

语文课上，窗外突然响起一阵阵钻机打洞的声音，十分刺耳。我不禁皱起了眉头，嘀咕道："唉，真吵啊！聪明的孩子能不能告诉我有没有解决的办法啊？"

话音未落，最后一排的池雨馨立刻从座位上弹了起来，几个箭步就冲出了教室，稍后起身的几个孩子只有羡慕嫉妒的份儿了。

我知道，他们也知道——池雨馨是要去走廊上将教室南面的窗户给关上。之所以跑出去，是因为从外面关窗比在教室里更方便。

我很高兴，孩子们都争做聪明的孩子，为的是给身边的人送去这样的一份温暖。

"为了让我们更专注地学习，雨馨主动去关窗，我们可以为她做点儿什么呢？"

许多孩子迫不及待地把小手举起来，迫不及待地就想张嘴说话。我示意他们先放下，和他们悄悄地约定：等雨馨关好窗户进来的时候，用你觉得最好的方式感谢她。我们不约而同地做，也可以趁此机会看看我们是否心有灵犀一点通。

因为这样心照不宣的一个约定、一个秘密，教室里的每一张小脸蛋都写满了激动之色，并因此微微泛红着。

当那抹熟悉的小身影出现在教室门口的一刹那，雷鸣般的掌声突然响起，那么热烈，那么持久，还夹杂着一些暖心的话语："池雨馨，你辛苦了!""池雨馨，谢谢你!"

或许从未得到过这样的礼遇，门口的小女孩两颊绯红，却笑脸盈盈，踌躇了好久，然后像小鸟一样飞回了座位。

我相信这一刻教室里响起的掌声会永远留在她的记忆中，并且更加坚定了她努力行善事、做好人的决心。

我们很爱很爱你

2020 年 10 月 13 日

昨晚陶老师给我留言说今天会到湖小来看看孩子们。自从她下乡支教后，孩子们一直没能见上她，甚是想念。

晨读课上，我告诉孩子们今天会有个大惊喜送给他们，至于是什么，暂时保密，期待他们表现出色，好让我可以提前"剧透"一下。为此，他们真的很努力。

中午语文自测时，教室门突然被推开一道缝，陶老师探进头来的那一刻，随着孩子们抬头而起的雷鸣般的掌声，经久不衰。一个个灿烂的笑脸，一声声热情的呼喊，让我的鼻子莫名有点儿发酸，眼眶也不由自主地湿润了。

若是没有发自内心的喜爱与思念，怎么会有这样的不约而同和掌声雷动呢？陶老师抱歉地说道："不好意思，我人是来了，可是没给你们带礼物。请你们谅解啊！"孩子们居然毫不犹豫地回答："你人来了，就是送给我们最好的礼物！"反应之快，情商之高，让我都肃然起敬了。

陈曦、小天、子睿、晗顾、小钱等孩子纷纷表达了自己的心里话，情真意切，感人肺腑。张越说着说着居然泪流满面，陶老师连忙上前给了她一个紧紧的拥抱。面对孩子们的真情流露，陶老师也忍不住眼含热泪。三年的师生之情是深是浅，由此可见。

下午的英语课，我正好要代课。于是乎，孩子们提出让陶老师再为他们上一节英语课。当这个要求得到满足后，教室里又是一阵欢呼雀跃。我把课堂留给了彼此想念的人儿，选择了悄悄退出。可惜相聚的时光太匆匆，再次离别的时刻终究还是到来了。这一次，孩子们理智地选择了真诚的祝福，他们笑着与陶老师挥手告别，期待下一次的相见早早到来。

下午晚托班的时候，批改到姝乐的日记，我的心弦突然就被她朴实的文字、真挚的情感拨动了，眼泪竟毫无征兆地夺眶而出：

"陶老师，世界上最遥远的不是天与地的距离，不是生与死的距离，而是我站在你的面前，你却不知道我爱你。今天，我没有勇气当着你的面说出我的心里话，但我希望你知道我们九班的每一个同学都很爱很爱你。"

孩子的世界就是那么纯真，不掺杂任何的虚伪，这样的情感多么弥足珍贵啊！

醉过方知酒浓，爱过方知情重。今天有幸见证了师生情的美好，有幸看到九班孩子率真的一面，让我更加喜欢他们——一群有情有义的孩子们。

善良的心里，藏着美丽的种子

2013 年 11 月 4 日

那日，批改灿辰的日记，才得知为了能从散发宣传单的两个叔叔那儿得到《熊出没》的电影优惠券，她想尽了一切办法：一会儿向胖叔叔要一张，一会儿向瘦叔叔要一张，后来看到朱柏萱和戴静妍，又将她们俩也一起叫来团结合作，甚至不惜将飘落在地的优惠券一一拾起，直至最终凑齐五十张才罢手。

虽然从日记的要求上来说，这篇文章还有一些不足之处有待改正，虽然我深知那些优惠券并非她想象中那般美好，但是透过那朴实的语言，我的眼前不断地浮现出三个小女孩往返于两位叔叔之间，一次又一次弯腰俯身拾起优惠券的情景，感动之情也随之一次又一次涌上心头。当我在投影仪上展示这篇日记的时候，孩子们都情不自禁地鼓起掌来。他们说，虽然所谓的优惠券并没有优惠，但是灿辰对同学的这份心意值得感恩。

那日，阳光灿烂。体育活动课上，许多孩子玩着玩着便不知不觉出汗了，他们脱去外套后，把它们挂在了树杈上，待下课的铃声响起，又顿觉饥肠辘辘，只顾着赶回教室吃中饭，而将那树上的班服忘得一干二净了。当大多数的孩子已经坐在位置上津津有味地吃着饭菜的时候，姜韬却抱着一大堆的衣服匆匆走进了教室。他说刚才去卫生间时，隔着窗户看到了那些班服，就连忙跑过去将它们带回来了。其他孩子这时才幡然醒悟，忙不迭地对他说着"谢谢"。班服是定做的，丢了便很难再找到一模一样的，他们对姜韬有着说不尽的感激。而这个默默做了好事的孩子，面对大家的赞许，只是红着脸蛋，憨憨地笑着，一个劲儿地摇着手说："没事，没事！"

那日，家委会提议本学期的亲子活动是观看影片，将这一消息告知孩子们后，他们激动得又蹦又跳。有孩子说江南世贸中心那儿新开了一家时代影城，环境很不错，很值得去。话音刚落，胡懿杰就高高地举起了小手，激动地告诉大家，那个影城是他家一位亲戚开的，他可以负责联系，一定会给大家争取到最实惠的票价。我以为他所说的"联系"，就是把看电影的事情转告给父母亲，让他们去具体操办而已。没想到当天晚上，他便打电话给我，告诉我票价和影厅都已经谈妥，只等着我告诉他看电影的具体时间。后来，遇到他的母亲，才知道小家伙还真的没让他们为这事儿操过心，凡事都自己亲力亲为，说是一定不能辜负老师和同学们的信任，要把这事儿办妥帖了。

儿童作家晓玲叮当写过一篇文章——《伟大的小》，说的是一个生活穷苦却乐观向上的孤儿，名叫小草根。他救活了一只鸟，从而得到了一粒西瓜子，然后种出了一个西瓜。他用西瓜替一个冒险家解除了饥渴，从而得到了一把五光十色的石头。他把石头送给了一个小男孩，从而得到了一只小狗。他把小狗送给了一位老猎人，从而得到了一帖秘方。他用秘方治好了公主的病，从而成为驸马。作者把这些小小的善比作万花筒里的碎镜片，说把它们组合在一起就绘出了一个充满色彩的奇幻世界。

在文章的最后，作者这样写道："我相信，一粒小小的西瓜子可以种出一个奇迹；我更相信，这些小小的善，无论多么琐碎，都是伟大的一部分，都构成了这个世界无与伦比的美。"

每一个善良的行为中，都有着快乐的宝藏；每一颗善良的心里，都藏着美丽的种子；每一个善良的孩子都像天使，他们会给这个世界带去更多的美好。为师者需要做的就是不断地去激励，不断地去发现……

当同学受伤后

昨天上午孩子们上体育课时，我在教室里批改作业。没过多久，李晗顾和曹唯奕却扶着申若影回来了。原来若影在跑步过程中不小心摔了一跤，手臂上有些擦伤。

我赶紧起身想去察看一下，三个女孩却连连摆手。若影说："胡老师，我没事，就是擦破了一点儿皮。"晗顾说："胡老师，有我们呢，处理伤口的事情，我们有经验的。你就安心批改作业吧！"

估计若影无大碍，又觉得晗顾言之有理，毕竟二年级暑假时，全班孩子都做过这方面的培训。于是，我就继续批改作业去了。

三个女孩走到教室的后面，晗顾请若影坐下，唯奕取出班级的药箱，她俩蹲在若影的身旁有条不紊地忙碌起来。

没过一会儿，我偶然抬头看去，发现若影身旁竟然又多出了一个药箱，不觉奇怪。唯奕回答道："胡老师，我们班药箱里的药用酒精已经过期了，我就向八班的刘老师借了他们班的药箱来用。"

听了她的话，我一阵惊喜。两个女孩不仅乐于助人，还心思细腻，做事如此认真，让我这个班主任都自愧不如了。我放下笔走到她们身边，这才看清楚，若影的胳膊肘上擦破了好大的一块皮，触目惊心的。

"若影，你竟然摔得这么严重，还说没事，胡老师大意了，对不起啊！"我有些内疚，想必刚才她是怕我担心才说不碍事的。

"胡老师，已经都处理好了，你不要担心。接下来，若影就在班里休息，你负责陪她吧，我们就回操场继续上课了。"晗顾说完后，就拉着唯奕的手离开了教室。

还是有些不放心，我又检查了一遍，发现俩小姐的确做得很好，伤口部位已经不出血了。于是，我让若影回到自己的座位上休息，又交代她若需帮助一定要及时告诉我。

中午我在餐厅为学生打饭菜的时候，意外地发现若影跟着陈曦来了。原来，张芮豪考虑到若影膝盖处也有擦伤，走路快不了，就让陈曦陪若影先行出发。芮豪对女同桌的这份贴心，又把我的心暖到了。

若影吃完午饭，正准备起身去放餐盘，俊钰看见了连忙三步并作两步迎了上来，接过若影的餐盘，说道："你手上有伤，还是我来吧！"她对同学的关心是自然而然的流露，没有丝毫的做作。

自习课上，我把自己的所见所闻讲述给孩子们听，除了表扬几位同学对若影无微不至的照顾，还夸奖唯奕和晗顾很细心，给若影上药前知道看看药品的生产日期。

没想到下班的时候，我就收到佳俊发给我的微信语音，他说："胡老师，我们班药箱里的那些过期药品要处理掉，我已经让妈妈买来了新的药品，我明天会带到班里去的。"

我很惊讶，又觉得十分感动。当时提及这个细节的时候，意在表扬唯奕和晗顾，没想到佳俊竟然也如此细心，马上就想到为班级增添常用的药品。

今天早上，我刚进教室，就看到佳俊正在往药箱里放置新药品。显然，在此之前，他已经清理过，并清洗了药箱。虽然小家伙只有十二岁，但他的个子已有一米七四，此时低头俯身的样子就像一张绷紧了的弓，让人看了不免有些心疼，又莫名的感动。我悄悄地拿出手机，用镜头记录下这美好的瞬间。

批改若影的"悄悄话"，我的心弦又一次被拨动了。她这样写道——

我为在九班这个美好的集体而感到高兴。今天的体育课上，我因为跑得太急，竟然"飞"了出去，伤到了手臂和膝盖。李晗顾和曹唯奕帮我处理伤口，芮豪让我早点儿去食堂，陈曦扶我走路，小熊帮我背书包拿衣服，李晗顾帮我系鞋带，陈俊钰帮我放餐盘，还有很多同学关心了我。我永远也不想离开这个集体！

良言善行，自然而然

一

2017 年 10 月 9 日

因为换课，早上第一节课，孩子们就去了音乐教室。下课铃声响起来以后，我心想：今天得由我带中队旗去操场上等他们来参加升旗仪式了。没想到刚走到教室门口，就看到班长尹书畅举着队旗匆匆走下大阶梯，不禁暗暗叫好：班委的工作责任感增强了，我这个班主任才如此省心。

到操场后，我发现孩子们已经呈两路纵队整齐排列着，心里不由得一阵窃喜。考虑到他们手中拿着音乐书，不是很方便，我建议将书本放在地上。他们按要求做了，但书本摆放的位置有所不同。怀远眼明心细，提议道："我们把书放在两支队伍的中间，这样就不会影响其他班级同学的站位。"

我连忙冲他竖起了大拇指：能设身处地为他人着想，懂得照顾他人的感受，这就是善良的本质。

地上静静躺着的书本，和孩子们的队伍一样排成两列，整整齐齐的，一眼看上去真是赏心悦目。但仔细观察后，我就发现了异样，其中一本封面已卷起，上面还有一滴较大的墨汁，还有一个男孩子的身旁竟然没有书。于是，我悄悄走到这两个孩子的身边，暗示他们自己看，自己思考。女孩说："我没有照顾好我的学习伙伴，它变脏了，角也卷了，是我不好。"男孩说："我的自理习惯有问题，今天把书落在家里了。"

苏霍姆林斯基说："一个人在童年能进行精神上的自我教育、自我认识、自我锻炼，善于要求自己、指导自己是非常重要的。"通过观察和对

18

比，孩子们能反躬自省，不推诿，不找借口，在我看来，这远比我直截了当给他们一顿说教和批评来得有效。在教育孩子的问题上，我们应该少一些说教，多给孩子一些独立思考、扪心自问的机会。

二

升旗仪式结束后，队伍走上大阶梯时，我发现余若菲突然弯腰从台阶上捡起了一个东西。因为距离较远，我未能看清楚，只见她把那东西紧紧地攥在手心里。直觉告诉我，她捡起的一定是垃圾。果然，一回到教室里，包殊维就提议我表扬余若菲，因为她亲眼看到若菲把台阶上的一根香烟头和一张小纸片拾了起来。我还没反应过来，班里已经是掌声雷动了。在大家敬佩的目光中，若菲的小脸蛋变得红扑扑的。我相信这一刻，她的心底已经开出了一朵美丽的花儿。

午自习时，好几个孩子希望我表扬张越。因为她从餐厅回来的路上，一路走一路捡，捡了不少的垃圾。几个孩子向我描述的过程中，抑制不住兴奋，小嘴巴一张一合，语速快得不得了。这样迫不及待夸奖他人的背后，也让我看到他们人性中的美好。

良言善行，会感染人；美好的事物，人人向往。

三

中午我在餐厅忙碌的时候，钱奕含匆匆跑过来说唐祎璠身体不适，好像发烧了。我问他怎么得出这样的判断的，他说摸过两个人的额头，感觉唐祎璠的温度高一些。

我忍不住笑了，但内心是欢喜的。记得上次郑佳骏就是用这样的方法判断池雨馨发烧的，事后量了体温的确发烧了，当时我还在班里表扬了郑佳骏，夸他是耳聪目明的好孩子。想必那时候，小钱就看在眼里，记在心里，今天还落实在行动上了，所以我马上先表扬了他。

我估计祎璠是上完体育课运动量过大，有点儿疲倦而已，因为整个上午并没有发现这孩子有异常表现。于是，我让小钱赶紧去操场把祎璠带到餐厅里来，他很愉快地答应了。没过一会儿，我就看见祎璠来餐厅吃饭了，小钱同学又不见了人影。当时我想：这个小淘气一定是在校园里东逛逛，西走走，一时半会儿到不了啦。班长左如一看出了我的担忧，连忙跑去找人。

饭后，我找小钱同学谈话，没等他开口，就批评他怎么可以那么贪玩，不及时回到餐厅吃饭，让组里的同学都等他，让大家操心了。小家伙起先一言不发地听着，没过一会儿，眼圈就开始泛红，接着豆大的泪珠就顺着脸庞滑落下来，我顿时慌了：这没心没肺的小家伙，怎么说哭就哭呢？我还从来没有见过他这样子的。

"胡老师，我……没……没有贪玩，回来的路上，我看到……一个一年级的小朋友……提着两……袋垃圾，我就去帮忙……所以……所以就回来迟了……"

他一边哭一边说，结结巴巴，泣不成声，那可怜的小模样让我心疼不已，更让我羞愧得无地自容：即便他是一个淘气的孩子，我也应该先听听他的声音，听听他的解释，怎么可以如此草率，如此武断？

想到这儿，我赶紧搂过他的小身板，给了他一个大大的拥抱，并附在他的耳旁对他说道："小钱，对不起，我错了，希望你能原谅老师。"孩子终于停住了哭泣，破涕为笑，还对我说："我也不好，因为以前的我太调皮，做了不少让老师同学操心的事情，所以你误会我，我也不能全怪你。"

孩子朴实而自责的话语让我瞬间又自惭形秽了。在我误解他、冤枉他的时候，他只是委屈地掉眼泪，不争辩，不愤怒，甚至还要给我那么多的宽慰。而有时候面对他的调皮捣蛋，我却总是缺乏耐心，很少谅解，甚至会怒不可遏。我真的做到了蹲下身子看看孩子的世界，聆听他们的声音了吗？

品德课上，我在全班孩子面前表扬了小钱同学，并再一次向他诚恳地道歉。和孩子们一起交流对这件事情的看法时，他们的发言让我很欣慰——我们不应该用老眼光去看一个人，要相信每一个人都会进步的。

小鸟的葬礼

2020 年 9 月 9 日

早上，途经走廊，听到"砰"的一声，我闻声望去，一只漂亮的小鸟已经撞到了窗玻璃上，正从空中迅速坠落，然后一头栽倒在地。

我的心突然就揪成一团，赶紧跑上前去，将它捧在手心里。可是，无论我怎样温柔地轻抚，它都一动不动，毫无反应。它的眼睛还半睁着，却已然无神；它的小脚趾已经勾起来，再也无法伸展开了。

努力了十多分钟，最后我不得不放弃，不得不承认它已离开这个世界。

午间，我给孩子们讲述了我所经历的一切。当看到我手中那个弱小的生命时，每一个孩子的脸上都自然而然地流露出哀伤之情。教室里静悄悄的，空气仿佛都凝固了。

"接下来，我们可以为它做什么呢？"我打破了这份安静，把这个问题交给了他们。

"老师，给它找一处有花有树的地方埋葬它吧！"

"是的，千万不能把它扔进垃圾桶，太可怜了！"

"不下雨的日子，我们把走廊上的窗户打开吧，不然还会有无辜的小鸟再次受伤的。"

孩子们你一言我一语地讨论起来，每一个建议都从呵护关爱生命出发，即使它是一只小鸟。

"那么，谁和老师一起去埋葬这只小鸟呢？"

高高举起的小手，犹如一片小树林，我既欢喜又犯难。

"老师，让四个班长跟你去吧！他们平时为这个集体付出最多，应该得到这个机会。还有，他们带头去做这件事情，做好榜样才能影响大家。"快人快语的晗顾提议道。

尽管每一个孩子都希望能参与小鸟的葬礼，但理智终于战胜了欲望，大家都同意了这个方案。

于是，我带着书畅、一一、晨宇和小天来到了校园。四个孩子转了一圈后，决定把小鸟的墓地选在我们三号楼东面的那棵大樟树下。他们希望每天出操、上体育课和活动课的时候，都能路过此处再来看看小鸟。

没有铲子，孩子们用带来的剪刀，还有找来的树枝，开始挖坑。虽然是在树荫下，但九月的天气依旧炎热，阳光透过树叶的缝隙洒在四个孩子的脊背上。没过一会儿，蓝色的校服已被汗水浸透。

十分钟之后，一个碗口大的土坑就挖好了。细心的晨宇摘了一片柔软的绿叶铺在底部，一一将小鸟僵硬的身体放在了树叶上。随后，小天和书畅开始把泥土一点一点填入坑中。

四个孩子此时不再言语，他们默默地做着这一切，直到那个土坑完全被泥土覆盖，又从旁边捡来一些枯叶遮住了新鲜的泥土。他们是担心有人去破坏，他们不希望小鸟被打扰。

我们回到教室的时候，我给孩子们讲述了美国的儿童绘本故事《小鸟的葬礼》。

故事的大意是，有一天，孩子们发现了一只侧躺在路边的小鸟，它闭着眼睛，没有了心跳。孩子们为小鸟感到难过，于是决定好好向它告别，为它举行一场葬礼。他们来到公园的树林里面，给小鸟做了一座坟墓。他们用温暖的甜蕨草包裹小鸟，他们铺上鲜花，盖上泥土，用一首轻柔的歌送别小鸟。此后，他们每天都回到它的身边为它唱歌……

末了，我对孩子们说道："今天你们为小鸟所做的一切就像绘本里那些可爱的孩子一样，充满了善良与美好。我们给小鸟举行葬礼，这是对生命的尊重与敬畏。生老病死本就是自然界生生不息的循环规律，有生的喜悦，就会有死的从容。人生是一段长长的旅途，我们永远不知道明天和意外谁会先来，那么就活好当下，珍惜拥有的一切吧。"

被困的小鸟

2020 年 12 月 16 日

一只小鸟误闯餐厅，彼时学生们已经涌入，餐厅里人头攒动，小鸟显然受到了惊吓，它不停地拍打着翅膀，往窗户的方向飞去。

可是窗户是关着的，纱窗也拉上了。看着可怜的小鸟焦急无助的样子，孩子们的怜悯之情油然而生。靠窗的几个孩子不约而同地起身，陈曦踩在凳子上去拧开关，虞涵砚负责拉纱窗，其他几个孩子依次站在她俩身后准备随时搭把手，她们迫不及待地想打开窗户。

但厚重的玻璃窗没有那么容易推开，几个女孩子使出了浑身力气，也只打开了一道缝。正在打汤的梓阳连忙放下汤勺，快步上前。他的力量很大，没费多少工夫，两扇窗户已被推开。

可是，小鸟没有那么聪明，仍旧不敢低飞，它在窗户的上方一直盘旋着，累了倦了，就栖息在下水道的顶部。全班孩子落座后虽然嘴里嚼着糯米饭，但眼神始终追随着鸟儿的身影。他们期待小鸟能读懂他们的心思，快快飞出餐厅，飞向蔚蓝的天空。

时间一分一秒地流逝，直到孩子们用餐结束，那只小鸟还没有找到大家为它准备的出口。但那些敞开着的窗户见证了九班娃的善良与美好。

记录这一切是因为被孩子们的善言善行所感动。"根植于内心的修养，无需提醒的自觉，为别人着想的善良"，孩子们都做到了。

我好想抱抱你

一

2016 年 5 月 19 日

从餐厅回到教室，已经十二点十五分，此时教室门已经关上。我知道小家伙们已经做好了一切准备，果然不出所料：窗帘拉下来了，课桌移出来了，抱枕已经在手中了，脑袋也已经趴下去了。只不过，有的孩子的小嘴巴还没有关上而已。

依然毫不吝啬地表扬他们，天天如此是不容易的。但同时告诉他们：如果小嘴巴也能早点儿关上就更好了。正说着的时候，铃声就响起来了。临走之前，照旧发问，孩子们照旧毫不含糊地回答：睡好觉就是善待老师，善待同学，善待自己。

一个半小时的午睡时间里，我抽查了四次，起初有七个孩子没有入睡，但都没有发出声音，只是安静地趴着发呆，显然善待自己做得不够好。最后的半小时里，又有三个孩子相继入睡了。午睡之后，按照惯例，给所有睡着的孩子一个大大的拥抱，既是对这些孩子的肯定，也是感恩他们没有让我操心。这是午睡后，孩子们最期盼的事情。从最初的羞羞答答，到现在的大大方方，他们很享受我的拥抱。

晗顾告诉我，她的同桌子臻一直在暗暗发誓，今天一定要睡着，也要像别的同学那样得到老师的拥抱。正是凭着这样的一份执念，他真的做到了酣然入睡。当小家伙站在我的面前，那害羞中又略显兴奋的模样，不禁触及了我内心最柔软的地方。我紧紧地抱着他小小的身体，附在他的耳旁轻轻地说道："子臻，谢谢你，我爱你。胡老师相信明天你还会好好午睡的。"

二

2017 年 10 月 12 日

截止到放学，小熊完成了今天所有的在校作业，我很诧异，更多的是惊喜。他看上去也很激动，不时地用他的大眼睛偷偷瞟我几眼。每当和我四目相对的时候，他的嘴角就开始上扬。

"小熊，是不是想到待会儿也可以得到胡老师的拥抱，很开心啊？"他害羞地笑了，而后又肯定地点点头。

"我们是不是已经很久没有拥抱过了？"我笑着继续问他。

他立刻又用力地点点头，还小声地说道："是很久很久了。"

我突然有些感动：原来孩子一直很在意我的拥抱，只是故作坚强，故作无所谓罢了。

他临走的时候，我拥抱了他小小的身子，在他耳边轻轻说道："小熊，我爱你，明天一定要更努力，继续加油哦！"

埋在我怀里的小脑袋使劲地点了点，那双圈着我身子的小手却一直没有松开。我知道这是他期待了好久、盼望了好久的事情，又怎么舍得轻易放手呢？但我相信，我们彼此这样的拥抱一定会越来越多的。

三

2018 年 4 月 18 日

今天批改到梓阳的周记本时，读着读着，我就笑了，笑着笑着，眼角竟然湿润了。

文章里有这样一段话——

每天放学的时候，胡老师都会站在讲台上大声说："现在开始整理书包，前 20 名的同学可以让胡老师抱抱哦！"

她的话音刚落，班里顿时就沸腾起来，一派热火朝天的景象。写作业的连忙放下了笔，阅读的急忙合上了书本，大家手忙脚乱地整理课桌，将书本文具一股脑儿地塞进书包。而胡老师呢，却气定神闲地站在那里，时不时来一句："动作要快哦，慢了可就没有拥抱了。"

不知哪儿响起"哐当"一声，应该是哪位同学的凳子已经翻上了桌。可是，当他从我的身旁掠过的时候，坐在第一排的鑫城已经捷足先登。即使后者也得到了胡老师的拥抱，可因为是第二名，他仍然有点儿垂头丧气。

随着前两名的诞生，剩下的同学恨不得手脚并用，他们一边整理一边还不忘瞅一瞅讲台前和胡老师拥抱的队伍。

终于轮到我站在了胡老师面前。我迫不及待地伸出双臂抱住她胖胖的、柔软的身体，就像抱着一个暖暖的、高高的大枕头，舒服极了。胡老师低头冲着我笑，那眼神里充满了温柔，就像妈妈亲切的目光。她抚摸着我的脑袋，夸奖道："梓阳很能干，明天继续保持哦。"

…… ……

拥抱，是我和孩子们每日的必修课。当他们有了进步的时候，当他们即将奔赴竞赛场地的时候，当他们有了委屈的时候，当他们能独自午睡，独立按时完成作业，做了良善之举的时候，我都会给予他们温暖而有力的拥抱。

美国著名心理学家赫洛德·傅斯博士曾说过："拥抱可以消除沮丧——能使体内免疫系统的效能上升，拥抱能为倦怠的躯体注入新生命，使你变得更年轻，更有活力。每天的拥抱将能加强关系及大大地减少摩擦。"

实践证明，的确如此。在一次又一次的拥抱中，孩子们寻找到了可以努力的方向，并为之不懈奋斗，他们正在成为更好的自己。

附：拥抱的三个理由

1. 难以放弃的原始本能。当父母拥抱和爱抚婴儿时，温暖身体的接触不仅使孩子，也使父母感到放松和愉悦。亲子关系和生命的联结并不是以提供食物为主要特征，而是通过亲密的身体接触使双方都得到安慰的。

2. 让性格、智力更完善。国内外许多人类行为学家研究证明，一个从小在妈妈拥抱中成长的孩子，他的性格和智力都会得到很好的发展。相反，缺少妈妈拥抱的孩子，不仅性格容易偏向孤僻，心理和智力也会受到严重影响。

3. 精神强心剂。身体在接触中不仅感受着各种生物特征，如呼吸、心跳和气味，也在传达着心理信息，如情绪、情感和意志。拥抱甚至被心理学家用来治疗某些心理障碍。西方人认为：一个长期不被别人拥抱的人，是孤独的；一个长期不去拥抱别人的人，是冷漠的，他的感情也是枯竭的。

班干部竞选趣事多

2014 年 9 月 2 日

今天下午进行了新学期新一届班队干部的选举。虽然用时只有短短的一节课，但孩子们带给我的是一个又一个有趣而感人的瞬间。

"学习委员"这一职务的要求是负责收取家校联系本，并对前一天的家庭作业记录情况进行检查。万世泽率先举手要求承担此项工作。原则上，当一个工作岗位出现无人竞争的情况下，主动请缨者就可以顺理成章赢得机会。就在大家觉得这份工作非世泽同学莫属的时候，瘦瘦小小的王兴宇却怯生生地举起了手。和万世泽 PK，他显然少了一些勇气与自信。但这并不重要，只要你有一颗为集体服务的心，机会对于五班的每一个孩子来说都是公平的。

既然有竞争，那么就通过民主投票进行选举吧。出乎意料的是，在两轮的投票环节之后，这两个孩子的票数竟然还是一模一样。在这样的情况之下，有孩子提议干脆让他俩通过"剪刀石头布"决出一个输赢。说者无心，听者有意，两位竞争对手居然觉得这主意甚好，欣然接受。

于是，激动人心的一幕便正式上演了。

"剪刀——石头——布"，在众人齐声的叫喊中，两个孩子都涨红了脸，憋足了气，两只瘦弱而细长的手臂随之相向伸出：一个出了"剪刀"，一个出了"布"。

首轮——王兴宇胜出。或许胜利来得太突然，以至于他那瘦瘦的小身板一时扛不住，竟然不由自主地晃荡起来。

再看万世泽，虽然有点儿小失落，但转瞬即逝，这小家伙内心强大着呢！

第二轮——一个"拳头"，一个"布"，万世泽胜出。他的脸上顿时阳光灿烂，拥护他的那些孩子们此刻也欢呼雀跃起来，真心为他高兴。

三局两胜，关键的第三局来了——两个孩子似乎都莫名地紧张起来，起先出的招数竟然都一模一样，这也让围观的众孩儿为他们暗暗捏把汗。

第三局——王兴宇终于胜出。或许是竞争的过程险象环生，所以当胜利之神垂青于他的时候，他竟然慌得一屁股坐在凳子上不知所措了。

同样的竞争也发生在正班长的角逐中，只是那一幕少了一些笑声，多了一份温情，让每一个在场的孩子都深受教育，也感动不已。

因为是轮流"执政"，所以正班长分别由两位同学担任。老班长黄睿深得民心，再一次以 48 票的好成绩连任成功。接下来就是褚函辰、胡雨博和朱伯扬三个孩子之间的竞争了。

在此之前，胡雨博和朱伯扬参与了副班长的竞选，但均以略微的差距落选。面对原任班长褚函辰，这两个孩子显然有些底气不足。起先，他们只是坐在位置上，并无勇气参与竞选。可是，班里的同学们太过热情，有甚者还将他们从座位上连拖带拽地拉起来。在这样的情况下，这两个孩子若是不站起来，实在是对不起同学们的殷切希望。

第一轮的投票结束，褚函辰和胡雨博的票数相同，朱伯扬的票数略低于他们，只好淘汰出局。虽然在两次的竞争中，朱伯扬都未能获得成功，但他身上所表现出来的那份自信与淡定，让在场的每一位同学都深感佩服，他理所当然赢得了所有同学最热烈的掌声。

再一次投票，褚函辰和胡雨博竟然以 25 : 25 又一次打成平手。面对这样的状况，大家都傻了眼。

"胡老师，我有话想说。"褚函辰从座位上站了起来，"我想退出竞选，还是把这个机会让给胡雨博吧！我已经在上个学期有过这样一个锻炼机会，现在应该把这个机会留给胡雨博，我相信他一定能当好班长的。你看行吗？"

褚函辰的决定出乎所有人的意料，这其中也包括他的竞争对手胡雨博。面对大家惊诧的目光，他竟然耸耸肩，笑着说道："这没什么呀！上学期同学们把我推选出来，就是因为我曾经在副班长的工作上做得不错。大家信任我，才给了我在班长的岗位上锻炼的机会。相信大家现在的想法也是一样的，我相信胡雨博能把工作做好的。"

他的话音刚落，自发的掌声不约而同地响起来，我也激动得跟着拍起手来。末了，我对他说道："掌声是同学们对你的褒奖，它既肯定了你的能力，也是对你此刻的抉择的一种赞许，那是比当班长还值得骄傲的事儿。我尊重你的决定，更欣赏你的气度，我相信你在任何一个岗位上都能尽心尽责为大家服务的。"

下课后，我还没有在办公室里坐稳，新一届的班委就在黄睿的带领下出现在我的面前，与我讨论团队人员分配的问题。紧接着，褚函辰、朱伯扬和杜翾怡也跟了进来。下一周的班队课由他们三人组织，他们已经有了初步的设想，急着要征求我的意见呢！

放学后，新选出的路队长胡建宏和斯乙轩已经走马上任，开始有模有样地工作起来……

五十个孩子，五十个岗位，面对新学期，面对新岗位，每一个五班人在今天都整装待发。他们深知只有"我为人人"，才能"人人为我"。做好自己的本职工作，既是服务于集体，服务于他人，也是为了自己更好地享受到服务。

不寻常的竞选

金华市湖海塘小学 2015 级 9 班毕业生　张芮豪

2018 年 9 月 4 日

自从听说新学期班干部的队伍要重新调整，我就忧心忡忡了。

我们班有 45 个人，有 45 个岗位，所以每个人都要参加这次竞选，每个人都要有一份工作。

我以前当过卫生委员，还做过数学学习委员。这个学期，我应该承担什么工作呢？这事儿，让我举棋不定：做卫生委员的话，一周里有一天要留下来管理值日工作，我平时的晚上兴趣班较多，时间上会有冲突；继续当数学学习委员也未尝不可，毕竟我的数学成绩一直名列前茅，做这份工作轻轻松松。

不过，听胡老师说这次的正副班长人数要扩招，共有 12 个人，分成 4 个团队，一周一换，轮流执政。我上学期表现非常好，老师和同学们都很看好我。我觉得自己极有可能被推荐当副班长。可是，我这个人生性胆小，当副班长就要分管纪律，我害怕自己管不住那些调皮捣蛋的同学。到时候，不是为胡老师减负，而是加压了。

唉，真是左右为难啊！

今天的班队课上，班干部的竞选工作终于启动了。首先选举的是卫生委员，这可是最重要的岗位，班级是我们的家，这个家必须整洁美观。有十多位同学争先恐后地参加了竞选，竞争呈现白热化趋势。

一个又一个岗位有了新主人，终于轮到学习委员的竞选。当我毫不犹豫举手表明要担任数学学习委员的工作时，胡老师却"冷酷"地拒绝了我：

"你的能量很大，可以尝试挑战更重要的岗位啊。"面对老师信任和鼓励的目光，我的心都要提到嗓子眼来了，难道我是"神预测"，我真的要去当副班长吗？我不由得紧张起来。

没想到"山重水复疑无路，柳暗花明又一村"，因为新来的科学老师比较严厉，大家还捉摸不透她的性格脾气，科学学习委员的岗位竟然爆出了冷门，出现了空缺。我一看机会来了，连忙再一次高高举起了手，主动请缨去做这份工作。没想到胡老师这一次没有阻拦我，我顿时大喜过望，心里乐开了花。

这一次的班干部竞选，对我来说真是一波三折，虚惊一场啊！当科学学习委员，这是头一遭，我没有经验。但只要我能多多思考，多多请教，尽心尽责，我相信新学期的新岗位一定能带给我新的体验与成功。

三个苹果

2014 年 10 月 23 日

一早上，丁玄就兴冲冲地抱着一本《科学世界》来到我面前，将书往我手上一递，腼腆地笑着说道："胡老师，我想把这本书捐到班级书柜里！"书很厚重，我看了看定价——80 元，好贵的一本书！不过，班里的那群小科学迷们一定会欢天喜地的。果然如此，课上为这事表扬丁玄的时候，孩子们的掌声特别响亮。一下课，那本书就被四大组的唐翰"近水楼台先得月"抢到手了，其他几位那个羡慕嫉妒恨啊！

天冷了，朱颐又给同学们送来维 E 护手膏。每一年这样的季节，他都不会忘记这件事。小小的一瓶护手膏，护的是大家的手，暖的是大家的心。

语文课上轮到庄毅帆讲故事。他人还未上讲台，其他孩子就已经纷纷鼓掌，大家都知道他也是班里出了名的"书虫"，博学广闻，知道的东西可多了。他给大家讲故事，一定会很精彩。果不其然，最终大众评委不约而同地亮出了一个漂亮的满分。印象中，这是本学期的第二个满分。

据说昨天的卫生委员朱颐工作特别认真负责。每一节课后都会在教室里外转上一圈。面对卫生习惯欠佳的同学，他铁面无私，该怎么处理就怎么处理。虽然严格，但这样的工作态度让同学们赞不绝口。当然，这也给其他四位卫生委员造成了不小的压力，担心自己相形见绌。不过，有压力自然会有动力。今天的卫生委员万世泽对待工作较以往就有了很大的改变。原本一下课就往外跑的他今天始终恪守职责，兢兢业业。尤其值得肯定的是他不仅检查室内外地面的卫生，对同学们离座之后桌椅的要求也极其严格——人离座，凳归位。虽然这是低年段的时候孩子们就已经养成的好习惯，可直到如今，个别孩子偶尔还会弄丢它，所以很感谢万世泽帮助他们又将好习惯找回来。

早上将灿辰这两天留在讲台上的两个苹果带去了办公室。尽管我已经软硬皆施了，可她就是不为所动，铁了心似的每天给我带一个苹果。我知道我若不带走，即使那苹果在讲台上放烂了，她也不会来拿走的。两年多了，这孩子从不会对我说什么"甜言蜜语"，她把对我的那份关心与爱意都藏在了这一个又一个苹果里了。

原以为今天的讲台上会"清净"一些，不料，中午坐在讲台前吃饭的时候，竟然发现不知道从哪儿又冒出了三个苹果，一个比一个红。怎么会有这样的事情？！最后调查结果出来了：起先是灿辰放了一个，接着楼昊天放了一个，苏乐君见了又放了一个。我深知孩子们的心意，但我哪能吃得了那么多苹果？更何况如果其他孩子跟着学样儿，我都得改开水果店去了。我把三个小家伙找来，让他们将苹果拿回去，没想到一个比一个态度坚决，没有任何商量余地，把头摇得拨浪鼓似的。再多说几句，他们仨就一哄而散，干脆一溜烟走人了。苹果如此之多，对我而言是个负担。不过，这是多么幸福的负担啊，又有多少班主任老师能如此享用呢？这样想着，我不禁自鸣得意起来了，哈哈！

午休时分，因为外出参加训练的孩子较多，便让剩下的孩子阅读课外书。从讲台这里看去，贾想手中捧着的那本书特别显眼。走近一看，我吓了一跳——那是一本厚厚的线装本《庄子》。想起前一段时间，他曾经天天手捧一本《中国通史》，我不禁好奇地问道："你看得懂吗？""没问题啊！"他自信满满。原以为这一定是他父亲对他的要求，否则哪有这个年龄的孩子愿意看这么深奥难懂的书籍啊！没想到他说这些书都是他让妈妈给买的，纯粹是个人爱好而已。见我举起手机要给贾想拍照，一旁的金宇涵、苏乐君、万世泽连忙逃之夭夭，一边跑一边喊道："胡老师，等等，千万别把我拍进去！"后来一问，才知道他们觉得和这么优秀的同学在一起压力太大！

下午两点多在教育学院参加了一个智慧班主任研修班的活动，一直到五点才结束。打开手机一看，副班主任王老师已经发来了短信——放学了，孩子们很乖，自习课都在认真做作业呢！见字如见人，心里又是一阵欢喜。这些可爱的小东西，就像那首歌里唱的那样——怎么爱你都不嫌多！

四颗糖的故事

2011 年 9 月 15 日

上午第二节课下课后，我在办公室里改作业。郑老师领着两个男孩走了进来。其中一个瘦瘦高高的，我认识。之前因为他和郑老师的一次别扭，我和他有过一次长久而深刻的谈话，这孩子特别有想法，有个性，还有点倔强，甚至有点儿固执。但那次的谈话是非常成功而且有效的，他最终选择了通过写纸条的方式主动向郑老师道歉，我也因此记住了这个男孩，他叫余舜杰。

从两个孩子的面部表情来看，一定是发生过争执，而且可能还有点儿激烈。因为他们不但相背而站，而且脸蛋儿都涨得通红。看这架势，估计年轻的郑老师要说服他俩还真有点儿困难。

果然不出所料，在老师一番语重心长的教育之后，两个男孩仍然像愤怒的小鸟，没说几句又开始了新一轮的唇枪舌剑。看着郑老师又气又恼的样子，再看看这两个不谙事理的小毛孩，我忍不住放下笔，决心和这两个男孩好好"斗一斗"。要知道与小调皮蛋们斗智斗勇的过程，真的是其乐无穷啊！

要赢，必须找到可以赢的因素！我选择了余舜杰。有了上一次的接触，我对他的性格脾气有了一定的了解，感觉他对我也是有几分好感的。

"余舜杰，上次谈话之后，你接受了我的建议，专门写了纸条，主动向郑老师道歉。我看过你写的纸条，写得诚恳而坦率。你勇于承认错误的态度让我很佩服，今天我要请你吃颗糖哦。"

听了我的话，孩子原本高高昂着的小脑袋垂下来不少，眼睛里的怒火似乎也平息了。他半信半疑地看着我，在得到我又一次肯定之后，他开始挪动脚步，移向放有糖果的桌子。可就在他即将取到糖果的时候，却突然又缩回了手。

怎么了？我心里暗暗奇怪，对面的郑老师也满脸的疑惑。

"胡老师，我不能要这颗糖。我今天都犯错误了，不应该得到奖赏的。"话音刚落，孩子的眼里已然噙满了泪花。或许是觉得难为情，他又连忙抬起头，努力想把泪水逼回去。

我和我的同事顿觉惊讶万分，要知道，在这之前，他的话语、他的眼神处处都带着"刺儿"呀！

"余舜杰，胡老师想告诉你，第一颗糖是你应得的，那是给予你的奖赏。现在，我决定再给你一颗糖，因为你已经认识到在今天这件事情中，你也有过错。知错需要莫大的勇气，你的勇气可嘉。"

想必他定然没有预料到我会这样说、这样做，他突然就破涕为笑了。

和这孩子认识以来，我还是第一次看见他笑。那笑容，带着几分羞涩，却是那般纯真。

"余舜杰，你笑了！这是胡老师第一次看见你笑，你笑起来真的很好看，以后要经常对别人微笑。因为微笑……"

"是最美的语言！"

聪慧的孩子啊！又一次令人惊讶！

"说得多好！把胡老师想说的都说了，了不起！"

得到一次又一次的表扬，他的嘴角开始扬起了好看的弧度，脸部的线条已然柔和。

"余舜杰，虽然你总是故意表现出很强势的样子，可是你的眼睛、你的眼泪不会欺骗我们。因为爱流泪的人一定是内心感情特别丰富的人。一个善良的人，他一定也是一个富有爱心、不忍伤害别人的人。如果今天和同学的这场争执可以重新来过的话，你还会选择用拳头解决问题吗？"

"不会的！我会选择退让，退一步海阔天空！"回答的时候，他已没有半点的迟疑与犹豫。

"退一步海阔天空！说得太好了！我发现你说话的时候总是能蹦出那么多精彩的语言，用词不但准确，而且特别恰当。我太喜欢你了，我还想奖励你一颗糖！"

他显然觉得不可思议，脸上写满了惊喜之色。

"退，是一种气度！就怕对方得寸进尺，死缠烂打地揪着你不放，那时候怎么办呢？"

"看见他，就躲开，躲得远远的。"

"可是一味地忍让，并不能解决问题。我告诉你处理的方法，好吗?"

充满信任的点头，充满信任的眼神!

"如果要拒绝就不要拖泥带水，含糊其词，要一本正经地告诉对方——'我不想和你玩，请你不要骚扰我!'当说过这番话之后，对方仍然纠缠不休，就应该提高声音，带上怒气，生气地告诉对方——'你真的很讨厌!请你离我远远的!如果继续这样，我将告诉老师，请老师批评你!'可能第二次的警告依然无效，那么这时候就应该真的寻求老师的帮助。这样做的好处很多，既给对方一个下马威，让他明白以后再也不能无礼地对待你，同时，你还坚守住了'君子动口不动手'的原则，这才是文明!知道了吗?希望下次不再因为这样的事情闹得不可开交，要学会自己处理!"

又是一次坚定的点头。

"现在事情既然已经发生了，没有办法再重新来过，后悔是肯定的了。可是，怎样做才可以将自己的过错一减再减，多多弥补给对方造成的伤害呢?你可以仔细考虑一下，希望你能比你的同学采取更好也是更快的方法!"

我的话音刚落，我就看见余舜杰主动伸出了手，主动拉过他的同学的手紧紧握住，眼睛正视着对方，很真诚地说了一声:"对不起，希望我们还能成为好朋友……"

"余舜杰，看来，我不得不奖励你第四颗糖了!因为在同样犯错的前提下，你选择了主动向对方道歉，这就是一种气度，一种胸怀。现在，请把你的四颗糖拿去吧!"

糖——是我暑期澳门之行带回来的，软软的，上面裹着一层白白的椰丝。小家伙看着它们的时候，眼睛里都发光了。可让我始料不及的是他取出第一块糖之后，居然毫不犹豫地递到我的嘴边，腼腆地说道:"胡老师，我想把这颗糖送给您吃!"

看着眼前这个满眼含笑的孩子，联想到他刚进办公室那会儿的神情，我不禁百感交集。我没有收下孩子递过来的糖，但向他表达了真诚的谢意。

初入教坛的时候，曾经读过陶行知先生的四颗糖的故事，由衷地钦佩先生的育人智慧。没想到今天因势利导，我也给犯错的孩子送出了四颗糖。通过这一事件的巧妙处理，我又一次深刻地感受到"真教育是心心相印的活动，唯独从心里发出来，才能达到心灵深处"，先生所言极是。

嘘，不要吵醒他

2020 年 10 月 26 日

我们努力使每个男女学生不仅成为坚强、勇敢的人，而且要成为温情、亲切、富有同情心和温柔的人。一个孩子越坚强，越富有成人的性格，使他成为一个细腻、善良和温柔的人就越发重要。……只有出于善良之心而日益增强起来的精神力量，才能使人产生那种创造美的高尚情操。

——苏霍姆林斯基

下午第二节课，我和孩子们一起学习第 14 课《在柏林》。临近下课时，我突然发现第一排的小周同学枕着胳膊，歪斜着脑袋，已酣然入睡。他小扇子似的睫毛浓而密，落在白净的脸蛋上显得十分动人。

我视线的短暂停留让他旁边的女同桌也发现了这个秘密，她的嘴角马上就上扬成漂亮的弧度。她毫不犹豫就伸出手想去摇醒沉睡中的小周，我赶紧制止，并轻声对她说道："他应该很困，让他睡一会儿吧！"

就近的孩子也发现了端倪，好奇心使然，有几个已经起了身，伸长了脖子，像个长颈鹿似的。看到小周睡着了，立刻忍俊不禁，一阵清脆的笑声突然就打破了教室里原有的安静。

"嘘——"第二排的小钱同学突然扭过头去，把食指立在了嘴上，冲着后排的同学小声地说道："轻点，轻点！不要吵醒他！"他那略带责备的语气，严肃的表情，让其他孩子瞬间明白过来，连忙纷纷捂住了嘴巴。

我们又继续上课。这期间，每当课堂气氛活跃起来，或是有人发言的声音过于响亮的时候，小钱同学就立即侧过身子，又把食指立于嘴边，只是那一声"嘘"不再响起来，应该是担心那声响也会惊扰小周的美梦吧！

大约五六分钟之后，广播里传来欢快而响亮的下课铃声，小周猛然惊醒。他迷迷糊糊地睁开眼睛，看到周围的同学还拿着语文书，仿佛明白了什么，小脸蛋上立刻泛起了一抹红晕，急忙端坐起来。

"已经下课了！你刚才睡着了，我们都不忍心叫你，想让你好好睡一觉，没想到学校的下课铃不给力，竟然把你吵醒了！"小钱拍拍小周同学的肩膀，一副心疼而可惜的模样，他的眼神里没有嘲笑的意思，只有满满的爱。

英国教育家洛克曾经说过："非难别人，找别人的错处，这和礼仪是直接对立的……任何人有了污点都会感到羞耻。缺点一旦被人发现了，他总会感到有点不安的，哪怕仅仅被人疑心有缺点也一样。"在日常生活中，我们常常看到有的学生面对同学的错误，常常报之以嘲讽与讥笑，小而言之极易造成同学之间的关系紧张，往大的来说则不利于创建一个团结互助的集体。老师们应该关注这种现象，一旦发现就要及时引导。

学生给我送"红包"

2019 年 12 月 18 日

早上我刚到办公室，就发现我的桌子上有一个红包袋，不过，上面除了"胡老师收"几个字，再无其他。

我仔细辨认字体，居然一无所获。显然，送"红包"的孩子怕我发现，在书写上做了刻意的"伪装"。但毫无疑问，一定又是哪个娃送给我的小惊喜。打开袋子一看，又是一张百元大钞，联系到昨天许诺给孩子们吃汉堡的事情，我猜想送"红包"的娃一定是要资助我的意思。

记得去年六月份的时候，天气炎热，又赶上复习阶段，孩子们的心情并不是天天美丽的。我素来觉得学习是要有好心情的，心情好了，学习才有动力，所以常请学生们吃冰激凌。我认为这样的投其所好还是必要的，于是，那一个月里，我隔三岔五就请孩子们吃冰激凌。结果有一天，书畅同学竟然捐赠我 100 元人民币。我很诧异，问他为什么。他居然回答："我知道老师的工资并不高，你总是请我们吃好吃的，会变得更穷的。"当时，办公室的老师听了都忍不住哈哈大笑起来。

想到这里，我决定去教室打探一下消息。得知此事，教室里立刻沸腾起来，孩子们议论纷纷，互相打听着。那认真的模样儿就像福尔摩斯探案一样，他们也迫不及待想帮我寻得蛛丝马迹，找出那位活雷锋。无奈做好事的人"隐藏"得太深，字迹又做了处理，孩子们调查了半天，仍然一无所获。

看来做了好事不留名，真的是九班的优良作风了。

或许是不忍心看到我着急，最后一排的彬宇终于举起手来，只是才举到一半，就被同桌佳骏强行拽了下去，我立刻了然于心，原来是佳骏同学。

　　佳俊说昨天得知胡老师要奖励全班吃汉堡，晚上兴奋得差点儿睡不着觉。但今天早起后，想想又觉得很不安，因为又要让老师破费。于是，他就从自己的压岁钱里拿出了一百元资助老师。

　　我把钱还给了佳骏，真诚地感谢他给予老师的满满爱意。我告诉他，也告诉其他孩子——买汉堡的钱，胡老师还是有的。

绝 招

2020 年 10 月 28 日

习惯性咬指甲的孩子依然存在，之前尝试过各种方式，收效甚微。

想起上一届孩子中有此坏习惯的也不在少数，当时请教了人民医院的施康能医生，他给了我两味药，说用水煮一煮，然后用药汁涂抹在孩子的指甲上即可，因为味道甚苦，只要唇齿触碰到手指，孩子就会断了念想，久而久之，这个坏习惯就得到根治了。得此秘方后，热心的桐妈为孩子们熬制了两小瓶，我将它们置于教室的讲台上，但凡发现有孩子咬指甲就用这一招对付，后来咬指甲的人还真的少了。

昨天，我就准备好两味中药下水开煮，蘸了一点儿药汁尝了尝，自我感觉已经很苦了，于是兴冲冲去了教室。课上写作业的时候，我重点关注了那三四个娃，想着总应该试试这一招是否管用。耐心等待一段时间后，终于看到小周同学情不自禁地开始咬手指，我连忙将他的五个手指头都用药汁抹了一遍。看到指头上那黄色的汁水，他有点儿不知所措，凑近闻了闻，终究不敢品尝，但这之后他倒是没有再把手指头塞进嘴里了。

下课后，孩子们看到我手里的小喷壶，立刻都来了兴致，纷纷聚集到我身边问东问西的，得知里面有黄连，他们更是好奇不已。生活中，他们对于黄连的了解还只是停留在歇后语"哑巴吃黄连——有苦说不出"上，但这东西到底有多苦，他们没有机会感受。于是乎，一群人簇拥在我身边七嘴八舌的，跃跃欲试，争着要当小白鼠。我也不吝啬，很大方地在他们手上喷了一个来回。本以为他们会个个连声叫苦，没想到事与愿违。

"胡老师，不苦啊！回味之后，还有点儿甘甜呢！"晗顾满脸笑意。

"胡老师，我也没觉得苦，和我们武义的宣莲味道差不多！"如一舔完手指头后，貌似很享受。

41

"胡老师，给我也来一点吧，多一些也无妨!"晨宇居然也来了兴致，先将手掌在我面前摊开，待手指上都有了黄连汁后，竟一起塞进了嘴里，还故意咂吧咂吧的。这哪像是"有苦说不出"，仿佛是在品尝美食了。

孩子们享受的模样让我汗颜，颇有"偷鸡不成蚀把米"之感。究其原因，我认为一是药汁浓度不够高，二是这一届学生的"吃苦"精神更了不得。

今早我正准备熬药汁的时候，若影同学兴冲冲地跑来，举着手里的一小瓶玩意儿对我说："胡老师，这是'苦甲水'，我妹妹之前也爱咬指甲，爸爸就买来这个东西对付她。我妹妹现在已经改正这个坏习惯了。这个东西很安全，是植物配方的，不会影响身体。你可以试一试。"

我如获至宝，赶紧接过来，又上网查了资料，发现这"苦甲水"的主要成分是苦瓜、黄连和薄荷，应该还是安全可靠的。

在发现目标之后，我就给他抹上这苦甲水，他依旧毫无惧色地伸进嘴里舔，只是原本兴趣盎然的脸立刻就变了样，眉头紧锁了，眼睛也眯起来了，苦得直吐舌头了，那滑稽的模样逗得围观的孩子笑翻了天。胆大者也不在少数，只是品尝了这苦甲水之后，无不后悔不迭。

看来，这一招管用，希望假以时日，班里再无孩子咬指甲了。

红领巾丢失之后

2011 年 3 月 7 日

一大早，斯乙轩就背着书包来到我的办公室。

"胡老师，我把红领巾弄丢了，怎么也找不到了。妈妈怕我因为没有佩戴红领巾而给班级扣分，就给我在小店里买了一条。我想问问你，这样可以吗？"

小家伙的脖子上系着一条鲜艳而崭新的红领巾，他白里透红的脸蛋因此而显得更加红润了。

"你觉得呢？"看得出来，他对妈妈给予的建议似乎并不认同。

"我觉得这样做不太好，但是又不知道怎么办，我怕学校文明岗哨来检查的时候，发现我没有戴红领巾，到时候会扣班级分数的。"

"想着集体，担心班级，老师为你有这样一份心意感到高兴。我记得二年级的时候，贾想有一次把红领巾弄丢了，他的奶奶也给他从小店里买了一条，追着他一定要给他戴上。他就是不肯，说宁可光着脖子，也不会佩戴小店里买的红领巾，那是不光彩的事情。我知道这件事情后，还在班里表扬了他。这件事情，你还有印象吗？"

"嗯，记得。后来，你在中队课上为他补发了一条新红领巾。"

"你也记得，对不？那么，你知道怎么做了吗？"

"嗯，向中队委提交申请书，然后征求全班同学的意见，然后补领一条。"小家伙一边说一边动手解下胸前的那条红领巾，解下来后，他如释重负，显得轻松不少。

"马虎大意的时候难免会有，没有保管好弄丢红领巾也是可以谅解的。关键是如何积极补救，努力做到下不为例。去吧，去写申请书吧！"

"嗯，谢谢胡老师。"小家伙笑呵呵地一溜烟跑出了办公室。接下来的事情就是他递交了申请，等待中队委和其他队员的审核。

没想到第二天一早，小家伙又一次出现在我的面前。只是这一次，不是沮丧的表情，而是一脸的兴奋，他用胖乎乎的小手指着胸前一条已经有点儿破旧的红领巾，激动地告诉我："胡老师，昨天我一回家就开始找红领巾，终于在阳台的防盗窗上找到了我的红领巾。估计是被风吹落的，幸好没有掉下去。不然，我就找不到它了。"他几乎没有喘息，一口气把这段话说完，小胸脯一起一伏的，真是可爱。

看着他那张因激动而涨红了的小脸蛋，我突然有一种莫名的感动——我可以想见昨天放学后，他在家里翻箱倒柜寻找红领巾的情景，我可以感受到那条红领巾在他心里的重要地位，我还可以预见在经历这一件事情之后，他一定会更加热爱红领巾。

那天，我坐在教室里批改作业，方嘉靖来到我的身边。抬头的瞬间，我瞥见她胸前的红领巾有些异样，定睛一看，才发现领角处竟然有一小块补丁。那是一块绿豆大小的补丁，但因为用同样是红色的丝线密密地缝补过了，如果不仔细看是发现不了的。再看整条红领巾，原本鲜艳的红色已经褪了不少，泛白的颜色告诉我，它的主人已经为它清洗多次了。

当下，只要花上一元钱就可以在任何一个文具店买到红领巾，在校园的角角落落也时常看到被遗弃的红领巾，它虽然是少先队员的标志，但显然不再被一些人所珍爱，失去了它原有的意义。对比之下，我为我的孩子们感到骄傲，他们始终牢记入队日的誓言，始终热爱着少先队员的身份和胸前的红领巾，我的孩子们，实在了不起。

节日的祝福

2014 年 9 月 10 日

今天是教师节，每一年的这一天对我而言都是一个难忘的、值得纪念的日子。

六点五十分，我就到了学校。七点十五分的时候，楼昊天匆匆走进办公室，憨憨地站在我的面前，腼腆地笑着说道："胡老师，今天是教师节，祝你节日快乐！"

小家伙牢牢地记住了我的叮嘱，用这种朴实的方式为我庆祝，我连声夸奖他做得对。过了不一会儿，可爱的小葵也蹦跳着进来，欢快地冲我喊着："胡老师，教师节快乐！"

随后进来的是胖乎乎的女生项宇妃，她一边道贺，一边变戏法似的从身后拿出了两支玫瑰花，一支递给了副班主任小王老师，一支放在了我的办公桌上。

或许是看到了我的不悦之色，她连忙故作为难的样子，解释道："学校门口小店的老板太热情，说是买一送一，价格真的很实惠，我不忍拒绝他的好意，所以才买的。胡老师，我真的是没有乱花钱！"她说话的语速极快，看得出她内心无比着急，生怕我误会了她。虽然说孩子违规了，但这样的一份心意又怎么让我忍心去批评她呢？

一个还未走，另一个又跑来了，手里居然也拿着两支花。张伊宁竟然也会不听劝告去买花送老师？怎么可能啊？

仿佛是早就看出了我的心思，她满脸通红地辩解道："胡老师，不要误会啊！这花是我爸爸买的，一定要让我送给你们俩。我跟他说过你的要求的，可是他坚持要这么做，我也没办法了！"

她说的话，我毫不怀疑，完全相信，因为老师的叮嘱对这个孩子而言就像"圣旨"一般，她一定会执行到底的。

和几个孩子说说笑笑，一晃时间就不早了，该去教室转转，看看孩子们的晨间阅读情况了。

刚踏进教室门，"胡老师，早上好，我爱你，教师节快乐"的声音就响起来，那是班长黄睿响亮的声音。与平日不同的是，今天多了最后一句，也因此，我感动于这孩子的细心。

随之而来的是一声又一声："胡老师，教师节快乐！"

此起彼伏的、热情洋溢的祝福之语源源不断地传入我的耳朵，目之所及尽是孩子们灿烂的笑靥。就在那一瞬间，我的眼眶发酸，突然有一种想流泪的冲动。

这是孩子们毕业之前陪伴我度过的最后一个教师节，即使"教师节快乐"是这样一句朴实的话语，也令我百感交集。

默哀的课

2021 年 5 月 24 日

早晨的空气很清新，阳光柔柔地照着大地。窗外，天空依旧蔚蓝，棕榈树似乎更加葱茏了；室内，孩子们安静地坐着，徜徉于书香的世界里，如醉如痴。一切都是那么美好，我的心情却是沉重而悲伤的。打开多媒体网页，点击链接，屏幕上出现了黑白色调的画面，那是两位院士的遗容，眉宇之间依旧是熟悉的慈祥的微笑。

"5 月 22 日 13 时 02 分，'中国肝胆外科之父'吴孟超同志因病医治无效在上海逝世，享年 99 岁。5 分钟后，中国'杂交水稻之父'袁隆平院士因多器官功能衰竭，在长沙逝世。过去的这个周末，因为两位院士的相继离世，山河呜咽，大地含悲，举国哀悼。周六下午的这个时间点，老师还在会场里参加培训，这期间一直没有打开手机，直到下课后回到宾馆才看到消息，我的眼泪顿时夺眶而出，怎么也止不住……"

我怕自己说得太快，又会忍不住落泪，可即使说得这么慢，悲痛还是不可抑制地冲击着我的心房。一个又一个小脑袋从书本里探了出来，他们手中的书本陆陆续续放了下去，教室里突然变得异常安静。眼前的少男少女的表情逐渐凝重，有的眼眶已慢慢泛红，有的则悄悄地把头深深埋了下去。

我知道即便我不说，孩子们也早就得知这个消息了。我的讲述无非是强化、凝练和提升了他们的感受，让他们从浅层的"知道"酝酿成深刻的"体验"。

虽然两位院士和我们相隔很远，但九班的孩子对他们知之甚多。

我们曾在《朗读者》里认识了吴孟超院士，当时已经 96 岁高龄的他依旧奋战在无影灯下，依旧保持着每周门诊，每年约 200 台手术的惊人工作量。因为长年累月地站在手术台前，他的手关节和脚趾都严重变形，可是他从无怨言。面对镜头，这位老人甚至乐呵呵地说道："如果有一天倒在手术台上，那就是我最大的幸福！"

我们曾在《面对面》里认识了袁隆平院士，即使早已超过退休年龄，即使已经90岁高龄，即使听力和身体都每况愈下，他依然坚持到办公室上班，依然在追逐着自己的梦想：一个是"禾下乘凉梦"，一个是"覆盖全球梦"。他希望超级杂交水稻长得比高粱还高，穗子有扫帚那么大，谷粒有花生米那么大，他和助手可以坐在瀑布般的稻穗下乘凉。

两位院士的音容笑貌仿佛还在眼前，关于他们的那些故事还在记忆里鲜活着，两年前孩子们为他们写的文字还在日记里，今天，他们却已经永远地离开我们，再也不会回来了。

"孩子们，请起立，让我们为两位院士默哀三分钟，向他们表达我们沉痛的哀思，也向他们致以最崇高的敬意，好吗？"

孩子们默默地起身，默默地低下了头，教室里起初很安静，没过多久，低低的抽泣声响了起来，那声音来自四面八方。我相信少年们此刻内心涌动的情感，一定是真挚而悲伤的，他们一定也想起了两位院士生前那些朴素的话语、那些无私的奉献。

默哀结束后，抬眼看去，许多孩子的眼圈红红的，晶莹的泪珠还挂在脸庞上。我没有再多说什么，此时无声胜有声，那就让文字来记录他们的所思所感吧！

今天的晨读时光，没有和孩子们一起阅读经典，也没有背诵诗文，但我们一起做了一件更有意义的事情。当悲剧发生的时候，作为语文老师，身为班主任，我必须带着学生上好这样的一堂课。

　　附记：学生心情日记
　　虽然袁爷爷已离世，但他的成就早已被载入史册。我想，一个人活着，如果不能在世上留下些什么，算是活过吗？他证明他活过吗？这个世界，碌碌无为的人一抓一大把，可那样的生活有什么意义呢？苏格拉底说过："人没有信仰，就成了行尸走肉。"一个人活着，如果没有追求，没有目标，他的生活一定是灰色的。只要能为自己的理想活着，能为这个世界做点什么，就不算白白走这一遭了。

——王晨宇

碗里有米，心中有你。袁爷爷，请您放心，您的遗愿在不久的将来一定会实现的。我们不但会珍惜每一粒米，也会努力做一粒好种子。

——张越

一个人到底要有多大的成就，才能让全国人民都敬重他？在他逝世后如此悲痛欲绝？也许我做不到像袁隆平和吴孟超爷爷那么伟大，可以拯救世界，拯救国民，但我至少可以为这个国家做力所能及的事情。这样的一生也是有价值的。

——钱奕含

一粒好种子能萌芽、生长、开花和结果，为世界带来希望；一粒坏种子终将会烂在泥土里，永不见天日。生活在这个最好的时代，我们没有理由不好好学习，不努力奋斗。我们应该时刻牢记袁隆平爷爷的话，做一粒好种子，做一个像他那样心怀天下的人。

——余依恬

上周六，得知两位院士相继离世的消息，我就上网查阅了资料，我想更多地了解他们。可是随着我对他们的了解越深，我心中的悲伤就越多。我发现文字是那么苍白无力，因为它怎么也表达不完我对袁隆平爷爷和吴孟超爷爷的敬意。

——申澜

漫画胡老师

金华市湖海塘小学 2015 级 9 班毕业生　周彬宇

今天，我要为最亲爱的胡老师画一幅"画"。

"先画胡老师的外貌吧！"没有片刻的犹豫，我立刻执笔作画——胖胖的身子，白皙的面容，淡淡的眉毛，挺秀的鼻梁，淡红的双唇，棕红色的眼镜后面是一双会说话的小眼睛。

"画得真不错啊，这就是我们的胡老师。"同桌凑到我身边一看，情不自禁地夸奖道。

接下来，要画出胡老师最突出的特点——爱美和顽强。

说她爱美吧，那可是真的爱美。你瞧，她前天穿着嫩绿色的花边裙子，脚上是一双白色鱼嘴皮鞋；昨天就换上了宝蓝色的连衣裙，戴上了水晶耳钉；今天一早，她又着一袭黑色棉麻长裙，肩上还披一块黛蓝色的方巾……每天上班，她就像是去参加巴黎时装秀似的，衣服、裤子、裙子等不断地变换着，几乎不重样儿。不过，我喜欢这个漂漂亮亮的胡老师。

说她顽强吧，也的确顽强。每当班级里有同学犯错误时，她绝对不会发怒，也不会骂人，更不会动手打人，只会眉眼含笑地送上一句："没事的，教室本来就是一个让你犯错误的地方，是小孩都会犯错误，但是犯了错误一定要积极改正。可怕的不是错误，而是你不及时发现并改正它。"但是，如果遇上屡教屡犯的顽固派，她则会正颜厉色地奉上另一忠告："你放心，我会和你斗争到底的。"凭着不达目的誓不罢休的决心，即使再调皮捣蛋的孩子最后也只能甘拜下风，对她举起白旗投降。

"今天就先画到这里吧！"我放下了笔，又仔细欣赏了一下自己的画作，"没错，这就是我熟悉的胡老师。她漂亮知性，温柔可亲，充满了智慧"。

谁是小鹦鹉的主人

2013 年 10 月 22 日

早晨，在露台上洗漱的时候，突然发现一只漂亮的黄色小鹦鹉站在桂花树下。走近时，它也不胆怯，只是歪斜着小脑袋看着你。喜欢，是不容置疑的。于是，我毫不犹豫地伸手拢住它，原以为它一定会展翅飞走，孰料，它居然不挣扎，也不啼叫，只是乖巧地用嘴啄着我的手指。

怎么会有这样可爱的小东西呢？看着它小小的身子、嫩黄的羽毛、滴溜溜转的小眼珠子，我的内心因它而变得柔软。

捧在手心里，我仔细观察，才发现它的一只脚似乎受了伤，在我的掌心行走的时候，它一瘸一拐的。于是，我明白它之所以乖巧的原因了。

不得不说，眼前的这个小东西真的太可爱、太漂亮、太让我喜欢了。爱人见我这样，便说："那就留下它，养着吧！"我真想就这样决定了，可是，我又如何能照顾好它呢？更何况，它现在还有伤口急需处理呢！

思前想后，还是决定把它委托给我们班那群特别有爱心的孩子。我相信，他们一定会比我更用心照顾这个可爱的小东西的。

不出所料，晨读课后将装有小鹦鹉的纸盒拿出来的时候，孩子们便像过年似的欢呼雀跃。他们里三层外三层将我的桌子围个水泄不通。小鹦鹉似乎也感受到了孩子们的热情，一改之前的安静，隔着透明的塑料膜不断地拍打着翅膀，特别快乐。

语文课上，每当孩子们朗朗的读书声响起的时候，小鹦鹉就像是有了心灵感应似的，叫个不停。那声音真好听，以至于有时候，我们宁可停留几分钟，给耳朵一个享受美妙声音的时刻。

午餐过后，几个孩子又凑在纸盒前看鹦鹉。此时的它没有了先前的活蹦乱跳，而是蹲在一个角落里，眼睛时而闭上，时而睁开，一副昏昏欲睡的样子。孩子们见了，奔走相告，只为了提醒大家轻些，再轻些。午自习的时候，教室里出现了从未有过的安静，大家都想让小鹦鹉睡上一个安稳觉。

下午两节课的课间十分钟，我的身边不时就出现几个小家伙，都是来申请担任这只小鹦鹉的监护人的。其实，斯乙轩从早上开始就缠着我，希望能有机会照顾小鹦鹉。张昕桐在去参加舞蹈训练之前，就反复拜托我务必要等她回来再定夺小鹦鹉由谁认养。看着那一双双充满渴求的眼睛，我不知如何是好。

放学的脚步渐近，必须要做决定了。当我把想法告诉孩子们的时候，高高举起的小手，让我还是有些惊讶。有孩子提议，全班同学一起养这只小鹦鹉，教室就是它的家。我理解孩子们的心情，谁也不愿意将它送走，大家都希望天天见到它。可是，班里有了这样一个吵闹的小东西，各位科任老师估计是受不了的。于是，又有孩子提议说，想领养的同学应该上台演讲一下，说说自己认养的优势所在，然后让大家来决定。这个主意不错，得到了全班同学的一致赞同。

斯乙轩和柳钰成是第一个冲上讲台的，他俩你一言，我一语，配合默契，把他们的优势说得很充分。印象中，柳钰成最后的发言让我十分难忘：我们会用心照顾好小鹦鹉，也会定期带它回"家"来看看。

之后，张昕桐上台陈述，因为曾有过养小鹦鹉的经历，她赢得了诸多的信任。

接着，朱柏萱和戴静妍上台，为了能得到这个机会，戴静妍不惜把爸爸给拽上，因为爸爸最近休假在家，有了爸爸的悉心照顾，小鹦鹉白天也不会孤单。

然后，曹裕茏、林厉瑜、张可鉴、贾贲和唐翰等孩子也陆续谈了自己的想法，每一个孩子都信心满满，每一个孩子都有着一颗火热的爱心，令人动容。

最后，通过投票表决，张昕桐以绝对优势获得了照顾小鹦鹉的监护权。小家伙喜上眉梢，其他竞选者虽然黯然神伤，但也转瞬即逝，都乐呵呵地送上祝福。

"张昕桐，你一定要照顾好小鹦鹉呀！"

"张昕桐，今天就要带小鹦鹉去宠物医院看病啊！"

"张昕桐，你要定期带小鹦鹉回班里来，让我们看看哦！"

…… ……

放学排路队的时候，一群孩子围着张昕桐，这个说一句，那个说一句，千叮咛万嘱咐，就怕有个闪失。张昕桐呢，只好一个劲儿地点头，一个劲儿地说："好，好，好！"

好幸福的一只小鹦鹉啊！但愿它在五班孩子浓浓的关爱中，能健康快乐地成长。

特殊的汉堡

2021 年 1 月 18 日

前几日，我得知芮豪、子睿和佳骏参加了新东方学校组织的"牛娃争霸赛"活动。据说参赛选手近千人，考试内容涉及语数英，他们能过关斩将一路突围，最后获得三等奖实属不易。作为他们的班主任，我为三个娃的精彩表现而骄傲。

昨晚八点多，我接到了子睿妈妈的来电。她告诉我三个孩子商量后决定用部分奖金请全班的老师和同学吃汉堡、喝牛奶。因为不知道何时送到学校才是妥当的，所以孩子们派她这个妈妈来问问老师。

孩子们的做法让我深感意外，又十分感动。当我了解了原因之后，更是惊喜不已。子睿说："我们能取得这么好的成绩，与九班老师的教导、同学的帮助是密不可分的。"佳俊说："老师和父母都教育我们要懂得感恩，这就是最好的机会。"芮豪说："同学们最爱吃汉堡了，我也是。既然现在我们有权支配这笔奖金，那就请大家好好享用美食。分享是快乐的。"

三个娃的话入情入理，让人如沐春风。孩子们如此有情有义，出乎我的意料，这远比他们获奖更让我引以为豪。

今天下午三点钟，预定的美食如约而至。彼时大家都饥肠辘辘的，看到两大箱热乎乎的汉堡和牛奶，激动得又是鼓掌又是蹦跶的，还不忘说感恩和祝福的话语。这让负责请客的三个孩子颇为受用，他们一边发着汉堡牛奶，一边笑得合不拢嘴。

教室里洋溢着欢声笑语，也弥漫着诱人的香味。苏霍姆林斯基说："我们教育工作者的任务就在于让每个儿童看到人的心灵美，珍惜爱护这种美，并用自己的行动使这种美达到应有的高度。"三个孩子给同学们带去的不仅仅是美食，还有精神上的熏陶。

一次爱心的接力

2012 年 3 月 30 日

晚上六点半，一家人正围坐在餐桌前吃晚饭，我的手机突然响起，我一看是扬扬妈妈的来电，连忙接通。刚接起来就听到一个焦急的声音："胡老师，扬扬到现在还没有回家，是不是到哪个同学家里去玩了？早晨他提过，我没有答应，他不会真去那个同学家去玩了吧？也不知道给我打个电话，真是急死人了……"

"别着急，不会丢的，或许真的是去同学家玩了，我帮你发短信给全班家长，他们知道后一定会联系你的。"我一边在电话这头安慰她，一边放下筷子去开电脑。

因为父母下班时间很迟，家中也没有老人可以帮忙接送，从二年级开始，每天放学后，扬扬就自己坐公交车回家。虽然他还小，但是很能干，从来没有做过让父母担惊受怕的事情。所以，接到扬扬妈妈的电话，我脑海里跳出的第一个念头就是他一定跟着班里的哪个孩子回家玩去了。一到周末，小家伙就特别想和同学一起玩，之前也有过这样的事儿。联想到他早晨出门的时候又向妈妈提过类似的要求。所以我的直觉告诉我，他一定是去了哪个同学的家里。

发了短信之后，我又端起饭碗开始吃饭，一边吃着，一边惦记着，时不时就看看手机。可是五六分钟过去了，一点儿动静也没有。于是，我又打电话给扬扬妈妈，她说还是没有消息。因为她在上培训课，我怕打扰她，所以挂了电话后，我又给扬扬爸爸打了电话，了解到他已经给班里几个平时和扬扬玩得很好的孩子都打过电话了，没有结果，他只能再等等。

我突然想起了何嘉怡。上学期扬扬和嘉怡同桌的时候，有一次放学后两个小孩就一道回家了。会不会在嘉怡的家里呢？我赶忙给嘉怡妈妈打去电

55

话，结果没有人接听。不过，没过一会儿，她就回电话了，说扬扬不在她家里。虽然不是自家孩子，但是母亲的心都是一样的，从电话里分明可以感受到她对扬扬的关切之心。

刚挂下电话，丁玄妈又打来电话，说是放学后，她接丁玄的时候看见扬扬和刘泽勋两个人一起走出校门的，后来的情况就不知道了……末了，她很担心地说道："胡老师，这么迟了，还是没有消息的话，是不是要报案啊？"语气是那样的沉重与不安。

挂了电话，我连忙拨通刘泽勋妈妈的电话，一问得知两个小孩出了校门后也就各奔东西，扬扬往公交车站走去，至于后面的事情，她也就不清楚了。

线索就此断了，一看时间又过去十几分钟了，如果扬扬真的去了同学家中，此时也应该有消息了。可是依然什么消息也没有。不知道怎么的，我的心情开始沉重起来，不安的情绪油然而生。

小煜妈妈的来电更加深了我的不安，她说她已经给班里的孩子都打过电话了，有点儿价值的线索就是金宇涵妈妈路过公交车站时曾经看见扬扬在那儿等车，但至于小家伙是否上了车就不是很清楚了。由此可见扬扬一定是没有去班里的同学家玩。那他到底去了哪里？小煜妈妈的担忧之情，我感同身受，心不由得揪紧了。

强迫自己不往坏处想，或许扬扬去了其他班的孩子家里，毕竟年级里还有和他在航模班里一起训练的同学，还有幼儿园的同班同学。这样想了之后，我又给全年级的家长发了一条短信，希望有消息及时联系我。

这期间，林厉瑜妈妈、胡雨博妈妈、黄睿的爸爸先后发来短信告诉我扬扬不在他们家的消息，唐翰妈妈、张可鉴妈妈也打电话来转告了一些她们所知道的情况。而此时，班级 QQ 群里也陆续有家长上线，张昕桐、万世泽、茹屹等孩子的家长将自己从孩子那里获得的消息尽可能告知。大家都在担忧，在祈祷……

时间一分一秒地流逝，担心、害怕的情绪让我坐立不安，和扬扬爸爸妈妈又一次通话后，得知孩子依然没有回家，我先宽慰了一番，然后建议他们先去小区的值班室里将监控调出来看看再说，只要孩子进了小区就应该没有问题。

不能再等待了，联系一下公交公司看看有没有什么有价值的线索吧！我拨打了114，查询到了公交公司的服务热线，正将号码拨出的时候，扬扬妈妈打进电话来了："胡老师，扬扬找到了……"乍一听见这句话的时候，我的眼泪突然夺眶而出，失而复得的那种感觉真的无法形容。

我一边听着扬扬妈妈的描述，一边赶快敲打键盘，要立刻将这个好消息告诉全班的家长，让大家悬着的心能快点儿放下。

得知这一消息，在线的家长在群里有的发送了"笑脸"，有的发送了"掌声"，快乐的气氛又开始在群里弥漫了……

从扬扬妈妈那里得知，小家伙今天出门忘记带钥匙和手机了，放学后自然进不了家门，好心的邻居发现后就带扬扬去了他们家。因为之前扬扬从来没有去过他们家，所以扬扬父母根本就没有往邻居家去想。虽然邻居提醒扬扬要打电话给父母报个平安，可是小家伙之前一直用的是学生手机，里面只有父母的亲情号码，他根本想不起父母的手机全号。当然，这期间扬扬也曾用上下楼层的呼叫设备联系家里，但是因为父母都已经出门寻找他去了，两次呼叫家里都没有人应答，小家伙以为父母还没有回家，直到七点多钟，他才回到了家……

真是虚惊一场！这样的惊吓真的受不了，所幸的是孩子平安无事！反省我们平日对孩子进行的安全教育，更多的是防拐防骗、防水防电，出现类似扬扬今天碰到的事儿，感觉老师和父母给孩子的建议提醒还是少了一些。孩子毕竟还是孩子，思考问题还不是很成熟，明天我要借机给全班孩子再补补课了。

晚上八点半，六班的江懿恒妈妈来电话询问扬扬的情况。虽然她不认识扬扬，但毕竟是她儿子隔壁班的同学，她希望孩子能平安归来。接到她的电话，不由得又是一阵感动。

今天，在寻找扬扬的这两个多小时的时间里，家长们表现出来的团结一心，那份浓浓的大爱之情，让我难以忘怀。扬扬妈妈在电话里说，在寻找儿子的过程中，电话一直都没有中断过，一直有家长给她打电话，或是安慰，或是帮助，让她真的非常感激。相信这份情谊一定会永远被扬扬一家铭记在心。

大爱无疆，大爱无言，这一次的爱心接力又见证了五班家长之间的深情厚谊！

"当个老师挺不错的"

2014 年 10 月 29 日

晨读时分，我继续带领着孩子们阅读《傅雷家书》，他们的表现一如既往地好。让我更加欣喜的是班里的大部分孩子学会了边读边写的习惯。读到有感而发之处，他们就自觉提笔，或圈圈点点，或写下所思所想。在我表扬这些孩子之后，剩下的也见贤思齐，赶紧跟上了。有了这样有深度的阅读，小队交流的环节，孩子们都争先恐后地发言，现场气氛十分活跃。

在 3 月 24 日的信中，傅雷以自身的经历告诫儿子："我一生任何时期，闹恋爱最热烈的时候，也没有忘却对学问的忠诚。学问第一，艺术第一，真理第一，爱情第二，这是我至此为止没有变过的原则。"他希望儿子在感情和学业方面能有更成熟的考虑，做事能比自己更谨慎一些，这样日后才能少些痛苦。

六年级的孩子虽说年龄尚小，但事实上，他们的思想相对于我们小时候来说成熟多了。这个年纪的孩子对于感情似懂非懂，男女之间互生好感也是常有的事儿。所幸的是从二年级开始，我就已经陆续组织他们学习了一些关于生理健康与青春期方面的知识。未雨绸缪的好处表现在于对自己身体的发育、情感的变化，孩子们都能做到正确看待。更让我欣慰的是他们能把我当成朋友，即使有了情感上的小秘密，也能大方地告诉我，愿意聆听我的意见。尽管如今已经是毕业班的孩子，男女同学之间相处得依旧十分融洽和愉快，"男女授受不亲"的观念从来不曾有过。

可是，当腼腆害羞的姜韬同学主动起身与大家交流对这一段文字的感悟时，我颇有些惊讶。在我看来，这是需要一种勇气、一份决心的，这对于这个孩子来说，实属不易。其他的孩子也联系前后的文字各抒己见，气氛很热烈。无论男生还是女生都明白了当下最重要的事情是学做人、做学问。至于爱情，那是成人之后才应当考虑的事情。胡建宏说得最有意思："只有当我能自食其力，能自己养活自己之后，才有资格去追求爱情。"

午餐时分，贾贲、徐韵和吴佳颖三位女生趁着王昕煜不注意又偷偷溜到我的身边吃饭了。之所以说是"偷偷"，是因为按照班级管理条例，这样的行为是不允许的，我这是纵容她们"犯错误"。虽然我也曾经提醒她们应该坐在自己的位置上用餐，但只要看到班里用餐人数所剩无几的情况，她们仨就像有暗号似的围拢过来，还"大言不惭"地说："和胡老师一起吃饭特别有味。"这些古灵精怪的小女孩，为了能聚集到讲台边来，把人哄得找不到北。不过，想想她们就这点儿小愿望，我不忍驳回，也就睁一只眼闭一只眼了。或许在我的潜意识里，我也是这般渴望的吧！和孩子们在一起边吃边聊，的确有滋有味。

不过，今天因为早餐吃得饱饱的，以至于午餐难以下咽。可褚函辰、楼昊天不依不饶，将自家带来的牛肉、猪蹄等往我的面前一放，让我务必要吃了它们。最后，我没有吃多少，倒是一群小馋猫围在我身边"偷"走许多。看到我面前聚集的人儿，褚函辰不禁感叹道："胡老师，其实当个老师挺不错的。"

是啊，当个老师真不错！我也这样认为。

请你来开讲

2020 年 8 月 24 日

忙碌而幸福的两天结束了！

想着五班的孩子们过完这个暑假就是准高三的学生，所以这个假期里时常会思考可以为他们做点儿什么。从家长那儿陆续得知的信息较为突出的是目标不明确、不懂得规划、学习效率不高、迷恋手机等。

因此，我才想到让来来和胡羿来金华给孩子们做个讲座。来来现就读于中国外交学院，胡羿就读于浙江大学竺可桢学院。两个孩子不仅学业优秀，性格也很互补，一个文气，一个活泼，在学习方法上都各有一套。我一提出这个要求，他们俩毫不犹豫地就答应了。针对我提出的要求，他们非常认真地做了思考与准备，据说还通过视频隔空练习了几次。优秀的孩子凡事都会倾尽全力，追求完美。

但是，毕竟我没有听过他们的试讲，所以多少有些担心。没想到开讲之后没多久，我就从摄影师、录音师的角色马上转换为现场观众了。两个孩子的课件简洁明了，只有三页，只有一些关键词，但是内涵极其丰富，分享的学习经验也很实用。再加上他们配合默契，语言表达风趣幽默，现场时不时就爆发出一阵又一阵的欢声笑语，每一个在场的孩子与家长都被深深吸引了。会后，两位主讲的帅小伙更是被大家团团围住，继续请教的，要求加个微信的，熙熙攘攘，颇有"圈粉"之态。

虽然我是一名老师，可是坐在台下，听着他们讲述自己在高三时期经历的故事，尤其是学习上的心得以及做法的时候，我也打心眼里敬佩。优秀不仅是一种习惯、一种态度、一种智慧，更多的时候是高度的自律。在高三阶段，两个孩子很清楚自己要什么，该做什么。对于可为与不可为之事，他们了然于心，并付诸行动中。对比当下孩子们对电子产品的过度依赖，他们的自觉与自律让我肃然起敬。

之后他俩的行程就被我安排得满满当当，甚至连晚上休息的时间也被学弟学妹们占用着。心疼的同时，又无比愉悦，两届学生毫无拘谨地促膝交谈，年轻而俊美的脸庞上不时就有嘴角微微上扬，不时就会心悦诚服地颔首赞许，不时就有欢声笑语此起彼伏，那和谐而美好的画面令人动容。

两天的时光，留给师生三人私聊的时间少之又少，从可鉴家返回金华的路上，两个小伙子似乎看出了我的心思，主动提出要陪我共进晚餐，赶最后一趟高铁回家就行。联想到忙碌奔波的时光里，他们对我自然而然的细致照顾，为我打伞，给我倒茶，有好吃的总是第一时间放进我的碗里，幸福的涟漪在这一刻又一次在我的心湖里荡漾开去。

晚餐很简单，但我们交谈甚欢。两个孩子对新学期的打算，对女友的选择，对未来的设想，甚至对婚姻的看法，坦率而理性，大大出乎我的意料。孩子已然长成了我喜欢并期待的模样，他们儒雅而睿智、坚强而温暖，他们再也不是我记忆中的青涩懵懂的少年了。那一刻，我和他们的父母一样欣慰不已。

晚八点四十分到达高铁站入口处，依依惜别之情在所难免，温暖而有力的拥抱还是彼此熟悉的。这一别，再见，又得寒假了。

一副 "受伤" 的眼镜

2021 年 1 月 14 日

体育老师告诉我，在上传球课时，俊钰的篮球落到了昱希的眼镜框上，镜框出现断裂，无法佩戴了。彼时，站在我面前的俊钰已经眼噙泪水了。

我请两个女孩坐下来，先听听她们的想法。昱希马上说："老师，俊钰不是故意的，何况她已经道过歉，我不用她赔眼镜了。我会跟我妈妈说明白的，我相信她也一定会同意的。"

感受到昱希的善良、欣慰的同时，我希望俊钰从中可以获得启发，教会她如何处理问题，使她今后面对类似的问题时可以变得更勇敢、更智慧，而不仅是害怕与流眼泪。

我鼓励她先给昱希妈妈打个电话，把事情的来龙去脉说清楚，并真诚地表达歉意。打电话的时候，她距离我有些远，但我清楚地看到她脸上的表情逐渐放松的过程，眼泪也慢慢地止住了。而我身旁的昱希显然解读不了这些信息，她按捺不住担忧，忍不住凑上前去，还让俊钰开启了手机的免提功能。我知道她的想法，倘若妈妈不答应，她一定就要挺身而出了。

"打球时难免会出现这样的问题，不是你的错。你不用担心，更不必赔新眼镜给昱希，阿姨会给她重新配一副眼镜。昱希还要谢谢你，她早就想要一副新眼镜了，正好趁此机会换一副新的……" 听到昱希妈妈说的最后几句话，我被深深地感动了。我预料到她是不会让俊钰赔偿的，但我没想到她还能以这样的一种方式来宽慰孩子。这是我始料未及的，因此更多了一份敬意。我接过电话，向昱希妈妈表达了感谢，她连说 "不用"，并希望我不要通知俊钰父母，以免孩子受到责备。

思量了一番，我还是决定让俊钰打电话告诉了她爸爸，目的是希望借此机会让孩子明白越坦诚越有可能获得大人的理解与谅解。

我把自己的想法与建议坦诚告知，俊钰心领神会了，脸上的怯意自然少了几分。拨通电话后，她起初有点儿紧张，可当她把之前发生的一切告诉爸爸后，果然没有发生她想象中的一切。得知同学的妈妈不用她赔眼镜，爸爸不答应了，他告诫女儿，损坏别人的物品就要照价赔偿，这是最基本的道理。直到我接过电话再三转达了昱希妈妈的意思之后，俊钰爸爸才答应，但还是不停地说："那多不好意思啊！"

一副"受伤"的眼镜，一次突发的事件，却让我见证了感人的一幕，也让我感受到了九班孩子之间、家长之间的善与美，就像彼时走廊上暖暖的阳光，直抵人心。我相信这样的一份美好会永远留在俊钰同学的心中，温暖必将还会传递下去……

一根油条

2013 年 10 月 29 日

今天早上，刚到办公室里坐定，盛畅就提着一个食品袋跟了进来。

"胡老师，这是给您的油条。"

"不会吧！你怎么会突然想到给我买油条啊？"我有点儿费解。

"不是我给您买的油条，是龚一雄和项宇妃一起给您买的。他们委托我帮忙转交给您而已。"说完，她放下食品袋就笑着跑走了。

"可是，这两个小家伙为什么突发奇想要给我买油条呢？"

"学生对你真好啊！"办公室的一位同事满脸羡慕之情，"估计是以前看见过你吃油条，才有这样的心意吧！你想那么多干吗？吃了便是了。"

这油条，金黄金黄的，还热乎着，诱人的香味四处弥漫。因为是无矾油条，每天早上七八点钟的时候，卖油条的那儿都会排起长龙似的队伍。即使是在校门口，老师们也难得买到，实在是等不起。

虽然早餐已经下肚，但因为这诱人的美味，因为是学生的一番心意，我还是和同事们分享着吃了它。

不过，我还是按捺不住好奇心，找了两个孩子来问：

"为什么突然想到给我买油条？"

"老板说，现在是搞活动，买两根赠送一根。我们俩就买了两根，一人吃一根，多出的一根就决定送给你吃。我曾经看到你有一次买过这样的油条吃。"项宇妃是个落落大方的女孩，心急口快的她连忙抢着回答。

"谁提议把那赠送的一根留给我的？"

瘦瘦小小的小雄同学听了，伸出手指点点项宇妃，然后说道："是她。"

"是我的提议，不过是小雄请客付的钱。所以，应该谢谢他。"项宇妃一边说一边冲着小雄笑着。

　　小雄很认真地点了点头，然后说："这情况属实。"

　　我不禁又想起了之前的事情来，油条不是这两个小孩亲自送来的，他们是委托盛畅转交的。我没有再问为什么，因为这并不重要，重要的是孩子的心里装着我。油条不贵，但学生给予的这份爱特别珍贵。

　　今早批阅小葵的日记得知，昨天中午，褚函辰带来了妈妈为他准备的牛肉，一共有六小块。有同学看见了，先后要走了三块。小葵觉得剩下的三块，褚函辰一定会留给自己吃的，但让她惊讶并感动的是褚函辰只留了一块，把另外的两块给了两位正副班主任。

　　班主任的日常工作是忙碌而烦琐的，它令我们耗神费力，让我们焦虑不安，但有时候，孩子送来的一声热情的问候，一句关心的话语，一个甜美的微笑，就会让我们心生暖意。在心力交瘁之时，这些暖意就会不自觉地涌出，让我们倍感温馨。

因为她是我的同学

2020 年 12 月 23 日

昨晚九点收到睿兮发给我的一段微信留言，很长很长。

大概的内容是：她新买的一支笔失窃了，利用课间观察，她已经发现自己的笔到了另一位同学的手中。于是，私下里找到对方沟通，原以为对方会把笔归还，没想到对方矢口否认，还说她的那支笔是学校旁边的文具店里购买的。在得知那家店里根本没有这一款笔的消息之后，对方又说这笔是妈妈送给她的，至于在哪里买的、花了多少钱，她一概不知，无可奉告。

睿兮自然很伤心，希望我能帮忙解决，所以才想到通过妈妈的手机联系我。我安慰她不要担心，明天我一定会做进一步的了解，让她赶紧睡觉。她连忙道了谢，紧接着又发来一行字：胡老师，请您不要在班里说这事情，因为她是我的同学。

读着屏幕上的那句话，一股暖流在我的心房里穿梭。我心想：这孩子真好，虽然事情真相还不明朗，但她能这样宽以待人，并且设身处地为他人着想，这是多么美好的品性。

今早与那个孩子做了交流，小家伙倒是很快就认识到自己的错误，主动表示会向睿兮道歉并归还那支笔。当我提及昨晚睿兮对她的爱护之词，小家伙顿时泪如雨下，泣不成声，对自己的行为懊悔不已。

"我原谅你了，也请你放心。虽然保守秘密很辛苦，但我永远不会把这件事情告诉其他人的。因为你是我的同学。"接过那支失而复得的笔，睿兮真挚的话语，感动的不仅是她的同学，还有我这位班主任。

卡耐基说，能设身处地为他人着想，了解别人心里想着什么的人，永远不用担心未来。面对同学的强硬，睿兮没有选择公开指责，而是积极寻求老师的帮助。面对同学的错误，睿兮选择了谅解，并愿意保守秘密，维护同学的尊严。这样的爱与宽容，这样设身处地为他人着想的品质，难能可贵。

有趣的亲子对话

（一）

金华市湖海塘小学 2015 级 9 班学生家长　　施爱红

对话一

昨晚，儿子高兴地对我说："胡老师说的，平时学习要抓紧，但越是放假，作业就要越少，让我们玩得开心一点儿。我已经把端午节三天的作业全部做完了。"

感悟：要学就学个认真踏实，要玩就玩个痛快尽兴。

对话二

今天早上，儿子对我说："今天没有语文课了，改成了《品德与生活》，王老师来上的。"我问道："你们胡老师又出差去了吗？"他回答："胡老师不是去出差，她是去学习了。"

感悟：老师好好学习，学生自然天天向上。

对话三

今天看了一部迷你电视剧，内容是一对善良的夫妻用微薄的工资收养了六个孤儿或弃婴，后来因丈夫工伤卧床养病，妻子又被查出得了白血病，不得不把这些孩子送出去，让他们找条件好的家庭收养。可是，孩子们还是从各自的新家里跑出来，回到那对夫妻的身边。我开玩笑似的对儿子说："你也是我捡来的，要不我也把你送走算了。"

儿子马上回答道："那你就把我送给胡老师吧！"

感悟：简单的一句话，见证了胡老师在儿子心里的地位。

（二）

金华市湖海塘小学 2015 级 9 班学生家长　胡胜梅

连续几天都在下雨，儿子把雨伞弄丢了，我决定就此事和他谈一谈。

"儿子，你把伞丢在外面，它该多伤心啊！这就如同妈妈把你给弄丢了，你也一定会很伤心的，对吧！"

"妈妈，孩子和雨伞是不一样的。孩子走丢了会想办法找爸爸妈妈的，除非孩子想不开要自杀，但是自杀是很没有意思的事情。如果孩子自杀了，爸爸妈妈一定会很伤心，但不会一辈子伤心的，他们会想办法再生一个孩子。所以，千万不要用自杀的方法去和爸爸妈妈作对，那样不值得。妈妈，我们要好好珍惜生命。"

我很惊讶儿子竟然能和我说出这么一番道理。

他歪着脑袋自豪地告诉我："这是我们胡老师告诉我们的。"

感谢胡老师，不仅教孩子们知识，更让孩子们懂得生命的可贵。

（三）

金华市湖海塘小学 2015 级 9 班学生家长　刘英

儿子："我发现胡老师越来越温柔了，她越温柔，同学们就越乖。"

我问："难道你的胡老师也有不温柔的时候？"

儿子急忙否认："不是的，不是的，她一直很温柔的，只是现在更加温柔了。"

看着他一副极力维护老师的模样，我有些感动，也深受启发，教育之道靠"吼"是没有用的，潜移默化的言传身教才是根本。

我也要温柔起来。

（四）

金华市湖海塘小学 2015 级 9 班学生家长　施俊波

晚饭间，父子俩：

"怀远，问你一个问题。"

"问吧！"

"假如……我是说假如，我们小区发生地震了，只有一分钟的时间可以让你挑选三件东西带走。你会选择带走什么？"

"昨晚买的玩具汽车，还有，你们俩算不算？"

"我们俩不算（东西）。"

"那……我还是不选小汽车了。我选择红领巾和校服，校裤也是连在一起的，对吧？还有'文明示范生'的牌子。"

"你把少先队组织和学校放在第一位，真好！"

（五）

金华市湖海塘小学 2015 级 9 班学生家长　金丽亚

今天单位里有些忙，我到家已经快晚上七点了。发现儿子在看书，我问道："一涵，你的作业都完成了吗？"

"早就完成了。妈妈，你吃过晚饭了吗？"儿子跑到我身边问道。

"算了，我不吃了，就当减肥吧！"

"妈妈，不能不吃晚饭。我帮你去烧稀饭。"

"太麻烦了，又要很久，我还是不吃了。"

儿子想了想，又说："那我帮你煎个荷包蛋，这个很快的。"

他说完就跑进厨房动手做了起来。家里有个小厨师就是好啊，我也可以好好享受一下特殊的待遇。等我吃完，他又把厨房打扫得干干净净，今天真要好好表扬表扬他。

油菜花儿开

2021 年 3 月 3 日

（一）

今天出门早，到和悦路的时候，我把车停下，掏出手机，只为了眼前这满坡满野的油菜花。

它们没有郁金香那么迷人，没有牡丹那么高贵，更没有玫瑰那么耀眼，它们在风中自由摇曳着，热情而奔放，芬芳而迷人。它们始终都是黄色的，是那种充满了朝气的黄色；它们始终都是奋力向上的，是那种拼了命似的努力；它们极少独处，常常是一大片一大片错落有致地聚在一起。远远望去，它们就像阳光沉淀在薄薄的花瓣尖上，就像大地被铺上了金色的地毯。

它们是春天的使者，是这个季节里最活泼最可爱的花儿。

（二）

昨天中餐有孩子们最喜欢的糯米饭，许多孩子都主动添了饭，我感觉他们的肚子就像个无底洞，怎么填也填不满。不过，小天是个例外。当其他同学还在那里大快朵颐的时候，他竟然取出纸笔开始写作业了。若不是有孩子觉得稀奇告诉我，我是发现不了的。后来，我问他为什么要这样做，他怪不好意地说道："我吃饭速度快，吃完了也没事干。所以，我就想到把作业带到餐厅来，等同学们的过程中，我可以写点儿作业，不浪费时间。"

我很惊讶，又甚感欣慰，孩子小小年纪，已然悟得"唯有光阴不可轻，唯有努力不可辜负"的道理。

昨日并未在班级里表扬小天同学，就是怕孩子们一味地效仿，若是为了这样做，不好好吃饭，那就适得其反了。不过，我偷偷地拍了照片发给小天的妈妈，希望她在家还是要肯定一下孩子的这种自觉主动性。

71

但"榜样的力量是无穷的"，有些事情并不以我的意志为转移。今天饭后，我偶然起身竟然发现小天又在奋笔疾书，他要提前完成《数学口算》。再看他对面的入欣同学，此时正一边吸着酸奶，一边写着字，似乎进入一种浑然忘我的境界。

原以为就他们俩这样做，没想到再往前走，在第一排餐桌前，又发现张越、钱奕彤几个孩子也在专心地写着作业。更让我大吃一惊的是坐在我们两位老师旁边的小钱同学，不知何时竟然摸出了一本《生字抄写本》，也在聚精会神地写着。

回班后问起原因，孩子们说要向那位优秀的学姐学习。我方才想起很久以前，我曾给他们讲过那位现在北大读博的姐姐的故事。她为了赢得更多的时间学习，在初高中的时候，每到饭点要不跑在第一个，要不就最后再去食堂，因为她不想把时间浪费在等待的过程中。

见贤思齐，择善而从，力争上游，心甘情愿把更多的时间用来学习，这样的孩子是可爱的。未来可期！

（三）

孩子们午间用餐向来高效，吃吃聊聊的现象极少出现，我们很快就离开了餐厅。彼时，阴雨早已停歇，天空又是湛蓝而明朗的。当我提出让孩子们去操场玩二十分钟的时候，他们起初都惊呆了，而后就激动地快步走向操场。我站在三楼的窗台上看下去，他们原本整齐的队伍早已散了架，或三五成群凑在一起聊天说笑，或两两一组信步在跑道上窃窃私语。好惬意的模样！

约定十二点四十分回班，孩子们竟然无一迟到。在尽情玩耍的过程中，还能做到收放自如，张弛有度，这就是自律的表现。唯有做到自律，才能拥有更多的自由，孩子们用行动证明自己可以做到。这样的他们，无疑是可爱的！

（四）

本学期给自己布置的任务之一是每天和一名学生面对面谈谈心，说说话，因为我们能在一起的时间只会越来越少。孩子们很欢迎，每天举手想约谈我的人数很多，那真叫一个热情高涨。周一，叶昱希找我谈话。周二，虞涵砚赢得机会，结果放学后她竟然忘记了。今天冉姝报了名。于是，午自习下课后，就让涵砚与冉姝一起到办公室。

涵砚的烦心事源于她的妹妹。她觉得妹妹总是干扰她的学习，向爸妈"投诉"的时候，他们并不理解，有时候还要批评她。冉姝因为妈妈的返校、爸爸的忙碌而难过，她很孤独，说感觉不到家庭的温暖，她希望爸爸能多多陪伴她。其次，在与闺蜜的相处过程中，她自认为付出真心，可有时候得到的却是假意，她内心很苦闷。

两个女孩都有不同的心事，在娓娓道来的时候眼眶里不时泛起晶莹的泪花，数次忍不住落泪，让我看了怪心疼的。她们渴望家人的陪伴，渴望父母的理解，渴望获得真正的友情，但又不知如何与父母、朋友沟通交流，于是选择了将心事与忧愁埋藏心底，独自承受。

幸好还有我愿意当她们的听众，幸好我还能给予她们帮助与支持。晚上，我给两个孩子的父母打了电话，提出了合理化的建议，他们欣然答应。希望我的助力能让两个女孩打开心结，脸上能多一些灿烂的笑容。

（五）

虽然开学至今只有三天的时间，但小熊和心怡的努力，大家有目共睹。寒假的语文作业，他们每天都认真完成，递交与订正也十分及时。假期里，他们还主动加强了数学学习。心怡在日记里说，期末考试数学不及格的成绩让她特别羞愧，觉得最对不起的人是王老师。她自认为学数学没有天赋，也不愿努力，但王老师从未放弃过她，还常常利用休息时间给她补课，她这样自暴自弃实在不应该，所以再苦再累，她也会坚持学习数学，争取提高成绩，以此回报老师对她的帮助。孩子的努力，老师自然看见，今天小王老师就很激动地告诉我，他对心怡更有信心了。

小唐和小钱也懂事明理了，他俩假期的表现是欠佳的，如今成为一对竞争对手之后，他们在学习上的自觉性和好胜心竟然越来越强，谁也不甘落后。俊钰和鑫城的变化更大，学习上几乎不用老师操心，身为卫生委员，他们尽心尽责，深受大家的好评。鑫城同学还被评为寒假"自主学习标兵"，要知道全班只有 16 名同学获此殊荣，他能跻身其中，实属不易。

每一朵花都会朝着太阳开放，每一个暂时落后的孩子都有一个向往优秀的梦想，每一个努力奔跑的孩子都是可爱的。

油菜花儿开了，这个春天里，一切都是那么美好。

愿赌服输

2012 年 4 月 15 日

那天下课后，我立刻找来茹屹，提前告诉他今天在校的语文作业。虽然开学至今，他的进步是显著的，但是在完成作业方面的自觉性还是有所欠缺。毕竟他是男孩子，性格又很开朗外向，有贪玩之心也是再正常不过的。

下一节课是体育活动课，是他最喜欢的一节课。在这样的时候选择这样做，自然也是有我的目的的。《语文同步练习》上需要完成的作业并不多，只要用心去做，五六分钟就应该能结束。我告诉他，做好了便可以上你最喜欢的课去，不然，只能比别人少玩一些时间了。

他当然是不愿意错过体育活动课的，所以，知晓了作业任务之后，他便飞也似的跑回班级奋笔疾书。大约过了六七分钟的样子，他就拿着作业本兴冲冲地来到我的面前，告诉我，作业已经完成，请我给他批改一下。

作业完成得很不错！书写端正美观，看得出来，他用心对待了。尤其令我满意的是，他居然在这么短的时间里就将作业做好了，难能可贵。于是，我毫不犹豫地给予表扬并认真批改起来。

看到"督促"两个字的时候，我的第一反应便是"督"字好像写错了，我记得"叔"字下面应该是个"日"字。于是，也没有多想，我将该字圈了起来，告诉他写错了，需要订正。

他很纳闷，自言自语："不会吧，这个字，我刚才查过字典的。"

"会不会抄下来的时候抄错了呢？你再去看看。"我不假思索地给他提了个建议。

"胡老师，我觉得可能是你错了。因为我是照着字典，一笔一画写下来的，肯定错不了！"这一次，他没有半点儿疑惑，很坚定地告诉我。

"要不这样吧！你再去查查字典，看看咱俩谁错了，谁错了谁就将这个字订正十遍。你看，可以吗？"

"好啊！愿赌服输，我错了我一定抄十遍。"说完，小家伙立刻跑回班级去查字典了。

过了不一会儿的工夫，他就激动地跑进办公室里，一边跑一边叫道："胡老师，我写的是对的。下面是个'目'字，不是'日'字。你看！"他用手指点着字典上的"督"字，兴奋地告诉我。

我真的把这个字给写错了？仔细揉了揉眼睛，我定睛一看，还真的是我错了。

"茹屹，对不起，我错了！愿赌服输，我自罚抄写十遍。"说完，我便拉开抽屉，准备拿纸写字。

小家伙见状，连忙伸手阻拦我："胡老师，你不用写！不用写！改正了就好。我不要你罚写十遍。"他一边激动地说着，一边把纸和笔抢了过去藏到了身后。

"茹屹，愿赌服输，这是我们之前就约定好的。即使是老师错了，也应该遵守约定，不然就言而无信了。老师还要谢谢你，因为是你帮我纠正了错误，以后，我再也不会把'督'字写错了。听话，快把纸笔还给我。"

他一时不知道如何是好，或许觉得我说得有道理，但又觉得这样做不妥当，只好一个劲儿地说道："这样不太好吧！学生怎么可以惩罚老师呢？"

"老师也有犯错误的时候，接受学生的惩罚也是应该的。你不要那么自责好不好？"

"那好吧！不过，你写一个就好了，一个就好，不要写十个。"说完，他便将纸和笔递给了我。

我拿起笔，很认真地在白纸上写下了一个又一个"督"字，写完十个方才停笔。这期间，他在我的身边跳来跳去，急得快抓狂了，不停地叫着："胡老师，不要写了，够了，够了，你已经改正过来了，不要再写了！"

孩子善良得很，对于老师的犯错行为，总是宽容以待。对比之下，我自惭形秽。

昨天晚上，茹屹在日记中写了这件事。文章的结尾，他这样写道：胡老师竟然真的将"督"字写了十遍，这让我很意外。不过，她愿赌服输、知错就改的好品质，值得我好好学习。

中考前，收到小学班主任爱的鼓励

"明天就是中考的日子，我希望你以平和的心态去迎接它。当然，我知道开心丫丫永远都是乐观的、积极的、向上的。不过，毕竟是一场重要的考试，所以你也要认真对待每一道题、每一场考试，战胜马虎，发挥出最大的潜能，赢个精彩！

中考固然重要，但无论是否如愿以偿，我都希望你记住——有些事情的确会影响我们的一生，但是没有一件事能决定我们的一生。余生很长，不用惊慌，脚踏实地，梦想一直在前方等你。我们也一直都在你的身边！

丫丫，加油！保持初心，保持微笑，祝你成功！爱你的胡老师！"

这是一封小学班主任写给今年刚参加中考的学生的一封信。信中的"丫丫"是金华外国语学校的一名初三学生，胡老师是丫丫上东苑小学时的小学老师胡亚珍。

胡亚珍目前是金华市湖海塘小学的老师，3年前她在东苑小学任教。前天和昨天，她在金华带的第一批小学生参加中考。班里的40多个学生中，有的已提前被杭州、金华的一些中学录取，有的已经出国，这次参加中考的学生只有30多个。

6月10日，胡老师刚好要去杭州做讲座，但第二天就是中考的日子，她觉得自己必须给30多个孩子都写一封信，为他们加油、鼓励。

早上十点从家里出门赶高铁，到晚上八点到达金华南站，除了讲座的

两个小时之外，胡老师几乎一路都在给所有参加中考的孩子写信。高铁上、地铁上、出租车上，甚至走路都在写，饭都顾不上吃。

一个孩子一封信，加上出发前从家里电脑里找出来的孩子的照片，写一封发一封，图文并茂，满满的鼓励和爱。收到信的孩子很受鼓舞，家长也非常感动。回到金华，胡老师爱人得知她饿得慌，请她吃龙虾，其间她接到几个学生打来的电话，说看到她写的信非常激动，非常感动。学生言语之中的欢喜，胡老师隔着电话也能感受到："那一刻觉得一天的奔波，一天的劳累，都一扫而空了。"

胡老师说，学生和小学老师在一起六年，那要多大的缘分啊！孩子在她身边的日子里，她尽心尽力负好责任，无愧于心。孩子毕业了，她不能跟随，但在他们人生的重要时刻，希望自己都在。中考、高考，在她看来都是重要的时刻，她认为自己必须为孩子做点什么，哪怕是一句祝福，也是可以温暖孩子，给予孩子力量的。

本文选自 2018 年 6 月 11 日《金华晚报》

胡老师 7 天写了 41 封信送祝福

"从东苑到金外，从金外到一中，12 年的岁月里，我见证了你的成长，也目睹了你的优秀……高考期间请多注意身体，愿你的青春不负梦想，你心中的所想都能如意！"

6 日晚上十二点多，轩妈一觉醒来后再也难以入眠，天亮后儿子就将参加高考。她拿出手机，意外地发现儿子的小学老师写来了一封情真意切的信，为儿子高考加油鼓劲。信的后面，还附有儿子读小学时在舞台上表演的两张照片。读完这封信，轩妈深受感动。

过去的一周里，和轩妈一样接到胡亚珍书信的，还有 40 名家长。他们的孩子都是胡亚珍在 2009 年至 2015 年教过的学生，6 月 7 日一早，这些学生都将步入考场，迎接人生的一次检阅。

用 7 天时间，写 41 封信，一共 18000 多字，胡亚珍想用这种方式向自己教过的学生表明——重要时刻，我都在你们身边，我一直爱着你们。此外，她也向老师们传递着一个信念——教育可以是温暖的，只要付出真心真爱，就能找到幸福感。

争分夺秒，7 天给学生写 41 封信

胡亚珍今年 45 岁，是湖海塘小学的语文高级教师、班主任，从教 25 年，先后获得浙江省第三届最美教师、2017 浙江教育十大年度影响力人物、浙江省首届十佳智慧班主任、金华市优秀班主任、金华市最美教师、"金华好人"等荣誉。

任教以来，胡亚珍带了五届学生，前三届在衢州。2009 年，她任教于东苑小学，迎来了她的第四届学生。2015 年，学生们毕业了，胡老师调入湖海塘小学。即使师生已分别，他们依旧时常保持联系，几乎每年都会相聚。胡老师说："教学生 6 年，心里要想着学生 60 年。"学生在身边的时候，她尽心尽责；学生毕业了，她也不会忘记。隔三岔五通个电话，微信里留个言是常有的事儿。而在寒暑假，和每一批学生见个面，叙个旧，那都是自然而然的事儿。

每一届学生到了中考或高考的节点，胡亚珍都会送上祝福，只是形式略有不同。3 年前，东苑小学的这届学生参加中考，胡亚珍写了 38 封信（其他的已提前被高中录取），每封信 300 字左右。今年，这届学生要参加高考。高考前，胡亚珍很想去学校看看他们。根据以往的经验，但凡在学校里见到小学班主任，学生们都会无比欢喜激动。但因疫情防控，她未能如愿。

于是，她决定换一种方式给学生送祝福——写信。她白天在校有课务，又带着毕业班，非常忙碌。尽管如此，她也见缝插针，争分夺秒地写，晚上一般写到十一点左右。上周末，她的女儿因病从大学回来，她因为要照顾女儿，所以写信的进展不快，最后一封信直到 6 日晚上高考前才写好。

为了激励学生，她还别出心裁地在每封信后面附上该名学生读小学时最美好或是最励志的两三张照片。要从大量的相册里找到合适的照片实属不易，这也导致整个写信的战线拉长不少。

字里行间，闪烁着一颗良师慈母心

昨天，记者翻阅了胡亚珍写给学生的部分信件，从字里行间感受到了她

对学生的充分了解和满满的关爱。

对于一名选考失利的男生，她这样写道："即使选考中经历了失败，你也未曾忘却自己的目标，未曾过多地沮丧懊悔，而是更加踌躇满志、勤勉向上。这样的一份担当，是我欣赏的。人的一生就像喝绿茶，先苦一点未必是坏事。我相信最近的一段日子里，你一定是争分夺秒，全力以赴的……"信的后面是他们师生二人的合影。

对于一名在外地读高中的学生，胡亚珍这样叮咛："我从未担心过你的学业成绩，即使你如今孤身在外。在高考的日子进入倒计时，我唯一不放心的是你的身体。你从小身子单薄，吃得少，还挑食，不喜欢运动，体能不够好，也不知道现在的你是否有所改变。身体是学习的本钱，高考检验的不仅仅是学业水平，还有你的身体和心理素质。于你而言，老师只想叮嘱你——在接下来的日子里，一定要保证复习和休息两不误，吃好睡好，身体健康最重要……"

对于一名认真好强的女生，胡亚珍回忆起这名女孩当年参加 800 米赛跑的场景："我记得小学六年级的时候，你代表班级跑 800 米。当时的你不是赛场上最强的选手，但你跌倒了爬起来，还奋力奔跑直至终点的画面，永远定格在老师的记忆中……高考在即，现在的你或许身心都很疲乏，就像你当年跑 800 米的最后冲刺阶段那样，可越是这样的时候，越是要打起精神来……"信的后面，是这名女生在赛道上大步向前冲的图片。

…… ……

一片真情，引起爱的回响

孩子高考之即，收到小学班主任的祝福信件，很多家长感动至深。

轩妈给胡亚珍留言：胡老师深夜还在为我们的孩子加油鼓劲，真的非常感谢！遇到您真是我们的幸运！明晚儿子给我打电话的时候，我一定把您的鼓励和祝福告诉他。原文也转发给他了，谢谢，您总是和孩子、父母肩并肩地站在一起……

孩子在外地读书的妈妈看了信后热泪盈眶，她们没想到，过了这么多年，胡老师还在默默关注着自家儿子。"您小学的引导和呵护，他一直铭记在心，您的文字也是对他最大的鼓舞，希望他能够带着您的期盼风雨兼程，走得更远!"

　　而一位在美术校考中表现欠佳的女生妈妈说,胡老师在百忙之中还惦记着自己的女儿,女儿每逢大考都能收到老师的祝福,这样的老师太用心了。

……　……

　　在采访中,胡亚珍一再强调,她这样做不是为了博人眼球,而是为了让学生感受到一种关爱,知道胡老师会一直在他们身边。她也希望有更多的老师去做更温暖的教育。她说:"教育应该是有人情味的,师生之间的情感应该如潺潺流水般柔软。我们不应把这份工作只看成养家糊口的职业,也不应该只是按部就班地迎来送走每一届学生,如果只是这样去做,永远也无法获得幸福感和成就感。我们只有付出真心,才会收获幸福。"

《金华晚报》记者　赵如芳

2021 年 6 月 10 日

秋天的第一杯奶茶

（一）

2020 年 11 月 10 日

秋天的第一杯奶茶，我要奖励给小熊同学。

彼时，虽然只是课间十分钟，但他依然埋头写着作业。当我把热乎乎的"古茗奶茶"递到他面前的时候，他的大眼睛里满是疑惑，起先不知所措，接着是惊讶不已，最后嘿嘿地笑起来，乐呵呵地接过去，连声说道："谢谢胡老师！"那言语之中的兴奋之情，我已然感受到了。

"小熊，快趁热喝吧，我允许的！"我笑吟吟地对他说。

即便如此，他还是考虑到别人的感受，很低调地把奶茶置于腿上，偶尔埋头吸上一口。他憨憨的样子怪可爱的，我忍俊不禁："这是很光荣的事情，你就大大方方地把奶茶放在课桌上吧！"

他左右环顾了一下，然后扭捏着照做了，喝了几口之后，突然又跑到我的面前问："胡老师，我想问一下，你为什么要请我喝奶茶？"他明亮的双眸里装满了问号。

"当然是因为你进步很大啊！"未等我开口，渐渐聚拢过来的孩子们已经代为答复，没有嫉妒，只有羡慕，还有真心的夸奖。

"是啊，因为你越来越明理懂事了。大家都看到了你的努力和变化，我们都很高兴呢！希望你不懈怠，继续保持努力，好吗？"

他重重地点了点头，又莞尔一笑："胡老师，我会的。"他的小脸蛋上写着坚定之色，再低头大口喝奶茶的时候，他的脸上一直挂着微笑，满是骄傲。

（二）

金华市湖海塘小学 2015 级 9 班毕业生　郑佳骏

2020 年 11 月 26 日

最近，网络上流行的一句话是"秋天里的第一杯奶茶"，意思是人们借着秋天的到来，通过发红包买奶茶，表达彼此的深情厚谊。虽然如今天气已入冬，但仍然不应缺少"冬天里的第一杯奶茶"，为生活增添惊喜与幸福。

前几天，我们班的一位同学因为学习上很努力有进步，品尝到了"秋天的第一杯奶茶"，那是班主任胡老师奖励给他的，这可把我们班的同学馋坏了。

时隔两个星期，大家已经渐渐忘记了这件事情，觉得胡老师的奶茶在短时间里应该不会再露脸了，可谁知——

今天午自习，当我们正在聚精会神写作业的时候，四杯奶茶不知什么时候悄悄地来到九班的讲台上，更让我惊讶不已的是这奶茶竟然是胡老师送给我和另外三位同学的。

原来，我们四位正副班长工作认真负责，还敢于创新，把班级管理得井井有条，胡老师都看在眼里，记在了心上。她请我们喝奶茶，一方面是为了表示肯定和感谢，另一方面是希望其他班干部能以我们为榜样，努力做得更好。

从胡老师的手中接过热乎乎、香喷喷的奶茶，又看到同学们投过来的羡慕的小眼神，我激动得心都要蹦出来了。胡老师的这一举动，用那句话来形容再合适不过了——神不知，鬼不觉，一个惊喜到门前啊！

坐在位置上，品尝着香甜可口的"冬天的第一杯奶茶"，我的心也如这奶茶一样，甜津津的。

苏霍姆林斯基说过："教育者的关注和爱护在学生的心灵上会留下不可磨灭的印象。"每一个努力的学生都希望被关注，被认可，老师一句表扬的话语，一个赞美的眼神，一杯香甜可口的奶茶，或许都会成为他们持之以恒的动力。

我被骗了

2012 年 10 月 23 日

前天晚上，学生王粲在 QQ 上给我留言——

胡老师，过两天，我要到金华表姐家玩，到时候一定去看望你。

短短的一行字，却在我的心里激起了一圈又一圈幸福的涟漪。自从王粲小学毕业之后，我就没有再见过他，今年上半年通过朋友网找到他，加了 QQ 好友之后才得知他考上了浙江师范大学，如今已经是大二的学生了。因为他父亲是地质工作人员，家人也跟着总是搬家，当年就是因为父亲工作的变动，他中途转学来我们班的。这孩子高高瘦瘦的，很朴实，体质很好，也是我们班的一员运动健将。这么多年没有见面，我自然十分想念他。

昨天下午四点多钟的时候，突然接到来自广州的电话，一接通就问："胡老师，你猜猜我是谁？"听着那浓浓的北方口音，我一时反应不过来，开始以为是班里的一位家长，结果他告诉我答错了。我又猜了几次无果，他才说是"王粲"，还说第二天中午会到金华，然后来学校看望我。虽然感觉他说话的声音已不是我曾熟悉的，可处于兴奋状态之下的我也未多想，毕竟王粲也是北方人，而且他前一天晚上正好留言给我。这些信息都对上号了，应该不会有假！

昨天晚上，我又特意打电话给在浙师大读书的学生吴郁芊，她和王粲是同班同学。她也很高兴，我们约好今天晚上一起聚一聚，好好聊聊。

今天上午九点左右，我又接到了"王粲"的电话，说是今天赶不过来了，他现在宁波，出了一点事情。一听学生出事，做老师的马上就会精神紧张，这是职业导致的条件反射。

我连忙开始了解情况，一来一去的几番问答之后，我终于搞明白了。大致内容是：晚上，他和几个宁波的朋友一起吃晚饭，大家兴致很高，喝了不少酒，结果酒后乱性，找了小姐开了房，最后被抓了，现在他人在派出所。

我自然是气不打一处来，我的王粲怎么变成这样了？居然酒后乱性，还开房被抓？这样的事情也会发生？我忍不住严肃地批评了他。他在电话那头倒是没有辩驳，忍气吞声地一个劲儿自责。

气归气，我还是很担心，于是问他：现在是个什么状况？应该怎么办？他说找了关系，又找了一个朋友担保，派出所的人答应不拘留他，但要交5000元的罚款。可是，他的包啊、卡啊之类的物品在酒吧里就被人顺手牵羊了。如今，他身无分文，所以只好求助于我。

听他这么一说，我原本发热的脑袋倒是突然清醒起来——这该不会是真的王粲吧？儿时那么明理懂事的一个孩子，长大了会变成这般模样？会不会是个骗子啊？可是，这样想了之后，又自责起来。想想人家有我的电话号码，QQ上也有留言，昨天还打过电话，所有的信息都对接无误。

可是，发生在他身上的这件事完全超出了我的想象和我对他的认知，我无法释怀，于是，我决定试探一下虚实。我建议他先告诉一下父母。结果他立刻否决了，说这种事情决不能让父母知晓，不然他们的老脸往哪儿搁？他也不能让单位的领导知道，不然就没办法在单位待下去了。想来想去，还是决定告诉胡老师，希望胡老师不要讲出去，毕竟不是什么光彩的事情。

乍一听，言之有理，可细一思量，又觉得疑点多多。因为按理说王粲现在还在读大二，怎么可能就有工作单位了呢？想到这儿，我又继续试探，我告诉他宁波有我许多的学生，让他说出派出所的具体位置，我让他们去看看情况再说。没想到，他一下子就情绪激动起来，拒绝接受他们的帮助。而当我提出向金华公安局的朋友了解一下类似事件的处理程序时，他反对的言辞更加激烈，而且数次打断我的话语，很强势地"命令"我先听他说。

我真是惊诧万分，倘若真的是王粲，怎么可能这样对我说话？这个人，一定是个骗子。恰好这时上课铃响了，我以去上课为由先结束了我们的对话。下课后，我咨询了公安机关的朋友，他听完后哈哈大笑，说：你啊，一定是遇上骗子了。最近这样的案件已经发生好几起了，都是冒充学生骗老师的，因为老师太善良，一听说学生出事了就着急。末了，又再三嘱咐我说，再打电话来就不理他，两三次不接，骗子自然就会放弃钓我这条鱼的。

虽然如此，还是有点儿不放心，于是给对方发了一条短信，问了几件关于王粲小时候的事情。我告诉他若是能一一答复，而且正确，那就说明他真的是我的学生，不然就是骗子。结果短信去了半天，石沉大海，再也没有消息了。至此，终于明白自己真的被骗了，所幸的是自己没有糊涂到真给他送钱去，幸哉幸哉。

可到了下午，我又不安起来，想想我的电话、我的种种信息，这骗子又是怎么知晓的？不会是王粲的QQ被盗才有这一摊子事情吧！想到这里，我不禁紧张起来，赶紧上网找王粲，最后在他的空间里找到了一个电话号码，拨了过去，一问才知道是王粲的爸爸。虽然号码显示是河北沧州，是王粲的老家，但经历了上午的事情后，我还是心有余悸，起初不敢充分相信，不过，用了几个问题试探对方发现都正确，才终于放下戒备心，完全相信是王粲他爸，而非骗子。于是，我告知他我上午受骗的事情，让他一定要提醒儿子做好防范。

晚上六点钟左右，我接到了王粲的来电，那温和而亲切的声音响起的时候，熟悉的感觉立刻涌上心头，眼前就不由自主地浮现出王粲儿时可爱的模样。我知道这一次一定不会假了。王粲说他从爸爸那里刚刚得知这件事情，并因此而抱歉，让老师受惊吓了。今晚八点，他从学校出发，预计明天中午会到金华，到时候就可以见到他的真人了，这次一定不会假了。

平日里常在报纸上看到诈骗的事情，总觉得永远不会发生在自己的身上，这次是真的撞上了。所幸的是有惊无险，还算幸运。和孩子们朝夕相处五六年，我对他们知之甚多，了解也很全面，他们的人品都是值得信赖的。可以深信不疑的是，这样的欺骗行为永远都不可能在他们的身上发生。

期待明天与王粲的久别重逢。

奖励卡的魅力

（一）

2013 年 9 月 18 日

下午第二节下课后，苏乐君拿着一叠奖励卡来到我的面前，红着脸蛋轻轻地说道："胡老师，我集满了 10 张奖励卡，我想请您给我的妈妈打一个报喜电话，可以吗？"

看着那张因害羞而涨红了的小脸蛋，感动之余，我连声说好。

拿出电话，找到她妈妈的号码，拨通，详细地告知她开学至今苏乐君在校的种种良好表现。

电话那头，孩子的妈妈一边听着，一边激动地回应着。虽然看不见她的表情，但完全可以想见她兴奋的模样。末了，她告诉我，孩子中午回家午睡的时候就说了，要过中秋节了，一定会送给妈妈一份让她特别欢喜的礼物。

原来这就是她想送给妈妈的那份礼物啊！

"可乐的妈妈，您今天高兴吗？"

"高兴，高兴，真的太高兴了，这真的是女儿送给我的最好的节日礼物。"

电话那头，一位母亲因此而欣喜不已，电话这头，我的内心也久久不能平静。

奖励卡，是本学期的一项新举措，自开学初实施以来，便受到了全班孩子的极力追捧。集满 10 张奖励卡，便可以换取 16 种不同形式的奖励。比如：可以不写日记一篇，可以无理由迟到一次，可以担任小老师批改某一项作业，等等。为了获得奖励卡，许多孩子挖空心思，铆足劲儿地去努力，规范自身行为的同时，也让潜能得到极大的开发。有了这一激励措施，孩子们各方面的表现又上了一个新台阶。应该说，达到了预期的效果。

从上周开始，陆陆续续已经有孩子拿着 10 张奖励卡来找我兑换奖励了。但是，大多数孩子选择了免写日记一篇，或是和自己最喜欢的同学同桌一天的奖励。写日记毕竟不是一件每一个孩子都喜爱的事情，换之，情有可原；能和自己心仪的人儿成为同桌，是每一个孩子梦寐以求的事情，换之，合情合理。

但是今天苏乐君的做法，让我十分惊讶，更确切地说是一种惊喜！

集齐 10 张奖励卡，是多么不容易！日记获得 "A+"，上课发言特别积极精彩，课堂作业本上的作业一次性满分等，只有做到这些，方可获得这样的奖励。集齐 10 张奖励卡，往往需要两周的努力。

来之不易，然后用于减压，是再正常不过的事情。毕竟还是一群还未长大的孩子。

之所以感动，源于这孩子从开学至今，始终保持着积极主动的学习状态，她静心学习，乖巧懂事，不再心浮气躁。原来显著进步的背后，不仅是她对自我的要求，更主要的是要表达对一直以来为她无私付出的父母亲的那份感恩之情。

我又想起昨天午饭后，她依偎在我的身边，谈起她的妈妈的时候，她的脸上挂着的那份甜蜜的笑容。她说，为了更好地照顾她的学习和生活，妈妈又决定不去上班了。这学期，妈妈的任务更重了，因为还得照顾她喜欢的那两只小动物。末了，还调皮地说道，我妈妈现在要照顾三个小宝贝呢！

羊跪乳，鸦反哺，知父母之恩然后图报，便是一种孝顺。今天，我的学生苏乐君用这样一种方式感恩父母，作为她的老师，我十分欣慰。

（二）

早上，批改家校联系本的时候，发现近十个孩子有 "偷工减料" 的现象。印象中，前半个月有过类似的情况发生，当时做了口头批评，希望下不为例，不料，今天故伎重演。于是，我决定好好治治这几个 "小懒汉"。

课间，我将家校联系本下发，没有领到的那几个孩子心急火燎地找本子，无果后，他们便主动寻到办公室里来了。

问之——昨晚的家庭作业有哪些？老师要求怎样记录的？

此时，这些孩子还不知道我葫芦里卖的什么药，依旧兴高采烈，争着回答，没有任何疏漏之处。

于是，再问——你们都按要求记录了吗？

打开本子，让他们自己过目。于是，小脸蛋上逐渐出现红晕，原本高昂着的脑袋也慢慢垂下去了。

做解释、说理由的时候，他们倒是没有撒谎，也没想着要找借口，说的都是实话。有的孩子少写一项，是因为在校就完成了那项作业；有的则坦然承认，就是想偷懒一下。

"错已犯，接下来怎么办？不是第一次犯错了，所以这次不会只是原谅，必须接受惩罚。至于如何惩罚，每个人自己去想，想好了再来找我谈。越早越好，越迟越糟，大家都知道的，对不？"

一群人连连点头，之后，陆续散去，但这时候的表情都是严肃而黯然的。

接下来的两个课间十分钟，有几个孩子主动来找我，谈了自己的想法。第一个孩子提出扣除两张"奖励卡"，应该说自我惩罚的力度是很大的。我虽有点儿于心不忍，但想到孩子自己都能痛下决心，我又何必心太软，于是，我表示同意。之后的几个孩子见状，也只好磨磨叽叽地将奖励卡交给我，但依旧不情不愿地说道："唉，真的好舍不得啊！攒两张'奖励卡'，多么不容易哪！"

最有趣的是其中一个女孩子。她第一次来到我面前时，见同学交了"奖励卡"，她舍不得，便赌气走了。再来的时候，发现除了她之外，其他的同学都交了"奖励卡"，她便开始哭丧着脸蛋，哀求我："胡老师，我给你积分卡吧，多少都可以，就是不要扣我的'奖励卡'，好吗？"

看着她那梨花带雨的脸蛋，我还真的有点儿不忍心。于是，我再次检查了她的家校联系本，发现小家伙已经有好几次这样的情况了，便决定狠心到底。

"扣了这两张'奖励卡'，估计你再也不会犯这样的错误了。值得的，不要这么伤心了。好好努力，'奖励卡'还会有的。"

小女生无奈地点点头，垂头丧气地走了，但直到下午，她才终于从口袋里摸出两张"奖励卡"恋恋不舍地递给我，那心痛的模样让我看了着实忍俊不禁。

放学前，再布置家庭作业的时候，不用提醒，人人自危。看来，"奖励卡"的魅力不容小觑啊！

总有一些美好，不期而遇

2016 年 9 月 27 日

批阅家校本，我总是会收获许多的快乐——

今天，郑心怡的手指不知道怎么受了伤，流了血。我和池雨馨连忙去十班借来创可贴为她贴上。贴的时候，我小心翼翼，就怕弄痛了她，她很有礼貌地向我表达了谢意。我不知道明天她的手还会不会痛，我还是很担心。

——曹唯奕

今天，我换了新同桌。原来的同桌是吴殊乐，现在是郑裕缤。我愿意和班里的每一个同学做同桌，哪怕是小淘气。

——庞棋天

徐子昊本来欠我三个"脚丫"，但爸爸妈妈建议我让他还两个就行了。因为他积攒"脚丫"很不容易。今天他的表现很好，获得了两个"脚丫"，马上就还给我了，他是言而有信的人。

——施怀远

当一个班集体处处涌动着爱的暖流，就不会有争吵，更不会有打闹，有的是彼此之间的相亲相爱。同学有了小病小痛，同学遇上困难挫折，若是自己有能力给予帮助的，孩子们会选择不惊扰班主任，不麻烦科任老师，他们会默默地献上一份爱心，表达一份关切。他们把这样的帮助当作理所当然，所以也从不会在我的面前邀功请赏。要不是有这项"讲故事"的家庭作业，我又怎么会知道他们在我的目光所不及的地方，曾经做过那么多暖人心的事儿呢？

把行善当作平常的事情来做，让善良根植于内心，孩子们每天都在努力，每天都带给我惊喜。

下班到家已经是六点了，睿今已经完成了所有的家庭作业，并在妈妈的指导下对数学课本上的错题进行订正，表现很不错。按照之前的约定可以看半小时电视，到点了也没有耍赖，言而有信。必须赞一个！——叶睿兮爸爸

今天放学后郑佳俊告诉我在学校吃饭表现很好，不但没有倒饭菜，还在规定的时间内完成了吃饭任务。但在卫生方面做得不够好，按照约定自我惩罚挑豆40分钟。我和他说一天比一天有进步就好。看得出来，他也意识到自己的不足之处，也在下决心努力改正。希望明天能做得更好。

——郑佳俊妈妈

听怀远说，他和子昊两个人今天相处得很愉快，我也很高兴。我跟他说，交朋友就应该这样，应该有发自内心的欣喜。我还开玩笑地跟他说：班里有43个人，交了一个好朋友，还有41个，你要尽可能用心地去和他们交往。

——施怀远爸爸

今天书畅回来告诉我许多事情：清朝的时候，八国联军野蛮入侵中国，他们烧杀抢掠，无恶不作；圆明园至今不重建，是希望每一个中国人都不要忘记曾经屈辱的历史；邓小平爷爷是中国改革开放的总设计师，他还提出了"一国两制"的方针；香港和澳门在1997年和1999年回归……在国庆节来临之际，老师结合课文对孩子进行了历史教育、爱国教育，让孩子明白了"少年强则国强"的道理，衷心感谢。

——尹书畅妈妈

开学后，又坚持每天和儿子一起读课外书。以前是我纠正他的读音，现在是他常常提醒我要读准字音，不要漏字添字。现在他回到家就能主动写作业，自觉性强多了。今天，我切菜的时候，不小心被菜刀划伤了手指，他知道后连忙就拿来创可贴为我贴上。我当时很感动。现在，我是真的感受到陪伴孩子成长的重要性了。我会坚持下去的。

——庄鑫城妈妈

今天回家的路上，一涵很高兴地告诉我在学校表现不错，作业完成得又快又好，受到了胡老师的表扬。"胡老师说她喜欢的那个傅一涵终于回来了。"他很骄傲地告诉我。我问他喜欢大家表扬你，还是批评你？他说当然是表扬了。我鼓励他要继续努力，争取少受批评，多得表扬，他表示有信心。

——傅一涵妈妈

开学至今，虽然已近一个月，但部分孩子的学习状态时好时坏，一直不

够稳定。课堂上的眼神游离、坐姿的随意散漫、作业中的错误频出等，这些足够家长和老师焦虑不安了。于是，早在九月上旬我就开始重申好习惯的重要性，重拾好习惯的训练机制，量化的评价与考核也随之跟上了。无论个体的，还是集体的，原本松散的状态逐渐受到约束，慢慢地紧致起来。我深知"严是爱，松是害"的道理，尤其是在习惯的培养上，光靠柔性的滋养，无疑是天方夜谭。刚性的要求、适度的惩罚有时也是必需的。所幸家长们都能紧跟而来，没有半句怨言，有的只有满满的信任与支持。这是我深感欣慰的。

二年级才刚刚开始，但许多家长已经意识到孩子之间的差异在慢慢扩大，他们更加清楚地知道家庭教育对孩子的影响之巨大，父母的陪伴与用心程度对孩子的进步影响之巨大，所以一部分"先知先觉"的父母早已行动起来，陪孩子写字，陪孩子阅读，陪孩子聊天，陪孩子锻炼……陪伴，起初是烦恼的，久而久之，他们在习以为常的同时，竟慢慢地感受到了快乐，收获了幸福。

体检日（一）

一

2010 年 10 月 27 日

今天中午，我和孩子们还在用午餐，身穿白大褂的两位老医生就走进班里，手里还拿着一些抽血用的胶带和针管等。孩子们看了都尖叫起来，个别胆小的甚至用手捂上了眼睛，不忍直视。想及去年的抽血现场，我还真有点心有余悸，我从没有见过孩子们那么狼狈的样子：痛哭流涕的，哇哇大叫的，几乎占了一半。

今年可不能再这样了！

午餐结束，孩子们安静地坐下来后，我说道："去年抽血哭过的请举手。"三四只小手立即举起来，一看，原来是贾贲、斯乙轩、王莉雯和唐翰。

"今年我们都是少先队员了，还记得少先队员作风的第二条吗？"

"勇敢！"他们异口同声地响亮回答。

"真的能做到勇敢，能做到不哭的请举手！"一片高高举起的小手，但也不乏低头不吱声的。

"实在觉得害怕的，胡老师愿意给你一个温暖的怀抱。不过，我希望没有一个小朋友给我这个机会！"

开始打针了。

"一号，王莉雯。"医生喊道。

瘦瘦小小的女生此时已经脱去外套，起身向我走来，但看得出来，小家伙很紧张，走得很慢，脸上的畏惧之色已显而易见。

"雯雯不怕，做勇敢的少先队员，胡老师相信你一定很棒！小朋友们，我们一起给王莉雯加油，好吗？"

"王莉雯加油，王莉雯加油……"

恐惧还是战胜了勇气，当医生挽起她的衣袖，拿出针筒的时候，小家伙突然大惊失色，一个劲儿地往后退，连声喊道："不要，我不要!"此时，孩子们的加油声震耳欲聋。

"雯雯，如果你真的害怕，胡老师就抱着你，你可以明年再争取做一个勇敢的少先队员，但是临阵脱逃可是很难为情的事儿!"说完，我就伸手去拉她的手，想将她搂进怀里。可是出人意料的是小家伙居然径直走到医生的面前，红着脸，吞吞吐吐地说道："医生，你能不能轻一点？我怕痛的!"

"好，好，我一定轻一点，你别害怕!"医生安慰道。

或许是医生的答复让小家伙感到满意，她终于主动伸出了细细的胳膊，但是看见尖尖的针头后，她起先全身一阵哆嗦，接着连忙将脸蛋别了过去。她还是怕啊！想起去年的她抽血的时候被我抱在怀里还哭得一塌糊涂的，这会儿，她的表现在我眼里俨然是一位勇士了。

针头扎进去的那一瞬间，小家伙强忍着的泪水终于溢满眼眶，可是，看得出来，她努力克制着，压抑着。

"雯雯，再坚持一会儿，已经抽到血了，马上就好，不哭哦!"她听了拼命点头。

直到医生拔出针头后，小家伙的眼泪也没有流下来，我忍不住将她抱进怀里，心里真是百感交集，眼眶也不禁湿润了。

或许是受到王莉雯的影响，之后抽血的孩子们都表现得特别无畏，抽血工作进展得特别顺利，两位医生很满意。

可临近尾声，轮到小个子斯乙轩抽血的时候，紧张的气氛又一次出现了。

小家伙非常害怕。在金宇涵抽血的时候，他已经局促不安地在过道里来来回回地走了好几趟了，他不敢看医生，小脸蛋上已经看不见一丝的笑容，一直绷得紧紧的。轮到庄毅帆抽血的时候，他终于按捺不住开始流泪了，走到我的身边，拉拉我的衣角，一边哭一边说："胡老师，我需要你的怀抱，我还是很害怕，你能抱着我打针吗？"

"如果你真的很害怕，那就抱着我！想哭的话就哭吧！没有人会笑话你的！放心吧！"还没有等我说完，他已经用双手紧紧地抱住了我，小脸蛋深深地埋在我的怀里。

"小朋友，为乙轩加油哦！"孩子们的加油声又一阵高过一阵了。

医生终于从我的身上"拉"走了小家伙的一只手，虽然我无法看清楚他的脸蛋，但怀里的人儿已经开始瑟瑟发抖。

"害怕的话就哭出来吧！"我摸摸他的小脑袋，看着孩子这样无助，我特别心疼。

"胡老师，你跟医生说说吧！让她抽血的时候，轻一点，好吗?"

"医生会很轻很轻的，放心吧！但是，你也要勇敢，争取抽血的时候不流眼泪，好吗?"

"好的。"他使劲地点点头。

抽血结束，他还躲在我的怀里不敢抬头，我捧起他的小脸蛋，竟然意外地发现小家伙真的没有流泪——他在关键的时刻没有哭！多么令人高兴的事儿！

上小学后的第二次体检，全班没有一个孩子在抽血的过程中哭泣，这样的结果出乎我的意料。孩子们所表现出来的那份勇敢，固然有胸前红领巾的激励，有集体的帮助，但最重要的是每一个孩子都积极向上。

内心的强大才是真正的强大。

这是我常常和孩子们说的一句话，今天的抽血，孩子们用行动证明了自己的勇敢，证明了自己的强大！我目睹了整个过程，眼眶一次又一次地湿润，我为我的孩子们自豪！

二

2013 年 9 月 23 日

又是一年体检日。

早上七点三十分，斯乙轩就来到办公室。看见他的第一眼，我心里便嘀咕起来：这小家伙不会又要耍什么花招吧！

"胡老师，我想跟您商量个事情。"

不抽血？要个拥抱？我的脑子里飞快地转着。

"今天体检，我决定第一个抽血，您能答应我吗？"

太惊讶了！原来我想多了。

"当然可以啊！老师为你的勇气感到骄傲！你不知道吧，这样的日子里，你一出现在我的面前，我就紧张！"

"还需要借用一下我的拥抱吗？"这样说着，心里却盼望着小家伙说：NO，NO，NO！

"到时候再说吧，如果我需要的话，您愿意吗？"

"当然愿意，不过，希望你今年比去年更有进步！"

小家伙很郑重地点点头，然后一蹦一跳地走出了办公室。看着他远去的身影，我的心里满是欢喜。

七点四十分，透过窗户，远远地看见几位身穿白大褂的医生匆匆走来，心想，来得可真早，我还没有给孩子们思想和心理上打好预防针呢！为了避免突然的骚动，我赶紧示意领读员停止工作，利用仅有的四五分钟时间，做了一番鼓舞人心的动员。孩子们在我的连哄带骗之下，信誓旦旦地说：绝不流泪，绝不当逃兵。

话音刚落，两位医生便走了进来。为数不多的几个胆小的，这会儿早就将誓言抛在脑后，一惊一乍地叫了起来，但立刻招来其他同学鄙夷的目光。在这样的目光之下，尖叫之声顿时偃旗息鼓了。

开始抽血了。两位医生，兵分两路。50 个孩子分成两组，各自一队，相互观望着，彼此打气，彼此加油，颇有同仇敌忾的气势。

斯乙轩果然没有食言，抬起胖乎乎的右手臂第一个站在了讲台桌前。见此状况，全班孩子都为之喝彩，掌声、赞美声不绝于耳。他似乎更受鼓舞了，表现出一脸的坚毅，没有一点儿畏惧之色。可当医生扎好止血带，拿出针筒的时候，他突然冲着另一队喊道："柳钰成，快来！"原来，他是有备而来的，他早就和柳钰成说好：关键时刻，需要好朋友挺身而出。不过，他不是借用一个拥抱，而是需要有人替他遮一回眼睛而已。从坚决抵制抽血，到临阵脱逃，再到借用怀抱，直至今天的表现，过往四年的体检，我和孩子们一起见证了这个小男孩越来越勇敢的表现。赞一个！

孩子们一个接着一个有序地来到讲台桌前，和上学期相比，每一个脸蛋上都多了一份淡定与从容。即便是胡建宏、苏乐君、戴静妍、朱柏萱、申琦等几个孩子的双臂都被扎了针，他们也没有流下一滴眼泪，让我特别感动。我的眼睛有点儿忙，我的相机更忙，即使这样，许多勇敢者的表情仍然没有被定格在镜头前。这不能不说是一种遗憾！我总是希望能给他们成长的瞬间多留点儿记忆，无论美好与痛苦。

体检之日，也有突发事件，让我始料未及。贾想因为带错了社保卡，一直耿耿于怀，坚决不肯参加体检。他是一个自尊心极强的孩子，所以，当着孩子们的面，我不便多说什么。后来，当其他的孩子都离开教室去别处参加体检的时候，我耐心地和他做了交流，果不其然，他是害怕医生批评他。于是，我宽慰他、鼓励他，然后拉着他的手出了教室门。一路上，他扭扭捏捏，半走半停。适逢同事找我有事，我便将他转交给唐翰、万世泽和斯乙轩三个孩子，嘱咐他们务必劝说贾想参加体检。三个小家伙倒是不辱使命，在贾想的爷爷奶奶赶到学校之后，已经带领贾想完成了除抽血之外所有的体检项目，让我赞不绝口。最后，我陪着这孩子去十班完成了抽血的项目。

这次的体检因此圆满结束——一个也没落下，一个也没有落泪。

体检日（二）

2015 年 9 月 17 日

上午，孩子们要参加体检。

我不由得想起东苑五班的那些孩子入学后参加的第一次体检。在抽血环节，尽管在医生来到班级之前我已做足了功课，尽管加油声、掌声此起彼伏，但王莉雯、贾贲、斯乙轩等几个小家伙还是哭得稀里哗啦的。

因此今天我特别想陪伴在这些孩子的身边，给他们一些帮扶，给他们留下这难忘的一刻。要知道，他们入学才半个月，和我的上一届孩子相比，他们更不容易。

但事与愿违，早些天就得知今天上午九点要到金华市教育学院参加"浙中教育论坛"的活动，不得请假。即便这样，我还是想在学校多待上一会儿，多陪陪孩子们。

七点五十分，医生到达教室。有了之前的心理辅导，小家伙们很淡定地坐着，没有一个人尖叫，也没有一个人哭闹。我和他们约定：即使真的害怕，我们也默默流泪，不要哭出声来。因为哭声会传染，它会吓到那些原本可以勇敢的同学。更何况我们班是第一个参加抽血的班级，我们应该做好榜样，给其他班级的同学多一些信心与鼓励。

于是，在陪伴他们的那少得可怜的二十分钟时间里，我看到了孩子们出色的表现：第一个走上讲台的是曹唯奕。听到医生的叫声，她爽快地答应着，边走边撩起衣袖，然后坐下，伸出手臂。当又细又尖的针头刺向她的血管时，她竟然毫无畏惧之色，还专注地看着。在她的感召之下，陈俊钰、郑意、胡馨元等孩子大受鼓舞。

特别值得表扬的是陈曦。她是害怕抽血的，之前就主动举手告诉过我。所以当她走到医生的面前时，她紧握双拳，怎么也不肯伸出手臂，但在我的

98

劝说和拥抱之下，她终究怯生生地把手伸了出去。她的眼里噙着泪水，但没哭出声来，孩子们用热烈的掌声鼓励她。

最有意思的是高毓淇。医生叫到她的名字时，她所表现出来的样子，简直可以用"视死如归"来形容。抽血的时候，她居然还和医生谈天说地。可当一只手臂抽血失败得换另一只手臂再抽的时候，她脸上的笑容突然就不见了，眉头开始紧锁起来，嘴唇紧咬着。不过，她很勇敢，最终没有掉一滴眼泪。

八点二十分，我必须赶去开会，纵然有太多的不舍与担忧，也只能埋藏在心里。孩子们倒是很谅解，没心没肺地对我说着："胡老师，拜拜！"

会议休息的时候，我赶忙给副班主任姜老师发信息，得知一切都好，心里踏实不少。

结束会议后匆匆赶回，到了学校四号楼的时候，远远就看见小家伙们在姜老师的带领下有序地迎面而来。再走近一些，唐英豪、钱奕含几个小家伙就激动地扯开嗓子喊起来："胡老师，胡老师！"其他孩子随之紧跟而上。于是乎，稚嫩、清亮、热情的呼喊一声高过一声，深情的鞠躬也不时出现在眼前，心里涌起的那份欢悦就如久雨初晴的阳光一般。

"胡老师，你去哪里了呀？我好想你啊！"

"胡老师，我也想你了。你怎么现在才来啊？"

"胡老师，我想你，我爱你，你辛苦了！"

…… ……

孩子毫不含蓄、无所顾忌地表达着对我的想念之情。小不点钱奕含还张开双臂紧紧拥抱我，他恨不得像猴子似的挂在我的身上，那样的一份热情让我感动得不知所措。

"胡老师，我好想你。今天中午午睡的时候，我还梦到了你。我很害怕，因为我发现你掉进了一个洞里，我想把你拉上来，可是我力气太小了。我很着急，后来我找来了许多小朋友，终于把你救上来了，我很高兴。然后，我就醒来了。"

这是徐子昊小朋友一本正经告诉我的一番话，他那扑闪的大眼睛里满是对我的思念。这是至今为止我听到过的来自学生的最打动人心的"情话"，我忍不住拥抱了他，真想亲亲他啊！

班级管理改革之风波

2015 年 3 月 27 日

一早上，褚函辰和黄睿两位班长就到办公室找我谈话。他们认为利用班级公约以及团队竞赛的方式管理班级取得了良好的效果，即使取消目前的竞争机制，也不需要班队干部管理班级，一切依靠同学们的自觉自律，班级也能保持这样一种良好的状态。他们希望我能提供机会，检验一下大家。

我很欣赏这两个孩子有如此大胆的想法、创新的勇气。尽管这样的尝试很冒风险，还事关周文明班级的评比，我还是毫不犹豫地答应了。说实话，我也很想知道若是没有班干部管理，没有制度的约束，一切顺其自然，班级到底会是怎样的状态。这，只有实践过了才能知道。

我建议他们利用晨会将具体的想法先告诉每一位同学，然后再行动。这个短暂的会议也全权交给他俩去做，我没有参与。至于他们和其他孩子说了什么，我毫不知情，但是，据说此项政策一出台，就得到了大多数人的热烈拥护。

一个上午的光阴转瞬即逝，除了语文课，我偶尔也会走到教室的窗户边偷偷观察孩子们的表现——情况不容乐观。没有卫生委员的巡查，有个别孩子的座位上出现了小纸屑；没有副班长的提醒，眼保健操的音乐响起，还有少数同学仍然睁着眼睛。当然，让我深感欣慰的是虽然没有班队干部的督促与管理，还能做到严于律己，甚至还能做好集体小主人的不在少数。

这期间，吴佳颖、徐韵、张澈、胡雨博等孩子陆陆续续来找我，希望尽快结束这样的实践。他们感觉班级没有往常那么有序，尤其是平时爱调皮捣蛋的那几个正好借此机会"兴风作浪"，如此下去，班级说不定还会被扣分。

有问题是正常的，即使被扣分也是值得的，只有经历过了，甚至失败过了，才能更清楚地认识自己，才能找到班级的问题所在，才能在今后更好地管理班级。

问题集中暴露在午餐及午餐之后的管理上。没有了副班长的组织，在排队打饭以及用餐过程中，细碎的声音此起彼伏；没有了王兴宇和胡建宏的管理，餐后的碗筷无人收拾，散落一地……

"事不关己，高高挂起"的现象的确存在，但无私奉献，争当班级主人的孩子也大有人在。饭后，黄睿、褚函辰、胡雨博、柳钰成、斯乙轩主动打扫了教室，张澈、蒋慧文、项宇妃、贾赍、万世泽、万世虹、朱赜、龚一雄、胡建宏等孩子主动将饭菜罐送回了食堂，唐翰在十二点半时主动招呼同学们回班自习……

"胡老师，我看这样下去真的不行，你得管一管了！"王昕煜忧心忡忡。

于是午自习时，我请孩子们各抒己见，孩子们的想法基本一致。除了两个孩子认为可以继续尝试，其他48名孩子认为应该尽快终止这样的实践。

王昕煜说："我觉得人人自治很难做到。没有安排专人负责哪项工作，有的同学饭后就跑出去玩了，他们根本就不管碗筷和饭菜桶有没有送回去，还有的就指望别人去做这些事情。今天做这些事情的同学思想好，如果让他们天天都这样无私奉献，我相信他们也坚持不了多久的。"

丁玄说："虽然我渴望自由，渴望班级的管理没有那么多的条条框框，但现实告诉我这只是一种美好的愿望。今天因为茹屹骚扰我，我让他道歉，他就是不答应。遇上这样的情况，往常就可以借助班长的力量、集体的力量去教育他。现在想想，我还是觉得原有的班级管理方式还是有可取之处的。"

柳钰成说："我觉得上午还行，中午就有点儿乱套了。大部分的同学能管理好自己，做好自己的事情，但对于有的不是那么自觉的同学来说，他们就真的自我放纵了。"

吴佳颖说："我还是喜欢原来的管理方式。每一个人都是班干部，每个人都要为班级出谋划策，每一个人都要为班级做事。今天我和万世泽没有组织晨读，我发现大家的表现就没有往常好。虽然不用承担工作，对我来说轻松不少，但对班级来说影响很大。"

…… ……

在问及下午还要不要继续实践新措施的话题时，全班不约而同地摇头说"NO"，他们强烈要求尽快恢复原有的班级管理制度。于是，副班长、卫生委员等按部就班又走马上任，14 个小队又团结一致，奋力拼搏。

一切又变得井然有序。

"我们的这次改革也相当于一次造反，只不过以失败而告终！"贾想不失幽默的一句话逗得大家哈哈大笑起来。

虽然这样的一次尝试中途流产了，但这样的一次切身体验带给孩子们的思考是极其可贵的。只有体验才能让他们有自己的思考。学生的成长固然需要老师的引领，但归根结底是他们自己在成长。是对，还是错，让他们自己寻找答案，远比我们直接告诉他们更真实可信。

期待他们下一次的尝试、下一次的创新，唯有不断地改变，才能不断地进步！

童言无忌

那日课间，江老师和龚老师在办公室里夸奖胡懿杰，不料被班里一名小朋友听见了，连声嚷道："龚老师和胡懿杰谈恋爱了！"龚老师闻声不禁一脸的尴尬，其他老师则笑得是前俯后仰。

事后，我找来小朋友问她："你知道什么叫谈恋爱吗？"小家伙一边偷偷笑，一边说："就是结婚呗！"继而一想，可能觉得不对头，又连忙解释道："好像还要送花的！"

很想很想笑，不过终究还是强忍住了，之前的恼火此刻也早已烟消云散。童言无忌，不知者不怪罪，大人们不该苛责他们的。

转念一想，还是该引导孩子弄明白的，不然，这样的词不达意日后一定还会发生，会贻笑大方的。

"老师给你布置一个任务，回家问问爸爸妈妈，把它弄明白，你看行吗？"

"好啊！明天，我会告诉你的。"小家伙说完就一溜烟儿地跑走了。

第二天语文课前学习了几个成语，其中一个是"一见钟情"，原以为孩子们不懂其意，正欲解释一番，没想到一个孩子自告奋勇说："谈恋爱的时候，男的喜欢女的，女的也喜欢男的，这就是'一见钟情'。"闻之，真有头晕的感觉，这些小孩怎么知道得这么多啊？

"对了，胡老师，我已经问过妈妈了，知道谈恋爱是怎么回事了。"真是一波未平，一波又起，昨天的那个小家伙突然举手发言了。

班里一阵哄笑。

"我知道，谈恋爱就是女的喜欢男的，男的也喜欢女的。"不知是谁又突然叫了起来。

紧接着就是连连的附和声——"对的，对的，就是这样子！"

我终究也忍不住，哈哈大笑起来："照你们这番理论，你们喜欢胡老师，胡老师喜欢你们，原来我们也在谈恋爱啊！"

一时无语，或许是觉得我言之有理，小家伙们连连摇头。

"还是我来告诉你们吧，我妈妈说了是成年人互相喜欢才是谈恋爱。"那个小家伙言毕，一脸的神气。

"老师，不是这样子的，我有补充，应该是成年男女之间互相喜欢才是谈恋爱。"班里有学问的高个儿发言了。

哇，居然解释得如此精辟，真是不可思议！

"谈了恋爱后，就可以结婚了！"冷不丁又冒出一个声音来。

"谈了恋爱后，如果不结婚，那就会分手的！"又一个有"学问"的小家伙不疾不徐，娓娓道来。

我已经笑得快不行了，真是服了他们！但是，任务还没有完成呢！

"小朋友们解释得还不错。那么，如果老师喜欢班里的小朋友，或者是小朋友喜欢哪位老师，能说是'谈恋爱'吗？"

"不能。"

"小朋友之间彼此喜欢呢？"

"也不是。"

这次还是异口同声的回答。

"为什么呢？"

"我们还是小孩子，不是成年人，这样的喜欢不是'谈恋爱'！"

"那以后，我们可千万不能随便说这样的词儿了，词不达意不但要闹笑话，而且可能让别人很尴尬，很生气，知道吗？"

"知道啦！"

都说六七岁的孩子懵懂无知，可现如今的孩子们知道得还真不少。看着孩子们每天上学或是放学，都亲热得手拉着手，一路甩着一路唱着，那样温馨的场面常常让我怦然心动，温暖无比。想起我们小的时候，受传统教育影响，男女生授受不亲的思想很严重，男女同学是很少在一起玩耍的。其实，越是禁锢的东西越是令人好奇，越是令人心驰神往，可惜那个年代的父母和老师却极少给孩子正面的引导。在这一点上，我很敬佩班里的那位家长，没有狠狠地批评，也没有遮遮掩掩，而是大大方方地告诉孩子想知道的、想弄明白的问题。社会上的一些不良因素多少给现在的孩子带来了一些负面的影响，他们少了一些我们儿时的单纯，但是，只要为人父母的、为人师长的能宽容，能理解，能引导，那么，无论是生理上，还是心理上，我们的孩子都能健康成长。

橘子和饼干

午饭后，我忙完了手头的事情，回办公室的路上，小不点朱柏萱从后头一路小跑追了上来，以为她一定是有什么急事，所以赶忙停下脚步。没想到小家伙跑到我面前什么也没有说，只是往我手里塞了一包夹心饼干就扭头跑远了。

回到教室，刚进门就看见讲台上突然多出了一个橘子，大大的，红红的，看一眼就仿佛能感觉到香甜。我问了才知道是可爱的胡懿杰特意从家里带来给我吃的。

找来两个小家伙，问道："为什么请我吃好吃的东西呢？"

"喜欢你啊，而且你天天教我们多辛苦呀！"说这话的同时，一脸的真诚。

孩子的一番话，不禁让我想起了另外一件有趣的事情——

那天下课后，我正在讲台前批改作业，唐翰急匆匆跑过来，一边跑一边冲我喊道："妈妈，我告诉你……"

"妈妈？唐翰，你是在叫我吗？"小家伙听了顿时满脸通红，捂着嘴，很害羞，很腼腆地站在我的面前。孩子因此而难为情，感到深深不安，殊不知作为老师的我当时是多么享受这样亲昵的称呼啊！

魏书生先生曾经说过："教师的劳动有三重收获，其中最重要的就是师生之间的感情。"老师的一举一动，学生都会看在眼里，记在心上。因此，老师对学生的点点滴滴的关爱，一定会永久地种植在每一个孩子纯洁的心田里。老师不经意间的一个微笑，一个鼓励的眼神，都会激发孩子向上向善的情感，继而转化为对老师无限的感激。

谁说六七岁的孩子懵懂无知？一个昵称，一包饼干，一个橘子，无不传递着孩子对老师浓浓的关心与热爱，孩子的这份感恩之情也让我更加深刻地认识到师爱不仅要像阳光一样温暖明亮，而且要像春雨润物一样细致无声。

唐瀚，加油

2010 年 3 月 14 日

唐瀚，加油！

今天一早，唐瀚走进教室后就径直来到我面前，先是热情地向我问好，接着就问道："胡老师，如果我今天一天表现都很好，你能将放学后值日的工作留给我做吗?"说完，一脸期待地看着我，黑黑的眸子一闪一闪，让我的心里顿时涌起了许多的怜爱之情。

这小家伙，性格外向，活泼开朗，但也不乏调皮捣蛋之态。上幼儿园时，因为爸爸妈妈平时忙于生意，疏于对他进行有序的管理和教育，小家伙显得比同龄人好动一些。刚上学那阵子还真是没少让我操心，所幸的是孩子的父母，尤其是做父亲的在发现孩子的这些情况后，特别重视，也特别配合老师的教育。孩子在家校合力之下，日益进步。这学期开学之后，他的乖巧懂事让我尤为感动。昨天中午，他缠着我说是要结算积分卡，我想到他上午在课堂上还是不够静气、不够专心，就因此而逗他说我可不愿意。小家伙一听就急了，说如果我不答应的话，他回家要受到爸爸的批评，他可不想让爸爸生气。于是，我趁机对他说下午的两节课表现若是很棒，就给他一个机会满足他的要求。当时是随口说的，没有想到课后，卢老师和龚老师都不约而同地在我面前夸奖唐瀚，说是这孩子在课堂上的表现很出色。所以，放学前，我不但给他结算了积分卡，还告诉他可以得到一次劳动的机会，他的那个高兴劲儿就甭提了，值日工作做得特别卖力认真，临走的时候又拉着我的手说："胡老师，我今天很开心啊！你明天再让我值日吧……"

我真没有想到，过了一晚，小家伙还是念念不忘这事儿。于是，我笑着对他说："唐瀚，只要你相信自己并努力去做，你一定能得到这份劳动礼物，老师为你加油噢！"

106

第一节语文课上，他不但坐得端正，听得认真，而且数次发言，给我留下了深刻的印象。第二节的数学课和第三节的英语课，我在教室外面布置墙报，也曾先后两次透过窗户偷偷观察他，小家伙并没有发现我，始终非常专心地听课。看着他小小的身子、挺拔的坐姿，我内心的激动与感动无以言表。

放学后，因为出色的表现，唐翰再一次赢得值日的机会。当我在班里宣布这一决定的时候，全班孩子都向他投去了羡慕的眼神，小家伙则激动地从座位上一跃而起，不停地欢呼道："耶！耶！耶！"

那时那刻，我也像唐翰一样欣喜万分，虽然这孩子前进的脚步迈得不够大，但是他有一颗积极向上的心，我相信，今后他一定会以更加优秀的姿态出现！

唐翰，加油！

附记

2021 年 3 月 27 日晚上，我收到了唐瀚爸爸发给我的信息。他告诉我一个令人无比惊喜的好消息——唐瀚同学通过努力，先后收到 8 所美国高校的录取通知书，这些高校都是全美排名前 50 名的大学。比如加利福尼亚大学、乔治·华盛顿大学等。唐瀚爸爸在留言中感谢我给予唐瀚的无私关怀与帮助，说为遇到胡老师而感到荣幸。

见证了唐瀚的成长，我又一次想起了陶行知先生的那句话："你的教鞭下有瓦特，你的冷眼里有牛顿，你的讥笑中有爱迪生。你别忙着把他们赶跑。你可不要等到坐火轮、点电灯、学微积分，才认识他们是你当年的小学生。"每一个孩子都是向阳而长的，作为教师的我们应该用阳光般的爱温暖他们。

第二章

润物无声

【写在前面】

在"中国教育三十人论坛第二届年会（2016）"上，中国社会科学院哲学研究所研究员周国平先生说："我一直认为一切教育本质上都是自我教育，一切学习本质上都是自学。"他认为，每个人来到这个世界上的时候，就已经有一个潜在的人所共有的精神禀赋、精神能力，教育就是要让这些禀赋、这些能力得到很好的生长。他认为在智育上，教师应培养学生良好的学习习惯，使学生自觉、主动地进行创造性的学习；在德育上，应培养学生良好的品行习惯，提高学生的自我教育能力，促使他们实现自我发展。

然而，当下许多教育工作者并没有清楚地认识到这一点，他们常常把全部的注意力集中用在怎样把更多的关于这个世界的知识、科学的真理和道德的准则一股脑儿灌输到学生的头脑里去。学生虽然认识了许多事物，了解了许多知识，但他们往往并不认识和了解自己。要知道，道德准则，只有当它们被学生自己去追求、获得和亲身体验过的时候，只有当它们变成学生独立的个人信念的时候，才能真正成为学生的精神财富。正如蔡元培所说："教育是帮助被教育的人，给他们能发展自己的能力。"

小学阶段，是学生个性在智力方面、道德方面和社会思想方面自我形成的一个重要的阶段。在这个阶段，学生的正常的精神发展，取决于他们在活动的各个领域和在集体的关系中，在智力生活和劳动中，在道德信念的形成中，其自我形成的过程进行得是否深刻。一个少年，只有当他学会不仅仔细地研究周围的世界，而且仔细地研究自己本身的时候；只有当他不仅努力认识周围的事物和现象，而且努力地认识自己的内心世界的时候；只有当他的精神力量用来使自己变得更好、更完善的时候，他才能成为一个真正的人。著名教育家苏霍姆林斯基认为："我们教育集体的创造性劳动中有一条信念起着巨大的作用，这就是：没有自我教育就没有真正的教育。"

所谓的自我教育是指人通过认识自己、要求自己、调控自己和评价自己，自己教育自己。自我教育是在一定的遗传基础上，在环境和他人教育的条件下生成和发展的。它一旦生成，就会积极地发挥作用，极大地影响个人的成长。最终，它在人的成才各种因素中成为最重要的因素。

唯物辩证法认为：事物发展的根本原因不是事物的外因，而是事物的内因。外因是变化的条件，内因是变化的根据。学校教育最终只有转变为学生的内在要求，转化为学生的自我教育时，才能充分发挥学生在思想品德形成过程中的主观能动性。

111

（一）给孩子等待，让他自己往前走

一把钥匙

午餐时分，邻班的一个男孩走进教室来到我的身边，问道："胡老师，您有办公室的钥匙吗？"

"有啊。"我笑眯眯地回答道。没有猜错的话，这是一个来借钥匙的孩子。没有意外的话，今天又有一个孩子需要我帮扶，教育一下。

果不其然，他听了，便没有再说什么。因为他觉得接下来顺理成章的就是我会把钥匙交给他。

可是，我没有拿出钥匙。他有点儿奇怪，但依旧很耐心很安静地等着，漂亮的大眼睛忽闪忽闪的。

"我已回答完毕。你还有什么问题吗？"看着他毫无反应的样子，我按捺不住了，忍不住要给他一点儿提醒。

"我要到办公室里拿点东西。"他觉得这样说应该是很清楚明了了，却浑然不知我的用意何在。

"嗯，我知道了。"虽然心里已经着急万分，但我还是克制住了，必须引导他自己学会如何正确表达内心的想法。

听了我的回答，他显然懵了，一时不知所措。

"看来，需要五班的孩子帮助他一下了，谁愿意？"

"我愿意！我愿意！"孩子们都很热情，高高举起的小手充分彰显了他们乐于助人的好品质。

最后选择了曹裕芲来当小老师。

"你应该说——胡老师，您有办公室的钥匙吗？我想到办公室去拿点东西，您能将钥匙借给我用一用吗？"曹裕茏像个小老师一样很耐心地教着。

"听明白了吗？学着她的样子再和我说一说，好吗？"

他点点头，犹豫了片刻，开口说道："胡老师，您能不能将门借给我用一用？"

话音刚落，全班孩子忍俊不禁，都笑翻了。即使大家都知道他是紧张导致的口误。

小家伙这时真是尴尬极了，我还没有反应过来，他就已经一溜烟儿跑回自己的教室去了。

正想让班里的孩子找他回来，不料，吕老师的女儿豆豆又跑来了。

"胡老师，您有办公室的钥匙吗？"依旧是一样的问法。

"有啊！"一模一样的回答，目的是想看看这个二年级的小学生会有何反应。

她期待的目光认真地注视着我的双手，她等着我给她钥匙呢！

走了一个，又来了一个，结果会一样吗？此刻，班里静悄悄的，孩子们都拭目以待。向后门看去，孩子的妈妈这时候正等着，看见女儿一时半会儿没有出去，她有些纳闷了。

"就这样了？小豆，还有问题吗？"我问道。

小女孩起先没有明白我的意思，小脸蛋红红的，不过，她马上便知道我的用意了。

"胡老师，您能不能把钥匙借给我用一下呢？"

"当然可以啊！小豆，真能干！以后向别人借东西，要这样问，别人才能明白你的意思，才可以帮助你，知道吗？"摸摸她的小脑袋，我语重心长地告诉她。

她很认真地点点头，拿着钥匙，快乐地跑回妈妈的身边。

"看来，还是二年级的小朋友厉害啊！"孩子们纷纷赞许道。因为鲜活的事例就在身边上演着，于是，趁此机会再教育，大家又一次感悟到：表情达意要正确，说话也需要修炼。

午自习的时候，我叫来了邻班的那个男孩。他站在我面前，左顾右盼的，特别不自在。解铃还须系铃人，帮助他也是我的职责所在。

"突然跑回自己班，是因为说错了话很尴尬，对吗？"他害羞地点点头，白净的脸蛋上渐渐泛起了红晕。

"要想下次不会这样尴尬，就必须有勇气接受帮助，努力改变，是不是?"

他很郑重地"嗯"了一声。

"咱们再来演示一遍,好吗?"

"胡老师,您有办公室的钥匙吗?能借给我用一用吗?"孩子流畅的表达让人心生欢喜。

"真好!以后向别人借东西的时候,不仅要学会用商量的语气问,更重要的是一定要把意思表达清楚,让别人明白。"

他害羞地点点头,嘴角上扬起漂亮的弧度,然后便飞也似的跑出了办公室。

一道人影

一早来到教室后,我便坐在临窗的小书桌前批改作业。窗外,淅淅沥沥的小雨连绵不断。

没过一会儿,隐隐约约地感觉身后有些声响,扭头一看,是班里一位文静的女孩。此时,她正拿着一把雨伞站在我的身后。因为是没有挂钩的长柄雨伞,按照要求,这样的雨伞是要放在我小书桌旁外的窗台上的。于是,我立刻明白她出现在我身后的原因了。

正想说点儿什么,却见她使劲地往窗户边挤了过来。因为窗前还有一个铁质的篮球筐,篮球筐与我之间只有一条窄窄的缝儿。小家伙今天穿得圆鼓鼓的,还背着一个书包,显然是挤不进去,除非我起身让道。

我以为经历这样一次失败后,尤其是我已经表现出关切的样子,她应该会说些什么的,不料,她只是两颊绯红,略显尴尬之色,冲着我无奈地吐了吐舌头。我以为她会向我发出求助的信号,没想到她稍做停顿之后,便再一次蓄积力量,再一次向窗台发起冲锋。

这一次,她瘦弱的身子几乎整个儿趴在了篮球筐上,脚尖踮得老高老高,细细的小胳膊使劲地往前伸,小脸蛋因此又一次涨得通红通红。

"小家伙,怎样做会更容易一些呢?"看着她费劲的样子,我真是又心疼又生气:她完全可以和我说一声,请我给她让个道儿的。可是,她宁可蛮干,也不张嘴。

都是蜜罐里泡大的孩子。在家里,凡事都有大人包办着。遇到困难,他们往往就表现出这样的窘态。

"你是不是可以换一种方法，比如请老师帮个忙?"实在是过意不去，我又一次暗示她。

听了我的建议之后，她停止了努力，一番犹犹豫豫之后，终于开了腔："胡老师，您能不能让我一下? 我想放雨伞。"

"没问题。"我立即起身，伴随着起来的身子，此刻，我那颗纠结无比的心终于落地了。

我不禁想起开学初的时候，有一次班里一个性格内向的孩子在上课时，才发现自己将语文书落在家里了，我建议她找办公室里的老师或者隔壁班级的同学借一下。看得出来，她宁可没有书，也不愿意去借，但在我的催促之下，也只好磨磨蹭蹭地出了门。

透过窗户，我看到她起先贴着墙壁往办公室方向挪去，可两三分钟过去了，这人还没有回来。我走出教室一看，她居然还在门口踟蹰不定。看到我注视着她，她连忙又折身返回，说是去四班的同学那儿借。我心想：也好，只要她敢于去借就是好事。

又过了一两分钟，我发现小家伙竟然还没回来，再一次探出头看去，她直愣愣地站在人家班级前门的窗户前，什么也不说，一动也不动。因为有课在身，无奈之下，我只好叫班里的另一个孩子领着她去借书，示范给她看，最后终于把书借来了。

放一把伞，借一本书，都是生活中极其简单的事情，但因为从小就缺失这方面的正确引导与教育，以至于面对这些小小的困难，孩子往往会表现得茫然无助，不知所措。为人父母，身为人师，除了关注孩子的学业成绩，更应该在这样的细节之处给予具体的帮助。

借抹布

2017 年 9 月 23 日

今天午饭后，我所在的小组没有抹布，擦不了桌子，我让小唐去别的组借，没想到他扭扭捏捏就是赖着不走，最后居然推荐小熊去借。问及原因，他居然说小熊进步很大，大家都喜欢他，一定会借给他。

　　言下之意，他平时没少调皮，估计大家都不会借给他。看着眼前这个大大咧咧、没心没肺的孩子因为一块抹布变得如此自卑，胆怯，我有些意外，还有些难过。孩子虽然天真无邪，但他已经感受到周围目光的异样，我却粗心大意，没有发现。

　　那就趁此机会引导他，也借机教育一下孩子们吧！

　　在我的鼓励之下，小唐犹犹豫豫地出发了。他在我们这一排的另四张餐桌前徘徊，但最终没有停下脚步，而是绕过他们到了尹书畅面前。这一次没有踌躇，他马上俯下身子在书畅的耳边嘀咕了一会儿。紧接着，我就看到书畅把餐桌底下的抹布拿出来交给了小唐。小唐朝我回眸一笑，然后就乐颠颠地把抹布打湿过来擦桌子了。

　　看得出来，他很高兴。但为什么他要舍近求远去借抹布呢？我想知道答案。于是，我把抹布藏了起来，让他继续去借。他又无可奈何地出发了。这一次，他先后问了两个桌长，人家都毫不留情地拒绝了他。他很尴尬，强颜欢笑的样子让我很心疼。我终于明白他之前不肯去借的原因了，甚至感同身受。

　　因为还没有完成任务，他硬着头皮继续努力。徘徊了一阵子，他找到了左如一，而且很快拿回了抹布。他原本落寞的脸上又露出了灿烂的笑容，欢天喜地地跑到我的面前邀功。

　　我很认真地表扬了他，告诉他事实没有他想象得那么糟糕。他郑重地点了点头，而后补充说："曹唯奕也是经常会借抹布给我的人，她很好的。"我告诉他，善良的人一定很多，在你看来不够善良的人，也未必是本性如此，或许是因人而异。

　　他点点头说因为自己平时表现太差了，总是调皮捣蛋的，给别人添了很多麻烦，让别人烦不胜烦，人家就不愿意帮助他。我首先肯定了他的自我批评精神，然后告诉他成绩暂时落后不是问题，但学习态度要端正；其次，学习成绩的好与坏不影响你做一个善良的人，平时要善待同学、善待老师，因为是这些人不离不弃陪伴着你，帮助着你，你要珍惜他们，感恩他们。当然，学习是每一个学生的职责，你必须努力，不能懈怠的。

　　离开餐厅，回到教室，我和孩子们讲了这个真实的故事，表扬了给予小唐帮助的孩子，也没有批评不借给他抹布的孩子，我相信他们从中已经受到启发，我更相信经历了这样的一件事情之后，不仅是他们俩，其他的孩子也会有所触动、有所改变，一定会在以后做出和今天不一样的选择。

教育感悟

　　现代社会中成长起来的孩子，由于大多数是独生子女，从小受到家长的精心照料、全心呵护，却缺少正确的引导与教育。许多家长受传统思想的影响，"望子成龙"，"望女成凤"，只是让孩子一味地专心读书，其他的事情统统包办，而且从各个方面尽量满足孩子的要求，不肯让孩子受一点儿委屈。遇到困难，甚至困难还未发生，家长们已经未雨绸缪，先下手解决了，活生生地剥夺了孩子自我成长的能力。从小在这样的"蜜糖罐"里长大的孩子，缺乏与人沟通的能力，缺乏生活的基本常识，遇到困难，往往裹足不前，成了典型的"高智商，低能儿"。这样的孩子即便长大之后，也很难适应社会，无法经受生活的各种考验。

　　教育家叶圣陶先生说："教师之为教，不在全盘授予，而在相机诱导。"作为教育者，我们要有一双敏锐的眼睛，要有一颗细致的心灵，在教育的过程中要善于发现孩子身上存在的问题，有的放矢地引导他们不断提升自我成长的能力，强化自尊自信和社会责任感，使他们在自我教育中一次又一次地更新自我。

（二）给孩子挫折，让他自己去觉醒

"老师，他发怒了！"

上午第一节课的铃声刚响起来，贾想的爷爷就匆匆走进教室，很抱歉地告诉我，贾想因为今天早上吃早饭磨磨蹭蹭，到了学校之后看到大门口的伸缩门只留下一道缝儿，就死活不肯进来，觉得迟到很没有面子。好说歹说，拽着他进了校园，现在又赖在四班的门口一动不动了。真让人着急啊！

看到老人家心急火燎的样子，想到那个执拗的小家伙，我知道如果我不出面去处理，他们爷孙俩可以对峙一个上午。于是，我先给孩子们布置好了自学要求，接着就跟老人家出了教室门。

一出门，就看见胖乎乎的他正靠在四班的后门上，书包已经被他扔在了地上。此时的他小嘴巴撅着，一副气呼呼的样子。这架势，我已经屡见不鲜了，尽管新生入学还没有一个月。他是个爱生气的小男孩，或许是得到父母的关爱太少，或许是得到爷爷奶奶的溺爱太多，只要稍不顺心，他就会发火，而且一发不可收拾。

我暗示贾想的爷爷先走，他心领神会赶紧撤了。接着，我俯下身子提起小家伙的书包，故意表现出难过的样子说道："小书包，你被主人丢在了地上，现在一定很委屈吧！你的小主人因为迟到，现在非常后悔，觉得难为情，不好意思进教室。其实，小朋友犯错误是很正常的，只要努力改正，我们大家都会原谅他的，对吗？要不，我们先给他一点思考和冷静的时间，我先带你回教室等他，我相信待会儿他一定会来教室找你的！"

说完，我就提着书包走向教室。起身的时候，我偷偷瞟了他一眼：他那

118

胖乎乎的脸蛋上此刻已"红霞满天飞",但我知道那绝不是因惭愧而生,而是因为我没有像他的爷爷奶奶那样哄着他,他是因怒而脸更红了。

果不其然,待我前脚踏入教室之后,他终于按捺不住重重地"哼"了一声。

或许这样的处理方法并不是最佳解决之道,但毕竟还有那么多的孩子在等着我上课,不能辜负了他们。其次,从我这一段时间对他的观察和了解来看,我认为以静制动,静观其变,还是可行的。

大约三五分钟之后,他突然怒气冲冲地走进教室,径直走向了他的座位,然后气呼呼地一屁股坐了下来。

初战告捷!我不禁窃喜。尽管小家伙进来的方式和模样很不礼貌,但起码他放下了所谓的面子,迈出了勇敢的一步。错了,就努力改正,不能一错再错。想必,他在门口徘徊的那三五分钟里,已经悟出了这个道理。

原以为一切会归于风平浪静。原以为他入座之后,就会和我们一起学习,没想到过了一两分钟后,他突然将我之前放在他课桌上的书包狠狠推到了地上。

随着重重的"啪"的一声,我们都被吓了一跳。

"老师,贾想又发怒了!"他座位前排的孩子惊叫起来。

"别紧张!他今天有点儿不高兴,我们给他一点儿时间调整情绪,咱们还是接着上课。"显而易见,他是为了引起大家的注意才出此下策,他是觉得自己被忽视了。

这一次,我没有搭理他,只是默默地注视着他。面对我的目光,他自知理亏,也没敢直视,把头别了过去。

在我的引导下,其他的孩子又把注意力集中到了课堂的学习中来,他们时而积极举手发言,时而热烈的讨论……

我的故意无视,似乎让他更生气,但又有些无奈。确切地说,应该是敢怒而不敢言吧!毕竟他是无理取闹。

紧接着,他又踹了几脚桌子,见大家还是不理他,他只好无可奈何地安静下来,最后索性趴在课桌上不吵也不闹了。

这期间,他两次举手想回答我的提问,但我都没有请他起身发言。趁大家自由朗读课文的时候,我暗示他必须为自己之前的错误行为想好补救的办法，我才原谅他，并重新喜欢他。他起初是一脸的愤怒之色，但马上就不再言语，当然他也没有要改正的意思。

下课后，听说积分卡可以兑换棒棒糖的时候，他也跟着其他孩子拥到我的面前，嚷嚷着要换棒棒糖。

"我很乐意为你兑换奖品，但这之前你要想一想：你还有什么事情没有做好呢？"

他原本灿烂的胖脸蛋顿时暗淡了许多，这一次，他没有发怒，也没有不满，而是选择了落寞地离开。那背影，尽管让我看了很心疼，但我知道，这样的一份心疼只能埋藏在心底。

上午第二节课间，他再一次来到我的面前，红着脸，扭扭捏捏了好久，终于张嘴向我表达了歉意，坦率地承认了自己的错误，认为自己一错再错的行为伤害了老师和同学，很不应该，希望大家都能原谅他，他也努力做到下不为例。

"胡老师，我最怕你不理我了。你不理睬我，我很难受。我改正错误之后，你还会像以前一样喜欢我吗？"

小家伙仰着头，忐忑的模样，让我忍不住拥他入怀："当然！现在的你，就让我好喜欢呀！"

"今天，我要第一个吃饭！"

上午第四节下课后，因有事迟了几分钟进入教室，眼前的景象却让我有点儿惊讶，孩子们没有和以往那样安静有序地坐在座位上或是看书，或是写作业，而是在教室的后墙前，三五个孩子正凑在一起玩着什么游戏，吆喝声此起彼伏，热闹得很。在窗户边，也有一些孩子或是聊着天，或是穿梭往来，动静也很大。

看到我，两位副班长连忙从座位上起身走到讲台前开始工作。他俩先是喊了一声，但瞬间便被教室里的嘈杂声给淹没了。这时，小王老师带着贾贲、杜翾怡、柳钰成等孩子已经抬着饭菜进入教室。

此时，吵闹的声音略微轻了一些，陆续有孩子归位了，但也正因为如此，教室里又变得无序起来。看到这样的状况，我的心情自然好不到哪里去，抬头看看闹钟，已经十一点五十分了。从第四节下课到现在，整整十五分钟，就这样白白被浪费了。

努力克制住从心底不断窜出来的怒火，清了清嗓子，我从座位上起身，不紧不慢地对孩子们说道："看来今天你们好像还不饿，不着急吃饭。那就让我和王老师第一个吃饭吧！我们可是饿得慌啊！"说完，我从箱子里拿出了两个碗，先后打好了饭和菜。小王老师在我的暗示下，立刻心领神会，也打好饭菜开始吃起来。

孩子们显然被我们俩的举动吓着了，教室里瞬间便鸦雀无声。说话的赶紧闭了嘴，走动的赶紧回了位，每一个孩子都规规矩矩，安安静静地坐在了座位上。

"王老师，有没有觉得今天的饭菜特别好吃？"我故意无视他们的表现，一边吃着一边问道。

"是哦，热乎乎的，特别好吃！"小王当然明白我的心思，连忙附和道。

"平时为了让孩子们吃上热乎的饭菜，咱们俩都是最后吃，无论饭还是菜，都已经凉了。今天第一个吃，感觉还真的不一样啊！对了，今天去食堂抬来饭菜的孩子也赶紧上来，你们为大家服务，辛苦了，也应该吃上热乎的饭菜。还有两位副班长，每天因为要管理班级，常常和老师一样辛苦，常常吃不上热乎的饭菜，今天也应该早点儿吃。"

放下饭碗，我们两位老师陆续为这些孩子打好了饭菜。他们便坐在座位上津津有味地吃起来。

看到我们这些人都开饭了，其他的孩子此刻是满脸的羡慕与嫉妒啊！但或许是因为心虚，也或许是因为内疚，他们只能无可奈何，只能望"饭"兴叹。

"胡老师，我们都打好了，接下来应该请谁打饭菜啊？"副班长褚函辰端着饭碗准备回位的时候悄悄地问我。

"你说呢？"

"我觉得在座位上写作业或是看书、安静等待的同学应该先吃。"

"有道理，那就由你来宣布这个决定吧！"

褚函辰把他的建议说了之后，班里起初依旧安静，孩子们面面相觑，一时间居然没有人站起来。过了一会儿，有几个女生，你看看我，我看看你，先后从座位上起身。估计她们的表现的确不错，无可厚非，所以直到她们来到讲台前，也没有一个反对的声音响起。

十二点钟的时候，已经打好饭菜开吃的孩子大约有三十多个了。因为是孩子们自己打饭菜，所以进程显得特别缓慢。或许是平日里，这时候早就已经饭菜下肚了，而今天此刻，居然还没有吃上一粒米饭，也因此让那几个还坐在座位上的小调皮蛋儿着急万分，一副饥肠辘辘的模样。想必此刻，他们一定是后悔莫及吧！

时间一分一秒地流逝着，十二点过五分的时候，最后几个孩子终于打好了饭菜。看到别的同学已经吃完饭，陆陆续续离开教室出去玩，眼见着教室里只剩下他们几个了，他们哪有什么心思再细嚼慢咽啊，只顾着狼吞虎咽地扒拉完了碗里的所有饭菜。当他们将饭碗放入收纳箱里的时候，嘴里还鼓鼓囊囊的，仿佛吃下去的随时就要喷出来似的，让人看了又好气又好笑。

十二点十分，全班孩子用餐完毕。和之前相比，整整推迟了十分钟。

事后，问他们对今天这事儿的看法，许多孩子都发表了自己的见解。有的说，今天的饭菜因为是自己打的，感觉特别费时费力，从而深刻感受到平时老师为大家服务的辛苦；有的说，部分同学不守纪律影响了全班同学，希望他们及时改正，下不为例；有的说，班干部应该想一想如何更有效地管理班级；有的说，也不能全怪那些捣乱的人，如果大家都能多多提醒，或许他们也就不闹了。最后几个吃饭的孩子则感触更深刻，说第一次这么迟才吃饭，饭菜都有些凉了，和以前相比，味道的确要相差一些，也因此觉得今天的行为实在不应该……

"虽然今天大家的表现不够理想，但是你们能从中悟出这么多的道理，我觉得今天对你们采取的这个惩罚还是很有价值的。我希望今后你们可以做得更好一些，以后如果再有类似的情况发生，老师也绝不会生气发火，但依旧会用这样的方式来处理。希望大家都能自律自省，努力进步。"听了孩子们的发言之后，我说了以上一番话。

孩子们是否会继续犯错？目前，不得而知，有待于实践检验。即使再犯，也是正常的，毕竟他们还是孩子。但有一点是可以坚信的，这样的情况绝对不会越来越频繁。

教育感悟

　　在日常的班主任工作中，我们时常会遇到上述偶发事件。这样的事件有时会让我们不知所措，但不可否认，它们往往也蕴含着深刻的教育契机。作为教育工作者，我们要善于把握最佳契机，循循善诱，培养学生自我反思、自我感悟的能力。小学的孩子年龄尚小，还处在自我意识发展的时期，敏感于周围的人和事，但又缺乏正确认识自己的意识，没有明确的是非观念。引导他们反省自己并以正确的态度对待周围的人和事，是教育工作者最重要的任务之一。在学生离开我们之后，还能不断地发展自我，走向人生的真正成熟，从而成为自己命运的主人，那才是现代教育的最终目的。作为班主任，我们不仅要善于捕捉最佳的教育契机、选择最佳的处理方式，而且要持之以恒，尊重学生，相信学生，引导他们在健康成长的道路上最大可能地发挥自己的潜能。

（三）给孩子机会，让他自己去改变

"变态啊！"

语文课上，我领着孩子们做听写练习。

老规矩——每一个词语读三遍，之后就报下一个词语。这么多年了，孩子们早已习惯了这样的速度。教室里，除了我的声音不时响起，只有孩子们安静快速地书写的声音。

"怎么这么快？变态啊！"

我愕然，其他的孩子也大惊失色，都情不自禁地停下了手中的笔，纷纷侧目而视。

"变态？小泽同学，你是在说我吗？"

面对我的发问，面对同学们质疑的目光，他的小脸蛋瞬间涨得通红。"不……不是的……"他又是摇头又是摆手，说话也不连贯了，那慌乱的模样让我们忍不住想发笑。

看着他不知所措的样子，担心吓着他，我没有继续和他"纠缠"下去。我当然清楚，孩子并没有恶意，只是在情急之下脱口而出的一句口头禅而已。但是，这口头禅实在不够文明，若是听而不闻，置之不理，势必会让他一错再错，所以，教育也是必需的。

"下课后，我们再来谈谈这个问题，好吗？"

听到我的这句话后，他仿佛获得了莫大的赦免，卸下一身的包袱似的，赶紧埋头写起字来。

一下课，孩子便主动来到办公室找我。面对错误的行为，他还是有直面的勇气，敢于担当的意识的，这让我深感欣慰。

"胡老师，我为自己刚才在课堂上的行为向您道歉，请您原谅！"他红着脸，后退一步，向我深深地鞠了一躬。在我们班，鞠躬道歉，是过错方表达最诚恳歉意的一种方式。由此可见他的后悔之意。

"小泽，你为什么要向我道歉呢？"

"因为我说了不该说的话，我不应该冲您说'变态'。"

"那你知道'变态'是什么意思吗？"我问道。

他眉头紧锁，一脸茫然地看着我，而后摇摇头。

我递给他一本《现代汉语词典》，让他查阅之后再告诉我。

他很认真地翻着，找到之后，又用手指着字一字一句地小声读着，直至全部读完，方才抬头。

"老师今天课上的行为，符合'变态'一词给出的解释吗？"

我的明知故问，让他十分尴尬，没有片刻的犹豫，他很不好意思地对我说道："不符合的。"

"那为什么要这样说呢？"

"我当时因为速度慢，跟不上，一着急就脱口而出了。"这倒是大实话，没有半句的虚假，我深信不疑。

"老师知道你没有恶意，从平时你的表现也可以看出你是爱我的……"我的话还没有说完，他便连连点头，好像我正说出了他的心意一般。

"我接受你的道歉，也决定原谅你。但是，经历这件事之后，你有没有受到一点启发呢？"

"我觉得吧，以后说话不能太随便，更不能说脏话。这样做既不文明，也会让别人感到很受伤。"

"对于你自己就没有影响吗？"我继续追问道。

"对我自己也有影响。大家会觉得我是一个不讲文明、爱说脏话的人，会不喜欢，甚至讨厌我。"小家伙很机灵，马上就反应过来了。

"所以说，凡事都要三思而行，切不可鲁莽冲动。不然，只会伤人又害己，你说对吗？"

"嗯，我知道了，以后会注意的。"这一次，他像是坚定了自己的决心，看着我，很认真地点了点头。

这孩子一定不会再犯同样的错误的！看着他远去的身影，直觉这样告诉我。

"真是个讨厌鬼！"

上午体育活动课铃声响过之后，梅老师还没有到教室，林子同学便不高兴了，嘟嘟囔囔地冒出了一句话："梅老师真是个讨厌鬼！竟然迟到了！"一不小心，这话就传到了他前排的小楼耳朵里。这家伙也不厚道，等梅老师来了之后，便找个机会告诉了梅老师。梅老师倒没有说什么，但我猜想他心里一定很窝火。下课后，小楼又将这件事情告诉了我。得到我的指示后，又兴冲冲地将林子同学"送"到了我的面前。

此时的林子，知道形势不妙，站在我的面前，低着头，眼睛也不敢正视我，说话的声音也轻了不少。

"错事已经发生了，怎么办呢？"我问道。

"积极补救，不能一错再错。"他像背顺口溜似的马上反应过来了。这是我常说的一句话，他倒是记在心上了。

"那么，如何积极补救呢？"

他想了一会儿说："我觉得应该先向梅老师鞠躬道歉，争取得到他的原谅，并保证下不为例，还应该向胡老师和同学们道歉，因为我的这个行为已经影响了集体的形象。我决定自罚奖励卡两张。胡老师，你看行吗？"（奖励卡是我们班孩子最看重的礼物，获得 10 张奖励卡，可以赢得 16 种奖励中的任何一种。由此可见他的诚心诚意）

"行，现在你就去找梅老师道歉，态度务必诚恳。老师是大人，不会和孩子斤斤计较的，只要你能诚恳地表达歉意，他一定会原谅你的。去吧！回来后，再来完成下一个任务。"于是，他像得到莫大赦免似的连忙去了。

因为梅老师主要教的是其他年级的课，所以虽然我告诉了林子梅老师办公室的位置，但小家伙还是费了一番周折才找到，可惜梅老师不在，他只好无功而返。之后的课间十分钟，他又去了一趟，终于找到梅老师，并道了歉。

回到我的面前时，他长吁一口气，好像卸下了重重的负担。然后，按照事先说好的，他又向老师和同学们承认了自己的错误，并上交给我两张奖励卡。

接过他递来的两张奖励卡，我对他这样说道："这件事情到现在为止，

126

已经处理结束，你不需要再有心理负担。老师相信并希望你真的做到下不为例。我还想告诉你，在这件事情上，梅老师也有过错，毕竟他迟到了，这是不应该的。作为学生，你可以委婉地提出你的意见，而不是恶语相向。你希望他能按时来上课，就应该直率地告诉他，善意地提醒他。比如说：梅老师，我很喜欢上您的体育活动课，您能不能不迟到，早点儿来给我们上课呀！"

听了我的话，林子同学似乎豁然开朗，连连点头，并表示下一节课上，他就这样告诉梅老师。

接着，我又找来了小楼，肯定了他发现同学有错不包庇不纵容的行为是正确的，值得表扬的，但也指出在这件事情上他也是有过错的。他起先不明白，后来想了几分钟后，方才恍然大悟，说："作为同学，我应该先告诉小林不能这样说老师，如果他还不改正，我再来找胡老师，让您找他谈话。而不是直接告诉梅老师。"

"为什么直接告诉梅老师不好呢？"我追问道。

"因为那样做，不但梅老师心情不好，林子也会很难过。对我们班也不好，梅老师会认为五班的学生没教养，还可能对胡老师您有看法，觉得您没有好好教育学生。"

"你能明白这么多，我很高兴。老师还想告诉你一点，林子说这句话并没有恶意，他心里想的是让梅老师快点儿来而已，只是在用词上不够文明。你那样做，一定程度上也伤害了同学之间的情谊。"

他心领神会地冲着我点点头，然后对我说道："胡老师，待会儿我就去找林子道歉。以后再遇到这样的事情，我会三思而行的，放心吧。"

小便溅在我头上

下午第一节下课不久，就看到小淘气满脸泪水地跑到我的面前，一边哭一边说："老师，隔壁班的同学……把小便……撒到我的……头发上了……"

我以为自己听错了——这怎么可能呢？再问，他却哭得更伤心了。因为这小家伙平日里也不安分，所以我起初以为他可能有错在先，别人才会有如此过激的行为，更何况是邻班的同学，显然有点儿不合常理。当我把自己的怀疑告诉他之后，他却无比坚定地告诉我，他真的没有侵犯过对方一丝一毫。

接着，他断断续续地告诉了我事情的原委：课间，他因为肚子不舒服去了男厕所，蹲下不久，邻班的男生走了进来要解手，却不肯去小便池，一定要他起身让位。小淘气自然不答应，认为凡事总应该有个先来后到。不料，对方就火了，说如果不答应，待会儿他解手时，若是小便溅到小淘气的身上，他是不会负责任的。小淘气以为对方只是闹着玩的，也没有当一回事。孰料，对方居然真的说到做到。

听完他的叙述，看到他满脸泪水，还有那因为清洗过后还湿漉漉的头发，我除了心疼，还有气愤。因为他也不知道对方的姓名，只是知道是哪一个班的同学，所以，便让他领着我去找那孩子。

来到操场的树荫底下后，我们终于找到了那个孩子，他正和他们班的几个男同学在操场中间踢足球。得知是那个男孩，我之前所有的怀疑都不复存在，我完全相信了小淘气的话。因为那是全年级出了名的孩子，也是令所有科任老师头疼的问题小孩。

年级里的问题小孩班班都有，我也常常会和他们进行交谈沟通，协助他们的班主任进行教育。但在我的记忆中，谈话进行得最困难的就数他了。一年前的那次交流，我至今都没有忘记，虽然最后的结果令人满意，但过程异常艰难，可以说是极大地考验了我的耐心与毅力。

我让小淘气跑去告诉那个孩子我在大树底下等他，希望他能暂时离开球场和我谈谈。

小淘气去了，短暂的交谈过后，那个孩子固执地摇了摇头，转身又去踢球了。于是，小淘气一脸沮丧、满腹委屈地跑回了我身边。

我安慰他：有老师在，不要害怕。老师一定会为你主持公道的。

我没动声色，在大树下又站了几分钟，但目光一直追随着那孩子。虽然我没有走过去，但他又怎么可能不知道我在看着他呢？虽然看上去他无视我的存在，还是跟着足球跑动着，但那时不时地回头瞟一眼的动作，都在告诉我他内心是惴惴不安的。

朝着和他一起踢球的一个男孩挥了挥手，他便很乖巧地来到我的身边。我告诉了他缘由，他显得十分惊讶，而后，马上明白了我的意思，说："胡老师，我却劝劝他，让他来找你。"说完，便立刻跑到那个孩子身边，和其他几个同学一起开始了说服工作。这样约莫三五分钟的样子，几个孩子开始推推搡搡地将那个男孩往我这边送。不料，在距离我五六米远的地方，那个孩子突然转身跑走了。

看来，同伴的劝说也无效，我得亲自去找他了。此时，阳光格外刺眼，我内心的怒火终于不可遏制地被点燃。在走向他的那几分钟时间里，脑海里闪现过许许多多的念头，甚至还有一种冲动得要给他一个教训的念头。

但当我走到他的面前，看到他与我对视的那双眼睛里所流露出来的那份紧张时，我心头的怒火突然就熄灭了，还鬼使神差地拉起了他的手，而他竟然没有甩手逃跑，虽然从步伐上来看，他还是有点儿心不甘情不愿的，但终究还是跟着我走了。

"我们俩需要谈谈，至于原因，你应该知道的，对吗？"

正当我因为他的配合而暗自高兴的时候，他突然猛地甩开我的手，两臂紧紧抱住足球的门框儿："我知道我应该说对不起，但是我不想跟你谈。要谈也只能在这儿谈，其他的地方，我都不会去的。"说完，就将脑袋扭到了一边，一副誓死不从的样子。

虽然被这突如其来的状况惊了一下，但我马上就镇定了下来。按他的要求去做也无妨，在哪儿不都是谈话吗？但继而一想，又觉得不可以答应。这孩子之所以有这么多问题，不就是一直以自我为中心吗？也因此，这些年来，他一直都是这般霸道，蛮不讲理。

"从你刚才的话可以看出，你很清楚地知道你错了，而且没有任何可以辩解的理由。我刚才站在那棵树下等你好久，先后两次给你机会，可是你又是怎么做的呢？机会不会永远在那儿等你，现在是老师主动来到你身边找你谈话，所以谈话的主动权已经转移到我这里了。老师是真心想帮助你解决问题，但是你如果坚决不配合，那么这件事情就只能等待你的爸爸妈妈来处理了。我可以再给你五分钟的时间考虑，你如果希望得到我的帮助，就尽快来找我吧。过了约定的时间，我就再也不会给你机会了。现在是两点三十五分，我等你到两点四十分。"

回教室的路上，我的心里一直很不平静，确切地说还有一些担忧：这样一个固执己见、我行我素的孩子，是否真的会接受我的建议呢？

时间一分一秒地流逝，带给我内心的煎熬也有增无减。虽然人在教室，但我的目光总是不由自主地投向窗外，期待着那个身影突然出现。

奇迹终于发生了！在四分多钟之后，那孩子扭扭捏捏地挪到了我们教室走廊外的柱子前面停了下来。

　　我深知，对于他来说，这几步路，每一步都走得无比挣扎。所以，我快步走出去，带他到了办公室。这时候，办公室里还有不少的老师。他见状，又是一阵不安，还没有说话，眼里就噙满了泪水。孩子虽然没有说什么，但他一定觉得这事儿当着那么多老师的面交谈，实在难以启齿。

　　"要不，我们去外面走廊上谈，你看，行吗？"

　　他连连点头，然后，便跟着我出了办公室。

　　我找来两张凳子，请他坐下，他毫不犹豫地摇摇头，坚持要站着。

　　"你若是不坐下来，来去的同学和老师一看就知道你肯定是犯错误接受批评的人。咱们坐着谈话，他们会以为我们在商量什么事情呢！"

　　被我这么一说，他似乎觉得有道理，连忙跟着坐了下来。

　　"在此之前，我们有过一次谈话，你还记得吗？"

　　他点点头，说道："记得。那次是在办公室里。"

　　"你知道吗？那一次谈话你给我的印象真的太深刻了。和你谈话很不容易。因为你对我的问话，基本不回答，即使回答，也只是点头或者是摇头，很少说话。现在回想起来，都让我感到后怕哦！"

　　听了我的话，他的嘴角突然就上扬了，但小脑袋又马上垂了下去。

　　"不过，今天和你近距离接触后，我发现你的变化真的很大。这一年的饭，你没有白吃；学，也没有白上。"

　　大概是不明其意，他忍不住抬起头来好奇地看着我。

　　"我发现你长高了不少，脸蛋上也多了一点肉肉，比以前帅气多了。这还是其次的，最重要的是你在思想和行为上有了很大的进步。上一次，我和你谈话的时候，你基本无视我的存在，今天会用眼睛注视着我，懂得尊重人了。"

　　说到这儿，我发现他原本东张西望的那双眼睛突然就定格在我的脸上了，心里不由得一阵窃喜：给学生阳光，他就会变得灿烂。适时的赏识教育对这样的学生触动还是很大的。

　　"我还发现你会及时回应我了。以前咱俩谈话，我基本是在自言自语，而你不是摇头就是点头。还有最可贵的一点，你会说'对不起'了，而且是主动说的。这是最可喜可贺的事情。"

　　显而易见，在此之前，没有人这样夸奖过他，他也因此大受鼓舞。此时，他的小脸蛋绯红绯红的，两只眼睛也闪亮闪亮的。

　　"今天这件事情，你真的觉得是自己做错了吗？"

　　"嗯，都是我不好！他没有错的。"他很认真地点了点头。

　　"那么怎么办呢？"

　　"我应该向他道歉。"在我派人把小淘气叫来后，他起身冲着小淘气深深地鞠了一躬，然后诚恳地说道："对不起，我错了，请你原谅我，好吗？"

　　"没关系，下次不要再这样了！"这一刻，小淘气心中的憋屈终于一吐为快，全然忘记了之前的不满。

　　"小淘气，不能说'没关系'，事实上关系很大。但他既然认识到了错误，也真心请求原谅，你还是应该给他机会的。不过，如果再有下次，就不能一味地原谅了。还有，老师今天要表扬你，在这件事情上，你没有一气之下冲动地伸出拳头，而是找老师帮忙解决，做得很正确。"

　　"嗯，我知道了。"他很认真地点点头。而后，我让他先离开了。

　　和邻班孩子的谈话继续进行，我首先帮他分析了这件事情所产生的负面作用，比如对自己、对班级、对老师以及对他的父母的不良影响。他听得很认真，其间数次落泪，深感后悔。其次，我向他提出建议，最好能给小淘气的妈妈打个电话，说声抱歉。他起初不答应，通过进一步的交谈，我发现原因主要有两个：一是觉得不好意思，难为情，说不出口；二是担心小淘气的妈妈知道后会责骂他，毕竟闯了那么大的祸。我又帮助他分析了道歉还是不道歉的利与弊，他很聪慧，完全理解，但就是难以下决心。事已至此，我觉得我不能再一味等待他的优柔寡断，所以假装要回教室，让他自己定夺。不料，他突然拉住我的手希望我不要走，他愿意接受我给出的建议，这让我不由得又是一阵欣喜。

　　拨通电话后，我先把事情的经过告知了淘气妈妈，然后将电话交给了他，他没有拒绝，很勇敢地接了过去，很诚恳地道了歉。淘气妈妈也很通情达理，表示会原谅他的。

　　放下电话，他长吁了一口气，似乎是放下了一副重重的担子，再问他："感觉如何？"

　　"其实，向别人道歉并没有那么难。做错了事情，还是应该早一点道歉才好，这样才更容易获得别人的原谅。"

　　虽然和这个孩子的谈话耗费了整整一节课的时间，但这一次谈话，带给孩子也好，带给我自己也好，都是一笔弥足珍贵的财富。我们彼此都从中受到了教育，获得了启发。

教育感悟

　　两个孩子对老师的出言不逊，在大人们看来，实在太不文明，但不文明语言的背后，始作俑者又是谁呢？笔者以为是社会，是家庭。在信息"爆炸"的时代，在网络盛行的社会，各种不规范、不文明的语言就像空气一样无处不在。孩子们无法选择一个纯洁干净的语言环境，自然就会出现诸多不良的用语习惯。

　　小学的孩子年龄尚小，可塑性很强，染于黄则黄，染于苍则苍。许多家长甚至教育工作者，面对孩子的不文明语言，常常只会进行没有感情的，空洞、冷漠、刻板、机械的说教，这样既不能拨动孩子的心弦，也不能引起他们的共鸣，自然也就不会产生应有的教育作用。如果教师能针对学生的性格特点、接受能力，创设恰当的教育情境，讲究教育的方式方法，循循善诱，予以多方面的帮助和引导，晓之以理，动之以情，导之以行，学生的情感自然就会受到触动，思想自然就会发生改变。正如教育家苏霍姆林斯基所说的那样："在童年期，特别是在少年时期，一个人如能进行自我谴责、洗刷自己的良心，那就有了一股很大的力量。我总是努力使少年在意识到自己的不良行为之后，能产生这样的想法：我应当成为一个和我现在不一样的人。"

（四）给孩子宽容，让他自己去反思

《意林》失踪记

开学初不久，黄睿就捐给班级6本合订本的少年版《意林》，这对于这个班热爱阅读的宝贝们来说，无疑是最诱人也是最心仪的礼物了。因此，这6本书一入书柜，就引起了一阵哄抢，瞬间就被6个孩子领走了。

这之后，为了能抢先获得阅读权，有的孩子不惜早早到校。毕竟只有6本书，先来后到，谁先来，谁先看，倒也公平合理。

没想到好景不长，有一天一个孩子突然跑来跟我说："胡老师，黄睿送来的6本书，现在只剩下3本了。我每天都是第一个来校的，那3本书已经好多天没有看见了，是不是有人带回家去了？"

"想必是有的同学太喜欢，来不及归还，暂时收藏着而已。不会带回家的，最多放在抽屉里，要相信他们。"毕竟以前从来没有出现过这样的事情，我还是很乐观的。

课上，抽时间和孩子们说起了这事情，没想到"一石激起千层浪"，孩子们议论纷纷，个个气愤不已，让我深感意外。再做了解，才得知那3本书已经失踪好久了。还有孩子说，做值日的时候专门检查过大家的抽屉，从来就没有看到那3本书。

"一定是有人将书带回家了！"经过一番激烈的讨论，孩子们得出了这个结论。

虽说这个结论有待考证，但事实多少让我有些失望。真的喜欢，欲罢不能，可以和班长或者和我说一声，怎么可以不声不响就带回家呢？更不应该不及时归还啊！

133

于是，我做了一番语重心长的讲话，最后提出要求，希望能在周五之前悄悄地归还，便不再追究。

时间不紧不慢地流逝着，等待的日子很折磨人，不仅是我，班里的孩子也都充满了期待，大家都希望那 3 本书突然在某一天的早上就出现在书柜里。

可是，很遗憾，也很失望，直到周五放学，那 3 本书依旧下落不明。

我原本想：下周，一定要想尽一切办法把那 3 本书找回来，若是能找到肇事者，必须狠狠批评。

周一，没有时间处理这事儿。因为受江山城南小学的邀请，要为他们全校老师开设专题讲座。当我在萧瑟的寒风中步入城南小学的校园后，教学楼道里那些敞开着的书柜，那些随意摆放着的崭新的书籍吸引了我的眼球。

"书柜没门锁，楼道里也没有监控，这些崭新的书本就这样放着，就不怕被偷吗？"

当我把这一疑问告诉学校的校长时，年轻的他笑了笑说："怎么可能不会被拿走？刚开始的时候，基本是被'洗劫一空'的，于是，有的老师说书还是放在图书馆室比较好，有的老师建议在楼道里装上监控。放在图书室固然好，书就不会丢失了，可是学生看书有那么方便吗？装上监控，是可以抓到窃书者，但是德育的培养是应该这样的吗？学生为什么要带走那本书？因为他喜欢那本书，书中的内容吸引了他。如果学校损失了一本书，却因此而培养了孩子阅读的兴趣，激发了他对书籍的喜爱之情，甚至影响了他对未来人生目标的设定，那不是因祸得福的事情吗？当然，这样的行为毕竟是不道德的，所以正面引导与教育也应当同步进行。现在，丢书的现象已经大大减少了，每周最多也就会少一两本书。"

听了他的一番话，我醍醐灌顶，豁然开朗，当然，还有深深的自责。

面对孩子德行的缺失，作为教育者，我们常常居高临下，常常不分青红皂白地就给孩子上纲上线，却很少放下自己的架子，蹲下身子，站在孩子的立场想想孩子的初衷。

周二一早回到金华，我就和孩子们分享了我在城南小学的所见所闻，也和他们分享了我对丢书事件的新的认识与看法。孩子们也因此深受教育，并提出了自己的意见——

"如果那位同学真心喜欢那 3 本书，真心舍不得归还，我们就当礼物送给他吧！"

"如果那位同学真的不归还那 3 本书，那也没有关系，但我希望你能保管好它们。因为那是黄睿的一片爱心。"

"如果有一天，你已经看完了 3 本书，我还是希望你能将它们送回来，好东西应该大家分享的。"

这之后，因为忙碌，我也没有再去关注过这件事情。直到上周五一早，我去教室后面的敞开式书柜里拿东西的时候，竟然意外地发现 6 本《意林》都回来了，它们正静静地躺在书柜里。我以为自己老眼昏花看错了，再数，仍然是 6 本，心里不由得一阵狂喜。

当我兴奋不已地将这个消息告诉孩子们的时候，孰料他们却一脸平静，轻描淡写地说道："胡老师，那些书早就回来了，你现在才知道吗？"

早就回来了？谁送回来的？孩子们没有想过去追究，我也不想去寻找答案。孩子的一生很漫长，年少时犯下的错误，就让它们随着风儿吹走吧！我们需要记住的是他们"知耻而后勇"的那份决心与坚守。

理解、宽容、引导、等待，这是培养孩子良好品性必须经历的过程，也是一个漫长的过程。在这一过程中，作为教育工作者，我们不能墨守成规，故步自封，我们还应当更智慧、更理性地去处理班级管理中和学生身上出现的问题。

"兵器"风波

批改贾想的日记总是会有意想不到的收获，因为他喜欢通过日记向我反映班级存在的不正之风。今天，他反映的是班里有许多人在玩一种塑料兵器，男生较多，女生也有，并由此引发出深刻的思考：所谓的抽奖也好，买一送一也好，都是校门口小店老板们搞的噱头，目的是从学生的身上敛财。

虽然每一次类似事件的背后，始作俑者往往是他，或者他也逃不了干系，但起码他对不良现象没有采取包庇到底的做法，起码通过他的日记，我能更清楚地了解班级许多我所未知的情况。

正想着待会儿怎么处理这玩塑料兵器的事儿，万世泽端着一盒子形状各异、色彩不一的塑料兵器来到我的面前，说是数学课上被吴老师发现后收缴上来的，交给我处理。

看来，问题远远不止贾想日记里写得那么简单，玩玩具的学生也绝非个别；看来，孩子们"潜伏"得很深，保密工作也做得相当到位，我这"大当家"的和他们天天在一起居然毫不知情。

午饭前，我端着这一盒的"刀""枪"走进教室，班里顿时沸腾了。事不关己的自然等着看好戏，受到牵连的此刻已是坐立不安了。

我站在讲台上，指了指那一堆"兵器"对孩子们说道："你的玩具若是在这盒里，饭后一定要记得主动来找我谈话。请记住犯错误不可怕，但错了之后的补救很重要，你的态度决定了之后的处理方法。"

为孩子们打好饭菜之后，楼昊天就已经吃完饭，红着脸来到我的面前："胡老师，我玩过这东西，这盒子里有几把枪是我的。我做得不对，应该受惩罚，请您做决定吧！"

"你是第一个主动来找我承认错误的，这是值得表扬的。但是，我现在饿得慌，容我边吃饭边动脑筋，好吗？"看着他一脸的着急，我忍不住想笑。

这之后，万世泽、贾想、王兴宇、唐翰、胡建宏等几个男孩也陆续来到我的面前，表明了甘愿受罚的决心。我也没有及时答复，事实上，也的确没有想好怎么处理这件事情。

全班用餐结束，我请孩子们就座后，开始了解塑料兵器的事情。不问还好，一问之后才发现，人数远远不止刚才站在我面前的那几个，总共有22人，将近一半的人数。

一点儿不生气，那是假话；想狠狠惩罚他们一下，这样的念头也有过。毕竟类似的事情之前也发生过，只不过未成气候的时候就被发现并及时制止了。

"你们既然如此喜欢玩这些东西，在玩的过程中，想必一定有很多的感受，所以给你们的惩罚就是今晚去写一篇400字左右的日记。可以写玩中的乐趣，带给你们的收获，还可以写玩这些东西的意义所在。要言之有序，言之有理，谁写得好，谁就可以把自己的宝贝拿回去，下不为例就行了。"

当我把处理意见告知这些孩子的时候，写作能力强的不在话下，写作能力弱的就面露难色了，但自知理亏，也只能无可奈何。

午休时间，在写教学日志的时候，我又思前想后把这事儿在脑海里过了一遍。虽然让孩子们去写日记谈不上什么惩罚，因为今天全班都有这项家庭作业，他们要做的无非是写命题日记，但毕竟在此之前，从未因为类似事件给过孩子们任何惩罚，今天的惩罚也是毫无征兆、突发奇想的行为，有悖于

136

我平日"先礼后兵"的做法，孩子们又会做何感想？我是不是可以就这方面的问题先与孩子们达成共识，提出具体的要求，而后再遵章办事？

答案是肯定的，不容怀疑的。

小课时间，我把这一想法告诉这些孩子后，原以为他们会因此而欢呼雀跃，高喊"理解万岁"，孰料，个个一脸的纳闷。

"胡老师，为什么不写了？我觉得写日记的惩罚很有必要的。"贾想问道。要知道他是最讨厌写日记的人哪！

"胡老师，还是写日记比较好，给我们一个深刻的教训！"那是楼昊天的声音。他写日记也是能短则短的。

"为什么不写了？就是因为你们已经做了深刻的反省了，教育的目的已经达到，惩罚就没有必要了。当然最重要的原因是之前对类似行为的处理只是停留在口头说教上，没有引起大家的足够重视，今天贸然惩罚，违背我们班'先礼后兵'的做事规则。但今后若是谁再犯，就一定要接受惩罚了！"

"OK，没问题！"这下子，这群小家伙才终于激动起来，一个个摇摆起了剪刀手。

那些小心思，就当不知道吧

周一早晨，我刚走进教室，班长就急匆匆地跑过来对我说："胡老师，小唐又没有戴红领巾，被学校的检查员发现了，可能又要扣我们班级的分数了。"

他的话音刚落，一股无名之火立刻就从我的心头窜出：这个小家伙除了入队的那一刻信誓旦旦、表现超常以外，之后就根本不把红领巾当一回事了。他或是把红领巾塞进书包里，或是揣在衣服口袋里，就是不爱戴在脖子上。班干部屡次提醒，他屡次再犯。看来今天，我非得好好教育教育他。

这样想着，我的目光开始在教室里扫视。我以为他这会儿一定会逃到教室外面去避避"风头"的，没想到他居然淡定地坐在位置上，很沉着，很镇定，即便与我四目相对，他也毫不躲闪，一副"临危不惧"的样子。

和他目光对峙的过程中，我知道对于他而言，扣积分卡，摘小红花，甚至吓唬他让他退出少先队组织都是无济于事的。从之前的谈话中，我知道他就是嫌红领巾围在脖子上碍事，不自在而已。因为他的不戴红领巾，班里已经多次被扣分，同学们对他甚为不满，再加上我的屡次批评，他干脆就破罐子破摔，"一坏到底"了。

怎么办呢？说实话，我还真的有点儿茫然。

正在烦恼之时，小方同学拿着一条红领巾兴冲冲地走进教室说这是他刚从操场上捡来的。看到他手中的红领巾，我突然有了主意。

"小唐，来，到老师这里来！"我微笑着对他招招手。

我的一反常态，让他颇为费解，迟疑了一会儿，他还是站起来朝我走了过来。

"老师知道你今天肯定不是故意不戴红领巾的，可能是出门的时候太匆忙了，忘了把红领巾戴上了。来，老师帮你把它系上，好吗？"说完，我不动声色地把红领巾将平折好，然后蹲下身子，非常认真地把它系在小唐的脖颈上。我出其不意的举动显然让他措手不及，或许是没有想好应对的策略吧，除了小脸蛋红红的，有点不自在，他倒也挺配合的。

"系好了，看，这样多精神啊！戴上它，大家才知道你是个少先队员，不然，还以为你至今没入队呢！"我拍了拍他的小肩膀笑着说道。

"谢……谢……"他还是明理的，也许是因为紧张，道谢也变得结结巴巴了，这让我很意外。

"那你能答应老师，好好地戴着它吗？"

"能。"说完，小家伙头也不回地转身跑回座位上了。

中午饭后，我给学生批改作业。轮到小唐了，我下意识地看了看他的脖子，居然发现红领巾又不见了，心里的怒火又一次被点燃了。正想发作时，小家伙好像有所觉察，转身欲走。我突然意识到自己的失态：我怎么可以这样着急呀！

努力平息愤怒的情绪，随之和颜悦色地对他说："小唐，你真是个小马虎啊，又忘记戴红领巾了。快去把它拿来吧，老师给你戴上。"

听了我的话，他并没有走回座位，而是磨磨蹭蹭地从裤子的口袋里掏出了那条红领巾递给了我。

看着那皱得不成样子的红领巾，虽然我的心里有诸多的不满，但还是强颜欢笑，再一次将它系在小家伙的脖子上，然后摸摸他的小脑袋对他说道："可不能再把它藏起来哦！它一定希望自己是挂在你的脖子上，看着你成为棒棒的少先队员的，你说呢？"

这一次，他很肯定地冲我点点头，红着脸跑走了。

放学的时候，我发现小家伙果然没有再把红领巾解下来，心里特别高兴。显然，他把我说的话记在心上了。

周二早上，当我走进教室的时候，竟然意外地发现小唐的胸前戴着鲜艳的红领巾，看得出来，这鲜艳的红领巾应该就是入队日上学校颁发给他的那条。

啊，这真是破天荒的事情！我心里的喜悦之情难以言喻。

早读课上，我轻轻地在他的耳边说道："小唐，你知道你带给我多大的惊喜吗？原来你也想当一名真正的少先队员的。老师特别喜欢看到你戴红领巾的样子。你是个很精神的少先队员噢！"

这一次，他的小脸蛋又红了，我却读懂了他那红晕背后的心情。

"胡老师，请您相信我，我以后再也不会把红领巾藏起来了！我会坚持每天佩戴它，更不会因为我而让班级扣分的。"这是那天放学时，小家伙郑重其事对我说的一番话。

这以后，我发现他真的是说到做到了，不但每天佩戴红领巾，而且红领巾总是干干净净的。

教育感悟

一个人从幼稚走向成熟需要一个过程，这个过程也许需要很长的时间；一个人从错误中觉醒，然后努力改正也需要一个过程，这个过程有时候也需要很长的时间。面对犯错的孩子，如果为师者总是用一种惩罚和评判的目光"审视"他们，充当"交通警察"的角色，孩子就会想尽一切办法去隐藏自己的过错，逃避自己的责任。

约束、压制甚至恐吓，只会让我们的孩子在歧路上越走越远。反之，若是我们能用鼓励的目光、真诚的微笑、宽容的话语去消除孩子内心的不安，用自己的真诚期待为孩子创造一个宽松的成长环境，那么孩子一定能对自己的行为进行发自内心的反省，从而克服畏惧心理，努力战胜自我，改正自己的过错，勇敢地承担起自己的责任。

（五）给孩子交往权，让他们学会合作

七个值日生

据几位科任老师反映，班里的七个小家伙近几天在课堂上不是走神游离，便是窃窃私语，学习状态很有问题。

于是，我决定在放学后将他们留下来好好谈一谈，毕竟再过几天就要期末考试了。考虑到还有六位值日生要工作，这样一来，教室里便有太多的人，会影响净校工作，于是，我提议今天的值日工作暂时让他们七位来完成。他们倒也没有异议，满口答应了。

卫生委员给他们做了分工，并要求：十五分钟之内必须完成任务。

一声令下，七个孩子开始着手劳动了。但显然，因为工作分配上无法做到绝对平等，其中的几个自认为吃了亏，看上去有些不满，他们一边扫着地，一边嘴里还嘀咕着什么。带着这样的情绪值日，速度自然快不到哪儿去。

我想说他们几句，想想又咽下了，再等等，不急。

没过一会儿，两个去倒垃圾的孩子回到了教室，一脸的得意之色，路过打扫教室的孩子身边，还故意冲着他们做鬼脸，那样子好像在说："哈哈，我们已经干完了！"

将垃圾桶放回原位之后，他们两个迅速回到了座位上，然后端端正正地坐着，目不转睛地盯着我。

"你们坐那么端正，干吗呢？"我忍不住想笑。

"我们已经完成劳动任务了，准备接受谈话。"他们不紧不慢地答道。

"谈话是要等你们完成了所有的劳动任务，卫生委员检查完毕之后一起谈的，不是一个一个轮着谈的。"

听了我的话，这两位的嘴巴张成了大大的"O"形，一脸的惊愕。这回轮到剩下的那些得意扬扬了，个个抿着嘴偷偷笑。

"如果想早点儿结束谈话，那么就得早点儿完成所有的劳动任务。想一想：该怎么做，才能在最短的时间里结束值日工作呢？"

"嗨，别坐着了，赶紧帮他们一起干！"孩子聪慧得很，马上反应过来。

"我去打扫第四大组吧！第四大组现在还没有人搞卫生！"其中一个坐着的小家伙主动请缨，起身就去拿扫把。

"那我帮你拉桌子，你扫地，这样就可以快点儿！"另一个见状也连忙主动抢活干了。

改变的不仅是这两个，刚才还在慢慢悠悠、嘀嘀咕咕的另外三个孩子这时候也像换了一个人似的，手脚突然就快了起来，一边扫着，一边冲着走廊上的两名同学喊道："你们两个赶紧扫完了就回教室帮忙，地面如果不脏的话，就不要拖了！快点儿！"那架势颇有几分卫生委员的样子，让人忍俊不禁。

因为一个小小的暗示，原本各顾各的七个孩子这会儿心都往一处想，劲都往一处使，热火朝天地干了起来。他们都想着快点儿干完，可以早点开始谈话，早点回家！

十二分钟的时候，他们已经值日完毕。此时的教室里非常整洁，地面亮晃晃的，都能照出人影了。当他们清洗完拖把回来之后，居然站在教室门口不愿进来，说是地面上的水迹未干，待会儿鞋底的印儿留在地上就不好看了。

原本"心怀鬼胎"的一群小家伙，这时候表现出来的大公无私，让我不禁刮目相看，由衷地欣慰。

我让他们从办公室拿些报纸来，铺在地上。他们便欢呼着去，欢呼着来，欢呼着铺，劳动带给他们的快乐与满足，早已让他们忘却了这之后我们师生之间还要有一次郑重的谈话。

可是，当我面对眼前这七张汗涔涔的、红扑扑的小脸蛋的时候，之前酝酿着的那些情绪与责备之词竟然都了无踪影了，我毫不吝啬地表扬了他们，之后心平气和地和他们做了交流，说了一些自己的想法，对他们提了一些希望，大约用时十五六分钟，然后，便让他们陆续离开了教室。

走的时候，没有任何的暗示和提醒，走在最前面的那一个带头将地上的报纸收拾起来，其他六个也紧跟而上。这是我始料未及的，带给我的又是一阵感动。

将报纸送入走廊上的垃圾桶内，孩子们又返身来到教室门口，或是挥挥手，或是冲着我微笑着，然后说道："胡老师，我爱你，再见！"

孩子是不记仇的，即使今天我将他们留下，即使走的时候，天色已经暗下来，我还是他们心中深爱着的那个胡老师。这样想着，我的心里又漾起了幸福的涟漪。

换座位

今天中午又该换座位了。

换位之前，我请孩子们回忆一下上一次换位用时多少。这些小家伙倒是清楚地记得，说是一分三十秒。

"这次还要有突破吗？"我问道。

"当然要有！"几乎是不约而同的回答。

"因为这一次换座位一定是一二大组对调，三四大组对调，相对于上次的换座位，这一次容易多了。所以应该可以节约一些时间。"贾想站起来做了一番推理，其他的孩子听了频频点头表示认同。

我还没有发出口令，孩子们就已经做足了充分的准备：他们将桌面上的物品收拾进抽屉，把凳子翻上桌面。个个蓄势待发的模样，甚是可爱。

一声令下之后，我一边计时，一边关注着他们的表现。褚函辰、黄睿、斯乙轩、王昕煜和柳钰成五个孩子因为要参加集训，此时已经不在教室。他们的桌椅又该如何处理？会有孩子帮他们移走桌子吗？我迫切地想知道。可这时候的教室已经乱成一片，虽然没有嘈杂刺耳的声音，但人来人往，桌来桌往，我根本就看不清楚。

四十秒钟的时候，原本凌乱的教室已经渐现次序，四个大组的雏形依稀可见。

又过了十秒钟，大组的模子呈现在我的眼前了。桌椅井然有序地摆放到位了，孩子们开始动手将倒扣在桌上的椅子拿下来，并做好了课前准备，接着陆陆续续地坐端正。一切都在紧张而忙碌中进行着。

一分钟的时候，一大组前面的四个孩子还站着，因为黄睿参加集训去了，此时，他们正麻利地整理着黄睿桌面上的物品。

一分零五秒的时候，全班四十五个孩子就都端端正正地坐着了。

将结果告知他们后，孩子们居然很不满意。

"我觉得还可以再快一些，相比较上次换座位，这次的难度大大降低了。一分多钟，我觉得还不是很理想。"依旧是贾想的回答。他的发言似乎说出了其他孩子的心声，一部分人听了也点头表示认同。

"想过原因吗？"

"我觉得大概是因为有几个同学不在，他们的桌子没有人搬吧！"他想了想说道。

"是这样吗？"

"不是的，我看到申琦就给黄睿搬过桌子。"万世泽起身说道。

"不是我一个人搬的，胡建宏和胡雨博也帮过忙的。"申琦又站起来补充道。

多好的几个孩子！默默地给予别人以帮助，不求名，也不求利。我这样想着的时候，其他的孩子已经陆续鼓起掌来。这不禁又让我心头一热，对于他人的美好行为，孩子们学会了欣赏与赞美，这不也是一种可贵的品质吗？

"老师对大家今天的表现很满意。虽然和上次相比，难度的确下降了，但是今天有五名同学不在现场，移动他们的课桌椅也是要耗费一定的时间与精力的。一分零五秒的时间，已经是很不错的成绩了。其次，老师由衷地感到高兴，在这一次的换座位过程中，大家的团队意识，互助意识又一次得到了充分体现。尤其是参加训练的那五名同学身边的孩子，没有你们无私的付出，这一次的换座位不可能这样高效。来，掌声鼓励一下我们自己吧！"

这一次的掌声格外响亮，每一个脸蛋上洋溢着的笑容也格外灿烂。

跑步比赛

中午十二点半，我就去参加党员会议了，一直到下午一点十分才结束。快走到操场的时候，我远远地便看到一群孩子在跑步。定睛一看，居然是我们班的那些小家伙，心里不由得一阵窃喜：我这个班主任不在，孩子们依旧能按时参加长跑，看来，这个习惯已经养成，不用我操心了，真是太棒了！

一问才知道，他们已经跑第二圈了，接下来要向第三圈发起进攻。无论是男生，还是女生，今天的状态都非常好，尤其是那几个胖胖的小家伙，跑不动便快步走的情况已经看不见了。每一个人都在奋力往前跑，每一个人都铆足了全身的劲儿。

或许是连续三天的惨败，极大地刺激了男生们的神经，他们不再是自顾自，单打独斗，而是互帮互助，团结合作。张可鉴是个胖胖的小男孩，两圈下来，他已经满头大汗，气喘吁吁，脚步渐渐慢了下来。就在这时，跑在他前头的王兴宇发现了，只见他一边放慢脚步等待，一边大声喊道："张可鉴，别泄气，加油！"来自同伴的鼓励，使得张可鉴又加快了脚步。当他赶上王兴宇后，令人惊讶而感动的一幕出现在了我的面前：瘦弱的王兴宇主动向张可鉴伸出了细细的手臂。他拽着胖胖的张可鉴开始继续往前跑，一边跑，一边还说着什么。不用说，一定是一些鼓舞人心的话儿。一胖一瘦的两个人儿，互相拉着、拽着，互相扶持，共同跑完了全程。

当绝大多数的孩子回到起点的时候，剩下的那几个孩子便成为全场的焦点。因为按照比赛规则，无论男生还是女生，只要整个团队提前完成 800 米的跑步任务，便是赢家，还可以获得一个"小脚丫"的奖励。男生已经在前几天的比赛中，屡战屡败，所以，他们今天更是比谁都渴望赢得胜利。于是，面对场上还在跑着的贾想、朱赜和朱伯扬几个同学，男生们有的站在跑道外加油，有的甚至不惜放弃休息的片刻时间重返赛场，只为了带动这些孩子能跑得再快一些。最终，男生以略微的优势赢得了今天的比赛。他们激动得在樟树底下又蹦又跳，互相击掌，互相拥抱，兴奋不已。我想，他们并不是因为那个"小脚丫"而如此激动，更是为自己精诚合作终于赢得了胜利，打了一个漂亮的翻身仗而欢呼吧!

我也笑了,发自内心地为孩子们高兴。自动化的管理、人人自治的班级管理目标,正在逐步实现,孩子们的团队精神也在不断强化。这是我一直希望看到的。今天,这美好的一幕真实地展现在我的眼前,有什么理由不为孩子们喝彩呢?

谁的桌子最干净

那日美术课后,我站在讲台上看去,有几个孩子的课桌有点儿脏,便提醒他们应该擦洗一下,不然,时间一久,就很难清理。勤快的听了,立刻从课桌里取出抹布打湿之后开始擦拭;个别懒惰的也不甘落后,有的拿出的是橡皮,结果是越擦越脏;有的干脆用袖子一抹,好像那就是最好的抹布,让人看了真是又好笑又好气。

见状,我说道:"两分钟后,我来检查,看看谁的课桌最干净,哪一个大组的课桌最干净!"

于是乎,勤快的更奋力,懒惰的也不敢再懈怠,赶紧行动起来。这群小东西,古灵精怪得很,早就听出我话中的意思了。但凡是和大组加分挂钩的事儿,他们一定是群策群力,丝毫不敢马虎的。即使是为数不多的小调皮蛋儿,这时候往往也会自觉地和本组的同学在思想与行动上达到高度统一,不然,群起而攻之,那架势,他们是抵挡不住的。

也有孩子此刻不在教室里,他们或是出去玩了,或是上卫生间去了。虽然人数并不是很多,但各个大组均有。且看:在教室的孩子会如何处理这些空着的课桌呢?我心里一边暗暗想着,一边偷偷观察着。

美好的画面瞬间便出现了:一大组的龚一雄此时不在教室里,估计是出去玩了。他的桌面并不脏,但是令我感动的是他的同桌张伊宁在完成自己的劳动任务之后,默默地将同桌的桌面也认真擦洗了一遍。

同样的美好也在蒋慧文的身上上演着。我看见她的时候,她正拿着自己的抹布给同桌林厉瑜擦着课桌。作为我班最出色的卫生委员,她此刻的表现让我对她的喜爱又增添了几许。

145

来不及再看，情不自禁地表扬了这两个女孩。因为受到了表扬，两个可爱的女生满脸通红，那是内心激动的体现；因为两位女孩受到了表扬，更多孩子的内心受到了触动。原本没有这样做的，此时也被感化。于是，两分钟后，每一张课桌都被擦得锃亮锃亮的，干净得仿佛能照出人影来。

中午饭后，按照惯例，饭后就擦桌，这是孩子们在前两年便养成的一个好习惯。只是今天似乎有点儿不同，许多孩子在擦洗自己课桌的同时，也会将同桌的一并带上。

"举手之劳，何乐而不为呢？"他们如是说。

举手之劳，不为者，也有之。为师者，需要做的便是树立榜样，及时表扬，以此引导不为者见贤思齐。孩子年龄尚小，可塑性很强，这时候，若是能给予帮扶，不断强化，那么好的品性便能扎下根来。

教育感悟

人类是善于合作的动物，人类没有狮子凶猛，没有大象有力量，但是依靠合作，战胜了它们。我们生活的时代是一个在竞争中合作、在合作中竞争的时代，团队合作不仅是一种学习方式、一种学习态度，更是一种生存方式、一种必备的人生态度。可是在独生子女占大多数的时代，过分优裕的生活，过分的宠爱与迁就，常常使孩子们养尊处优，自私任性，在与人交往的过程中，他们往往不懂得与人合作，不善于沟通交流。

七位值日生起初各有各的小心思，在劳动任务的分工上，他们拈轻怕重。任务轻的，喜不自禁；任务重的，牢骚满腹。在我的旁敲侧击之下，他们幡然醒悟：合作才是硬道理，合作才能共赢。孩子和成年人一样，他们也是需要在交往中学会合作的。孩子在一起难免有矛盾，有冲突，有利己排他的不良心态，但教师引导他们解决矛盾的过程，就是引导孩子健康成长、走向成熟的过程。

（六）给孩子权利，让他自己去管理

请重新排队

大课间铃声响过之后不一会儿，就听见走廊上传来了窸窸窣窣的声音，虽然不是很响亮，但也不是悦耳动听的。看来，一定又有孩子将集合的要求抛之脑后了，且看体育委员丁玄有何作为，我心里暗暗地想着。

"同学们，你们刚才在集合的过程中，没有做到静齐快，还有不少人边说话边排队。所以，我宣布——大家回教室重新排队。"尽管隔着办公室的那扇门，但丁玄说的每一句话每一个字，我都听得清清楚楚。

"小家伙对待工作很负责，对不良行为能做到不纵容，严格要求，这才是我所需要的班干部。"我因此而窃喜。

过了一会儿，走廊上又陆续传来了细碎的声音，较之前的那次，轻了许多，不过，仔细倾听，偶尔的窃窃私语还是依稀传来。

"全体立正，向前看齐。"丁玄开始整队了。看来，他对大家这一次的表现很满意。

"同学们，你们这一次的表现大有进步，但我发现后面的几个同学还在偷偷聊天。我再重申一下集合的要求：静、齐、快。静，是我们必须做到的。胡老师常常教导我们，安静地排队，就是对其他班级上课同学最好的关照。所以，请大家继续回教室重新排队，也请刚才讲话的那几个同学不要再犯同样的错误了。"

丁玄的话音刚落，走廊上的声音骤然响了起来，一定是有孩子愤愤不平了，那是对肇事者的抱怨。不过，令人欣慰的是这抱怨的声音里没有任何一句是针对丁玄的。

第三次集合，除了脚步声，我再也听不到其他不和谐的声音了。此时，广播体操的旋律已经响起来。操场上，其他班级的同学已经开始做操了。

悄悄跟在孩子们后面，往前看去，展现在眼前的两支队伍特别整齐，也特别安静。

不过，还是应该给丁玄一些建议，也应该给他一些帮助。早操回来的路上，我在他的耳边小声地说了几句话，小家伙听了连连点头，带大家去了卫生间后，他又把队伍带回了教室。这一次，我没有紧跟而上，我想，还是给孩子自己锻炼的舞台，让他自己去发挥吧！

站在教室的后门，透过窗户看去，孩子们居然齐刷刷地站在座位前，即使那几个小调皮蛋儿，这时候也站得毕恭毕敬。再看看讲台上的丁玄，此时是一脸严肃的表情。

"同学们，今天的集合情况不是很理想，和前一段时间相比，退步了。我要和大家重新强调一下，以后集合的时候还是要做到静齐快，不要拖拖拉拉，更不应该说说笑笑的。希望大家能配合我的工作。如果你们做不到，我会要求你们重新排队，直到达到要求为止。希望大家都能互相提醒，自我约束。"

虽然小家伙在"训话"的时候，一边想一边说，有点儿吞吞吐吐，但即使这样，我也分明感觉到其他的孩子对面前的这位看似文弱的"书生"还是心存畏惧的。

没有规矩，不成方圆，班级的管理工作若要井然有序，处于自动化的状态，就必须建立一套合理的规章制度。所有的班级成员都应自觉遵守规则，不越界。班队干部在工作过程中，也应当按照规则严格执行。只有执行到位，良好的行为习惯才能得以巩固与保持。所以，一支强有力的班队干部队伍，一批责任心特别强的孩子，对于班主任老师来说真的太重要了。

两位副班长

十二点十五分，本周当班的两位副班长张昕桐和褚函辰便开始有序地开展工作了。

张昕桐出了教室门，招呼在外玩耍的同学回班，褚函辰则起身去关了后门。这是个惯例，孩子们只要看到副班长关后门，便知道午自习开始了，就会赶紧回教室。

起先的几分钟，他俩招呼大家尽快回位，待孩子们都已经在座位上坐好之后，他们便双双站在讲台上先后发话了——

"同学们，接下来请你们安静地在座位上写作业或者看书。"张昕桐一本正经地说完，就去书柜里捧来一叠杂志放在讲台上。

"写好作业的同学，请不要擅自下位，只要把作业本放在课桌的左上角就可以了。我们会每隔五分钟来收取一次，再统一交给胡老师批改。"紧随其后，褚函辰一字一句地补充说明。

在这两个副班长面前，绝大多数孩子都是不敢造次的，因为这两位在管理班级的时候，规矩多且不说，而且执行力度特别强，说到做到。

今天上午的眼保健操时间，有两名小男生因为屡教屡犯，就被他俩毫不留情地将名字记录在黑板上。因为有理有据，"肇事者"也无话可说，只能后悔莫及。为了早点儿将名字从黑板上擦去，这不，中午饭后，两个小孩便主动来我这里承认错误，又各自进行了自我惩罚。两位副班长这才"饶"了他们。

因为管理得当，此刻班里静悄悄。阅读的，写作业的，一切都显得那么规范有序。我也乐得自顾自批改作业。

"唐瀚，今天是你分管卫生工作吧！你看，讲台桌前的地面上这一些油渍如果不及时清理，下次就更难清理了。"

说话的是张昕桐，虽然声音不大，但闻声后我还是抬起了头。不知道什么时候，唐瀚已经离开座位来到张昕桐的身边。现在，他俩正在研究着地面上的那几滴污渍。

"哦，不好意思，今天是我管理卫生。同学们搞完卫生之后，我也忘记检查了。我现在就去清理。"说完，他便去卫生间拿拖把了。没多久，地面上的污渍就清理完毕了。

"胡老师，好久没有给大家听音乐了，是不是应该让同学们听一听了？"褚函辰轻轻地在我的耳边问道。

"好啊！这个建议很不错，你们俩的工作主动性越来越强了，开始有自己的想法了，也敢于实践、敢于创新了，进步真的很大。在工作中，你们能发现问题，解决问题。这一周，你们俩送给我好多惊喜啊！看来，这样下去，我这个班主任可以提前退休了。"不得不说，听到孩子的这个建议后，我的内心真是一阵狂喜。

得到赞许，他显然很开心，连忙打开书柜门，开始捣鼓起来。不一会儿，教室里便响起了《班得瑞》的钢琴曲。

我渴望，并一直向往班级的无为而治，而要达到这样一种境界，就必须有一支强有力的班队干部队伍。如今看来，这支队伍正在日益完善，班队干部的工作能力，尤其是主动管理意识正在不断强化。这真的是让我特别欣慰的事情。

教育感悟

陶行知先生说："生活、工作、学习倘使都能自动，则教育之收效定能事半功倍。所以我们特别注意自动力之培养，使它关注于全部的生活、工作、学习之中。自动是自觉的行动，而不是自发的行动。自觉的行动，需要适当的培养而后才可以实现。"

众所周知，著名教育改革家魏书生既是校长又是两个班级的班主任和语文教师，一年中，他有四个多月时间在全国各地巡回演讲，做报告，班级事务若是要他事必躬亲，那是绝不可能的，但他所管理的班级井然有序，语文学科的考试成绩还常常保持年级第一名的好成绩，这对一般的教育工作者来说简直是无法想象的。其秘诀何在？很重要的一个因素就是他很善于发动学生自己管理自己。

任何的教育和管理，只有把制度和要求化为学生的需要，才能激发学生的自觉行为。能力再强的教育工作者，如果只靠单枪匹马，想把个性不一的学生管理好也是不可能的。在班级管理过程中，必须充分调动学生的积极性，建立自主管理模式，发挥学生的主体作用，培养学生自我管理的能力。这样做的好处不仅是使教师相对轻松，不需要事无巨细亲躬而为，而且大大地提高了学生学习、生活的能力和积极性，这也是实施素质教育的必然要求。

（七）给孩子问题，让他自己去解决

新闻播报

在微信里看到朵朵妈妈的留言，才得知这两天朵朵之所以没有再戴矫正牙齿的牵引器，是因为班里有几个孩子笑话她，于是，语文课上，我决定抽几分钟时间和孩子们谈一谈这个问题。

待杨峻沣的故事讲完，我说道："老师今天也想播报一则新闻，大家愿意听吗？"

"耶，耶！太好了！"毕竟是老师第一次播报，孩子们显得很兴奋，都激动地叫了起来。

当我把朵朵妈的那一番话读完后，洋溢在孩子们脸上的笑意顿时不见了，人人都变得严肃起来。班里显得格外安静，空气仿佛都凝固了似的。

"有谁想说说此刻的心情或是想法？"我问道。

"老师，我从来没有听到同学们嘲笑过朵朵，她妈妈是不是搞错了呢？我相信我们班没有这样的同学。如果真的有这样的人存在，那我觉得他太不应该了。"大个子贾想第一个站起来发表自己的看法。他一边说着一边习惯性地做手势，看得出来他很着急，也很气愤。

这时，褚函辰站起来说道："老师，我也想说几句。每一个人都会遇到生病需要治疗的情况，试想一下，如果你生病了，不但得不到别人的同情与帮助，还换来冷嘲热讽，那你会做何感想呢？我想也一定会和朵朵一样，难过极了！"

"那就是在别人的伤口上撒把盐。"不知谁附和了一声，其他的孩子也随之说道："是呀，是呀!"

虽说是"几个"，但到底是谁说过这样的话，个别好奇心颇重的孩子还是忍不住窃窃私语："到底是哪几个人啊？问问朵朵就知道的。"

"大家以为如何呢？问，还是不问？怎样做更好呢？"我把这个问题又丢给了孩子们，让孩子们做决定。

班里顿时鸦雀无声，孩子们迟疑了，犹豫了，你看看我，我看看你，谁也没有说话。不一会儿，一只小手高高举起："胡老师，我觉得还是不要去追究为好！相信听了大家的话，那几个同学的内心已经受到谴责了，以后一定会改正的。"

张澈言之有理，这一番话也正是我想说的。果然不出所料，孩子们都非常赞同。

"同学们，你们不知道朵朵戴着这个牵引器有多么不方便，多么辛苦。就是吐一口痰，她也要把这个牵引器拿下来，然后再装上去。我是亲眼看到的，所以我觉得大家应该多多帮助她才对。"坐在朵朵后排的朱赜按捺不住愤慨的心情，主动起身为她说话。

"我也想替朵朵说几句公道话。作为她的同桌，我对她有更多的了解。戴着这个牵引器，真不是好玩的。影响形象且不说，给她的学习和生活带来的麻烦还真的不少。低个头，一不小心就撞上了课桌；吃个饭，必须先将牵引器摘下来。上卫生间，她都是趁人不多的时候才去的，就怕人家笑话她。如果咱们自己班里的同学还要嘲笑她，那我觉得太不厚道了!"朵朵身边的杨俊峰快人快语，说完这一番话之后，他的脸已经急得通红通红的。

"老师相信大家在接下来的日子里一定会给朵朵许多的帮助，也请朵朵原谅那几个对你出言不逊的同学，正如同学们所说的，他们会改正的。咱们这几天学习的第三单元课文的主题还记得吗？"

"记得。人间处处有真情，人与人之间要相互关爱。"一旁的小葵不假思索地回答道。

"桑娜夫妇、残疾年轻人、老妇人的美好心灵带给我们许多的感动，让我们看到了人性的光辉。希望同学们能学以致用，在生活中付诸实践，用你的善言、善行去关心、呵护我们身边每一个人，让世界因为你的存在而变得更加美好，让身边的人因为你的存在而觉得幸福。"

听了我的话，孩子们都若有所思地点了点头。

裴斯泰洛齐说过："一生的生活是否幸福、平安、吉祥，则要看他的处世为人是否道德无亏，能否做社会的表率。因此，修身的教育，也成为他的学校工作的主要部分。"而我以为，这样的修身教育首先必须从小培养，越小的时候越应该重视引导；其次，这样的修身教育必须从小处入手，越小的事情越应该引起我们的重视，正所谓"勿以恶小而为之，勿以善小而不为"。为人父母，为人师者，都应谨记在心。

牛奶喷出之后

上午的体育活动课上发生了一件不愉快的事情。

因为外面在下雨，大家只能在教室里活动。玩着，玩着，小雄和小煜就有了矛盾，起了冲突。小煜当时手中拿着的那一瓶所谓自行研发出来的牛奶混合剂这时候也跟着凑起了热闹，瞬间像一道水柱一般喷了出来。正巧，副班长张澈从他们俩身边路过，自然未能幸免于难，她的头发上、红领巾和衣服上都沾上了不少的汁液。

热心肠的贾贲见状毫不犹豫地拽着张澈去了卫生间，赶紧帮她清洗了头发上的牛奶。虽然清洗面积并不大，但毕竟有些头发湿了，担心张澈因此而感冒，她又急冲冲进了办公室，希望我能找吹风机给张澈将头发吹干。

我因此才知晓了事情的大致情况。

眼前的张澈，表情甚是尴尬，但没有一丝的恼怒，只是一个劲儿地捋着那些湿漉漉的头发。虽然这些湿头发是绝不至于让她感冒的，但看着她胸前红领巾上那醒目的咖啡色斑点，想到两位"肇事者"此刻居然还堂而皇之地继续坐在教室里，我怎能做到心静如水？尽管我知道他们不是故意的，但怎么能弃张澈于不顾呢？

瞬间的工夫，在贾贲的招呼下，小煜红着脸低着头进来了。我还没有开口质问，他那双大眼睛里已经噙满了泪水。

心中的怒火顿时就熄了——孩子的眼泪总是让我莫名地心软。

不是不知道错，而是面对闯下的祸，两个人之间还有互相推诿之说，纠结于谁的过错多少，以至于将本应该立即处理的事情搁置不管。

这就是小孩：犯错的时候，理直气壮；承担的时候，恨不得立刻躲起来、藏起来玩失踪。

尤其是小雄。虽然贾贲将我的意思一并传达给他，但他并没有紧随其后来到我面前。

考虑到办公室里有这么多的老师，既怕惊扰了他们，也怕这几个孩子因此不安，于是，我将相关的几个人一并叫到了走廊上。毕竟是上课伊始发生的事情，正副班长自然脱不了干系，也要被问责。

三位班干部一脸的委屈，那样子好像在说："我们何罪之有？"

"无论课上还是课下，只要发现同学之间有了矛盾冲突，你们就应该第一时间到位进行劝说阻止。如果以自己的能力、团队的能力还是不能阻止事态的发展，那么就应该立刻告知老师。今天的这件事，你们都看见了，但都没有及时处理，也没有及时告诉老师。这就是失职的表现，理应受到批评。现在要做的是积极补救，我给大家五分钟的时间，由你们三位班干部负责协调，尽快将这件事情处理好，然后向我汇报。"

面对眼前的五个孩子，尤其是我的三位班干部，虽然有点儿不忍心，但凡事如果都由我来处理，他们的能力永远也提高不了。

事实证明，这样的狠心，还是值得的。

五分钟不到的时间，班长就来到我的面前，告诉我处理的方案：首先让两名"肇事者"向张澈鞠躬道歉，然后请他们用面巾纸将张澈的湿头发吸干，再一起清洗被他们弄脏的红领巾，考虑到没有可以更换的衣服，洒在张澈衣服上的牛奶液只能明天清洗，请张澈明早将脏衣服带回，由"肇事者"清洗。

又过了四五分钟的时间，两个小孩已经将红领巾清洗完毕。

"胡老师，烧水壶在哪里？我想将红领巾裹在上面，待会儿应该就能干的。"

这不得不让我惊叹：补救措施做得非常及时，还能积极想办法烘干红领巾。

"外面风大，用夹子夹住挂在教室的防盗窗上，到下午应该也能吹干的。"

"我有夹子，小雄，走，去教室拿。"小煜说完就拉着小雄往外跑。

看吧！这就是小孩。十分钟前，两个人还在面红耳赤地争吵，现在已经是手拉手的好朋友了。

154

午餐时分，教室窗户上夹着的那一面红领巾，随风飘扬，格外鲜艳。和它一样鲜艳夺目的还有孩子们纯洁美好的心灵。

有借，就要有还

早上七点半到八点整，用时半小时，我主要做了两件事情——

一是找胡懿杰谈话。从他妈妈发给我的微信留言中得知，孩子在昨晚的讲故事过程中数次哭泣，虽有父母的开导，仍担心儿子不能释怀，希望我能多加关注。究其原因，是上周四完成数学实践作业的过程中，他受六名同学之托，将自己做好的校园平面图复印后赠送他们，结果被吴老师发现后受到了批评。在此过程中，他的绰号"纳尼"也时不时被大家提起，让他觉得十分尴尬，闷闷不乐。

听完他的倾诉，我谈了自己的看法：第一，将自己的作业复印给他人使用，那绝对是错误的行为，违背了吴老师当初布置这一项实践作业的初衷，理应受到批评。第二，关于绰号的问题。如果不喜欢，那么就应义正词严地告诉大家，不要欲说还休。当初因为你的口头禅而有了这个绰号，一直以来你又从未提出异议，如今你的想法有了改变，那么就要先告诉大家才好。我相信同学们一定会理解并配合的。

一番促膝交谈之后，他脸上的泪水渐渐少了，说话的声音也清亮起来。晨读时分，我又让他上讲台把自己的所思所想明明白白告诉大家，孩子们理解并举手表示今后一定会尊重胡懿杰的想法，真有口误的时候，也一定会及时向他道歉。

面对同学们的真诚回应，小家伙如释重负，白净的脸上泛起了熟悉的笑容。

二是以点带面教育了全班孩子。上午的美术课需要用报纸，可是有那么三五个孩子竟然忘记带了。所幸，他们还想到了老师办公室里有报纸，便找到我希望能给予帮助。

"胡老师，我能不能向您借一张报纸？"

这是龚一雄、金宇涵、姜韬、庄毅帆、唐瀚、盛畅、林厉瑜等几个孩子如出一辙的问话，很有礼貌，也没有什么问题。

可是，既然有"借"自然就应该有"还"。我明知道他们所谓的"借"其实是"给"的意思，但还是假装糊涂地问道："可以啊！但是什么时候还给我呢？"

大同小异的回答——

盛畅、唐翰、金宇涵、庄毅帆、姜韬："明天还给你吧！"

龚一雄："我想借，但估计还不了。"（让我又好气又好笑的只有这一位）

"有借有还，只是还回来的要和借走的一样哦！"

听完我的这句话之后，这些孩子顿时傻了眼，不知所措地站着。林厉瑜还算机灵，回了我一句："胡老师，那我借走一张，明天送给您两张好了。"

"借和送可不一样。你送给我两张，那是你无偿赠予的。我要的是你还给我一模一样的物品。"

被我这么一"折腾"，几个孩子似乎都知道自己的问话有些问题，却又不知如何修正。一番抓耳挠腮之后，还是林厉瑜反应过来道："胡老师，您能不能给我一张报纸啊？"

"当然可以。"

于是，照着样儿又重新问了一遍，几个孩子终于乐颠颠地领走了报纸。

回到班里，我把这件事情又和全班孩子做了交流，大家听得很认真，相信他们今后会说得做得更好。

事情很小，但这种事情在生活中很普遍。平日里，一张面巾纸，一张草稿纸，一张报纸，孩子们常常脱口而出"借"，事实上却不再"还"了，毕竟都是一些小东西。也就因为是小东西，被借者往往也毫不在意。所以，这样其实有问题的问话在生活中随处可以听到，大家也就不足为奇了。今天和孩子们较真了一回，无非是想告诉他们，说话也好，做事也好，都应该三思而行，要对自己的一言一行负起责任来。

教育感悟

一个班集体，四五十个孩子，来自不同的家庭，有着不同的性格脾气，凑在一起，难免会发生一些小摩擦、小矛盾，这是再正常不过的事情。作为教育者，面对他们之间的争争吵吵，我们不应气急败坏，不应大包大揽，也绝不可以听之任之。英国著名教育家斯宾塞这样告诫我们："教育中应该尽量鼓励个人发展的过程。应该引导儿童自己进行探讨，自己去推论。给他们讲的应该尽量少些，而引导他们去发现的应该尽量多些。"

在现实生活中，家长也好，老师也好，很少给予孩子自己探讨、自己发现的机会，其实，我们要相信孩子有能力解决问题。我们需要做的就是以一个旁观者的身份，帮助他们擦亮眼睛，看清事实。遇到问题，引导他们以积极的态度去解决，在不断解决问题的过程中，他们就会慢慢学会怎样坚持自己的独立见解，学会怎样协调与同伴的关系，学会低头认错，甚至学会隐忍退让。作为老师，我们应当尽量不干涉，少干涉，让孩子有机会享受"矛盾"中的成长，慢慢领悟与人相处的道理。"要使孩子们从小就懂得和领会到：他的每一步、每一个行动都会在他身边的人——同志、父母、教师和陌生者的精神生活中引起反响。只有当他不给别人带来灾难，不欺负和扰乱别人时，才能成为一个生活得平静而又幸福的人。"

（八）给孩子任务，让他自己去完成

我能行

著名教育改革家魏书生提出的"七个一分钟"习惯养成做法，我非常赞同，其中的一些我早就意识到并已坚持做了很多年。但是"一分钟家务"一直没有付诸实践。魏先生认为，让孩子学做家务不仅是孝敬父母的体现，更主要的是为了让他们掌握一些基本的生活技能，为日后更好地立足于社会，更好地生活奠定基础。

昨天和孩子们谈了我的想法，希望他们也能身体力行，每天坚持干一份家务活，表一份孝心。他们不但理解，而且非常愉快地接受了这一项新的任务。每一个孩子都信心满满地喊着："没问题，我能行！"

经过商量，他们决定从洗袜子做起。

今天一早的检查结果令我非常满意，全班五十个孩子都完成了这一项任务，有的孩子不但洗了自己的袜子，还服务于父母。

茹屹说："昨天我在阳台上洗袜子的时候已经快九点钟了，那时候室外狂风大作，冻得我直打冷战，感觉水冰凉冰凉的，洗袜子挺辛苦的。"

"我也觉得很辛苦，尤其是站在台盆前面时间久了，感觉腰酸背痛的。"贾贲说完，后排的那些高个儿都点头表示赞同。上了六年级后，孩子们像雨后春笋一般，个头都窜得老高，像昨晚这样弯着腰清洗衣物的人数想必不少，体会自然很深刻。

小不点戴静妍也有话要说："昨天我洗袜子倒是没有花多少时间，但是为了清理地面的卫生花了不少精力。因为我洗袜子的时候没有太注意，弄得满地都是水和肥皂泡。洗袜子，还真是不容易!"

"昨天我说要洗袜子，老妈还不同意，说是学习更重要，袜子就不用我洗了。后来，我跟她说这是老师布置的作业，老妈才同意。"

斯乙轩的话音刚落，不少的孩子跟着点头表示赞同。

真是可怜天下父母心啊! 父母们在孩子年龄尚小的时候，总想为他们多做些事情，以便给他们腾出更多的时间用于学习。殊不知，让孩子学会生活技能是比学习更加重要的事情。现实中"高分低能"的孩子大量存在，究其原因就是家长过于关注孩子的学习，忽视了能力的培养。

"觉得洗袜子很辛苦，那么还要不要继续做下去呢?"我问道。

"要!"异口同声，毫不犹豫的应答声。

"你们不是都说很辛苦吗? 既然辛苦，为什么还要继续做下去呢?"

"之所以觉得辛苦，是因为以前没有做过。如果一直坚持下去，慢慢地就不会觉得辛苦了!"张澈的话赢得了诸多认同，许多孩子附和道:"对的，对的!"

"父母亲总是觉得我们读好书就行了，至于做家务，他们总是认为我们这不行、那不行的，我想做，他们都不让我做。这样下去，我觉得以后我的生活能力一定好不到哪儿去。我觉得既然是胡老师布置的作业，老爸老妈也就无可奈何，他们阻止不了，自然就会让我做下去了。我还是希望能继续做这份家庭作业的。"

对于楼昊天的发言，我是深有感触的。他在家里的确是过着衣来伸手饭来张口的"小皇帝"生活。所幸，通过这份作业，他已然觉醒，认识到自己在生活技能方面存在很大的问题，亟须改变。

据研究资料表明:以每天每人参加家务劳动的时间计算，美国 10 岁至 15 岁的儿童从事家务劳动的时间为 1.2 小时，泰国为 1.1 小时，韩国为 0.7 小时，英国为 0.6 小时，法国为 0.5 小时，日本为 0.4 小时，而我们中国为 11.32 分钟。11.32 分钟，这触目惊心的数字后面，是一些中国家长"万般皆下品，唯有读书高""两耳不闻窗外事，一心只读圣贤书"的传统观念在作祟。著名教育家苏霍姆林斯基认为:"劳动既是学生认识和理解客观世界的本领，也是他们自我认识和自我教育的方法。"引导孩子，并积极为他们创造劳动的机会，不仅是学校教育的任务，更是家庭教育的重点。

我来当老师

昨天下午上小课时，我突发奇想，决定给孩子们再提供一个锻炼的机会——希望有人来当一回老师，代替我来讲评作业。起先，教室里鸦雀无声，孩子们面面相觑，谁也不敢上台来尝试。

一两分钟后，贾想和董露嘉两个人同时举起了手。经过推选，最后由董露嘉来承担这份工作。毕竟是第一次，她遇到的困难不少，但还是磕磕绊绊坚持下来了。事后，她感叹道：当老师真的不容易，如果遇上调皮的学生，更是不知如何是好。

今天午自习时分，需要讲评阅读题，决定再放手锻炼他们一回。这次，举手的孩子多了起来。孩子们推荐了楼昊天，但我考虑到他这两天因为生病嗓子沙哑，建议他先休息为好，等病好了再来。他倒也不计较，很愉快地答应了。

再推荐，唐翰便走马上任了。

小家伙站在讲台上，气定神闲的，一点儿也不怯场。虽然不是个细心的孩子，但胆子特别大，再大的场合，他也毫不畏惧，这一点让我特别欣赏。今天，也不例外。

清了清嗓子，他开口说话了："同学们，现在请大家将作业本翻到第 26 页，我们一起来讲评阅读题《芭蕉和太阳花》。"

他的声音清脆，异常响亮。虽然大家在昨天已经有过一次学生教学生的经历，但是看到唐翰像个老先生，有模有样的，有几个孩子还是忍不住偷偷地笑起来。不过，大多数的孩子很配合，他们打开作业本，翻到指定的页码。

"我们一起来看第一题，哪一位同学来汇报？楼昊天，那你来回答吧！"说完，他扬起手臂，指着楼昊天说道。

"楼昊天回答得完全正确，我要给他们大组加上 20 分。"他还挺聪明的，知道利用奖励措施来调动孩子们回答问题的积极性。也因为这样，高高举手抢着发言的孩子越来越多。

　　一切都似乎朝着理想的方向前进着，但是到了讲评第三题"用'不屑一顾'写句子"的时候，他遇到了不小的麻烦。因为同学们说的句子是对是错，他无法做出评价，想含糊其词地应付过去便是，孰料，同学们不依不饶，厉害的几个马上提出异议。这下子，他不知所措了，尴尬地把目光转向我这里。此时，我当然不能袖手旁观了，我必须适时出手相救，帮他解围。

　　讲评继续进行着，双方的配合越来越默契。这时，最后一排的贾想突然叫了起来："唐老师，茹屹来烦我了！"美好和谐的画面顿时被打破了。

　　课堂上发生突发事件时，最能考验老师的教育教学智慧了，我倒要看看这个小家伙会如何处理。我心里暗暗想着。

　　"贾想同学，这件事情下课再处理，现在请认真听课。"话音刚落，贾想的脸上就红一阵青一阵的，十分难堪。而此时，全班同学已经笑成一片了，我也情不自禁地笑出了声。当然，这笑声，没有任何的恶意，大家就是觉得这两者之间的对话真是太经典了。我不得不佩服眼前的这位小老师，他还真的挺智慧的呀！

　　讲评完所有的题目后，他很绅士地向全班同学鞠了一躬，说了一声："谢谢大家的配合，阅读题的讲评到此结束。"我忍不住叫住了他，问道："今天当语文老师的感觉怎么样？有什么体会？"

　　"我觉得当老师真的太不容易了。语文老师必须知识渊博，有学识，不然就会出现'大糊涂教小糊涂，越教越糊涂'的情况。今天在用'不屑一顾'造句的时候，以我自己的水平，根本就不能辨别同学们说的句子是对是错，真的很惭愧。其次，要让学生都听老师的，也很不容易。像苏乐居、戴薪郦两位同学，我就很喜欢，即使没有叫她们发言，她们也会认真听课，很配合我。但是遇到像贾想这样捣乱的同学，我就不知道怎么办了，所以说，当老师真的挺难的。"

　　或许是因为言为心声，或许是因为言之有理，孩子们都给予他热烈的掌声。对于唐翰来说，这是一次不平凡的经历，他可以回味上好几天。对于我来说，则对这孩子有了更深的认识。虽然他不是我们班最优秀的孩子，但他敢于接受挑战，勇于承认不足，善于反思的积极态度，让我由衷地赞赏。

期待有更多的小老师来锻炼，来挑战……

教育感悟

阿基米德说："给我一个支点，我可以撬动地球。"只要敢想敢做，人的潜力是无穷的。让学生去劳动，让学生当老师，让学生策划班会，这是许多班主任老师都在日常教学中实践过的小事。但这样的小事，也蕴含着宝贵的教育契机。一个人的真正品格可能在重大时刻或者紧要关头才能表现出来，但它却是在无关紧要的时候，在琐碎的日子里形成的。作为教育者，我们不能只引导孩子醉心于学习，还应该时常给学生布置一些任务，哪怕是换座位这样看起来不像是机会的机会，让他们在实践的过程中受到教育，获得启示，领悟到成功或者失败的原因，更好地助力日后的成长。

第三章

不说再见

一张旧照片的故事（一）

2014 年 3 月 2 日

晚上，灯下。

因为讲座的事情，我又一次找出了第一届孩子们的那些照片。看着那一张张泛黄的老照片，一张张灿烂的笑脸，许多美好的往事又一一浮现在我的眼前。

那次周末的秋游，去的地方不知名，印象中只是一个矮矮的小山坡，四周没有什么绿树鲜花，草地倒是开阔平坦，这是孩子们所喜欢的。他们犹如出了笼的鸟儿，张开双臂，尽情奔跑，无忧无虑地徜徉在蓝天白云之下。照片上，阳光下，聚拢在我身边的这些孩子的脸上洋溢着灿烂的笑容。

正前面的是小胖墩郑奕，他虎头虎脑的，小眼睛，白皮肤，那般讨人喜爱，但小学毕业后，就很少有他的消息了，也不知道他现在过得好不好。

在我身边举着剪刀手的是邓晨好，虽说她是个小女生，在她的身上却找不到一丝一毫小女生独有的娴静。她整天蹦蹦跳跳的，一刻也不得空闲。你看，就是在镜头前，也唯独她会做出这般搞笑的动作。她那呈"V"字形的两个手指从马甜华背后伸出，仿佛是马甜华的头上长出了兔子的长耳朵似的。

可惜，我永远也见不到这个孩子了。记忆中，当班里的大多数孩子背上行囊去大学报到的时候，她正满身插着各种各样的输液管子静静地躺在医院的病床上。面对我和同学们的到来,她再也不能像小时候那样活蹦乱跳,那时的她只能疲惫地躺着,说话的声音轻轻的,但苍白的脸上努力绽放着笑容,那场景,即使现在想起,仍然让我潸然泪下。她调皮淘气的时候,我多么希望她能安静一些,像个小女生的乖乖模样。可是,当她真的像小女生那样安静的时候,我又是多么希望她还是以前的那个她,整天都活蹦乱跳的。

如果真的有来生,如果真的有下辈子,我只希望老天能特别眷顾她,给她一个健健康康的好身体。至于其他,不用再做改变。我希望她就这样嘻嘻哈哈的,一直快乐到老。

笑得合不拢嘴的是影恬,至于当时到底发生了什么,以至于她笑成这副模样,我的记忆已经模糊。那时的她,整天都是乐呵呵的,很少有哭的时候。我能忆起的只有高考失利,她坐在我的面前一个劲儿地抹眼泪,两眼红肿得像金鱼泡,把我家的一盒纸巾都擦完了,说的尽是懊恼的话儿。她的学习成绩很好,但大大咧咧的人是很少心思细腻的,也因此她绝不是班里成绩数一数二的那个。可是,她待人的真诚与随和不但让她在班队干部的选举中一路遥遥领先,而且深得所有科任老师的喜爱。时至今日,她仍旧是我的贴心小棉袄。逢年过节,给我打电话、发短信是常有的事儿。年三十那天,我接到的第一个学生来电便是她的,她一如既往地热情祝福我,一如既往地暖心问候我。自从她上了大学后,我们就没有见过面。所以,去年师生相聚在杭州的时候,一见面,她马上来了一个热情的拥抱,激动地说:"胡老师,我终于见到你了!"那场景,至今历历在目,无法忘怀。

我身后站着的两个小孩,一个是廖天,一个是汪颖。如今的他们,一个是医生,一个是老师。汪颖在衢州华茂初中任教,是一位深受学生喜爱的语文老师。小时候的她,大大的眼睛,深深的酒窝,留着齐耳短发,十足小男生的模样。前年再见的时候,当年的假小子已是亭亭玉立、长发飘飘的淑女模样,让我简直不敢相信自己的眼睛。

春节的时候,我得知廖天已经在巨化职工医院检验科上班。于是,正月初八一早,我就冒着寒风冷雨去了医院。从检验科的窗口看过去,我一眼便认出了廖天的妈妈。或许是这些年没有再见的缘故,她迟疑好久才认出我来。知道我特意跑到医院想见见廖天,她显得很激动,正准备带我去找儿子的时候,一个行色匆匆的小伙子从我们的面前一闪而过。

"胡老师,那就是廖天!我……"

我急忙制止了她。我想自己去找廖天,想知道这么多年过后,廖天是否还认识曾经的小学老师。走进化验室，我一眼便看见身穿白大褂的他正低头在一台仪器前面摆弄着什么。我什么也没有说，悄悄地走了过去，站在他的身边。

他马上抬头，略微迟疑后，便笑着叫道："胡老师!"也不知道怎么的，那一刻百感交集，那种快乐的感觉似乎找不到什么词儿来形容。要知道，这是一个从小就性格有点儿内向的孩子，智商特高，但不善言辞。我离开衢州都已经五年了，屈指数数，和他分别起码有七八年了。我总以为这个孩子再见我的时候，一定会反应不过来。孰料，他一眼就认出来，还马上喊了出来。

最后，不得不说正坐在我面前的那位小男孩。在这一张照片中，他居然有着难得羞涩的笑容，难得的正襟危坐。要知道，在他小学的作文中，在他的笔下曾经这样写道——"胡老师的头发，像乌鸦毛一样黑。"

关于他，还是明日再写吧!

一张旧照片的故事（二）

2014 年 3 月 4 日

接上篇，继续……

照片上那正襟危坐、面带微笑的男孩，名叫马甜华。我们都习惯于叫他"马甜"，即使现在的他已经二十七岁了。

马甜同学曾在作文中这样描述自己：小学时代的我是全班最吵闹的孩子，上课的时候上蹿下跳，举手要站到凳子上甚至是桌子上，说实话，我现在都对那时候的自己接受不了。

当然，这里面自然有夸大之词。但"淘气"是实事求是的，"聪明"也是大家公认的。他的父母都是大学老师，遗传基因和良好的家庭环境让他从小就显得与众不同。这样的优势，一直延续至今。

他十分活泼，哪里有他，哪里就会成为中心；他思维活跃，所谓的"上蹿下跳"，都是积极参与课堂的外在表现；他爱好广泛，尤其出色的是弹钢琴。上初中后，衢州地区就已经没有老师能教他，后来他只好每周一次前往杭州学习，直至考完十级。

小时候的他，和付明轩、范擎宇、王影恬等几个孩子是班里的活跃分子。每周的中队课上，从主题到排练再到表演，他们几个群策群力，从不用我操一点儿心。每一次的中队课从内容到形式，花样繁多，层出不穷。那时候，杨维老师分管学校的仓库管理工作，就在我们教室附近。每一次的中队课时间，她都搬来一张椅子，我们俩就坐在教室的一个角落里观看孩子们的表演，常常从头笑到尾。在属于他们的那一本相册里，记录班队活动课上精彩瞬间的照片特别多。每每翻阅的时候，那些曾经精彩的画面就会情不自禁地一一浮现，太难忘了！

小时候的他和付明轩属于班里男生队伍中既活跃又优秀的两个，再加上一个更活泼更优秀的范擎宇，他们就组成了一个"三人帮"。课外的时候，他们也常常凑在一起玩耍，好得像一个人似的。记得到了五年级的时候，有一次，马甜妈妈来找我，郑重其事地对我说："胡老师，马甜会不会喜欢范擎宇啊？他们不会谈恋爱吧！老是凑在一起，我很担心哪！"我听了一个劲儿地笑："怎么可能？你想多了吧！"但不知怎的，这之后，我反而不安起来。看着他们几个形影不离的样子，我的确有点儿忐忑。记忆中，有一个周末，我还真做了一回侦探，尾随着几个孩子去了一趟他们常去的小公园。但事实证明，大人们都想多了，把单纯的事儿都想歪了。当然，这事儿他们几个至今也不知道，我呢，从那以后也再没有做过类似"不道德"的事情。不过，现在想起来，还是觉得挺好笑的！只可惜，这几个孩子中后来也没有一对成为恋人的，这是令我至今都觉得有点儿遗憾的事情。

想起马甜，源于内心的快乐是自然而然的，但对于他，却始终是心存内疚的。

为了丰富孩子们的课余生活，从四年级开始，我就请班里的一些有特长的家长担任校外辅导员，利用周末时间给孩子们上课。影恬的妈妈是集团公司健美操队的队员，健美操跳得特别好。我就请她教孩子们跳健美操。班里一些活泼开朗的孩子都报名学习了，马甜也是其中之一。有一次课间休息的时候，他和另外几个男孩在教室后墙的黑板前面比试谁跳得高，却忘记黑板下方有几枚钉子。结果一次跃起落下的时候，他的大腿内侧被钉子划开了一道很深很长的口子，瞬间就鲜血直流。虽然我当时吓得不轻，但大脑还算清醒，没有半点的犹豫，背起他就往学校附近的医院跑去。

到了医院，医生在紧急处理之后给他缝了九针。我听说要缝针就直打哆嗦，眼泪也不争气地流下来了。这时候的他居然还安慰我说："不要哭。"看着医生一针一针地扎下去，看着他咬紧牙关也不肯哭出声来，我的眼泪怎么也止不住，内心真的是无比自责。

可是，当我和马甜提起这件事的时候，他却笑着说："胡老师，你千万不要自责。那是我调皮捣蛋的后果，和你一点儿关系也没有。你应该觉得高兴才好，因为只要看到这条疤痕，我就能想起你来。我是一辈子都不会忘记胡老师的！"

在德国柏林读书期间，他在写给我的文章中也曾提及这件事情。

这样的一个孩子，怎能不让我难忘至今呢？

所以，当得知他的婚期，而后收到他的请柬后，我特别高兴，早早地就开始准备礼物，以期望能在他的婚礼现场亲手送给他。从 2003 年，他考上金华一中，继而又去同济大学读书，再被保送德国柏林工业大学读研究生，直到去年年底回到上海工作，这些年来，我们除了电话和 QQ 联系，就再也没有见过面了。我是多么期待能借这次机会和他见上一面啊！

　　孰料，希望越大，失望越大。因为临时出了状况，我没有成行，只能委托他爸爸的学生将礼物带去，将我的祝福带去。

　　没想到周一的晚上就接到他的电话，说是忙完婚礼已经赶回上海上班。收到我的礼物，他很喜欢，准备带着它入住新家。我们师生俩就这样说着笑着，打开话匣子，就再也刹不住了，聊着聊着，不知不觉已过去半个小时。末了，他说回老家东阳一定来看我，我也告诉他去上海一定会找他。我们相约，2014 年，师生俩一定要见上一面！

上海之行

2019 年 1 月 12 日

平凡的日子，却收获了珍贵的幸福。

上午十一点到达会场时，魏书生老师的讲座还没有结束，虽然距离很远，但依然能清楚地听到他铿锵有力的声音；虽然这已经是第三次聆听他的讲课，但再见他老人家仍然觉得心潮澎湃。尤其是会后，和他站在一起合影留念的时候，他的平易近人，他的亲切询问和鼓励，让我如沐春风。越优秀，越谦逊，越平和，越朴素，这位七十岁的老教育家又给我上了生动的一课。

傍晚四点钟，我在宾馆的大厅里见到了马甜华和他的妈妈。这是时隔十五年后我们师生的第一次重逢。虽然这十五年里，我们断断续续有过一些联系，但一直未能见上面。谁曾想到当年瘦瘦小小的他，现在居然长得如此高大而结实，站在他的面前，我需要仰起头才能看到他明亮的眼睛。

宾馆距离他的家并不远，昨晚他却说一定要亲自开车来接我，我知道他要以这样的方式来表达对老师的敬重。貌似大大咧咧的一个大小伙子，其实心思特别细腻，人也特别善良，而且从小就这样。

小学四年级的时候，因为和同学比赛谁跳得高，他忘记黑板底下有一排钉子，结果落下来时大腿被钉子划出了很长的一道口子，鲜血直流，我惊慌失措地背着他去医院。在急诊室缝合伤口的时候，我又惊又怕泣不成声，他痛得龇牙咧嘴却就是忍着不哭。不是不疼，而是怕我因此而更紧张，更有压力。之前有一次跟他提起这件事情，他笑着安慰我说："胡老师，你为什么要觉得抱歉呢？你应该觉得高兴，你其他的学生有一天或许会忘记你，但因为有这一道伤疤在，我就永远不会忘记我的小学班主任是你！"今天在路上再次聊起那次受伤的事情，他居然告诉我因为有这伤疤在，在同济大学读书的时候都没人敢欺负他，以为他打架很厉害的。

其实，他最不擅长的就是打架。印象中的他活泼开朗，古灵精怪，思维敏捷，课堂上永远是最活跃的，考试成绩永远是名列前茅的，最让人惊叹的是尽管后来上了初中学业更辛苦了，但他仍然坚持练习钢琴，并取得了钢琴十级的证书。中考时，他以优异的成绩考上衢州二中，最终却选择了金华一中的实验班。他是我们五（4）班在中学时代第一个离开衢州外出求学的孩子，考上同济大学不久，他又被保送到德国柏林工业大学深造。在大家的记忆中，他一直是一个勤勉刻苦、积极向上的好学生。

今晚在他温馨的小家里，我还见到了他优秀贤惠的妻子、聪明可爱的女儿，当然，他的母亲卢老师我们再见依然如故。晚餐很丰盛，大家交谈甚欢。回忆起小马同学一路的成长过程，他的妈妈多次感叹儿子的幸运，因为遇到的都是良师贵人，尤其是小学的两位老师，对他的帮助与影响更是巨大。虽然他们夫妻俩都是大学老师，但是，对儿子的教育很讲民主，呈放养状态，如果遇上过于威严的老师，想必儿子的性情多少会受到压制。对于妈妈的观点，小马同学也非常认可，他觉得当年我和蒋老师给予他的尊重与宽容，让他的个性与能力都得到了很好的张扬，尤其是对于"三观"的正确建立更是功不可没。

现在的他是一位父亲，虽然女儿才三岁，但有时也会担心孩子未来上了学，不知道能不能像自己当年那么幸运，能不能在良师的门下学习。虽然母子俩对我当年的教育教学给出了很高的评价，但事实上当年的我才初涉教坛，工作能力和经验都是十分有限的，现在回头去看算不上是一位好老师。唯一做得好的就是因为他们是我从教的第一届学生，因为自己师范毕业后踌躇满志，对教育、对学生有着满腔热情，虽然没有多大的教育智慧，但愿意付出更多的时间和精力。家长们又心怀慈悲，给予一个年轻教师许多包容与支持。正是这样，才有了后来五（4）班的优秀，才有了这么优秀的一批孩子。

闲谈过程中，小宝贝时不时来找爸爸，看着小马同学耐心而细致地陪在孩子身边，眼神中流露出无限柔情与疼爱，我不禁感叹时光的奇妙。当年那个古灵精怪也没让我少操心的小男孩如今已经为人父，全身上下都洋溢着父爱的光辉。由此，我更觉得为人师的责任之重大，一个学生于我们而言，或许无足轻重，但对于一个家庭来说，自孩子降临人世的那一刻开始，就是这个家庭的百分之百，凝聚着父母全部的幸福与期待。这样想想，真觉得这份职业需要凭着良心去做，不能有丝毫的马虎。

晚上近九点，我准备回宾馆。因为高兴，大家都喝了点酒，小马同学决定打车送我。好不容易拒绝之后，他又执意要帮我叫好车，并亲自送我上了车才与我挥手道别。

此刻的上海，万家灯火，每一扇窗户都透出柔和的光芒。那光芒，也照亮了我的心田，温暖了这个冬夜。

有一种相见，时隔多年

2020 年 10 月 3 日

教师节傍晚六点，我接到了影恬发来的节日祝贺短信，我刚回复表达了感谢之情，手机屏幕上又跳出一行字："您方便语言吗？我想听胡老师的声音了。"

看到留言颇有几分尴尬，因为我现在的嗓音与当年教她时相比，可谓相去甚远。果不其然，她听到我的声音很心疼，希望我一定要保重身体。那天晚上，我们俩通过微信语音互诉衷肠，足足聊了七十分钟。末了，她告诉我，10 月 3 日，她回衢州看望父母之前先从金华站下车，她一定要来看看我。

上一次相聚是在 2012 年，我去杭州参加浙江省首届十佳智慧班主任的评选，她得知后非常高兴，盛情款待我，当时她已经在西溪湿地管委会上班。转眼之间，七八年光阴又飞逝而过，对于她的到来，我充满期待。

2000 年 7 月，影恬小学毕业。她是个性格开朗、善解人意的女孩。她是我们四班的班长，也是同学们心中的"大姐大"，在学校里更是明星一样的存在。她多才多艺，在文体活动中，在各级各类比赛中总有她活跃的身影。印象中她最厉害的是打羽毛球，曾经在省级赛事中多次取得佳绩。

她的各科成绩中数语文优秀，最突出的就是演讲与写作能力。小学时，她经常代表学校参加朗诵、演讲比赛，佳作也多次被刊登在《衢州晚报》上。考上衢州二中后，她深得语文老师的赏识，两人经常在写作上切磋，一决高下。那时候，我们见面的机会并不多，但她时常会通过电话向我汇报她的点滴收获。她是一个很懂得感恩，很重情义的孩子。

再后来，她考上了杭州师大，通过竞选当上了学生会主席。在大学里，她的才能得到了更好的发挥，组织能力尤为突出。毕业前夕，杭州市区的许多名校都向她伸出了橄榄枝，可因为从小患有咽喉炎，她最终还是放弃从教，成为一名公务员。不过，看到我的教育日记，看到我和孩子们在一起的幸福画面，她曾多次表达羡慕之情，还有些后悔当初放弃从教。

2013 年，她写了《姐姐老师》一文送给我。读了她的文章，许多美好的往事一一浮现，眼里有泪，心底温暖。她在文中给予我的喜爱与肯定，激励着我在之后的教育工作中更努力。那是一种神奇的力量！

岁月不居，时节如流，一晃 20 年过去了，昔日的小女孩已然长大，但是我们的师生之情从未因为岁月的流逝而渐渐淡薄。今天一早，影恬特意来到金华，看望她的小学班主任——我。当我从车站出口处接到她的时候，久别重逢的喜悦，化作了我们情不自禁的热情拥抱。

我带着她去参观了学校，我们一起在湖小的大门口合影留念。在逛校园的过程中，正好看到徒弟天梅领着七八个孩子在排练节目，于是，我向孩子们介绍了影恬。孩子们又惊又喜地围坐在这位优秀的学姐身边问长问短。看着相差 20 年之久的两届学生因我聚在一起的画面，我不禁感叹缘分的妙不可言。

张爱玲说："于千万人之中，遇见你要遇见的人。于千万年之中，时间无涯的荒野里，没有早一步，也没有迟一步……"师生之间的相遇也是这样奇妙的过程。遇见，才有了美好的开始；陪伴，让我们成为更好的自己；然后，我们会用一生去怀念那段属于我们的幸福时光……

宁波之行

2014 年 6 月 5 日

罗莹是我的第一届学生，她从小就是一个文文静静、热爱学习的女孩。印象中，她深得蒋老师的喜爱，因为数学成绩特别好。

高中毕业后，她选择了杭州师范大学，立志当一名老师。当然，数学依旧是她的最爱。毕业之后，她陪着几个同学去宁波参加教育局组织的统一招考，不料"无心插柳柳成荫"，最后竟然拔得头筹，同去的一行人中只有她榜上有名。就这样，她成了宁波市的一名中学数学老师，还兼任了班主任的工作。

对于她选择从教，我是深感意外的。这孩子好静，好钻研，我总觉得她应该是搞研究的料。不过，看着自己的学生又成为教师队伍中的一员，与我并肩作战，我内心自然十分欢喜。

她在宁波工作的这些年里，挺不容易的。宁波与衢州距离较远，无论开车还是坐火车都要四五个小时。宁波是个沿海城市，虽然经济发达，风景优美，但在这个城市里，她举目无亲，凡事都要依靠自己。工作上的压力，生活上的孤独，都在考验着她的意志力。在她写给我的书信里，在与她的 QQ聊天中，我都能深刻地感受到她内心的焦虑和无助。

即便如此，我还是欣喜地发现她在改变，在进步。她说那是源于每天阅读我的日志，这些日志带给她无限动力，她希望成为老师那样的人。或许，我的鼓励多少给了她一些帮助，但我更相信那是因为这个孩子从小就是一个很有志气、积极向上的人。我深信她是可以在教育岗位上做出一番成绩来的。

宁波是我一再错过的一个城市。无论在衢州，还是在金华，学校组织的多次游宁波的活动，我都因为这样那样的缘故未能参加。但因为起先有我最

176

喜爱的表弟在宁波工作，后来又因为罗莹在那儿从教，近几年，我对它的向往陡然增加不少。

今年正月初七的晚上，因为在巨化留宿一晚，终于有了和三届学生相聚一堂的机会。罗莹和徐源是第一届学生的代表。那是她从教之后，我第一次见到她。果然是"女大十八变"，她出落得亭亭玉立，举手投足之间，都颇有韵味儿，尤其是说话的腔调，俨然宁波口音，甚是好听。

那次相聚之后不久，又接到她的电话，得知她想离开宁波，去杭州工作。毕竟一个人在宁波，交通也不是很便利，父母很担心她。杭州亲戚多，朋友同学也多，若是能在杭州任教，多少有个照顾。末了，她说希望我能在她离开宁波之前，去宁波走一走，看一看，给她一次做东道主的机会。

于是，去宁波似乎就成了迫在眉睫的事情。五月中旬，接到宁波市校长联谊会负责人的邀请时，我毫不犹豫就答应了。尽管从金华去宁波，交通实在是不便利，我还要孤身前往，但一想到可以了却自己的一桩心愿又觉得很庆幸。

临行前的晚上给她买了金华的酥饼，又在 QQ 上给她留言。她看到后兴奋不已，马上就来了电话，说是要来接我。考虑到 6 月 4 日不是周末，她还要上班，我没答应。她又说那就晚上一起吃饭。得知饭局已经被我表弟安排好了，她不甘心，继而要求饭后带我去逛宁波最有名的南塘老街，给我买地道的"油赞子"和"千层饼"。言语之中，难掩她的激动之情。其实，我又何尝不是呢？

因为金华和宁波之间没有动车可乘，其他的火车最快也要四个多小时，而且到达的时间很不合理，无奈之下，我只能乘坐快客。因为晕车，到了宁波后，我已经吐得稀里哗啦。幸好表弟开车来接我，又去宾馆休息了一阵子方才好受了一些。当时就想，除非日后有了动车，或是自己开车，不然是不会再来这个城市的。

晚饭是在宁波市万达广场里吃的。因为正赶上下班高峰，所以一路上耽搁了不少时间。到那里的时候，已是晚上六点半了。说是吃饭，其实更多的时候是在聊天。因为明早讲座一结束，我就得往回赶。何况，第二天仍然是工作日，罗莹也要上班。也因此，相聚的时间显得尤其宝贵。

晚饭后，已是八点多钟。罗莹让我表弟先回，说是接下来的时间必须交给她，她要陪我去逛南塘老街。表弟拗不过她，只好遂了她的愿。

坐上她的宝马迷你，惊叹于车内的整洁与温馨。无论是一个靠枕，还是一串挂件，都体现了车主的品位与喜好。这是一个热爱工作，热爱生活，既有事业追求，又有情调的姑娘啊！

此时的宁波，已是夜幕低垂，灯火阑珊。一路上，她开得飞快，车技很不错。她戏称那是在宁波工作的这几年，往返于两个城市之间锻炼出来的。每一次回家或是离家，她就这样一个人在高速公路上寂寞地行驶着，一次就是四个小时。她说得轻描淡写，我听得却百感交集。小时候的她是父母的掌上明珠，"万千宠爱于一身"；如今的她，却在这样一个陌生的城市里，独立勇敢地工作着、生活着，想想都觉得不可思议。

到了南塘老街，已近八点半。街上行人寥寥无几，来往的车辆也不多。她很是着急，匆匆锁了车子就带着我往巷子里跑。

沿街的店面大多已大门紧闭，这让她显得有些不安："希望那家店还没有关门，还能买上'油赞子'。我每次回衢州，都会带上一大包给亲朋好友。平时要排好长的队伍才能买到。想必现在是不用排队的，但愿没有关门。"

拐过一个街角，她突然兴奋地回头对我喊道："太好了，还没有关门呢！"顺着她手指的方向，远处一盏亮着的灯笼正在微风中摇曳着。

"老板，各种口味的都来一袋，分开包装。"她一边说着一边掏出钱包，"对了，'千层饼'哪里有的卖？"因为来之前在电话里，我曾经提过奉化的"千层饼"味道很不错，没想到她就牢牢地记在心里了。

见她又买这个又买那个的，我连忙上前阻止，告诉她吃不了也带不了那么多。孰料，她就是不答应，说是难得来一次怎么也要多带些回去，吃不完，还可以送人。

离开南塘老街，她又驱车送我回到宾馆，这时已经是深夜十点。我嘱咐她回家的路上要小心，慢些开，安全到家最重要。她却因为没有更好地陪伴我而深感抱歉。当我洗漱完毕就寝之时，收到她的短信：胡老师，我已经安全到家，请放心。明天不能送你上车，望谅。希望下次能带张老师和贝贝一起来宁波玩！

冬夜里的来电

2014 年 2 月 5 日

正月初六的晚上，在常山县城的马路边、路灯下，我等待朋友的到来。这样的时候，原本应该是喜气热闹的，但因为冷空气的到来、气温的骤降，街上已是行人寥寥，偶有几辆汽车驶过，也是来去匆匆。

又是一阵风起，吹晃了树上的叶儿，吹散了路边的灯光。我裹紧衣服，冷得直跺脚——这鬼天气，真让人受不了！

手机铃声突然响起来，在这样寂寥的夜晚显得格外响亮。

"马甜华！"

手机屏幕上跳出的这三个字，让我的心头突然就涌起了一股暖流，迫不及待地接通，迫不及待地叫道——

"马甜！"

虽然如今的他已经二十七岁，但每一次我们师生之间的联系，我还是习惯于用这样的昵称。小学五年里，我们都喜欢这样喊他的名儿。

"请问，您是胡老师吗？"电话那头问道。

这家伙，不是我还会是谁哪！又拉扯了几句，他似乎才放心，不无抱歉地说道："胡老师，对不起啊！我怎么感觉您的声音变化很大，一口的金华口音。我还以为自己打错电话了呢！"

原来如此。

"胡老师，新年好啊！不能去看您，只能给您电话拜年了。"

殊不知，我已经因此很是欢喜了。

"胡老师，我还有一个好消息要告诉您！"

"好消息？是要结婚了吗？"我想起去年下半年，他从德国柏林大学硕士毕业回国后，曾经给我打过电话，说是已经在上海工作，女朋友和他在一起。那时候，我就叮嘱他婚期定下后一定要告诉我。

"是的，婚期定在三月一日。老师吩咐的，一定不会忘记。所以要第一时间通知您。我想请您把家里的住址告诉我，我再把请柬寄给您。"

真的是一个好消息！虽然说是学生，但是不知道为什么，我特别高兴，那种心情也许不亚于他的父母吧！

我们在电话里又聊了好久。他高中就离开衢州到金华一中读书，后来又去了复旦大学，之后一直在德国读书，加上父母在他初中毕业之后也回到了老家富阳，因此他和小学同学的联系少了许多。听得出来，当他从我这里知晓小学同学的一些消息后，他是无比兴奋与激动的。而我也甚为感动，从他那里得知去年杨慧结婚的时候，他无法亲临现场，还请自己的父母代表前往参加。都说小学同学的感情最为淡薄，可五（4）班的这些孩子之间却不是这样的。

晚上回到宾馆，上了QQ，跳出了一个又一个窗口。除了马甜的留言，还有许多其他学生的祝福以及新年贺卡，不禁又一次深深被感动。

在这样一个冬日的夜晚，不仅有严寒和寂寥，还蕴藏着无数的温暖与美丽，这种温暖源自内心，是内心深处一股袅袅的炊烟，就像晚祷的钟声，远远传来，带着虔诚的祈祷和美好的祝福，温暖着我，也温暖着这个冬夜。

神秘的快递

2021 年 1 月 6 日

今天早上手机短信提示，我有一个快递已到小区的菜鸟驿站。

仔细想了想，又查看了一下淘宝订单，确定自己近日没有购物，那么，是哪位亲朋好友给我寄了什么吗？脑子转了一圈，貌似也没有，难不成是谁要制造个惊喜送给我？这样想着，竟然有点儿兴奋，有一种迫不及待飞奔回家的冲动。

下班后，取回一个大纸箱，看到上面醒目的"易碎品"三个字，更是疑惑不解。盘子杯子？玻璃器皿？用手掂量了一下，感觉重量还不够。为了尽快解开谜团，我不由得加快脚步赶回家。

拆开一层层的外包装，呈现在眼前的竟然是一大捆新鲜的山药。此时，我的眼前马上浮现出一张熟悉的面庞，肯定是浦江的那位好朋友，因为她时常就给我寄一些好吃的。可当我向她表达谢意的时候，她很抱歉地告诉我这一次真不是她送的。

我转而又问了几个好朋友，最后甚至发了朋友圈，依旧无果。这时，先生建议我给纸箱上那个叫作"罗丹"的寄件人打个电话，他应该能提供一些信息的。言之有理，我一边查看快递单，一边掏出手机准备打电话。可就在即将按下数字键准备拨打的时候，我的目光落在了"大理"两个字上，脑海里突然就灵光闪现。

我想起来了——上个月，露玫曾给我微信留言说，要寄有机食品给我。她在云南学习已有大半年，不仅跟老师修佛道，也时常学做当地的美食。她说那边的食材都来自深山，没有任何污染，有机会希望我能品尝品尝。

当时以为她只是随口提起，说说而已，并未放在心上。现在看来，十有八九是她送给我的。我马上留言给她，不久收到她的回复，果然不出所料。

想到眼前的这个快递来自遥远的云南，想到这份跨年礼物是 2005 年的毕业生所送，我的心突然就激动起来，我感受到了幸福，更有些骄傲，那种复杂的感情绝不是浅薄的语言能够形容的。

我向露玫表达了自己的谢意，不一会儿，我的手机屏幕上就跳出一行字——

上师开示我们修行的开始是感恩，爱你哦，胡老师！等我回来找你聊天哈。

读着每一个字，我的眼眶情不自禁地泛起泪花。一句"爱你"，一份感恩，让我的心弦又一次被拨动。露玫小学毕业已经 16 年了，她现在在杭州工作，而我也在 10 年前离开了衢州。我们彼此之间尽管有联系，但各自的工作和生活都很忙碌，相聚的时间其实少之又少。逢年过节的时候，她总是会记得给我发短信送祝福。我于她而言，只是教了她四年的小学语文老师和班主任，她却始终没把我忘记，还时常惦念我，这份情意弥足珍贵。

一份快递，一捆山药，见证了一段真挚的师生情，也让我更加深刻地认识到：只要我们足够爱孩子，有一天我们付出的爱会以自己都想不到的方式回流。

教育不是一蹴而就的事，它是滴水穿石般的渗透。教育的过程，需要我们付出真诚与爱，坚守责任与使命，这是为师者的职责所在，也是帮助学生成长的力量。这些力量，总会给我们带来温暖与希望。

相逢甚欢

2014 年 5 月 25 日

晚上七点，正和谢老师在宾馆里聊着的时候，远远就看见门口进来一位身着柠檬黄短袖的女孩，小小巧巧的，中学生模样，十分甜美可爱。

走到前台的时候，她止步不前，左顾右盼，像是在找什么人。因为不认识，自然也就不会刻意去关注她。

"胡老师!"伴随着清亮的喊声，那女孩子突然径直向我走来。虽然坐在角落里，灯光暗淡，但依然清晰可见她一脸的笑意。

一时间，恍恍惚惚，不知眼前所见为何人。

"胡老师，我是轶文啊! 您不认识我了吗?"起身之时，人已在眼前，摇晃着我的双手，澄澈的双眼已然成了两弯月牙儿。

虽然有约在先，相见之时的这份惊喜仍然令我猝不及防。这样的意外源于七年的不曾谋面。想象中的她，绝非这般可爱模样，起码得是个文艺女青年的范儿，毕竟是文学硕士。而眼前这个亭亭玉立的姑娘，皮肤竟是这样白皙，笑容居然如此甜美，和小学时代那个黑黑瘦瘦的小女孩怎么可能是同一个人?

仿佛做梦一般，尽管这一切都是真实的，但我还是半天没有回过神来。也因此，竟然一时不知所云，激动之情难以言喻。要知道之前的一次见面，还是我在衢州的时候，当时的她已经收到辽宁师范大学的录取通知书，在妈妈的陪伴下提着一篮水果来到我的办公室看望我。这之后，我们只是电话或是网络联系，再也没有见过面。

去年她从辽宁师范大学研究生毕业归来之后，我们师生之间的联系逐渐频繁起来。这不仅是因为距离更近了，更主要的原因是她也走上了教育工作岗位，成为一名中学语文老师。她因此戏称我已经当上了"祖师爷"，殊不知，我因为她的从教而心生骄傲之情。

我至今还清楚地记得她在大学期间第一次参加实习的前夜给我发来的短信："胡老师，明天我就要真的走上讲台为学生上课了，心情好激动又好紧张！把这个好消息告诉您，也希望得到您的指点。"她凡事都那么严于律己，一丝不苟，那时那刻，就觉得日后的她一定会成为一个优秀的语文老师。

而今，她已在教育岗位上工作近一年。这一年里，从高中到初中，从民办到公办，从思想到行动，她感受良多，也成长不少，但她对教育事业的热爱始终如初。从她与学生之间的那些交流帖子里，我分明可以感受到学生对她的喜爱之情。她说，对这份工作的喜欢源于小学时代我对她的影响，时至今日，依然未曾改变。只是如今的她初涉教坛，还不能做到游刃有余，但我完全有理由相信，未来的她一定可以成为教坛上一颗璀璨的明星。回想她一路求学的经历，其实并不顺利，但正是凭着一股韧劲，坚持到底，如今的她应该也是四班孩子中的佼佼者了。这样一个做事认真、刻苦勤奋的人，在工作中也一定会有所作为的。

聊天的过程中，我告诉她许多四班同学的境况，她时而羡慕，时而遗憾，时而和我一起哈哈大笑。末了，她也不忘记悄悄地告诉我一个好消息，现在她已经谈了男朋友，感情很稳定。她说这些话的时候，甜蜜的感觉溢于言表。我真心为她高兴，也不忘记嘱咐她，修成"正果"，一定要告诉我，我等着喝喜酒。

走的时候，她送给我一份礼物，说是一位老艺人做的一只风筝。筝面上是一只展翅的斑斓蝴蝶，一笔一画都是纯手工的，形状也不同于平日所见的风筝。老艺人是她的一名学生的爷爷，我猜想这风筝一定寄托了那位老人家对她的殷殷希望——希望她能像那只蝴蝶一样在事业上展翅高飞。对于她而言，这份礼物应该是特别珍贵与难忘的。可是拗不过她，最终我还是将风筝带回来了。我想，这不仅是她对老师的一份敬意与感恩，也寄托着她的一份祝福，这样美好的东西，我应该好好珍惜。

我和轶文如今身处两个城市，距离遥远，不过彼此心灵的沟通从未受到地域的阻隔。师生之间的这一次相逢，虽然时隔数年，但一如当年那般美丽、快乐、幸福。

有你们，真好

2018 年 9 月 2 日

第一次去永盛广场吃晚饭，在人来人往的商场里完全没有方向感，仿佛进了迷宫似的，无暇顾及其他，我只是低头寻路，却在恍惚中听到了一个清亮的喊声，以为幻觉，回头张望，却真的看到一对母女远远地冲着我招手。

原来是雪茜和她的妈妈，我顿时惊喜不已。虽然去年夏天我们在衢州也曾小聚，但这一刻竟然能重逢在金华的商场里，实在出乎我的预料。

"还是雪茜眼睛亮，一眼就认出你了，我还说她肯定认错人了，怎么可能在这里遇到胡老师呢！没想到还真的是你啊！"雪茜妈妈也掩饰不住内心的欢喜。

不得不说我很感动：在熙熙攘攘的人群里，仅凭一个背影，仅凭去年高考之后的一次短暂相聚，孩子居然能马上认出一位只教了她四年的小学老师。若不是印象深刻，若不是爱之深切，怎能做到？于我而言，又该是怎样的一份幸福？

可惜因为有约在先，我和母女俩只做了短暂的交流。得知雪茜在大学里一切都好，我为她高兴；得知她未来将会成为我的同行，更是无比的激动。我们约定有机会一定好好聚聚。

联想到前阵子，听小凡妈妈说小凡在暑假期间给培训部的孩子上课，深得孩子们的喜爱，本想用暑期打工挣来的钱请我回衢州聚一聚，可惜因为时间不凑巧，一直没能如愿。虽然开学时间尚早，但小凡已经提前回到湖南师范大学参加学习。这样上进和努力的小凡，未来一定会是一个好老师，一定会赢得学生的喜爱。

来来和畅在金华短暂停留后，已经回到衢州。两个孩子都是温润善良的好孩子。当天晚上在微信里给我留了言，还在朋友圈发了帖，感谢老师的盛情款待（其实我真的没有做好，因为上班，没有多少时间陪伴他俩），希望以后有机会也能这样款待老师。尤其是畅的那句"毕竟她是天使派到小学的班主任"，让我感动得差点儿掉眼泪。与其说这两天是我陪着他们，不如说是他们鼓励了我，温暖了我。

申琦的假期已经结束，今天又赴加拿大读书去了。之前相聚的时候，知道她开学的日子，并约定为她践行的，没想到自己一上班就忙忙碌碌的，居然把这事儿忘得一干二净，直到晚上接到她爸爸的电话才反应过来——

"胡老师，昨晚申琦和我聊了很多，聊得最多的还是你。她说即使毕业已经三年多了，但你还是她最喜欢的老师，五班还是她最喜欢的班级，在五班的日子，是她最难忘的岁月。她觉得自己能成为你的学生很幸福、很骄傲。以后她结婚了，我们还要邀请你来参加……我总觉得你太忙，希望你一定要注意身体，不要太劳累……"

朴实而真诚的话语不断传入耳中，直达你内心最柔软的地方，游离的初心因此又安定了下来。

又想到今天早上因为车子被堵，待我心急火燎地赶到教室之后，却看到孩子们心无旁骛，都在安安静静地阅读，整个教室鸦雀无声。那一刻，怎一个喜欢了得？

又想到今天中午没人陪伴，没有监督，孩子们安然入睡，只为了梦醒之后，得到我的一个拥抱。那一刻，怎一个喜欢了得？

…… ……

都说有梦可做是一件幸福的事情，殊不知追梦的过程是坎坷而艰辛的，也会让人疲惫，让人流泪。但这样的时刻常常只是昙花一现，因为总有那么多可爱的学生、可敬的家长为你打气，为你加油，给你力量，给你信心，让你在追梦的路上，始终不会弄丢了初心，始终能保持着对教育的热爱，不断感受人世间的美好……

还能说什么呢？有你们，真好！

午夜的短消息

2011 年 11 月 25 日

午夜醒来，突然看见手机屏幕一闪一闪的，打开一看是一条短信息：

胡老师，我是应斯宇，天气转凉了，您多注意身体，难得的周末，要好好休息。

轻轻地、反反复复地读了好几遍，久久不能言语，内心涌起的那一缕缕温暖与感动开始在心田上如花绽放，真的不知该用怎样的语言来表达这种感情和激动。

应斯宇是我 2002 年中途接的那个班的一个学生，初次见到他的时候，印象最深的就是他的眼睛，特别漂亮，深得如一潭湖水。他的性格有点儿内向，学习上不够努力，成绩自然也不够理想。教他的三年时间里，我因此没少操心，也没少批评他。或许是班主任的缘故吧，他在我的课堂上倒是很少调皮，作文还写得不错，他在四年级写的童话故事《两只小鸟》至今还保留在我的家里。但是，随着这孩子的毕业，随着一届又一届新的学生的到来，对于他，我已经很少关注了。

上次回衢州的那天晚上，我在马路上和一位家长交谈的时候，肩膀突然被人拍了一下，猛一回头，就看见应斯宇乐呵呵地冲着我笑。几年不见，他已经变成了帅小伙，个儿高出我一大截。看见我，他显得很激动，说是当时没有留意我，从我身边走过去的时候，听见我的声音觉得特别熟悉，就停下脚步仔细一看，发现真的是我，十分开心。从和他的交谈中得知他初中毕业后考上了衢州高级中学。得知我已经在金华工作的事情后，他很动情地说以后再见我很不容易了，我不在的话，去"一小"都觉得没有意思了。

工作这么多年，毕业的学生一届又一届，最早的一届学生今年已经走上了工作岗位，其中的六位学生还受我的影响选择从教，也走上了三尺讲台。

187

第二届学生现在就读高二。虽然我只是他们的小学老师，但是特别欣慰和自豪的是孩子们无论身在哪里都常把我惦记着，尤其是教师节的时候。可是，今天收到应斯宇的短信，颇为意外的同时又平添了一份激动与内疚。论谈话次数多、批评次数多的，应斯宇肯定在其中，一直以来都认为自己为这些孩子的付出只有自己知道，他们是很难感受到的，有时甚至换来的是他们对我的反感，避而远之，但是个性使然，哪怕孩子们不理解，我也依旧会尽心尽力，我总是坚信他们长大了一定会记得我的好。

　　今天看来，当年的辛苦付出真的没有白费！年少无知的时候，不理解老师与家长的良苦用心，长大了，懂事了，孩子们就会知道老师对他的好，也会把老师记在心里，这样朴实的关心与挂牵就是送给老师最好的礼物。

　　被人想念是一种幸福，被学生想念是老师的幸福。在这样的寒风冷雨中，来自远方的这一条温馨的短信让我的心里装满了暖意。与每一届学生在一起的日子虽然只有短短的六年，有的甚至只有三年，但他们留给了我足够长足够多的回忆，让我恒久地保持着深深的感动与幸福，恒久地保持着对教育事业的激情与力量。只要一想到身后那些纯真的眼眸、那些美好的祝福，我就感觉自己很幸运、很幸福，就像每天清晨睁开眼睛面对崭新的一天那样激动满怀。

相爱如初

2020 年 1 月 20 日

　　元旦前夜的十一点钟，来来给我们一家人发来了新年的祝福，并夸奖我更换的微信头像很好看，可惜我那晚早早就睡了，第二天早上才看到留言，感动与欢喜之后，立即给他回复。他又告诉我，1 月 14 日就会放假回到衢州，期待尽快能见到我。

　　我们有多久没有见面了？应该足足一年了。虽然衢州、金华两地相距并不远，高铁只要 21 分钟，虽然这一年里，我们都有寒暑假，还经常保持微信联系和偶尔的通话，但事实上，我们真的没有再见上面。暑假里，来来取得驾照后第一时间给我留言，希望我回衢州时给他亲自开车接送的机会，这是他一年前许下的诺言，可我因为考试的事情一拖再拖，直到他回了北京，我也没能去衢州一趟。

　　挂念我的除了来来，还有畅。教师节，他的祝福语之后就是一句"我发誓，寒假必须见面"，让我忍不住笑出了声。

　　不得不承认，被人想念的感觉是幸福的！于是，前几天许诺两个娃——咱们 19 号衢州见。

　　昨天上午十点半到晚上七点半，我们师生三人边聊边吃度过了非常难忘的一天。两个孩子向我详细地汇报了过去一年在大学里学习和生活的情况，也告诉了我今后两三年的打算。

　　得知来来在外交学院的这一年里，不仅代表学校参加了不少的比赛，且均获佳绩，还多次接待驻华大使，而且在如此忙碌的情况下，他的学业成绩依然名列前茅，我由衷地佩服，但也十分心疼，难怪他瘦了那么多。每天除了保证六七个小时的睡眠，他都在孜孜不倦地学习，哪怕双休日也不懈怠。即使是寒假里，他每天也是在家阅读、查资料，极少出门，他要为开学后就要参加的全国赛事做准备。提及未来的打算，他初心不变，信心满满，还是坚持要做一名外交官，并为此做了详细的规划。如此努力的孩子，真的不多见。

畅是学医的。和暑假的他相比，瘦得不成样子了，让我更是心疼不已。联想到他之前朋友圈发的那一摞摞要攻读的医学书籍，听着他谈起每次解剖小白鼠的场景，尽管他说得云淡风轻的，但我还是真真切切地感受到学医的不易。和他聊起前一段时间孙文斌杀害医生的事件，他免不了有一些愤懑，却很理智地分析了医患关系紧张的原因。不过，他依然不改初衷，对接下来的每一年都做了规划。他自认为并不是一个天赋异禀的孩子，但他会一直努力，就像当年坚持学习跆拳道、坚持要考上衢州二中一样。喜欢这样的畅，从不浮夸，总是脚踏实地做好每一件事。

晚饭期间，来来细致地为我夹菜、盛汤，不时还有轻声细语的关心，一切都是那么自然而然，不禁又想起三年前的那次聚会上，他也是如此这般。很难想象一个才二十岁的大男孩，在爸妈眼里其实还需要呵护与疼爱的孩子，居然有着如此细腻而柔软的心。难怪席间会被我的同学和老师误认为是我儿子呢！

畅回到家的第一时间就给我报了平安。知道我为师不易，也格外心疼我。字里行间流露出对我的关心与鼓励，细细品读他给我的建议，真心觉得言之有理。曾经的小屁孩长大了，不仅可以让我靠靠肩膀，给我温暖的拥抱，还能成为我的心理导师了。

晚上七点半，来来先行离席，因为他爸爸来接他。送他下楼时，才知道今天是他爸爸的生日，孩子抱歉地说只能陪胡老师吃个半饱，接下去要陪爸爸过个生日，再去吃顿晚饭。他说得轻描淡写，可我的眼里早就泛起泪光。

情到深处，必生慈悲与柔软；心存善念，便会遇见天使；向善而生，终将邂逅美好。感谢来来和畅给予老师如此温暖与幸福的一天，我会带着你们的爱继续坚守我的三尺讲台。

2020 年，我们相爱如初。

一盒喜糖

2020 年 12 月 19 日

前几日，在采采的朋友圈看到了她的一组结婚照，一对新人珠联璧合，眉眼之间尽是幸福。想必这姑娘婚事已近，我赶紧留言表达了欢喜之情，祝福之意。她很快就回复我："胡老师，我们已结婚，你这个周末在家吗？我要给你送喜糖哦。"

我又惊又喜，感觉被时光欺骗了似的，当年那个文弱的小女生怎么就嫁为人妇了呢？在我的记忆里，她一直都像个小可爱般存在着，似乎还是一个未长大的女孩。可事实又不容我怀疑，姑娘的确出嫁了。

周六晚上七点多钟，我陪爱人在他学校里加班。彼时，秋雨在窗外密密地斜织着，气温很低。我以为采采不会来了，没想到她不但来了，还带来了她的父母亲。久别重逢，室内温暖如春，其乐融融。

采采在金外读书的时候，我们还时常能见上面。后来她去杭州读大学，回永康参加工作，我们的见面机会就少之又少，有事都通过微信或电话联系，和她的父母更是难得见上一面。这是时隔六七年之后，我们又一次坐在一起，大家都激动不已。

采采没有多大的变化，略显苍白的脸蛋上，一双大眼睛依旧清澈如水，一笑起来就眉眼弯弯，嘴角微微上扬，一如当年那个娇羞的小女生。时光匆匆，并未淡化彼此间的感情，反而因为这样难得的相聚更显亲密。她仍旧像小时候那样，乖巧地依偎在我的身边，挽着我和她妈妈的手臂，笑盈盈地听我们说话。恍惚之中，我仿佛又看到了当年那个穿着藏青色背带裙的一年级小女生。

采采从浙江财经大学毕业后，通过公务员考试进入永康市税务局工作，至今已有四年多。她工作上很勤奋，业余时间也不忘充电，周末时常去杭州参加在职研究生的课程学习。她的爱人是一名警察，虽然新婚燕尔，但两人聚少离多，可她从无怨言。她说趁年轻两个人都应该多学本领，要以事业为重。她说着这些话的时候，依旧笑靥如花，云淡风轻的。我很难想象，她身材纤细娇小，说话柔声细语，内心却是如此强大而有力量，我为她感到骄傲。

2000 年，采采读小学一年级，我成为她的语文老师兼班主任。第二年，我因为休产假，因为中途去接了另一个班，从此再也没有成为她的老师。2002 年，采采因妈妈工作调动转学去了永康，这之后我们一度失联五年，直到她考进金华市外国语学校。我的先生恰好在那一年调入这所学校，我们的师生情才得以再续前缘，从此再也没有断开过。

时光在悄悄地流逝，岁月在偷偷地奔跑，不知不觉中 20 年悄然而逝，当年的那个懵懂女孩已长大成人，嫁为人妇。在这样静谧的秋夜里，她为我送来一盒喜糖。衷心祝福她的同时，我感恩她在我的教育人生中留下了那么多珍贵的印记。

今儿个真高兴

2012 年 8 月 17 日

昨晚驱车回金华的路上，手机突然"嘀嘀"地响起来，我点开一看，不由得惊喜万分——

"亲爱的小胡同志，我家格格今天在英国参加考试的成绩揭晓了，她已被英国排名第五的杜伦大学录取，特此报告。我真是开心极了！谢谢你这么多年来对我们全家的照顾和肯定，谢谢你在格格学业启蒙阶段赋予她的一切，我代表全家向你表示最深最深的谢意。爱死你啦！"

一边读着，一边就忍不住笑起来，每每收到这位名叫曹蔚芬的家长发来的短信，我总是会情不自禁地笑出声来，即使没有看见她的人，也能从她的语言中、文字中感到她的风趣幽默，以及她特有的人格魅力。只是我今天的笑容里更多了一份无法形容的惊喜。

我毫不犹豫地给她拨了电话，那边首先传来的就是一阵再也熟悉不过的笑声，紧接着就是"小胡同志啊……"这是我历届家长中最独特的问候语，我戏称它为"曹氏风格"。

从对话中，我得知这两天是英国高考出成绩的时间，他们一家人一直都很忐忑。虽然考试结束后，吴若菡就觉得自己考得不错，但是在成绩没有出来之前，一家人悬着的心始终是不敢放下的，直到刚刚查到成绩之后才终于放下心来，并且第一时间给我发来短信汇报好消息。在电话中，这位妈妈不断地对我说着感谢，她说在孩子成长的道路上，我是值得他们全家人一辈子感恩的老师，这份恩情会永远记在他们的心里。

吴若菡是我从教之后第二次中途接班时遇上的学生，她不是我们那个班里最优秀的，但她一定是最有文采、最富有爱心的学生。初次见面，她的那份率真，那份开朗，那甜甜的笑容和深深的酒窝就让我莫名地喜欢。她对阅读的钟爱，对语言文字独有的感觉是我几届学生中鲜有的，也因此，我特别用心地培养她在写作方面的能力，而她也从没辜负我的信任。这之后的三年里，在各级各类的征文大赛中她总是力拔头筹，她写的数篇文章分别被编入《小学生四季精品屋》《中小学生优秀作文集》等书刊中，在小学升初中的四校联考中，她取得了语文第一名的好成绩，为学校争得了荣誉。小学六年级的时候，她就已经能写七八千字的小说，还在学校里举办了个人习作展。

除此之外，我更欣赏的是这个孩子身上特有的爱心与大气。对于班里成绩落后的同学、父母离异的同学，她从不歧视，总是给予他们更多的关心与爱护。她没有富家女孩身上的娇气与傲气，有的只是谦逊与友善，她从不斤斤计较，也因此不管是女生还是男生，不管是我们班还是隔壁班的学生，都喜欢找她玩。她到哪儿，哪儿就是中心，哪儿就有欢笑。不仅同学喜爱她，老师们对她也是赞不绝口。

小学毕业后，因为妈妈工作调动的缘故，她去了杭州读初中，教她语文的是浙江省特级教师。这位教师第一次批阅她的作文就很生气地找她谈话，说是最讨厌学生抄作文的行为，警告她下不为例。她听得莫名其妙，继而就万分恼火，但她没有辩解，只是让老师命题当场作文一篇，结果看得老师傻了眼，并且第一时间找了她妈妈，说这孩子是她从教三十年不遇的人才。老师高兴，做母亲的更是激动万分，又在第一时间给我发来短信。在短信中，她除了转告那位老师对她女儿的赞誉之词，还说我是她女儿人生中的第一位恩师，他们全家人一辈子都会铭记在心的。

记得当时看完短信，我自然满心欢喜。毕竟弟子得到新老师的赏识，且给予那么高的评价，作为她的小学语文老师，我当然倍感光荣。至于孩子母亲说的"一辈子都会铭记"的话，我还真的没把它当一位回事。之前的学生家长也曾经这样说过，但随着岁月的流逝，大多已不再记得，更是少有联系了。

没想到我错了，曹蔚芬这位家长真的与众不同。这些年里，只要她有机会回衢州，她一定会来看望我。逢年过节，尤其是教师节的时候，她也一定会打个电话或是发条短信祝福我。即使现在我在金华，这样的关心与问候也从未间断。但凡我去杭州被她获悉就一定要盛情款待。屈指数数，吴若菡小学毕业至今，已经过去十年了，在这十年里，我们虽然身在两个城市，但彼此的心仍然连在一起。还是吴若涵说得好，我和她妈妈之间的情谊早已经超越了老师和家长之间的感情，我们更像是多年的好朋友。

在和吴若菡的通话中，我这样说道："格格，老师今天特别高兴，你能通过自己的努力考上那么优质的大学，老师因你而骄傲；但是我更高兴的是你有着一位如此重情重义的妈妈，在老师过往的从教经历中，我常常因此而觉得特别幸福。请代替我向你妈妈表示感谢。你能如此出色，胡老师虽然或多或少起了一点儿作用，但最主要是因为你有一位睿智豁达可爱的好妈妈，你身上那些可爱之处恰恰是你妈妈身上特有的，所以你也要感谢你的妈妈……"

曹姐，能认识你，小胡同志觉得很荣幸，今儿个真高兴，祝福格格，感恩遇见！

补记

吴若菡是我的第二届学生，2005 年小学毕业。从英国杜伦大学毕业后，又在英国拉夫堡大学和伦敦大学文学院攻读研究生。现任浙江音默森网能科技有限公司副总经理，杭州朝启体育文化有限公司董事长。

款款出嫁了

2019 年 9 月 30 日

今天是款款大婚的日子。早在半个月前，我就收到款款妈的语音留言，希望我能参加款款的婚礼。因为不准备大操大办，邀请的都是至亲好友，我是受邀的两位恩师之一。考虑到婚期在国庆假期，款款妈还觉得多有打扰，深感抱歉。殊不知，于我而言，这是多么荣幸的事情。

款款是我 2001 年中途接的那个班的学生。当年八月，我的女儿出生，按照那时的政策，我可以在家休一年的产假。但因为三（1）班班主任临时提出退养，学校措手不及，加上这个班之前语文老师频繁更换，家长们的情绪很激动。学校领导万般无奈之下，给我打了电话。于是，两个月后，我就结束产假接了这个班级，也因此有了从教后的第二届学生。

款款是个安静、文气的女生，一副瘦瘦弱弱的样子，但身体素质倒是很好，极少生病。她的家住在衢州城里，之所以在一小读书，或许是因为妈妈在巨化集团公司计财部上班。她的父母在各自的工作中都是非常努力的，印象中不仅早出晚归，而且经常出差。款款上了三年级之后，几乎都是自己坐班车上下学。父母出差的日子里，外婆会从乡下来家里陪她，但外婆不识字，一旦遇到听写的作业，款款就用复读机先录音后播放，一边听一边写，再校对订正，从不偷懒。她的故事，在之后的每一届学生那里，我都要说起。她从小就很独立，也很上进自律，为人善良、真诚，深得同学和老师的喜爱。她的语文成绩很优秀，习作能力更强。五年级开始，她和吴若菡就开始写小说，她写的"苏小妹"至今还被小学同学念念不忘。

款款上了中学，尤其在衢州二中读书后，我和她见面的次数渐少，但和她父母仍然时常联系，为她一如既往的优秀而欣慰。高中毕业，款款考上了美国波士顿大学，独自一人出国读书。幸好通信发达，我和她借助微信也能

196

联系。她是个心思细腻的孩子，每逢过年过节都会给我送祝福，但因为在大洋彼岸，我们相聚的机会少之又少。2013 年波士顿大学发生爆炸事件后，我和她父母一样为她担心不已。后来得知她虽然离爆炸点很近，但只是受到惊吓，并无大碍，我们才得以放心。再之后，陆陆续续传来消息，款款毕业了，留美工作了，谈男朋友了……直到收到她婚礼的邀请函。

　　一周前，我就订好了回衢州的高铁票，今天本想着一下班就走，不料因为班里临时出状况，处理完已经五点十分。节前的路面到处都是车，所幸张先生娴熟的车技助我提前十分钟赶到了检票口。刷了票，到了站台，我才发现 15 车厢在遥远的那一头，继续一路奔跑，跑到 12 车厢就不得不上车，因为火车即将启动。

　　六点十八分，我准时到达衢州站，出了站台就接到江行长的电话，她早已等候多时。可是改造后的衢州站让我迷失了方向，随着人流出去后，我发现约定的大转盘等候点并不在眼前。江行长让我原地等她，她开车来找我。此时已经六点半，马路上的车子一眼望不到头，而且只能像蜗牛似的爬行。在焦急的等待中，突然收到露玫的微信留言和视频，才得知今天的伴娘不仅有艺璇还有她，想着待会儿能见到三个娃，有点儿小激动，但此刻只能借着手机屏幕观看款款和博涵的结婚仪式了。

　　六点四十分，我上了车，没想到开了 100 来米之后走错了道，掉头之后更是后悔不迭，因为又回到了高铁站门口的道路上。时间一分一秒地流逝，我们都着急万分却又奈何不了。随着车轮一分一厘的挪动，七点二十分，我终于到达柏丽酒店的门口。

　　刚下车，露玫就热情地迎了上来，给了我一个热情的拥抱。露玫在旅游学院当老师期间，我们一直保持联系，也曾有过数次约定要见上一面，结果一再错过。这一次终于见上了，我们彼此都很激动。得知她现已调入浙江省文化厅工作，我为她感到骄傲。这个孩子从小懂事乖巧，虽寡言但内心柔软，是个很温暖的姑娘。去年教师节，她又送祝福又发红包给我。她说很惭愧，杭州和金华很近，但她一直都没来金华看望过老师。我没有收她的红包，但她对我的这份感恩之心让我难忘。

　　到了婚礼现场，仪式已经结束，款款和博涵在父母的陪同下，正向来宾一一敬酒。虽然看不到她的面容，但远远就可以感受到她的幸福。露玫很贴心地安排我先就座，为我夹菜倒饮料，细致而贴心。席间，通过露玫的讲述，我对款款和博涵相知相爱的爱情故事又多了一些了解，为款款找到这样优秀的人生伴侣而欣慰。

没过多久，一群人就移步到了我们的邻桌，款款偶然一回眸就看见了我，她很激动地冲着我挥手，冲着我笑，那笑容依旧像小时候那样纯净、美丽，那眼神依旧像小时候那样清澈、迷人。我们彼此会心地笑着，一如当年在学校里那样。

等待的时间很短暂，转眼之间，款款已经来到我的面前。我们热情地相拥，真切地感受着彼此的想念与激动。时光易老，十多个春秋悄然而逝，再见的时候，我以为我们会显得生疏，不曾想到相逢的那一瞬间，一切都没有改变。那一刻，她俨然不是我的学生，仿佛是我的要出嫁的女儿，内心的百感交集，真的无法形容。

"胡老师，还有我，我是李艺璇！"甜美的嗓音在耳畔响起的同时，就看到了另一个可爱的人儿，也是伴娘之一的艺璇。她还是当初那个模样，碧波荡漾般的双眸依旧迷人，清丽秀雅的脸上泛起的笑容，还有那深深的酒窝，都是我所熟悉的。

艺璇是我们班的班长。在家里，她是长辈们最疼爱的小公主，但是在学校，她从未有过任性、刁蛮之举。她待人友善，为人谦和，与同学相处得非常好，也深得老师们的喜欢。她活泼开朗，积极向上，即使后来经历了不少的挫折，但从未停止向上的脚步。从上海大学毕业后，她又去美国留学深造，如今也回国工作了。

1999年9月入学，2005年7月小学毕业，时间的流逝，地点的转换，联系的断断续续，都没有影响款款、露玫和艺璇三个女孩之间的友谊。"待你手捧幸福嫁为人妇，我愿飞越千山当你伴娘"，当年的约定，如今的赴约，让我不禁为她们之间如此绵长而真挚的友情深深感动，也为自己感到骄傲。就像露玫所言："我们几个小学同学之间能有这样美好的友谊，也有胡老师的功劳。你教会我们善良，教会我们感恩，你把同学们紧紧联系在一起了……"回想我的第一届学生中，楼晴和徐源、杨慧和罗莹、龚梦寒和王影恬，这些女孩的闺蜜之情，即使是在生儿育女之后仍然保鲜如初，真的难能可贵。

完成敬酒任务之后，三个女孩马上回到我的身边，各种组合，各个地方拍照，让我真切感受到了她们的热情似火，以及由内而外散发出的青春气息。她们自然而然地挽着我的手，搂着我的肩，一如小时候，我也曾这样牵过她们的手，搂过她们的肩。那种美妙的感觉，就像母亲和孩子一样亲密。

　　款款的爸爸妈妈也来到我的身边，时隔多年未见，再见如故，亲切而自然。我们细说着款款小学的故事，嘴角泛起的微笑与快乐一直没有停止，他们感恩我当年接手一班，感恩我对款款的培养与付出，那样的一份感恩真挚而动人。我欣然接受，但也道出了我的心里话——我也感谢一班的孩子，虽然为他们付出的时间与精力最多，但他们如今的成就也是我历届学生中最大的。这一批孩子让我更加深刻地认识到"成就学生，也是成就自己"的道理。

　　上台为一对新人致辞之后，已临近八点，考虑到来时的交通状况，我必须提前出发，所以我赶忙向款款和她的父母告别，期待来日再聚。很高兴的是露玫今晚也要回杭州，于是，在江行长的护送下，我们师生俩得以在路上又有了叙旧的机会。

　　八点二十分，我到达高铁站，以百米冲刺的速度进站，过安检，刷票上楼，到站台的时候，高铁正缓缓驶入。上了车，刚入座，我就收到露玫的留言，虽是只言片语，却尽是暖心之意。晚上到了家，又一次收到她的信息，询问我是否到家，希望我把地址给她，她要给我寄一套有助于身心疗愈的好产品。她总觉得我太辛苦，希望自己能为老师做力所能及的事情。

　　一晚上都在和时间赛跑，路途中各种状况的出现，错过了款款和博涵婚礼上最精彩的时刻，几乎没有时间坐在餐桌前吃饭，这些固然让我的身体很疲惫，但内心充盈着的幸福与快乐却是可以念想一辈子的。

　　谢谢款款和款爸款妈，祝款款和博涵新婚快乐，希望你们相亲相爱一辈子！

　　谢谢露玫和艺璇，与你们的相聚虽然短暂，却很珍贵，希望你们在今后的每一天都顺心如意！

　　谢谢自己，因为初心不忘，一直努力，才有了今天这样美好的夜晚。未来继续！

补记

　　苏款款是我的第二届学生，2020年毕业于美国波士顿大学，现任职于美国一家数字营销公司，担任搜索引擎优化分析师的工作。

终于见到你

2020 年 1 月 21 日

前天晚上收到诚毅妈妈的留言，她说得知我已回衢州，希望这一次能聚一聚。这些年来，我们没少联系，却由于各种各样的因素，一再错过相聚的机会。

"胡老师，诚毅和他的未婚妻从意大利回国，19 号半夜能回到衢州。你20 号不要走，我们一起吃中午饭。"

听到语音留言，我不禁激动万分，没有丝毫犹豫，第一时间回复毅妈——要是真的可以见到诚毅，那我就 20 号下午再走。

上午开车在路上的时候，不禁浮想联翩。十多年未见，如今的诚毅是什么样子，我已经完全想象不出来了。我对他的记忆除了小学、初中时的模样，就只剩下他在同济大学读博时寄给我的一张照片，所以，我又怎能不期待这一次的见面呢？

进了小区，停了车，往 14 幢楼走去时，远远就看到一男一女翘首立于路边。没有丝毫的迟疑，我一眼就认出那个身形颀长挺拔，穿黑色呢大衣的帅气男孩就是诚毅，而旁边那位身着橙色羽绒服，甜美而温润的女孩想必就是他的未婚妻了。

原以为岁月经不起时间的蹉跎，时隔十年后，我们彼此的再见一定会显得生疏和陌生，没想到并不是我所想象的那样。亲切的呼唤，腼腆的笑容，一如他儿时的模样，只是个儿高了，五官硬朗了，棱角分明了，浑身上下都透着浓浓的书卷气，温文尔雅的样子很好看。

一时间恍恍惚惚的，小时候那个古灵精怪的男孩怎么说长大就长大了呢？那个曾让我烦恼让我忧的小调皮蛋怎么就成了同济大学航空航天学院的博士了呢？那个妈妈眼里不善言辞的儿子怎么就能找到那么可爱的另一半呢？

感叹之余，只剩下满心欢喜。刚进了屋，诚毅妈妈就笑脸相迎，依旧是那么爽朗，那么健谈，我们一见如故。落座之后，从交谈中得知诚毅和小玥不仅是老乡，还是同济大学的同学，现在都在攻读博士，只是所学专业不同。两人目前已经在上海买了房，准备下半年结婚。

小玥是个恬静优雅的女生，相貌娇美，肤光胜雪，双目犹似一泓清水。说话时，她眉梢之间，尽是笑意，让人顿生喜爱之情。在闲聊的过程中，我看到诚毅紧挨着小玥，不时牵过她的手握在自己的掌心里，温柔的眼神时刻跟随着小玥，满脸的宠溺与幸福，我看在眼里真心为他高兴。甜蜜的爱情，可爱的小玥，让他变得更温情了。

吃饭期间，诚毅妈妈谈起了小六（1）班的许多往事，并且清晰地记得每个孩子的姓名，让我不得不佩服她惊人的记忆力。她说很感谢当年我放弃产假去接了儿子的这个差班，感谢小学最后一个学期我给予诚毅的帮助，感谢那时的校长姜益群和其他的所有老师，不然就没有今天的郑诚毅。小学阶段养成的良好学习态度和习惯，以及努力进取的精神，是诚毅后来一直保持进步、向着优秀努力的原动力。

诚毅妈妈的话不无道理，但也基于当年他们对学校对老师的无比信任与支持。时至今日，她依然对小六（1）班的所有老师充满着感恩之心，于我而言，这也是一位值得尊敬与感恩的好家长。更准确地说，应该是家校的合力成就了优秀的诚毅。事实上，所有品学兼优的学生都离不开家庭与学校的共同努力，缺一不可。

相聚的时光总是匆匆太匆匆，但终于见到了眼前一对幸福而努力的孩子，还被邀请参加不久之后的结婚典礼，我激动的心情不亚于诚毅的妈妈。

10月5日，我们再见！

补记

郑诚毅是我的第二届学生，2005年小学毕业，现在是同济大学的在读博士生。

把根留住

2012 年 3 月 23 日

　　"老师，我在浙江大学。"昨晚，在 QQ 上看见梦柯的留言后，我的激动与骄傲无法形容。梦柯，可爱的假小子！小学如此，上了大学之后依然如此。记忆中的她从未留过长头发，除了升旗仪式时看见她穿校裙外，再也没看见过她穿女孩子特别钟情的各种各样的花裙子。可是，她在我的心中，一直都像花儿那样美丽和灿烂。记得第一次看见苏乐君的时候，恍惚中觉得那就是梦柯，多么相似的两个孩子！如今，梦柯已经是浙江大学大一的学生了，作为她曾经的小学班主任，我怎能不因此而自豪呢？

　　梦柯，是我任教以来唯一一次中途接的那个班的学生。那时，女儿才两个月，我还在家休养。那时我的产假原本可以有一整年，但是因为梦柯所在的那个班的班主任突然离职，四十多个孩子突然无人管理，家长们集体去学校闹。校长是新校长，一上任就遇上这么一摊子事儿，焦头烂额。起初，学校找了其他班的老师轮流代课，可是这也不是长久之计，家长们激动的情绪依然没有平息。校长无奈之下，只好求助于我，毕竟全校只有我一个人暂时没有教学任务，在家坐月子。可当时我父亲生病住院，母亲要照顾他，我爱人又正好赶上初三毕业班，忙得两头黑。我是一个人照顾着女儿，又怎么能回校上课呢？但是，校长的再三请求、家长的期望，也不能视而不见、听而不闻。母亲深明大义，让我姐姐照顾父亲，她来我家帮我带小孩。就这样，我产假只休了两个月就回校上班了。原来班级的学生家长得知这个消息后，又到校长室去闹，说凭什么就要让我放弃自己班去接其他班的孩子。在这样的情况下，我还得义不容辞地站出来去安抚原来班级的家长。

　　接手这个班之后，才知道有多累！语文的平均分，每一年都是全年级倒数第一，和第一名的班级相差整整十分；数学成绩也只能算是中等；孩子的学习态度和学习习惯实在不容乐观……我是个急性子，真走上岗位了，就一定会全力以赴。那时候，我连赶回家给女儿喂奶的时间都省下了，常常是母亲抱着孩子来我办公室，趁着下课时间赶快给女儿喂个饱，就又匆匆去教室里忙活。所幸的是孩子们明理，也积极努力，家长们也很支持和理解。这样一个学期之后，学生的语文成绩大幅度上升，又过了一个学期，就拿到了年级第一名的好成绩，这之后，我们班的语文成绩就一直位居年级榜首了。班风正了，学风自然就好了，这个班的孩子在各个方面都没有让我再失望，还屡次被评为优秀中队。在小学升初中的统测中，语文桂冠就是吴若菡摘得的。前十名的队伍中，我们班就有七个。他们不但为我争了光，还为学校争了光。

一路走来的辛苦，付出的汗水，孩子们都看在眼里，记在心上，所以虽然和他们在一起的时间只有短短的三年，但是这些孩子和我的感情很深。更让我欣慰的是无论在初中还是在高中，他们依然勤奋，依然上进，依然那么优秀。

记得去年暑假，我赶回衢州参加我最后一届学生的毕业晚会。在联欢会现场，我接到徐奕然妈妈的来电，她说为了找到我的手机号码，她不知道问了多少人，目的只是告诉我奕然考上了上海财经大学（现在美国霍普金斯大学读博士）。她说没有我就没有奕然的今天，奕然的学习态度和习惯是因我才有了变化的。那天，她在电话里一个劲儿地感谢，我在电话这一头也心潮澎湃。

往事如烟，却又是那般清晰可见，眼前浮现出的尽是他们儿时甜甜的笑靥、澄澈的双眼，可是因为有了身边这些孩子，我常常会不知不觉将他们忘记了……

今晚，就和学生们好好聊一聊吧！

在线的学生中有第一批的弟子，毕业于浙江大学的徐超，他告诉我他现在在绍兴电力局上班，付明轩也在绍兴，已经是当地一家汽车4S店的区域经理了。轶文从辽宁师范大学毕业后又继续攻读硕士，罗莹在宁波当老师，宋莹在做财务工作，吴昊在做区域商务工作，影恬在西溪湿地管委会，小祝在新通，海鸣和梦寒现在已经是公安干警了，吕染野在法国巴黎，范擎宇浙大毕业后去北京了，马甜华现在在德国留学，下周一就要去德国保时捷公司面试了……第一届的学生是我用心用情最多的，那时候没有多少教育教学经验，但有满腔的热情、无穷的精力，周一到周五起早贪黑也从不觉得辛苦，周六周日带着学生们游山玩水，进小区打扫卫生，看望孤寡老人，仍然不知疲倦。在他们的眼里，我是那个上课喜欢放音乐的语文老师，是那个总是乐呵呵的大姐姐，而他们一直是我心中最可爱的小弟弟、小妹妹。这一批孩子没有辜负我的期望，个个都是那么出色。

我的第二批和梦柯同班的孩子们也毫不逊色！钱梦琦在厦门大学，徐奕然在上海财大，李艺璇在上海大学，郑诚毅在同济大学，潘玲舸在加拿大留学，吴若菡在英国杜伦大学，苏款款在波士顿大学……

一个又一个好消息不断涌现，幸福的感觉也就那么一点一点地荡漾开来……

教育家陶行知先生说："人为一大事来，做一大事去；捧着一颗心来，不带半根草去。"这是他奉献一生的宣言。和陶老先生比，我没有他那么崇高，也没有他那么无私，我只是坚持把自己的根留住了，我把它扎在了杏林，愿意做一辈子的小学语文老师，当一辈子的小学班主任。我这一生只想把自己的爱献给我经过的土地和我遇到的学生，我想用爱、用信赖去创造美好的境界。

补记

2021 年，徐奕然同学还在美国霍普金斯大学读博士，张梦珂同学在瑞士洛桑理工学院读博士，郑诚毅同学在上海同济大学读博士，吴若菡从英国杜伦大学毕业回国创业，苏款款同学从美国波士顿大学毕业后也回国创业了……

有一种快乐，因你到来

2013 年 5 月 1 日

昨晚接到佳琪的电话，说她和俣豪两个人今天坐火车到金华来看望我。或许是因为太兴奋，也或许是因为太期待，我一个晚上都没有睡得很踏实。

一大清早，我就起床准备菜肴。九点多钟得知两个孩子已经上火车，十点左右就能到金华，等待的过程中，我又将家里屋外打扫整理了一番。

十点二十六分，我在小区门口终于见到了佳琪和俣豪。俣豪一米八多的个头，很结实，很挺拔。他到部队服役两年多了，皮肤竟然没有怎么晒黑，我很意外。佳琪的变化倒是不大，还像小时候那样胖胖的，月牙儿似的眼睛，只是留起了长长的卷发，多了几分女生的妩媚与羞涩。要知道，小学时她就像个假小子。

带着两个孩子进入家门，我们在沙发上坐定就开始聊起天来。

俣豪这次的探亲假只有一周时间，他是昨天凌晨时分才到衢州的。考虑到我 2 号就要上班，所以临时决定今天来金华看望我。因为适逢佳琪也大学放假，所以两人就商定一起来。

俣豪说这些话的时候轻描淡写，在我的心里却掀起了层层涟漪。

俣豪小学毕业至今已有八年多了，在衢州的时候，他就常到学校看望我。我调入东苑小学的当年，他报名参军了。这期间，他曾经来金华找过我，可因为我到金华后更换了手机号码，他又不知道我在哪所学校任教，只能无功而返。

一年前，他终于打听到了我的手机号码，于是，我们又恢复了联系。虽说如今的他已经是个大男孩了，却有着女孩子一样细腻的心思。逢年过节，他从未忘记给我打电话。他几乎每天都会浏览我的空间，关注我，也关注着他的学弟学妹们，偶尔还留言给我。

除夕夜的那天晚上，吃着年夜饭的时候，我接到了他从部队打来的电话。他说只能打电话拜个年，希望我谅解，还说胡老师在他心中是比妈妈还要亲的人。我知道这不是恭维的话，他的心思我全懂，只是想到他经历过的种种事情，以及他待我的好，我就心疼得落泪。这样的年代，这样的年龄，不要说是男孩子，即使是女孩子，又有几个人能对曾经的小学班主任如此挂念呢？俣豪却总是会在不经意间给我许多的美好。就像此刻，聊着聊着，他就会坐到我的身边来，拉着我的手依偎着我，没有丝毫的做作与矫情，一切都是那样自然。他的手掌那么大，那么有力，握着他的手，我能清晰地感受到来自他手心的温度与力量。那一刻，他俨然成了我的孩子。

十一点半，我进厨房，两个孩子也跟着进来要帮忙。我不让，推他们出去坐，结果他们不答应。于是，只好允许他们站在厨房里陪我。每当炒好一个菜，他们就争先恐后地来端菜，或者摆放餐具、桌椅，几乎没闲着。

十二点开饭，因为高兴，所以我开了一瓶红酒。给俣豪多倒了一些，我和佳琪只有半杯。可是，我才喝了几口，就感觉晕乎乎的。"老师，别勉强，能喝多少是多少。""老师烧的饭菜真好吃。"这样贴心的话语不时在耳边响起来，幸福的感觉又在心头荡漾了。

饭后，两个孩子分工合作，一个擦桌子，一个洗碗，就是不让我动手。站在厨房外，看到俣豪弓着背站在水池旁边细致地清洗着每一个碗盘的时候，突然莫名就感动起来。当年那个调皮捣蛋没少让我操心的孩子竟然已经长那么大了，两年里的第一个探亲假，他从江苏回到衢州，在父母的身边停留了半个晚上，就匆匆赶来看望他的小学班主任，他待我的好，我已经深刻地感受到了。

下午两点半，我带他们去了学校，请他们看了我的办公室和教室。俣豪说他常常在我的空间里看照片，所以对这间教室，他虽然没有亲眼看见，但早就了然于心了。站在教室里，佳琪兴奋地说："胡老师，你们现在的教室真好看啊！"没想到俣豪却说："但我还是喜欢我们以前的教室。虽然和这个教室相比，没有那么漂亮，但是我永远都不会忘记它。"一番话，听得我心里酸酸的，我知道那间简陋的教室里承载着他童年最美好的回忆。小学的最后四年，在那间教室里，他不再孤独，真切感受到了老师和同学给予他的春天般的温暖。

下午四点多，我打车送两个孩子去火车站，看到他们消失在入口处的身影，想到这一分别，又不知何时才能再相聚，眼眶不禁微微湿润了。

所谓师生一场，只不过意味着我们彼此的缘分就是互相陪伴的那几年。这之后，为师者就要不断目送学生渐行渐远。学生的一生，我只能陪伴一程，但若是出现在他们生命中的我，在日后还能被他们想念着，感恩着，便是我最大的骄傲与满足……

致即将中考的你们

亲爱的二班的孩子们：

你们好！

前几日在我的 QQ 空间里看到小雨爸爸的一段留言，读罢，感动之余，更多的是内疚。日子无声无息过得飞快，不知不觉中，五年的光阴转眼即逝。五年里，每天忙碌于学校和家庭之间，对你们的关注与牵挂逐渐变少，现在想来，又怎能不感到愧疚呢？也因此，今天决定无论多么忙碌，也要挤出时间，静下心来，给你们——我亲爱的孩子们写一封信。

印象中，这是我离开衢州之后，第三次给你们写信。第一次，是在 2009 年 8 月 25 日晚上，那是离别前夕的一封告别信；第二次是在 2011 年 5 月 31 日，那是你们小学最后一次过儿童节前的一封祝福信；选择在这样的一个时刻给你们写第三封信，是因为再过一个月，你们即将迎来人生中第一场意义重大的考试，老师理所当然应该为你们鼓鼓劲，加加油！

中考，是你们至今为止遇到的第一次全市性的、大规模的、选拔性的测试，这一次测试成绩的好坏，直接关系着你们未来高中三年，乃至大学四年的去处。从一定程度而言，一所优质高中对你们未来选择一所优质大学具有至关重要的作用。而目前，优秀的高中资源还是比较缺乏。

所以，为了自己未来的三年，或是未来的七年，你们是否应该在这最后的一个月里竭尽所能，做到全力以赴呢？

虽然努力了，也不一定就会成功；但若是你从未努力，那么注定永远不会成功。努力过了，付出过了，即使最后的结果不尽人意，那么，起码可以无怨无悔，对吗？

还记得你们上三年级的时候我们一起在元旦那天清晨登高迎新年的事情吗？那一天，地面结冰，冷得出奇，可是在花径村中国银行门口集中的时候，却没有一位同学选择临时退出，甚至连迟到的人儿都没有。既然目标是峰顶，那么就只能风雨兼程，哪怕天寒地冻，哪怕山高路滑，留给世界的只有我们不断前行的脚步、继续攀登的背影，对吗？

我至今还清楚地记得你们兵分几路，手持各自小队的队旗，一路飞奔、一路赛跑的模样。那一次，小小的你们把家长和老师们都远远地甩在了身后。当我们气喘吁吁地爬至半山腰的时候，你们早已站在山顶上挥舞着少先队队旗，激动得又蹦又跳，还不停地为我们加油呐喊！那时那刻，你们的不退缩，不胆怯，你们的大无畏，不言败，是多么令我感到骄傲啊！

三年的初中学习生活，或许使你们失去了儿时的那份闲情逸致，更多的是来自学业上的艰辛与压力，或许有时脑海里也闪过"就此放弃"的念头，因为老师也曾经是一名学生，也曾经有过这样的经历，想必你们的父母也是如此。但只要心有所属，心有阳光，压力就会变成动力，催人奋进，促人前行。老师希望每一个二班的孩子面对困难和挫折的时候，都能一如既往地高昂起头，挺直了背，勇敢地接受挑战，就像当年你们一鼓作气登上峰顶那样。我始终相信你们是最棒的一群孩子！

一切都有可能！更何况，距离中考还有一个月的时间，一切更有可能！难道不是吗？孩子们，一定要尽力，一定要加油！

去年的时候，百奇曾经问过我什么时候回去看望你们，什么时候可以再相聚，我告诉他：中考前，我一定会为你们加油；中考后，我一定回去看望你们。相见之日，定当与你们一一拥抱！当然，我更希望那时，我们能热烈地击掌，为你们顺利告别初中时代，如愿以偿步入自己理想的新学校而庆贺！

上周，忙里偷闲，花了两天的时间给大家写了明信片，送了祝福。请原谅老师没有更多的时间与精力给你们一一写信。想必今天，你们已经收到了吧！因为有些同学的具体地址还不是很清楚（尤其是在菁才、华茂的），所以没有贸然一同寄出，还望谅解！但一定会用别的方式补上祝福，请相信！时间宝贵，你们不必回信，待我们相见之日，再好好叙叙！

　　祝
梦想成真！

永远爱你们、想念你们的胡老师

2014 年 5 月 14 日 22 时 20 分

后会有期

开学前几天就接到轶文的短信，说她已回到杭州，在高中教语文，还担任了班主任的工作，终于自食其力，赚钱了，希望我去杭州的时候，一定联系她。

我因此高兴了好些天，也曾打电话给她，希望她好好努力，好好工作，无论语文教学工作，还是班主任工作，都要尽力做得更好。

十月中旬我去杭州参加巡讲活动，便打定主意去看看她。提前一天在QQ上给她留了言，没想到她看到后立即打来电话，兴奋不已，没有商量的余地，几乎是用命令的口气要求我必须在杭州市区住上一晚，第二天再赶往金成外国语学校。她说自从上了大学后就再也没有见过我，她有太多太多的话要告诉我。

其实，这样的心情何止她有，我这当老师的也早就盼着这一天了。可事与愿违的是，在火车上我接到会务组打来的电话，说是活动的安排临时做了调整，我将在第二天的上午第二个发言。如此一来，我就不得不连夜赶往活动目的地。也因此，我和轶文的这次相约成了泡影，真是希望越大，失望越大。

那日，在金华火车站候车的时候，我又想到第一届学生中有几个在杭州工作，但一直没有见上面的孩子，我想着最好能一起见个面。平日里只是通通电话，群里聊聊天，再怎么也比不上面对面来得亲切。于是，我给杨慧打了电话，告诉她我再过几个小时便到达杭州。结果，让我遗憾的是她那时那刻正坐在回衢州的火车上，让我惊喜的是她赶往衢州的原因是回家参加婚宴——自己的婚宴。得知这个消息的那一刻，我真的好开心啊！学生出嫁了，感觉就像自家的孩子出嫁了似的，特别高兴。电话那头，她说第二天便会回到杭州再摆一次婚宴，希望我能留在杭州参加她的婚礼，婚礼上，楼晴、罗莹、徐源、祝煜昱等小学同学也会到场。一想到不但可以亲眼看见杨慧穿上婚纱的样子，还可以见到那么多的学生，当时便毫不犹豫地答应了。而后来因为种种因素不得不连夜赶回金华，至今，都觉得十分遗憾。

虽然又一次的杭州之行，满怀着期许，最终又遗憾而归，但获悉了孩子们的近况，知道他们一切都好，工作了，恋爱了，成家了，作为他们曾经的老师，我心满意足。

我想告诉轶文：一定要努力成为一个优秀的语文老师兼班主任，做一个学生超级热爱的好老师！

这句话也是我曾经对罗莹和汪颖说过的，现在的她们行走在教育之路上，脚步已经越来越稳了，真心为她们的进步喝彩！

我想告诉杨慧：嫁为人妇后，一定要努力做智慧的妻子，经营好婚姻和家庭，做一个永远幸福的女人。

我想告诉少逸：认真工作的同时，要照顾好女朋友，照顾好自己，希望不久之后，也有佳音传来。加油！

我想告诉影恬、楼晴、吴昊、锦鹏、煜昱：杭州很美，但竞争激烈，在异乡工作、独自打拼的日子里，一定要学会照顾好自己，认真工作的同时，别忘记努力寻找属于自己的另一半。两个人的日子，起码不会孤单。

在杭州工作的小五（4）班的孩子们，我们后会有期。

离别的愁绪

2009 年 8 月 25 日

今天晚上，从和姐姐的通话中得知，虽然孩子和家长都已经知道我不可能再回到他们的身边，但是每每家长遇到她谈起我的时候，都有说不完的伤心话，若是碰上孩子母亲，往往是说着说着就眼圈发红，一旁的孩子则会情不自禁地流眼泪。她说大家还是不能接受我走的事实。

挂了电话，不知道是应该高兴，还是伤心，或是感动？为师十三年，教□□□已经是百余个了，最早的一届学生都参加工作了。每一届学生毕业□□离别的时候，我总以为自己会伤心难过，会忍不住痛哭流涕的，可□，最后好像都没有像预想的那样。唯独这一次，心里一直不轻松，心中早就知道自己要走，却迟迟不愿提起，即使到了后来家长问起，也是含糊其词，当时的目的只是想让孩子们快乐地过完暑假。可是，办理调动后，消息就像长了翅膀般不胫而走，最后，还是让他们知道了。原以为家长们会责备我、挽留我，没有想到他们居然都是那么大度地谅解我、祝福我。

那天，和品懿妈妈辞别的时候，他们全家都是笑脸相送。可第二天临行时，接到她的电话，说是一晚上没有合眼，心里一直很难过，舍不得我这个朋友的离开，很想来送送我，又怕受不了这样的分别，就想让品懿爸爸来为我送行。我没有答应，因为我也害怕这样的分别。

那天，和来来母亲说起这事的时候，孩子就那样眼圈红红地看着我，让我心里很不是滋味，就找理由支他去陪贝贝玩。可临别之际，当他噙着泪对我说"胡老师，我一定会在接下来的两年里，努力学习，争取早日去和你团聚"时，我的眼泪已经在眼眶里打转了，我怕孩子看了更伤心，就急急地转身离开不敢回头。一路上，一直泪流满面。

还有可爱的毛豆，当我说起我要去金华的事情，他还以为我拿他开玩笑，不当一回事，可当他的妈妈一本正经地告诉他时，率真的他居然就在大马路上一边走一边号啕大哭，他妈妈怎么劝，他也不理睬。最后，我在电话里哄了他半天，他才勉强止住哭声。

　　还有懂事乖巧的子涵、小雨、少杰、靖奕……

　　原以为他们还小，不懂得离别的滋味，即使伤心也会随着时间的流逝逐渐淡忘，可是，我恰恰忽略了一个很重要的因素，那就是时间。四年了，一千多个日子，除了父母，就数我陪伴他们的时间最多了，这样的感情是不可能说断就断的呀！

　　想到这些，心里真的充满深深的愧疚。我知道我即使为他们考虑再多，安慰他们再多，也难以抚平自己留给孩子、留给家长的这份愁绪！

　　真的对不起，亲爱的孩子们，尊敬的家长们！但愿开学后，忙碌起来后，你们不会太多地记挂我！

陌生的来电

下午在办公室里批改作业的时候，手机铃声突然响了起来，一看来电，是个陌生的号码。会是谁呢？疑惑中我按下了接听键。

"胡老师！"一个爽朗的声音响起来。

"请问你是哪位？"一边应答着，一边脑子里飞快地转着：是家长、学生，还是其他什么人？好像不是很熟悉的声音。

"胡老师，听不出我的声音吗？"

"不好意思，还真没有听出来。你是……"一定不是常联系的人，不然光听声音就应该辨别得出来。

"胡老师，我是吴俣豪呀！"

"吴俣豪？"以为自己听错了，再问，真的是俣豪！惊讶得立刻就从座位上站了起来，同事们都被我吓了一跳。

怎么能相信？那一瞬间，我怀疑自己的耳朵出了问题，要不就是精神出现了幻觉。

"俣豪，你在哪里啊？"虽然从 QQ 空间里看到过他给我的留言，知道他现在已经在空军服役，可是，我还是会情不自禁地问起。与他分别的八年里，常常会在不经意间想起这个孩子，想起他的点点滴滴，想起他调皮的或是明理的样子。父母没有给他一个完整幸福的家庭，使他在成长的过程中，过早地经历了艰辛与坎坷。想起他的时候，总是平添更多的牵挂，也不知道他过得好不好。总希望随着岁月的流逝、年龄的增长，这孩子能越来越幸福。

"我在江苏南京，我在这边培训三个月后，就会回到无锡。"电话那边传来的声音中也有着抑制不住的兴奋。

"胡老师，我现在在这里很好。个子很高了，可能是训练的缘故，我结实了很多，不过皮肤没有晒黑。"

"你这样说着，我都很想看看你了，等会儿一定要发几张照片给我，你穿着空军服装的样子一定很帅气的。"说真的，八年没有相见了，我还真的很想看看他。

"好的，我一定会发给您的。胡老师，您调到金华去之后，我曾经两次去金华找您，但是因为没有您的手机号码，又不是很清楚您在哪个学校教书，所以最后都是无功而返。现在，我有了您的手机号码，如果有机会回去，很容易就找到您了，下次，我一定要去看望您……"

听着听着，我的眼眶不知不觉湿润了。我真没想到这孩子曾经两度来金华找我，只为了能看看我！时间总是那么无情，它会让我们在不知不觉中淡忘生命中的许多人、许多事。因为如今身边有了这四十多个娃，感情的重心又转移到他们的身上，我已经将侯豪，将曾经的那些孩子遗忘了很久很久。我以为他们也会和我一样，因为生活中又有了新的可挂念的人儿，将曾经的我忘记。没想到并非如此，当我们再联系、再见面的时候，还是依然会激动，依然会流泪。

"胡老师，我们小学的很多同学都考上了名牌大学，和他们相比，我很差劲了。不过，我在部队里一定会好好表现，取得好成绩，到时候一定第一时间向你汇报……"

侯豪，老师从未觉得你差劲！在老师的眼里，你有着许多的可爱之处。每年的运动会上，为班级立大功的就是你，你和廖阔、张梦珂等几个同学都要一个人参加好几个项目的比赛，特别辛苦。大扫除的时候，你总是抢着最累最脏的活儿干；老师让同学帮忙做事，你次次都是第一个跑到我的面前……每个人都有自己的闪光点，每个人只要找对自己的那一个点，努力做好自己，一样可以成才，一样可以优秀。军队不是人人都能去的，考得上名牌大学的不一定就能去空军服役。只要自信、自强，你一定还可以在空军部队里大展宏图。

"醉过方知酒浓，爱过方知情重。"回想和侯豪师生一场，能够在多年之后依然有着如此深厚的感情，或许就是因为当初，我们都曾经彼此深深爱过吧！

难忘的周末

2012 年 12 月 10 日

上周五晚上，得到消息，说是评比结果揭晓，我以第二名的成绩入围"十佳"，过去三个月的努力终于有了回报，悬了好几个月的心终于落下。真诚感谢一直陪伴着我、帮助我的所有人。没有大家的支持与鼓励，我很难坚持到最后，我真的很幸运，更是幸福的。

晚上九点，毕少逸在 QQ 上给我留言，说是带女朋友来金华比赛，想来看望我。我很意外，也很惊喜。屈指数数，自从他小学毕业至今，我们师生已经有十二年没有见面了。从聊天中得知，他的女朋友还是我认识的朋友的孩子，怎能不激动？

周六下午我开车去接他们，一路上都想着他小时候的模样：白白净净的，胖乎乎的，可爱而文静的小男生。虽然知道他前段时间在实施减肥计划，可真见到他的时候，还是有点儿惊讶，他瘦瘦高高的，一米八多的个子，帅气十足，和儿时的模样完全不同了。

晚饭是一起吃的，我们一边吃一边聊着小学里的那些趣事，笑声一直不断。少逸说有一件事情至今想起来仍然十分感动——高考的前一天晚上，他接到我的电话，鼓励他放松心态去考试，坚信他一定会有很棒的表现。那时，他已经离开小学六年了，其间几乎没有和我有过联系，毕竟初高中六年是最辛苦的岁月。所以，在那个特殊的时刻，接到小学班主任的祝福，心情自然十分激动，也因此特别希望自己有更出色的发挥。可事与愿违，一直优秀的他却在高考的时候栽了跟头，为此一直愧疚于心，说是辜负了老师当初的一番勉励。我听了，又感动又后悔，感动于这孩子的有情有义，打电话的事情，我早就忘记了，他若是不提起，我还真的想不起来。更感动于不管岁月如何变迁，孩子居然一直把我铭记在心。感动过后，又有些自责，对于少逸这样懂事乖巧的孩子，或许当初的那个电话反而给他带去更大的精神压力，是否应该以更好的方式去表达老师的关心与期待呢？

少逸的女朋友是一个很阳光的女孩，性格开朗，大大咧咧。送走了少逸那一届学生，我又中途接班，正好就是这个女孩的那一届。虽然她不是我的学生，但彼此都很熟悉。这样说来，还真的是很有缘分，在性格上，两个孩子正好互补。用餐期间，少逸很细心，也很贴心地照顾女朋友，让我看了十分欣慰。当年的小屁孩如今已是风华正茂。他踏实勤奋，诚实稳重，无论工作，还是家庭，他都能尽其责任，作为他曾经的老师，怎能不欢喜？

周日上午带着年级组老师及家属孩子一起去农村野炊，一个小型车队，近五十个人，浩浩荡荡地出发。到了目的地，没有刻意安排，可是每一个人都没有闲着，男同志烧烤、钓鱼，女同志负责包饺子、下饺子、烧饭炒菜，孩子们忙着去田间地头拔萝卜、割白菜。虽然阳光不是那么温暖，还刮着寒风，但是大家都不觉得冷，一派热火朝天的劳动景象，颇为壮观。吃饭的时候，更加有趣。没有椅子可坐，一群人，大大小小，都站在阳光下，顶着寒风，端着饭碗，吃着饺子，却也其乐融融。这样的聚餐精彩而难忘！

吃完饺子，突然接到来自杭州的陌生来电，说是让我猜猜她是谁，脑子飞快地转动着，可仅凭声音怎么也想不起来。她说是我的学生，可我却将她忘记了，这让我觉得很惭愧。当她说自己是"余艺佳"的时候，我简直惊呆了。虽然脑海里马上跳出她童年时的模样——一个很漂亮的小女生，爱扎两根麻花辫，眼睛特别大，还有深深的酒窝，但是仍然不敢相信。这孩子小学毕业之后，就杳无音讯。时至今日，突然接到她的电话，我怎能不惊讶啊！

从电话中得知她为了找到我，去人人网上搜索，先找到小学的同学吴郁芊，又通过她要来了我的手机号码，紧接着就是一番抱歉之语——这么多年没有联系老师，请老师原谅。想到自己只教了她四年，而她在我离开衢州多年之后，还费尽周折打听我的下落，她待我的好让我相比之下，不禁更加深了内疚之情。

217

她告诉我，她现在在杭州读大学，在学校里很优秀，因为从小学舞蹈，所以常常会担当一些演出的任务。近半个小时的交谈中，我每时每刻都能感受到她的成熟懂事，尤其是对待父母离异的事情上，她所表现出来的理性与宽容，让我由衷地欣慰。这孩子越长大越阳光，而这正是我最想看到的。

这个周末真难忘！同事间的融洽团结，就像一家人似的感觉让我难忘；前后两届学生对我的一片真情更让我难忘。当老师的十几年时间里，虽然没有什么轰轰烈烈的成绩，但是平凡中蕴含着他人体会不到的幸福与骄傲。就像这个周末，这样的幸福时光，一定不是每一个为师者都能享受到的。所以，在自豪的同时，我应该更加懂得感恩，今后应该做得好些，再好些！

我在远方，思你如故

2014 年 1 月 15 日

今天一早打开电脑，便看到一条"验证消息"，点开一看，才想起是来来的妈妈。昨晚我姐来电说来来妈妈想看我的博客，却怎么也找不到，打电话向她了解是怎么回事。因为和讯博客平台已临近关闭状态，所以从去年开始，我便不再往这个平台上传文章，而是移步到 QQ 空间。

想到这里，我连忙加她好友。不一会儿，她便给我发来消息——

来来现在已经初三了，成绩比较稳定，班里前三，年级二十名左右。尤其是语文成绩很突出，这是因为小学的基础打得扎实。我和孩子爸爸一直都很感谢您，在来来六年级情绪最低落的时候，是您帮助他度过的，来来在作文中还常常提到您。

看到这样的几行字，高兴是不用说的，但愧疚也是自然的。来来是我在衢州的最后一届学生之一。在他们五年级的时候，因为工作调动，我离开了衢州，之后，这个班又经历了好几次科任老师的变动。或许是先入为主的原因，孩子们从内心真正接纳的依旧是我这个启蒙老师，也因此在我离开后的很长一段时间里，他们的情绪波动很强烈，尤其是像来来这样有个性，又很感性的男孩。

想起他，我的内心总会涌起别样的感觉，那种感觉不亚于母亲的心情。来来是个聪慧但也不乏调皮的孩子。他的拉丁舞跳得相当好，省市级大大小小的赛事几乎场场不落，获得的奖项也很多。班队课上，他和林品懿两个人表演的拉丁舞轻盈飘逸。他不但舞跳得好，书也看得多，尤其爱看科学类的书籍，也因此养成了爱思考、爱探究的好习惯。他能说会道，课堂上常常有着精彩的发言；他还从不胆怯，敢想敢说敢挑战，哪怕是老师，只要说得不对的，他也会直言不讳地提出来。

更可贵的是，他还那么阳光，那么热情，整天都是朝气蓬勃的。这样的一个小男生，如果说老师对他的偏爱多一些，那应该也是无可厚非、情理之中的事儿吧。

至今都还清楚地记得，我离开衢州的前一天，他打电话给我说想见见我。说实话，我是畏惧那样的场面的。这孩子和我一样，是很感性的人，因为我的离开，他的内心一直很悲伤。我既怕自己受不了那样伤感的气氛，更怕因此增添了他的愁绪。

但最终还是答应了他，因为我原本也想见他，也一直放不下他。现在也想不明白，我们见面的地方居然不是在他家，也不是在我家，而是在我姐姐单元楼旁边的大树下。他和他妈妈，我和我女儿，我们四个人就这样站着，聊着。他的手中捧着一个毛绒玩具，说是送给我的女儿贝贝的。我和他妈妈说着话儿的时候，他就站在一旁，睁着那双大眼睛很专注地看着我，渐渐地，渐渐地，眼睛便模糊起来，噙满了泪水。我的心因此也揪成了一团，眼眶突然就湿润了。我怕自己会流泪，便故意扭过头，不再去看他。这场景，每每想起来，依旧会泪眼模糊。

为了安慰他，也为了鼓励他，离别之时，我嘱咐他——如果真的想和胡老师在一起，那就好好学习，好好努力，考上金外，那时候，我们又可以在一起的。我在金华等着你。

为了这个约定，两年的时间里，他很用心地学习。我常常因此感动于他的这份念旧之情。都说小学的孩子懵懂无知，尤其是男生，更是没心没肺的那种，却不曾想到，这个孩子如此与众不同。

孰料，那年的考试异常激烈。两千多人参加考试，最终通过层层选拔，录取的只有一百二十多名。他没有如愿，也因此黯然神伤。后来，他去了衢州华茂外国语学校读书，那是衢州最好的一所初中。这之后，关于他的消息都是从我姐姐那儿陆陆续续得知的，知道他依旧放不下最初的那个约定，下定决心一定要更加努力，在自己更优秀的时候出现在老师的面前。也因此，每每回衢州的时候，即使想念他，想见他，我也尊重他的这个决定，我期待着那样美好的一天。

"胡老师，我一直跟来来说，等胡老师回衢州的时候，我们去见一下胡老师，但来来说要等到他学业有成的那一天。"

眼前又弹出一个窗口，那是来来妈妈发来的又一行字。

我看着，读着，想起他以前说的那番话，心里突然就酸酸的，但继而又忍不住笑了——这个倔强的、可爱的小家伙。自从他上了初中后，我们就再也没有见过面了。我都无法想象他现在的模样了，应该长高，也壮实了许多吧！

来来，明天就是你们衢州中小学期末考试的日子，在此，先预祝你考出好成绩！老师在远方一直为你加油，期待 2014 年中考的时候，你梦想成真，更期待我们师生相聚的那一天！

祝你生日快乐

2014 年 6 月 8 日

给孩子们寄出明信片不久，我就从姐姐那里得知小雨没有收到。

印象中，我写的第二张明信片就是给她的。这么可爱的孩子，我怎么会忘记呢？

而事实就是，别的孩子收到了，她的的确确没有收到。

同一天写的，同一天晚上寄出的，怎么可能就她没有收到呢？

突然想起为了留作纪念，当时我给每一张明信片都拍了照片。我连忙一一翻阅，毫不费力就找到了它。

担心孩子会因此而失落，我急忙将照片传到她的 QQ 上。照片上有我写给她的每一句话，每一个祝福。我深知这样的时候，每一个孩子的内心都是敏感而脆弱的。

之后，我就没有再惦记这事儿了。虽然没有收到她的回复，但我表示理解，马上中考了，孩子的时间宝贵着呢！

今天下午给来来打完电话之后，突然又想起了小雨。要是这孩子一直都没有上 QQ，岂不是什么也不知道？

于是，我赶紧翻阅手机，却发现只有孩子爸爸的一个短号，显然是无法联系的。继而，我又发信息给姗姗的爸爸，他一定会有小雨爸爸的手机全号。

果然不出所料，五点多钟的时候，我的手机响起来了。虽然全号很陌生，但那 9494 的尾数我再熟悉不过了，那是小雨爸爸手机号码的最后几个数字。

电话接通后，传来的是小雨爸爸的声音，我这才知道中考那天就是小雨的生日，家人现在都欢聚一堂，要为她提前过个生日，家里热闹得很。我们简短地聊了几句话后，电话就转交给了小雨。

好像已经有两年左右的时间没有见面了，孩子的声音变了，但那不紧不慢的说话腔调依旧没有改变，依旧熟悉，只是这时候，因为惊喜而略显得有几分激动。

激动的又岂止是她呢？和这孩子相处的四年时间里，目睹她的成长和家庭的变故，感受着她的喜怒哀乐，心底最柔软的那个地方常常因她而触动，总是特别心疼她，总是想给她比别的孩子更多的呵护与帮助。圆圆的脸蛋，扑闪扑闪的大眼睛，说话时的不慌不忙，笑起来羞涩的模样，她的一颦一笑，至今想起依旧觉得心里暖暖的，想念更甚。

隔着手机屏幕，我首先祝她生日快乐，希望生日那天，她能轻轻松松上考场，认认真真答题，用出色的成绩为自己的生日添彩，为初中三年的学习生活画上圆满的句号。得知她这些天开始莫名紧张，我又给了她一些合理化的建议。宽慰她的时候，突然听到电话那头传来抽泣的声音，起初以为是她感冒了，后来，她抽泣的声音逐渐变得急促起来，我才确定电话那头的她是哭了。

这孩子心思细腻，情感丰富，想必是这样的日子接到我的电话，又勾起了她的思念与伤感之情吧。听着电话那头女孩的哽咽声，我的鼻子也莫名发酸，喉咙一紧，眼泪竟然夺眶而出。担心自己的情绪会影响她，我不敢再多说多问，匆匆聊了几句，便和她说了再见。挂了电话，我才发现自己已经泪流满面了。

小雨，祝你生日快乐，祝你中考顺利，祝你未来的每一天都是灿烂明媚的！

附记

小雨是我 2005 级小二班的学生，今年毕业于浙江工商大学。

有一种骄傲，因为有你

2020 年 10 月 8 日

今早六点十六分，收到来来的微信留言，还有数张帅气的照片，阅读文字之后，我不由得欣喜万分。

这两天，他参加了"21 世纪杯"全国英语演讲总决赛，一路过关斩将，最后获得了大学组的全国总冠军。当我再仔细阅读"推动全球青少年真诚对话　唱响命运共同体时代强音"的新闻报道之后，我更为来来取得的这一殊荣而由衷地敬佩他。

本届英语演讲比赛自 2019 年 9 月启动以来，共计 100 多万名学生报名参赛，历经初赛、复赛、决赛、校园选拔赛和互联网选拔赛等层层选拔，最终只有 400 名选手进入总决赛。来来摘得大学组的全国总冠军实属不易。更让我感动的是他居然对自己的现场表现还不满意，认为还有诸多不足有待今后改正。这样的情景似曾相识，2018 年，当时才读大一的他参加了北京市大学生英语演讲比赛，获得亚军，我觉得他很了不起了，他却说自己还需要更努力。我知道他绝不是故作谦虚，而是精益求精。他总是力争做得更完美，从而对自己不断提出更高的要求，并付诸实际行动中。仰望星空的同时，他永远是脚踏实地、坚持不懈的。这样的来来，未来可期！

今天下午三点三十分钟，收到一篇题为"无球不欢——百万流量级别的乡村篮球联赛，你见过吗"的微信推文，这篇报道是格格写的，其中的一段文字得到了好多领导的赞赏，格格却说那是她小学的语文老师教得好，还说她的做人做事，与我们夫妻对她的悉心教导密不可分，她自认为自己还不够优秀，但会继续加油不让我们失望。事实上，她一直都是我们的骄傲，从小到大都是如此。

小学时代，她是巨化一小唯一在学校举办过个人写作展的学生，也是小学毕业语文全市统测第一名。后来，她去杭州读书，去英国杜伦大学留学，获得双学士学位。如今在杭州创业打拼，做着自己喜欢的事业，个中辛苦很多，但每次见到她的时候，听着她的声音，你眼中的她就是一个乐天派，一个开心果，没有什么可以打败她。我喜欢她，不仅因为她的努力与优秀，更重要的是她善良而乐观。她时常说胡老师是塑造她的那个人，殊不知她也是促使胡老师努力变得更好的那个孩子。

今天，九班的家委会在农耕园组织了一次特别有意义的活动。九班周末下厨活动已历时五年多，孩子们至今已会做100多道菜，明年的毕业汇报活动，我们准备来个"满汉全席"。为了考验一下孩子们的厨艺水平和团结合作的精神，家委会的同志们精心策划了本次活动。他们将全班孩子分成十组，每组四五个孩子，由组长抽取菜谱，按照菜谱在规定时间内完成做菜的任务。每个菜谱中都包括凉拌菜、素菜、荤菜、汤和米饭。虽然这些菜是过去五年里做过的，但有的只做过一两次，而且这一次还要用土灶做饭菜，对于孩子们来说，这的确是个巨大的挑战。现场的爸爸妈妈很着急，我也很担心。

但事实证明，我们多虑了，孩子们的表现非常出色。尽管生火过程中弄得满鼻子满脸的烟灰，尽管热油飞溅烫伤了手脚，尽管使用的锅碗瓢盆很不顺手，但他们克服种种困难，团结一心，不仅按要求完成任务，而且每一道菜都咸淡适中，味道不错，让现场所有的老师和家长都赞不绝口。我可以想象明年的五月份，孩子们一定会交出一份更令人满意的答卷，为他们小学六年的厨艺活动画上一个漂亮的感叹号！

有一种骄傲，因为有你，因为有你们！国庆长假的最后一天，我收获了满满的幸福！

夜访金外

2015 年 8 月 31 日

5月13日之后，我就没有再写过教育日志了。每每想起，心里总不是滋味。虽说临近毕业，为了帮助孩子们圆梦，为了筹备年级的毕业晚会等等，整个人就像陀螺似的转个不停，的确付出了许多的时间和精力，但若是能坚持坚持，时间还是可以挤出来的。就像最近一段时间，为了开学的事情忙碌到十一二点，甚至凌晨一两点也是常有的事情，也并没有觉得有多么辛苦，所以说，关键是恒心不够。之所以会那么自责，是因为五班孩子毕业前夕那段凝聚着他们默默奋斗与纯真友谊的日子，我没有用文字记录下来，真的觉得很遗憾。

所幸，孩子们都很争气，绝大多数孩子都圆了自己的梦，去了自己心仪的学校。即使有所缺憾的，也信心满满，擦去眼泪，他们与去金外的16位同学击掌相约，三年后金华一中再续同窗之情。孩子们懂得不以一时的成败论英雄，只要有一颗执着追求的心，梦想就一定能照亮现实。我祝福他们，期待他们的再相聚。

前天晚上，我结束家访赶到金外，已是九点十七分，给女儿铺好床铺，就匆匆上了五楼。没有具体的信息，我只能通过寝室门口张贴着的铺位安排表逐一寻找。没费多大的劲儿，在五楼东头的第三个寝室门口，我就看到了张澈和曹裕芃的名字，不由得喜从中来。敲门进去，我只听见熟悉的声音，没发现人影，得知她俩在洗澡，一时半会儿也出不来。

看看所剩时间不多，我又出了门再一路找去，继而又看到了三班的卢凯雯、六班的沈思颖、七班的潘佳桢和二班的金欣月。虽说不是自己班的学生，但见到我，她们都很兴奋。

一路前行，我陆陆续续看到了杜灿辰、金雨涵、张伊宁、李泽慧、吴佳

226

颖和徐韵，最后见到的是张澈和曹裕茏。每一个孩子初见我的那一瞬间，眼睛都像发光似的，那样的一份惊喜，不只是一声响亮的"胡老师"可以形容的，也不仅是我们彼此热烈的拥抱所能替代的。那一刻，我笑着，却喜忧参半。和孩子们朝夕相处了六年，他们早已成为我生活中、生命中不可缺少的一部分。他们的一颦一笑，他们的举止投足，早已深深地刻在我的记忆之中了。为他们欢喜，因为他们在新学校里一切安好，仍然朝气蓬勃；又有些不舍，因为今后和他们见面的机会只会越来越少。父母之心如此，为师之心也是如此！

27 日下午接到冯老师的电话，传达了他儿子早上在金外报到时随口说出的一句话："不知道在金外还能不能再遇到像胡老师一样的老师，想是不可能了吧！"虽说不是亲耳听到，但还是十分激动。六年里，他对我"批评"得较多，表扬甚少，但我知道其实他的心里一直爱着我。

前天收到小葵妈妈发来的短信。小葵已经到南苑中学顺利报到，并告知所在班级。昨晚，扬扬妈妈从金外回来告诉我扬扬在校表现很棒，与同学相处友好，自理能力也不错，还当了寝室长。家长们的一个小行为，带给我的却是一份大感动。

"毕业了，不说再见"，这是 2009 届六年级毕业晚会的主题。五班的孩子、家长与我，我们真的不说"再见"。

今天，许多中学的初一新生已经报到注册，衷心希望五班的每一个孩子从今天开始，日日有收获，天天都快乐！

春风化雨

——忆我的小学班主任

衢州市巨化一小 1995 级 4 班毕业生　楼晴

大学毕业已经两年，工作两年中慢慢感受着社会的残酷、现实的无奈，越激发起对以前学生时代的想念。求学 16 年中的大多记忆已经变得模糊，尤为深刻的却是最为久远的小学时代，那帮没心没肺、单纯无邪的小学同学，那段无忧无虑、天真烂漫的欢乐时光，还有那位将全部心思扑在我们身上，用春风化雨般的教诲滋润着我们的班主任——胡亚珍。是她，为我们的人生打开了一扇美丽的大门。

1996 年 9 月 1 日，是我们全家上下格外重视的日子。这一年我 7 周岁，这一天我正式踏进了浙江省衢州市巨化第一小学的大门，成为一（4）班 48 名学生中普通的一员。经过一年级的懵懂和不适应后，我跌跌撞撞进入二年级，同时，学校带来了一个让我们 48 名学生都震惊的消息：因为原来的班主任到了退休的年纪，我们将换一个新的班主任。对于当时的我们来说，中途换班主任是个很大的事。带着忐忑和不安，我们第一次见到了新班主任——胡亚珍老师。

"我的老师胖胖的，笑起来眼睛会弯成一条线，她说话的声音很温柔，我们都很喜欢她。"这是 1997 年 12 月我在作文《我的老师》中写的一段话。是的，只不过几个月的光景，我们全班同学就都喜欢上了这个可爱的女老师，那一年，我们 8 岁，胡老师 20 岁，这是我们第一次认真认识世界，也是她当老师教书育人不久，缘分将我们 49 个人紧紧地联系在一起。

作为胡老师的语文科代表和副班长，胡老师对我关怀备至。还记得儿时胆小内向的我，在胡老师的鼓励下第一次在菜市场向卖豆腐的小贩开口买东西；在当地民警工作受伤时，胡老师带着我们去慰问采访。胡老师的耐心教导使我喜欢上了语文，在一次次的活动中逐渐喜欢上与人打交道，喜欢上采访与写作，并在高考志愿中毅然选择新闻专业，在毕业后也一直做着与文字相关的工作。这一切都归功于胡老师。

那时的我们充满朝气，在胡老师的带领下，班里的48个同学拧成一股绳，一起举办各种形式的丰富多彩的班会活动，一起参与黑板报设计，一起策划班级杂志，一起动手办好班级图书角，一起郊游，一起勤工俭学卖废品，一起制作千纸鹤看望受伤民警，一起排练参加歌唱比赛……有太多太多的一起让当年的四班成为年级组乃至全校最团结的班级。我们学业成绩排在年级第一，业余活动更是获奖无数。能成为48名同学中的一员，我感到十分骄傲。

胡老师对我们的关心和爱护不是在短短的几百字内可以表达清楚的，从2000年到2012年，我们毕业已经12年，当年的48名学生也已散落在天涯海角，但是当初的那份友谊永远不会磨灭。每每谈起胡老师，总有说不完的赞美。在我的记忆中，胡老师是唯一一位能倾注全部身心对待教学工作的老师，是唯一一位让48名学生同时爱戴的老师，是唯一一位能在学生毕业十多年后依旧竭尽所能提供帮助的老师。午夜梦回，小学时代的种种历历在目，在那间不算崭新的教室里，在那张简陋的讲台上，胡老师仿佛还站在那里讲课，用最朴实真诚的话语教导着这一群懵懂的孩子。

胡老师的关怀影响了我们的整个学生时代，也影响了我们的人生。我们都已长大，但不管何时何地，我们的心依旧在一起，表达着对彼此最诚挚的祝福。

2012 年 9 月于杭州

姐姐老师

衢州市巨化一小 1995 级 4 班毕业生　王影恬

"十一"长假回老家，收拾书房的时候，偶然发现一本旧版的《林清玄散文》。打开书本，扉页上熟悉的文字将我的思绪拉回到十几年前的小学时光：赠王影恬同学，胡亚珍老师。

我连忙去翻小时候的相册，想迫不及待地看看我最敬爱的小学班主任胡老师是不是和我记忆中一个样子，当照片握在手中的时候，我哭着笑了。嗯，这就是我的胡老师，她的眼睛笑起来弯弯的，像天边的月亮。我难以抑制激动的心情，那些回忆不但没有随着年岁的增长而模糊，反而愈发清晰，像是一幕幕电影画面，在脑海里不断闪回。

那时的她刚刚从学校毕业，正值青春年华的大好时光。满怀教育激情的她给我们懵懂的少年时光打开了一扇文学的大门，她是我们的授业恩师，也是我们的姐姐老师。

记得那年春暖花开时，胡老师把我们全班带到了公园，让我们写写春天。这在当时是一大创举，作文课上到了公园里，这难道不是后来所提倡的素质教育？难道不是对孩子天性的解放吗？我不记得当年那件事在年级里造成了怎样的轰动，只记得大自然是神奇的，直到现在我仿佛还能看见那天的蓝蓝的天空，缓慢移动的云朵，涨水的小河，河里飘荡的水草，悠闲的鱼儿，还能闻到黄色的迎春花散发出的淡淡香气，还记得嫩绿的草地有一股清新的味道。那次作文，我们班每个同学都写得非常生动、精彩。

为了加深学生对课文的理解，提高学生的语文素养和朗诵水平，胡老师打破常规，带我们去多媒体教室录音。我还记得录制《黄继光舍身炸碉堡》一课，当读到"啊！黄继光突然站起来了！在暴风雨一样的子弹中站起来了！他举起右臂，手雷在探照灯的光亮中闪闪发光"时，我的手不自觉地攥得紧紧的，都捏出了汗，仿佛身临其境般听到了抗美援朝战场上的枪炮声，看到了黄继光冲向碉堡的英姿。学生时代，我一直活跃在各大朗诵演讲的比赛现场，也取得了可喜的成绩，这与小学时胡老师的栽培有着莫大的关系。

竞选班干部在现在已不稀奇，胡老师在那个年代却开创了我们小学竞选班干部的先例。当胡老师宣布我们班的班长将由竞选产生时，我心想：哇，只听说过竞选总统，没想到班长也可以竞选，这下我要好好表现。胡老师让我们写竞选演讲稿，须言之有理，写出自己的优势，以及当上班干部能为班级做些什么。那次竞选，我当上了班长，不久又当上了学校的大队长。后来我上了大学，站在阶梯教室的讲台前，面对几百人的学生代表，竞选学生会主席成功时，我怎么也忘不了我人生中的第一次选举，仿佛看到了胡老师对着台上的我微笑点头，给我坚定的鼓励、胜利的信念。

对于姐姐老师，我有着更多与别人不同的回忆，她不仅是我的恩师、我的朋友，更是我的姐姐。

小学的时候，我家离学校很远，有几次放学我都错过了班车，胡老师就把我带回她家一起吃饭。我很认真地吃，一抬头发现胡老师在对面看着我笑。

我问："胡老师，您笑什么呢?"

她说："看你吃得狼吞虎咽的就开心，好像很好吃的样子。"

"胡老师，你做的饭菜真的很好吃呀！"我急忙又低头猛吃起来。

还有一次，我连末班车都错过了，胡老师就和她的丈夫——当时的男朋友张老师一人骑一辆自行车把我护送回家，要知道那可是将近二十里路呢！

这样的时候，我觉得胡老师就是我隔壁邻居家的大姐姐，对我既关心又爱护。

我在校篮球队参加比赛时，不小心摔伤了膝盖，血不断地往外流。胡老师见我受伤了，心疼极了，连忙背起我往医院赶。那时我的个子已经很高了，我不让老师背，想慢慢走，但胡老师还是坚持背着我。我听见她的心扑通扑通地跳，她脸颊上的汗水不断地滴到我的手背上，我感到自己是这个世界上最幸福的孩子。当时我就想，等胡老师老了，走不动了，我也要这样背着她。每次回忆到这儿，我的眼眶都会情不自禁地泛红。

21世纪的第一年，我们几个班干部买了蛋糕带上贺卡去胡老师家给她过生日，我记得那是 1 月 30 日，是一个特别冷的日子，却因为我们的相聚而变得温暖。吹蜡烛的时候，胡老师亲切地把我们几个孩子搂在一起。转眼之间，12 年又过去了。12 年一个轮回，人生又有几个 12 年呢？我多希望能有更多的机会给胡老师过生日，就好像我们永远都是五（4）班的学生，她永远都是我们的班主任，永远都是我的姐姐老师。

胡老师是读师范专业的，很多年后我上了师范大学才了解到"师范"这个词的意思，一说是"身正为师，德高为范"，一说是"民以仁为师，师以德为范"。而在我看来，为师者最高的品德就是心存大爱，胡老师就是心存大爱的人。

书翻到最后一页，我依依不舍地轻轻合上了书本。我又默默回忆了有胡老师陪伴的这几年小学时光，泪水早已化成嘴角的一抹笑容，时针仿佛都没有走动一般，就定格在那些有着欢歌笑语的阳光灿烂的日子里。

我们是最幸运的孩子，因为我们有着这样一位优秀的老师，如果有机会，我真想让时光倒流，再上一堂胡老师的语文课，再听一听胡老师朗诵课文时动听的声音，再看一看胡老师在讲台上优美的身影。而胡老师也应该是幸运的，因为她在最美好的青春年华里培养了我们这一批茁壮成长的新青年，我们因为彼此而骄傲。

2011 年 9 月写于杭州西溪湿地

难忘·笑靥

衢州巨化一小 1995 级 4 班毕业生 汪颖

黑框眼镜，月牙笑眼，白 T 恤，蓝短裤，松糕鞋，这似乎是我对你最为深刻的印象。你知道吗？那时，对于幼小的我们来说，你简单、大方，就像一位美丽的天使一般。每次周一升旗时，你总会笑眯眯地站在我们身边，陪我们凝望着国旗；每年过儿童节时，你总会想出最有趣的游戏，而我们总会"固执"地待在自己班玩很久，不在意别班可以拿到的分数；每次上班队课，你总会出乎意料地想出各种主题班会，时而新鲜，时而感人……突然发现，打开记忆的盒子，美好的记忆犹如一个个小精灵，萦绕在我身旁。

十五年前，满脸笑意的你走进了我的生活，从此，我便不会忘记你。小学时的我，胆小怯懦，班级中有什么活动总是躲在最后面，生怕自己站出来表现就会出丑。可能也因为对自己没信心，学习成绩也不尽如人意，那时的我感觉自己再也不可能优秀了，直到你的出现。

胡老师，感谢你的鼓励。我永远不会忘记你在语文课上对我夸奖的那句话："你真会思考，老师都没问到的问题，你就提前把答案说出来了。"你可曾知道，也许你是不经意的夸奖，我却从此爱上你的语文课，爱上语文，长大后走上了语文教学之路。小学三年级的语文期中考试，我考了 97 分，你毫不吝啬地用你最美的语言送给了那时怯懦、毫无信心的我，我小小的内心因此充满着无限的感动，直到现在，那一刻的幸福我都不曾遗忘。这也是现在我也会不遗余力地赞扬我的学生的原因，因为是你让我体会、明白夸赞对于一个学生的重要意义。真的，感谢你，胡老师。

胡老师，感谢你教会我勇于尝试。第一次，我的作文登上晚报；第一次，我作为班级大合唱比赛朗读代表登上操场的主席台；第一次，唱歌时常走调，音质也不太好的我参加年级唱歌比赛选拔赛，虽然那次最终没能代表班级比赛，但我忘不了你对我的肯定；第一次，我站上巨化电影院的舞台，作为主角之一参加课本剧的表演，现在回想起来，还不由得感叹那时的我运气实在太好，成为最后的配角替补，又由配角转为主角之一……谢谢你的肯定，我感激至今。

不得不感叹时间的飞逝，曾经幼稚，常给你添麻烦的我已经长大。虽然，不常与你联系，但永远在心里惦记着你。我是幸运的，因为在我的梦想萌芽阶段，遇到了你。记得工作后过第一个教师节，有人问我为何选择老师这个职业，我脱口而出，大概是因为胡老师吧。走上三尺讲台后才发现老师的辛苦，明白老师的不易，有时，我会抱怨工作的辛苦，但是我会记起你的微笑，我也会让所有的烦恼一笑而过。我的学生时常说："老师，我们最喜欢你笑起的模样。"其实，我也想说，胡老师，我最喜欢你笑起来的模样。

胡老师，期待能再次与你相见，期盼看到你熟悉的笑脸。

您永远的学生：汪颖

2010 年 12 月写于衢州华茂外国语学校

奇妙的缘分

衢州市巨化一小 2000 级 2 班学生　蔡妮采

"采采，还记得我是谁吗？"眼前的笑脸，即便时隔五年，依旧亲切如初。

"你是……胡老师？"我不敢相信自己的眼睛，不敢确认眼前这个人就是胡老师。毕竟当时我在金外就读，如果没有记错的话，胡老师应该还在巨化一小教书的。

"是呀，我就是胡老师，你一年级时候的班主任……"

那一晚，在金外教学楼的走廊上，我和胡老师倚着栏杆面对面地交谈，彼此的脸上皆因重逢而露出了明媚的笑容。尽管时间短暂，但我永远不会忘记她站在灯光下笑吟吟的模样。

2000 年 9 月 1 日，我正式成为巨化一小的一名学生，胡老师则成为我小学时期的第一位班主任。当时，她怀有身孕，孕吐反应特别严重，课上忍不住跑出去呕吐的情况时有发生。即使这样，她也从未请过一天假，一直陪伴着我们读完了小学一年级。

小学时期的好多事情随着岁月的流逝已然记不真切，但老师给予鼓励的那些画面总是印象特别深刻。写生字的时候，她站在黑板前，满含笑意地说道："孩子们不要着急，等我教完一个笔画再写，你们看蔡妮采小朋友，坐得多么端正，小眼神始终看着我，好认真啊……"那时候，我总觉得胡老师的眼睛里有光，她的身上有种神奇的魔力，即便是对老师充满敬畏心理的我，也忍不住想和她更亲近一点。

暑假里，胡老师在家休产假，我们翘首以盼，希望她能早点儿回来，没想到再见她的时候，她已经去另外一个年级当班主任了。后来从大人们那里得知，因为那个班更需要胡老师，她只好提前结束产假中途接班。由于不在同一幢教学楼，她又接了那么落后的一个班级，整天忙忙碌碌的，我们也鲜少与胡老师再见面。

小学三年级的时候，因为母亲工作调动，我转学回到了永康。在那个以电话座机为主要通信工具的年代，从衢州到金华的举家搬迁，彻底切断了我与胡老师之间的所有联系。

然而，我没想到我和老师的缘分并未因此而尽。

2006 年，我考进金华市外国语学校初中部。那一年，胡老师的爱人张老师也正好调入这所学校。在学校的运动会上，张老师看到了我的姓名之后，连忙就联系了胡老师。而后，胡老师就在那个周五的晚上从衢州到金外找到了我，那是我们师生分别五年之后的再一次相聚，此后我们再也没有间断过联系。

如今的我已步入职场，也有了自己的小家庭。我人生中的每一个重要时刻，胡老师都一一见证着。这不得不让我感叹我们之间的缘分是那么奇妙。

每每回想起胡老师，我总会因为她只做了我一年的老师而感到惋惜。有她陪伴的日子里，枯燥的学习内容都变得更有生气，她的温暖总能传递到每一位同学的心里，成为所有人前进的动力。让我感到幸运的是，虽然现在的我已不再是坐在胡老师课堂上的一名学生，但她朋友圈里一张张灿烂的笑脸、一个个用心记录的文字，总能激发我对生活的热爱与勇气。在她的文字里，我能真切地感受到她对职业的热爱，对学生无微不至的关怀。从"乍见之欢"到"久处不厌"，胡老师一直在用自己的方式带给我变得更好的决心，正如她的个性签名所写的那样："心存善念，温暖世界。"

2021 年 1 月写于永康税务局

求学路上的第一盏明灯

衢州巨化一小 1995 级 4 班毕业生　徐源

人越长大越怀念过去，怀念过去的美好时光。当我毕业走上社会以后，才发现读书时代可以算是我目前人生最美好的时代。因为校园里的我们都是那么无忧无虑，每个人脸上洋溢着单纯的笑容，大家都只有明确且简单的目标——读书。

我读书生涯中记忆最饱满最美好的要数小学时期，因为那时有一位美丽、温柔、阳光、爱笑且活力十足的班主任胡亚珍老师，她带领着我们一帮懵懂无知的"小魔童"在知识的海洋里扬帆起航，在人生道路上留下了绚丽的色彩。

她是我求学路上的第一盏明灯。

记忆中初见胡老师，好像是小学二年级的时候，她是以美术老师的身份来我们班上课的。她和蔼可亲，面对我们时经常笑眯眯的，让我们立刻就没有了距离感。印象最深的一节美术课是大家用铅笔的刨花粘在白纸上拼凑出一幅幅美丽的图案。

后来，因为当时的语文老师即将退休，胡老师就变成我们的班主任并担任语文的教学工作，我们这才知道她真正的身份是语文老师。胡老师上任后，我们与她共同的舞台就此拉开了大幕，每天上演着不同的舞台剧。在这个大舞台上，我们 4 班的学生紧紧团结在一起，一起分享欢乐，一同抵抗困难，不离不弃。

在胡老师的带领下，我们 4 班在年级中成了数一数二的优秀集体，也成为年级中最活泼最团结的班级。我非常幸运也非常骄傲能在这一生中碰到一位如此优秀的老师，成为 4 班中的一分子。

胡老师是一位有想法，也敢于创新的好老师。每天语文课前的五分钟，她都会安排一名同学上台讲故事，目的就是锻炼我们的胆量和口才。在我的记忆中，班队课都是同学们自己策划和组织的，她给予我们的永远是满满的信任与支持；期末复习课上，为了让我们更好地识记，也为了让复习变得更加有意思，她将我们三五个人分为一组，自己则在小黑板上出题，通过比赛和抢答的方式，帮助我们巩固和加深所学知识。

她不但教授我们知识，还带领我们积极参加各种各样的活动和比赛。我从小就比较内向，胆子小，遇事容易紧张，可那一年的课本剧表演，胡老师竟然点名让我参加。我又惊又喜，觉得能被老师选中是件高兴的事儿，但又害怕自己不能胜任角色。胡老师仿佛看出了我的心事一般，在随后一次又一次的排练中，她总是笑脸相迎，给我更多耐心的指导和鼓励。在她的帮助下，我慢慢克服胆怯，逐渐进入状态。那是我人生第一次站在那么大的舞台上，面对那么多的观众，我和其他同学一起顺利地完成了表演。我要谢谢胡老师能给我这样一次机会，让我知道原来只要多加练习再带上信心就一定能战胜困难。

课下，她是一位平易近人的好老师。她时常利用周末时间为学习有困难的同学免费补习，也会像朋友一样邀请我们去她家玩，为我们组织了很多丰富多彩的活动。她曾带我们去学校附近的公园里畅谈人生理想，周末带上自家的锅碗瓢盆与我们齐聚教室烹煮人生中的第一道菜，在活动课上她教我们打排球、踢毽子，陪我们玩丢沙包，还带我们去居民小区学雷锋做好事打扫楼道卫生……类似这样有意思有意义的活动不胜枚举。在各种各样的活动中，大家的爱心得到了培养，能力得到了锻炼，开阔了视野，增加了知识，为后来的学习和生活打下了坚实的基础。

时间一天天地流逝着，我们是胡老师的第一届学生，之后她又迎来了第二届第三届，将来还会有更多的学生等着她去教导。不过我相信，我们之间所发生的事情是我这一辈子最值得回味的，而我们之间美好的感情永远也不会被取代。

　　提笔写下这篇文章时，我不需要多努力地回忆过去，因为至今关于小学的记忆还是会时常涌现于脑中，或完整或残缺，但十分确定的是，那些是我们共同拥有的美好记忆。然而，有太多的记忆无法单靠文字记录，因为它们已经变成一种美妙的感觉，一直伴随着我的成长，印刻在我的生命里。

2012 年 11 月 8 日写于巨化

温暖如你

衢州市巨化一小 1995 级 4 班毕业生　马甜华

　　自从上次和胡老师在网络上聊天之后，我一直都想写一写我印象中的胡老师。毕竟上一次写胡老师还是在我小学的时候，那时候我写的一句"胡老师的头发像乌鸦毛一样黑"，让我每次想起来都会不由自主地笑出声。时隔十多年的今天，我再次翻开回忆，细细回味那时候胡老师给我的温暖。

　　"温暖"一词，确切地说并不适合用来形容一个人。我的求学生涯从巨化、金华、上海，一路到现在的柏林工大，形形色色的老师见过不少，有的认真严谨，有的随意灵动，但是想到胡老师，我的心中就会泛上一股温暖之感，这种感觉是那样清晰和深刻。所以，让我形容胡老师，温暖是最好的选择。

　　胡老师是我的小学班主任以及语文老师。就像我小时候写的那样，胡老师有一头乌黑的长发，时而马尾，时而披肩，又或是盘起，再加上红润的嘴唇和永远带着笑意的眼睛，那时候的胡老师就是一个充满善意的大姑娘。作为我们的班主任，胡老师就像一个大姐姐，散发着暖洋洋的气息，带领着我们 4 班这群无知的小孩学习、玩耍。

　　在我的记忆中，从来没有过对胡老师害怕或者是埋怨的感觉。小孩子都是淘气的，但是不管我们多调皮捣蛋，胡老师的温柔都会让我们感觉到她的话都是为了我们好。

　　小学时代的我是全班最吵闹的孩子，上课的时候上蹿下跳，举手要站到凳脚上甚至爬上桌，说实话我现在都对那时候的我自己受不了，但是胡老师从来不会指责我或者其他同学在课堂上的过分积极，她可以把简单的语文课文和知识点讲解得活灵活现，引人入胜，我们所有的孩子都会不由自主地被她的讲课吸引。这样的课堂在热闹的同时激活了我们的思维，每个孩子都渴望表达自己对课文的见解并期待得到老师的肯定。她就像午后的太阳，将知识转化为暖暖的阳光，让我们沐浴其中，流连忘返。

作为班主任，胡老师对我们生活上的指导永远是真诚地看着我们，告诉我们做什么是对的，怎么做是合适的，没有一丝不耐烦，只有满满的善意和爱。和别的班主任不一样，无论我们做了什么不好的事情，从来都没受到过任何形式的体罚，即便是"练坐姿"和"罚抄"都没有，但是大家都会自觉端正个人的行为，为自己也为给胡老师争气。

每次班级活动，胡老师总是尽心尽力，无论是春游、篮球赛，还是合唱比赛，她都和我们一起努力，让每一个孩子都参与其中，听取每一个孩子的成熟或不成熟的意见，发挥每一个孩子的特长。为了在"班班有歌声"的合唱比赛中取得好成绩，胡老师几乎每天组织我们练习，想出各种各样的创意，有朗诵，有舞蹈，有伴奏，有指挥，最终我们力压其他班获得了比赛的第一名。我们四班就像一个真正的大家庭，每一个人都尽自己的努力让它变得更好，让胡老师为它骄傲。

作为我个人来说，对胡老师的温暖体会更深。那是一个午后，班里最不安分的我不小心受了伤：大腿被钉子划出了一道很大很深的伤口，鲜血直流。所有的人都惊呆了，包括我自己。可我还没有来得及发出第一声惨叫，胡老师就一把背起我向医院跑去。那时候我已经有一米五，并不比胡老师矮小多少。虽然她是一名女教师，她的脚步却带着满满的坚定全速冲向校外的医院。在老师的背上的我，永远忘不了从她身上传递给我的温暖。每次摸到自己腿上留着的那道疤痕，我就会想起那个背负着我飞奔的身影。

胡老师留给我无数无比温馨的回忆，每一个回忆都会让我浮起会心的笑容。随着我慢慢长大，这样暖暖的回忆变得更加深刻和珍贵，让我明白：拥有这样一位班主任实在是太幸运了。

因为求学，我已经有很多年没有见过胡老师了，在我人生的书本上，也写上了中学、大学等厚厚的经历，在我的心里也有了很多各色各样的岁月的沉淀，但是透过厚厚的书页，那些年胡老师给予的爱与温暖，从未消失……

马甜华记于德国柏林

Fraunhofer Str. 26

10587，Berlin

Deutschland

略显模糊的回忆

衢州市巨化一小 1999 级 1 班毕业生　应斯宇

孩提时代，生活是那般简单快乐，精神上是那么满足富有。如今，考上大学的我们已然各奔东西，为了学业和未来而忙碌。

回望当年的生活，小学的日子是那么无忧无虑，天真烂漫。懵懂的我们，在那个年代，什么都不知道，什么都不了解。友情是那么简单，喜怒哀乐是那么容易表达，高兴就笑，不高兴就哭，喜欢或者不喜欢，一切都是那么直白。

在这初秋之际空闲的时间里，我躺在床上回忆过去，却觉得，一切都是那么不容易。

我们这一届学生是有波折的。老人们说，遇师不淑或是良师迟遇，用现在的话说，那就是悲剧。记得小学阶段，我换过 3 个班主任，有年老的，有年轻的。各科老师也是换来换去，换的我已然忘却了具体有几位老师。大致记得的是，小学有 6 个科目，正常情况下，应该会有 6 个老师，但是小学毕业时教过我的老师似乎超过了一倍。

将我们带到小学毕业的班主任老师姓胡，全名胡亚珍。她是我很少几个记得全名的小学老师，而英语老师是校长，姓姜，全名姜益群。记得那时候我的英语学得不好，天天中午被罚到校长室背英语单词，那个时候没觉得校长室多特别，现在回想起来，估计那一段时间是我截至目前待在校长室最长的时间了，如此高频率去校长室是多么奇怪和值得惊叹啊！

印象中，校长有着一头类似新疆人的卷发，还有那奇怪的翘胡子。至今我都怀疑校长可能是新疆人，但是如今已无处考证这一猜测了。小学毕业后，我就与小学的所有老师失去了联系，直到高中的一次意外聚会，才得到了一个号码，这个号码的主人，不是别人，就是已经失去联系很久的胡老师。后来我才知道，胡老师在教完我们这一届学生后又带了一届，四年后就调离了巨化一小。在拿到号码的那一年，我在教师节给老师发去了祝福的短信。当时，从老师回复的信息中，我感受得到老师的喜悦，也觉得有些愧疚：为什么不早点给老师发个信息呢？

小学的6年，我的记忆中充满了波折，最早的一个班主任姓余，是一个年纪很大很严厉的人。但是这个女老师在带了我们两年后，就早早地退休了，好像后来曾经遇上过一次，但时间已经抹去了我对她的印象。只是隐约记得她是一个很严厉的、会罚我们的老师，她的教棍曾经打在我的手上很多回，也罚我们做半蹲姿势，直到年幼的我们蹲不住站不直。当年很恨她，如今想来，大概她也是恨铁不成钢吧。

小学的我们是顽皮的。三年级时，来了一个年轻的女老师当班主任，但仅教我们一年就不再教我们了，直到最后，来了这位姓胡的女老师，她终于带着我们到了毕业。她是一个非常和蔼的人，很少看见她生气，脸上总是挂着微笑，似乎在她的感觉中，我们每一个人都是她快乐的源泉。记忆中，她穿着一件黑色带绿条纹的衣服，胖胖的身材，一头短发，戴着一副方框眼镜。她是一位真正的好老师，小学最后的三年里，我记得我的成绩除了英语，其他的都挺好的。回想过去的一切，还是觉得小时候的日子是如此单纯和快乐。胡老师教我们语文，课上得很生动，公开课在我们班是很常见的。那时候总觉得一群老师拿个凳子坐在后面一起听课，是多么让人觉得奇怪，现在看来，那频繁的公开课，不就是对胡老师的一种肯定吗？

和胡老师在一起的日子是快乐的。小学最后的三年虽然在记忆中已经不再清晰，但是那种温暖深深印在我的心里。记得那时候，老师会在中午给我们放轻音乐，然后大家趴在桌上午睡。冬天，她带着全班人在走廊上坐着小凳子，一边晒太阳一边教我们写作文。那时候的日子简单而快乐，我们的文字是那么幼稚。歪歪扭扭的笔迹和那经常弄得脏兮兮的作业本，如今看来，却是如此值得珍惜。我记得很多年前搬家的时候，我曾经在老书柜里找到以前写的作文，一篇才一二百字，文字中透露出的稚嫩和那记述的故事中透露出来的快乐和满足，如今看来是那么不可思议。

如今的我仍旧怀念着美好的过去，怀念着那段单纯的日子，那段简单的生活，那曾经发生过的故事。这段文字不光是我对过去的怀念，也是我对记忆的总结。偶尔回忆，顺手写下，也许有一天，再回头看的时候，那模糊的记忆还能透出几分清晰。

2013 年 10 月

我的老师

衢州市巨化一小 1995 级 4 班毕业生　毕少逸

掐指一算，距离小学毕业已经过去 12 年了，对于中国人来讲，"12"就是一轮。小学时期的很多事在我的记忆里已经很模糊了，但是胡老师温柔可亲的笑容和蒋老师不苟言笑的面庞依然深刻在我的心底。

小学阶段对当时的我而言，无非就是停留在搞好学习的概念上，但现在看来，我觉得小学是塑造心性最关键的时刻。我很喜欢胡老师的教学方式，不论是在上课的 40 分钟时间，还是在课后作业中，我都不会有任何的压迫感。

我记得有一年的寒假作业是"写给胡老师的一封信"。那年春节，胡老师应该是回了江西的婆家，我们的这封信是要寄到江西去的。虽然那个寒假只有这样一篇类似作文的书信，可就是这么一封信，让我焦头烂额，因为我最怕写作文。于是，我拖啊拖啊，一直到了开学的前一天晚上，才匆匆忙忙把信写好，贴上邮票寄了出去。

可想而知，她定然是收不到这封信的。为了避免受到批评，我甚至都编好理由坐等第二天胡老师的训斥。没想到，一切都没有发生。但这件事之后，每当我遇到要写作文的作业，我都会比较快地去完成。

在整个小学生涯里，我在四班一直属于比较低调的人物，也可以称之为内向吧。我真的胆子挺小的，但我清晰地记得胡老师常常找机会锻炼我。有一次表演课本剧，她竟然让我去扮演一个日本鬼子。那是一个重要的角色，和我一起表演的还有班长王影恬同学。我起初怎么也不肯，但在她的软硬兼施之下，我最终硬着头皮答应下来。为了帮助我克服心理上的障碍，每次课余时间排练的时候，她都会耐心细致地指导我，甚至细化到我的每一个表情。虽然在最后的表演中，我觉得自己是在高度紧张的状态下完成了所有的任务，并不理想，但胡老师给予我高度赞扬，让我备受鼓舞。

三年级的时候，我特别讨厌背课文，因为记忆这种东西，是靠一次又一次的反复强加印象来实现的，我又是个特别不愿意重复做一件事的人。为了逃避这项作业，我学会了模仿爸妈的笔迹，在作业上签下"已熟练背诵"的字，没想到却被语文科代表的"火眼金睛"发现了，还把我给告发了。胡老师知道后并没有大发雷霆，而是心平气和地找我谈话。当年谈话的内容，我已经不记得了，但从那以后，我又继续乖乖地背书了。

有别于很多老师的是，在我个人看来，只要是这个错误还不至于影响我们的人格、品格，胡老师一般都会选择给我们留下一定的空间，让我们自己发现问题，而且不管出现什么样的情况，她从没有采取过严厉的惩罚手段，像是抄书或罚站之类。同样，她对于每一个人的引导也很有目的性。从我自身来看，正因为我小学时养成了一些良好的秉性，才有了初中时代学习进步的荣耀。

胡老师常常利用周末的时间带我们去乡间采风游玩。不过，我记忆最深刻的莫过于在昌苑菜市场门口卖布鞋的事情，这件事连我母亲现在回忆起来都会乐呵呵地跟我开玩笑。

之所以会去卖布鞋，一方面是因为范擎宇的外婆有一批积压的布鞋需要出售，另一方面则是胡老师想锻炼一下我们与人沟通的能力。说来真是惭愧，当时的我根本就没有出上什么力，除了拉货时，我当了一会儿苦工，之后的摆摊、喊价，我几乎都没有参与，只顾着在一边玩了。我记得汪颖吆喝得特别起劲，最后竟然把一位老大爷给说动了，买了一双布鞋。至于是赚还是亏了，我早已忘却，但那次街头卖鞋的经历对于我后来的成长还是产生了不小的影响。尤其是如今身处社会中，就更加真切地感受到沟通能力的重要性。

对于胡老师，我不喜欢用"园丁"或是一些更生疏的称谓去形容她，确切地说，她就像我们的大姐姐一样，值得四班每个人依赖。她用青春中最珍贵的五年陪伴着我们成长。我们离开学校后，她结婚了，有了自己的家庭，再后来，有了自己的宝宝。对于我们，可能我没那么高的代表性，但是对于我自己，胡老师真的就像我的亲人一样。

虽然我参加工作已有数年，但很惭愧的是距离上一次去看望老师，又过去两三年了。想起胡老师，思绪是凌乱的，记忆也有些模糊，但我写下的一字一句都源于我心底真实的声音，我也始终相信我们之间的感情绝不会随着时间的逝去而变质，她在我的心里非常伟大。

我希望胡老师能在未来的教育事业中，带出更多更好更可爱的孩子，也希望胡老师多保重身体。我的一些同学也有人是当老师的，感觉他们非常非常辛苦。

2013 年 6 月于杭州

忆我的小学班主任

衢州市巨化一小 1995 级 4 班毕业生　徐超

　　昨天，我得知一个好消息：我的小学班主任胡老师荣获"浙江省首届十佳智慧班主任"的称号。我真的为胡老师感到高兴，小时候和胡老师相处的点点滴滴不断地在我的脑海中浮现。在我的心中，她是最好的老师、最棒的班主任。能够成为胡老师的学生，我感到很光荣，也很荣幸。

　　虽然十几年过去了，但是我现在仍旧清楚地记得第一次见到胡老师的情景。那时，我上小学二年级，因为美术老师休产假，她临时来我们班代课。她当时才二十出头，胖胖的，皮肤白净，戴着一副眼镜，特别可亲。可惜我从小没有美术细胞，胡老师的美术课也没怎么好好学，不过她独有的让同学们安静的手势给我留下了深刻的印象。那时候大家年纪都很小，不懂事，上课的时候总是吵吵闹闹的，有时候老师说什么我们也听不到，所以胡老师就和大家约定好，只要看到她把手举起来，然后握成拳头的样子，我们就必须安静下来。可能是因为从来没有见过这样的方式吧，每次大家一见到这个手势就会立刻安静下来，效果比扯着嗓子喊好很多很多。

　　后来，胡老师成了我们班的语文老师。可以说，这是我人生的一个转折点。直到今天，我妈妈还常和我说：要是没有胡老师，徐超你可能就毁了。小学一年级的时候，我的语文成绩特别差，拼音字母别人一节课就学会了，我三节课还念不全，作文也是写得一塌糊涂，没有标点，没有分段。那段时间，应该是我学生生涯中最黑暗的时光，经常被老师批评，放学了还被留校，我对学习语文失去了信心，成绩也越来越差。这样的情况持续了两年，直到胡老师来我们班教语文后才有了改变。胡老师和我的前任语文老师非常不同，她从来都不批评学生，而是经常鼓励我们，就算我们犯了错误，她也会耐心地和我们讲道理，让我们主动认识到自己的问题，从根源上防止相同的错误再发生。那时候，我们的教学条件不好，可是胡老师总是能想到各种办法，例如情景剧表演，让我们的语文课变得丰富多彩、变得生动活泼。渐渐地，我对语文学习又重新燃起了信心，语文成绩从以前的 60 多分上升到 90 多分。我妈看着我的语文试卷，硬是逼问我从哪里抄来的，我保证了好久她才相信。

再后来，由于工作成绩出色，胡老师成了我们的班主任。现在回想起来，胡老师做班主任的这几年是我人生中最快乐的时光。周末的时候，胡老师经常带着我们全班同学去爬烂柯山，去乌溪江边野炊，组织同学们举办小聚会，每个人准备一个节目，有时还会邀请隔壁班的同学来参加。那时候，我们 4 班总是有各种丰富多彩的活动，教室里也满是欢声笑语，其他班级的同学都羡慕不已。我们年级总共五个班，我觉得我们班的同学是最幸福、最开心的，因为我们有一个好老师、好班主任。在胡老师的带领下，我们 4 班取得了各种各样的荣誉：运动会第一名，合唱比赛第一名，团体操比赛第一名……

2000 年，我们小学毕业了，离开了我们热爱的胡老师。随着学业负担的加重，我和胡老师的联系也越来越少。2006 年 6 月 6 日傍晚，也就是参加高考的前一天，我很意外地接到了胡老师打来的电话，在电话里胡老师鼓励我要好好加油，发挥出自己的水平。虽然只是几句很简单的话，但是我特别感动，6 年了，老师竟然还记得给我们以鼓励。放下电话的那一刻，我充满了信心，我告诉自己：我一定要取得优异的成绩，不辜负老师的期望。最终我成功了，考上了浙江大学，我知道我的成功离不开老师的鼓励与付出。

十二年过去了，我相信老师比以前更优秀了。胡老师，您现在的学生也一定和我们当年一样幸福吧。谢谢您，胡老师！

2013 年 1 月写于绍兴

有您，真好

衢州市巨化一小 1995 级 4 班毕业生　单轶文

胡老师：

　　我想您啦！

　　那天上网看见您发在 QQ 群里的我们小学时的照片，真觉得特别不可思议。就像被时间骗了一样，照片上的孩子只有那么一点点大，可此刻坐在电脑前的我们早已加入浩浩荡荡的奔三队伍，眼角的鱼尾纹也快爬出来啦！唏嘘的同时不免有些羡慕，羡慕小时候的单纯、美好。老师您那婴儿肥的脸庞和弯弯的笑眼，往讲台上一站，又和蔼又亲切，我到现在都还印象深刻呢！

　　在我心里，您就像个魔术师，能变出一大堆新奇的点子，让我们在学习中获得快乐。记不记得您那时候上课之前都要给我们布置预习课文的作业？还让我们想出最起码五个感到困扰的问题。向您老实交代吧，那些家庭作业对我而言曾经是一个个噩梦，每次想破脑袋也想不出个所以然。可第二天看到同学们都把手举得高高的，心里那股子不服气的劲儿就到处乱窜，于是拼了命也要找出问题来。可以这么说，最开始学会思考是被老师您给"逼"出来的。虽然过程很痛苦，但之后问题解决时的舒畅和得到肯定时的洋洋得意都让我感到莫大的快乐，并且受用终身。老师，您这一"逼"，可真把我"逼"出来了！

　　前段时间学校组织了一个比赛，是我做的主持，我现在已经有好多主持经历啦，还经常参加各种朗诵歌唱活动，有一次居然有幸和乐队同台演出！您是不是特别为我感到骄傲？您知道吗？每次上台之前我都会想起您，要不是您在小学时对我们朗诵和各种才艺的重视，我也就不会喜欢上这些，更没有今天的丰富多彩的表演。记得小学那次歌唱比赛之前，您手把手教我，一个手势，一个眼神都要反复练习好几遍。您骑自行车带我到公寓练习的那个晚上，我一直忘不了。在黑沉沉的夜里，我坐在自行车后座上感受您使劲蹬车的力道，还有吹过耳边的凉风，觉得既惊奇又安心。还有朗诵，从最开始连句子都读不顺，在您的指导下一点点琢磨，到后来能在舞台上发挥得游刃有余，我的成功也该是您的成功！

三年级之前，我是个不被老师看好的、默默无闻的小女孩；三年级，我遇见了您，生命中的一切开始改变。我有时不禁会想：如果没有遇见您，现在的我又会是怎样？幸好没有如果。

傍晚时您打电话给我，因为惊喜，我都不知道该说些什么，只是静静听您在那边说话。您说您想我们，看到我们实现了自己的理想感到骄傲；您说您一如既往地喜欢和孩子们在一起，努力为他们做到最好；您说您还有理想，想在未来的某一天把四面八方的学生统统叫回来聚一聚……您看不见的是，我在电话这边已经掉眼泪了。时间如白驹过隙，在成长的道路上与现实做着较量，有时竟会怀疑起曾经坚持的信念是否还应该坚持。可您还是您，在十几年后的今天依然保持着当年的热情与冲劲，在震撼的同时更有一股暖暖的感动升起在我的心底。无论什么时候，在什么地方，您都是我的老师，一个给我带来力量和希望的老师，一个可以支撑我坚持自己梦想的老师！

还能说什么呢？有您真好，谢谢您，老师！

2012 年 10 月写于辽宁师范大学

251

最好的遇见

衢州市巨化一小 2005 级 2 班毕业生　洪畅

"畅来了，好久不见哦！你是不是瘦了？快坐快坐，要喝点什么？看你大学生活那么辛苦……"每次和胡老师见面，都会在她的热情洋溢中"沦陷"，然后沉浸在见面的喜悦中，我们热情地打开话题。

我从未想过我能遇见这样的老师，她做我们的班主任时尽心尽力，在学习上、为人处世上给予我们无私的帮助和引导。后来因为夫妻分居，她调离衢州到金华，还依然挂念着我们，寄明信片激励我们，与我们的父母交流，常常关心我们的成长。

把时光倒回到 16 年前，那是小学一年级开学的时刻，也是我第一次遇见她的时刻。现在想来，如此有纪念价值的一天我并不记得太多，毕竟啥都不明白的我处于发蒙的状态。她面带微笑地给每个学生安排座位，见到我之后显得很惊讶："哇，长这么高。"然后，她把我领到最后一排坐下，问道："看得清楚黑板吗？"我点点头，她就去安排其他同学了。最后，她走上了讲台，讲了什么我早已忘记，但属于我们的一段奇妙的故事开始随着时光延伸。

小时候的我们精力旺盛、体力好，常常在班级里闹腾。在我的记忆中，如果是因为玩而犯下错误，并不会得到严厉的惩罚，她教育我们的宗旨就是负责和尊重别人：打翻了别人的文具盒，帮他捡起来，道歉必不能少；可以打打闹闹，但不可以影响其他人。我们和别的班的罚抄相比起来，频率低了太多，也很少感受到惩罚的恐惧，除非是个"惯犯"。

她对于班干部的责任意识要求特别高。那时我是班里的劳动委员，负责放学后班级卫生的管理工作。有一次卫生搞得差不多了，我就和其他几个同学拿着扫把学着电视里的击剑比赛那样比画了几下。这一幕恰好被胡老师看见了，我们自然就挨批了。其他几个人被口头批评几句后，只需把墙角的扫把摆放整齐就能离开了，处理我的问题时就严肃多了，她说："你是劳动委员，怎么能跟他们这么一起瞎闹？你是要劝阻他们的而不是加入他们……"当时我并不认同她的说法，我的态度让胡老师不高兴了，她说："你是劳动委员，这是你的身份，你得起带头作用的。如果你和他们这么玩闹，你还有管理能力吗？明天你看看别的卫生委员是怎么做的，然后下个星期的卫生都由你来做。"就这样，我扫了一个星期的教室，从开始的不满到后面慢慢理解她，这种感觉很奇妙，她的话和惩罚并不严重，却能一点点嵌入我们的意识中，改造我们的行为。

我的同学曾恺来是个自然科学迷，他特喜欢看动物和自然方面的书，常常上课都忍不住瞅一眼。胡老师发现后肯定了他爱看书的态度，但希望他不要在课堂上看。在讲解一篇和自然有关的课文时，老师就让他谈谈自己所了解的知识。那节课上，曾恺来侃侃而谈，获得了前所未有的满足感。

至于我，和这位爱看书的少年恰恰相反，我极不喜欢看书，我觉得：在阳光下奔跑、在沙地里当建筑师多快乐啊！不过，或许是有那么一点点天赋吧，我的作文写得还不差。胡老师在批改我的作文时，时常会留言：你要是能多看看书，就能写出更优秀的文章。她还因为我用了课文里的一种写作手法大加赞赏，同时告诉我课本之外的书更加精彩。为了改变我，她还在我生日的时候送了我一本书——《海底两万里》。我极为难得地打开了这本书，那是我第一次感受到文字带给我的惊讶和震撼，原来水下也有那么精彩的故事，原来一艘潜艇里有那么强大的设备。我从未意识到，胡老师和这本书会成为我科幻爱好的起源，后来的《地心游记》《八十天环游地球》，到现在的《三体》《球状闪电》，读科幻书籍已成为我成长的一部分。正是胡老师拉着我穿过那道不可见的屏障，告诉我书籍里的世界更有趣。

小学四年里大大小小的事经历了许多，她曾因为班里连续得流动红旗达到目标而奖励全班吃雪糕，也因为有人给别的老师起外号而严厉批评了我们一个中午。和胡老师相处最大的感受就是：自在。下课时老师来班里，我们不会停止讲话，不用伪装成乖孩子的样子和老师玩"碟中谍"。

胡老师的亲切与民主，她给予我们的平等与尊重，让班里的每一个孩子都深深爱戴她，也让二班成为一个优秀的班集体。但这美好的一切随着她的离开和新班主任的到来变了样。我们极不适应，感觉原来自由的空间瞬间缩小，本来就活跃的我们在压抑之下就更想搞点事情，班级成绩因此退步不少。当时我们已经是五年级的学生了，该为小升初做更多的准备了，却出现了如此严重的问题。这让家长和老师们深感不安。

远在金华的胡老师知道后比任何人都焦急。她白天忙于工作，晚上就联系我们的家长商讨对策，还和我们班里的老师积极沟通。"这是我带过的班，我了解他们，我也要对他们负责。"周末的时候，她赶回衢州安排了和我们的见面会，了解我们的问题，疏导我们的心理，鼓励我们做更懂事明理的好学生。或许是真的懂了，或许是不想让胡老师失望，我们很争气地恢复到了原有的好状态。

初中、高中、大学，我走过了人生的一个又一个阶段，和胡老师的联系却从未间断，中考前收到她的明信片，她祝我一马当先。得知我被衢州二中录取后，又打来电话向我表示祝贺。在电话里她笑声不断，她的喜悦之情比当时得知消息的我都要强烈。高中时，我和几个小学同伴成功地和胡老师见了一面，几个人聊学习聊未来聊了很久，一直到深夜也没有停下。成人礼上，我收到了来自胡老师的真切祝福，她希望我成为一个有爱心、有梦想、有担当的人，还祝我高考顺利。得知我学医之后，她乐呵呵地说："以后生病不用愁了，就找你。"升入大学后，我也很幸运地经常能和胡老师碰面，或是她来衢州找我们聊天，或是我们去她金华的家里汇报各自的收获。我和恺来、胡羿三人的故事也经常会被她提起。很多人会惊讶我们的经历，一个只当了我们小学四年的班主任的人，却一直牵挂着我们，关注着我们生活中的点滴。一群她只教了四年的学生，却依然坚定地追随着她，有困难向她求助，有喜悦与她分享。

是啊，为什么十六年的时间并没有冲淡这一切，而是让我们更紧密地聚在一起？因为独特？因为优秀？都不是。我小学时毫无特色，成绩一般，不惹事但也没干什么大事，期末发奖状时我常常空手而归。包括后来的中学、大学，我从未拿到什么值得自豪的奖项，也从未做出过成就。和获奖无数的恺来和考上浙江大学的胡羿比起来根本不是一个质量级的，我认为自己是一个普通得不能再普通的孩子，胡老师却一直记着我。在她的眼里，我是独特而又值得信赖的。她常常夸赞我的行动能力强，实际上只是我把几份报纸送到了楼上的办公室；她常常夸赞我勇敢独立，实际上只是我放学后独自走半小时的路程回家。这恰好展现出胡老师的不同寻常之处：她能敏锐地发现学生的优秀之处并大加赞扬，从而给孩子建立起自信。而这些优秀的点，有时候连孩子自己都未曾意识到。更厉害的是，班里有那么多同学，胡老师却愿意深入了解每一个孩子，了解他的想法，了解他的内心世界，然后让他意识到，看似不已优秀的他其实很优秀，而优秀的他可以更优秀。这种从小就建立好的自信，将会伴随我们的一生。十六年后的我们每每回忆起来，都无一例外地说：胡老师是真的好。

很幸运我能碰上胡老师，唯一可惜的是我小学应该更珍惜那段时光表现得更好一点的。我们的故事依旧在继续，胡羿、恺来、我都期待着每个假期和胡老师的相会。"良师益友"这个词特别适合我们。胡老师所带给我们的感觉，不像是教育，更像是一种呵护和锻炼，像母亲带孩子那样，带着我们渐渐长大。在我们长大后，她不但依旧牵挂着我们，还说自己也要一直学习，特别是向我们学习。胡老师像是给我们打造了一艘《海底两万里》里的"鹦鹉螺号"，让我们四处游历，鼓励我们驶向更远的地方，去看这世间万象，看这星辰大海。困难很多，但我们有信心而不曾畏惧。我们的航行没有目的，因为每一天都能看见新的精彩。这是胡老师最满足的时刻，她就是这样看着我们，看着我们从懵懂到成熟，看着我们走向社会独当一面，看着学成归来那一个个变了样，却似乎和十六年前一样不曾改变的我们。

这是我们彼此幸运的遇见，也是最好的遇见。

2020 年 11 月写于杭州医学院

长大后，我就成了您

衢州市巨化一小 1995 级 4 班毕业生　罗莹

　　第一次见您时，我是一个十岁出头的小丫头，您是刚踏出大学校园的女青年。缘分使您成为我人生中的第一位恩师，我成为您的第一届学生。在相处的三年中，在您的帮助下，我从一个默默无闻的羞涩的小女孩，慢慢地学会了与伙伴们沟通交流，在各种活动中锻炼自己的胆量，在您的陪伴和引导下，不断地成长。

　　想起小学高年段的那些年，虽然时隔已久，回忆却是满满的。因为您的到来，我们的学习生活变得多姿多彩：第一次"下海经商"，一群小毛孩初生牛犊不怕虎，在人来人往的大街上吆喝卖布鞋，从中深刻地领悟到了金钱来之不易，同时帮助某个学生家长解决了积货问题；第一次去探望英雄人物，大家自发地折千纸鹤，送给因与歹徒搏斗而负伤住院的交警叔叔，大伙从英雄事迹中感受到了榜样的力量，从而树立了正确的人生观和价值观；第一次去报社，为了争取让更多的人都加入小记者团队，您鼓励我们主动出击争取名额，最后被报社全部录取，这大大激发了我们的写作热情，我们开始细心观察生活中的点滴并积极投稿，更开心的是几年后还能看到您保留下来的一篇篇当年登报的作品；第一次学用钩针、学做菜、学健美操，是您聘请来了有才能的家长在业余时间教会了我们很多生活上的技能；第一次参加篝火晚会，在乌溪江边，大家点柴生火，烧烤欢笑，唱歌跳舞，热情高涨，和父母老师同学一起度过了一个美好的中秋之夜……点滴的回忆很琐碎但很美，每每想起嘴边总有一抹淡淡的微笑。

　　如今，我也踏上了三尺讲台，从一名学生转变为一名教师。作为一名刚入行的年轻教师，我深深领悟到了当老师的不易，要成为一名受学生爱戴的好教师更是难上加难。教学特色的形成，学生突发状况的处理，班级日常事务的管理等，每一项内容都是一门大学问，需要我去不断积累、改进和完善。每天被压在繁重的工作之下，总有一种力不从心的感觉。和一些同样选择了教师行业的同学聊天，发现我们年轻教师总有一种深深的疲惫感，这也许是初期的不适应。回想起当年您教我们时也是刚刚走出校园大门，那时的我们是不是也这样让您头痛心烦呢？记忆中那时的您总是满脸的笑容，热情洋溢，使我们也天天沉浸在快乐之中，现在想想，做到这一点是很不简单的。

　　每当对这份职业产生倦怠的时候，看到您日志里所记录的那些幸福的事儿，我总能羡慕好一阵。从字里行间可以看出，老师您是幸福的，您的学生也是幸福的，学生的家长亦是幸福的。虽然从一件件事情中可以看出您的忙碌，但是所有的付出都是有回报的；那一件件感人的事、一句句感人的话和最后的美好结局，总给我无限的动力，促使我坚持做好这份神圣的工作。看到我的学弟学妹们一个个都在您的培养下变得有担当、变得更优秀，也促使我更努力地去用心培养我的孩子们。班主任工作真的是一个很艰巨的工作，它需要无限的细心、恒心和爱心，也需要很大的智慧。今后，我会调整好心态，继续努力，和您一样尽心尽力让学生受益，让他们学会学习，更要学会做人。

　　胡老师，感谢您陪伴我成长，更感谢您让我重获信心去坚持这份美好的事业。

2012 年 10 月写于宁波四眼碶中学

难忘老师

衢州市巨化一小 1999 级 1 班毕业生　张梦珂

我小学毕业转眼已经八年时间，在求学的道路上越走越远，这期间见过胡老师几次，每次见到她，总感觉她与我第一次见时的样子没多少差别：她是一个胖胖的，有着利索短发的，始终面带微笑的可亲老师。而今天晚上，当我在她的 QQ 空间里看到她写的《一位小学班主任的幸福感》一文时，突然想到我已经好多年没有见到她了，我非常想念她。

很庆幸胡老师作为班主任在我成长初期出现并对我产生了很大的影响，我不知道如果当年不是她来任教我又会是什么样子。在她出现之前，我只是一个不起眼的小丫头，她出现之后，我逐步有了自己的思想，逐步找到了自己身上的一些闪光点。我想我的同伴亦是如此，他们中的很多人现在正在中国和世界各地散发着他们的光芒。

八年过去了，很多事情都已记不真切，但我记得最清楚的便是当年胡老师在我们班设立的图书柜，里面的书是她一本一本添置的，我总是陶醉于"消灭"一本本书之后的快感中，无法自拔。那几年看过的图书柜里的书是有限的，我养成的看书与看报的习惯却是永久的，到现在，我从未停止过对世界和人类灵魂探讨的书籍的阅读，也热衷于时事，并以此而感到自豪。我亦感谢胡老师对我的信任，当我的名字出现在每一期黑板报上，当我沉浸于文字书写和没有间断的对耐心的考验中时，那种成就感令我终生难忘。

爱因斯坦说过："当一个人忘掉了他在学校接受的每一样东西，剩下来的才是教育。"当我已走过十多年的求学之路后，再来谈论教育，我又有多少感触？我们这一代是不同凡响的一代，我们生在社会变革之际，长在社会腾飞与再次变革的关口，我时刻感受并提醒着自己应肩负的责任。一个老师的力量是渺小的，他所能面对的只是几十个几百个孩子，但这种微小的能量能够汇聚，不断放大，直至光芒万丈。胡老师所做的就是这样一个事业，她把自己的才能和品德传输给我们，她燃烧她的热情激励我们，她带领我们尝试不同的事物，打开广阔的视野，拥抱这个纷繁的世界。评价一位老师，并不是看他是否有一两个成绩多么出色的学生，而是看他带出的这一群人是否积极向上，是否有思想和无限的活力，因为正是这个群体构成了社会的希望。胡老师就是这样一个让我们敬仰，让我们难忘的引路人。

2012 年 12 月写于浙江大学

2021 年 9 月赴瑞士洛桑理工学院读博士

遗失的美好

衢州市巨化一小 1995 级 4 班毕业生　付萌轩

依旧是这样的开头，依旧是这样的夜晚，什么事情都不想做，就静静地倚靠在窗口发呆……

喜欢在这样的时候写下点什么，也许是因为一些事，又或许是因为一些想法，其实日后想想，都是一些无关痛痒的呻吟，但却放不下这样的习惯。

因为害怕思绪会渐渐被冻结……空格、删除、空格、删除，记录下来的却是一片空白……

每天对着镜子，对着镜中的自己发呆，眼光深处，总有一丝丝不忍。

人在一天天变化，心却越来越冷漠，仿佛已不再是那个内心澎湃的我，不再是那个激扬文字的我。

我是不是把自己弄丢了？什么时候丢的？丢在哪儿了？怎么找回来？统统不知道。

每天的必修课是，QQ 隐身上线，然后就这么挂着。

好吧，我承认，确实是有事情发生了，不然也不会想到要写些什么。

很难得，真的很难得，和胡老师——我的小学老师聊了许多。

仔细回想起来，我们已经有十多年没有见过面了，久到连我自己那个时候是个啥样子都模糊了。

而关于胡老师的样子，如果变化不大的话，应该还是以前的模样。

因为有一样东西，即使时间爬上了面颊，也是不会变的——微笑。

现在在我脑海里还记忆清晰的，就是老师的笑容了：

看到我们打打闹闹、相互帮助时开心的笑容；

看到我们考出好成绩，考上高中、大学时满意的笑容；

看到我们一天天长大而发自内心的满足的笑容。

在我的记忆中，就是这样一些微笑，伴随着我们每一天的校园生活。

现在想来，她其实是在教导我们一种正确的做人态度、处事态度，只不过我没有领会。相反，我仿佛更习惯于消极地安慰自己，用所谓的潇洒敷衍自己。

思绪像是绝望中的呐喊，在伸手能及的距离却消失了。

很多时候，我们挽留不住烟花年景，或许能够挽留住那时那境的近似的心情吧！

也许回忆不过是对现实忽略情节的意念模仿，其实，我的内心深处还是有那么柔软的一面的。

记得，我应该是个浑小子；

记得，我应该是非常有个性的；

记得，我应该是办公室的常客；

记得，每次低着头准备挨骂的时候，面对的却是眼神中透露出责怪和关心的微笑；

记得，老师不是我们那里的人，年纪轻轻学校一毕业就孤身一人来到我们那里；

记得，老师出现的时候我们上二年级，面对着一群还在怀念老班主任的小朋友，她第一次露出了微笑；

记得，那一堂堂欢声笑语的语文课是在老师的伴随下，在争先恐后的举手中愉快地度过的；

记得，我们都慢慢地长大了……

想着匆匆而去的身影里留下的痛苦与欢笑一起叠加，把那万千思绪结合在红尘飞扬的岁月里，有时候觉得我手里的文字不过是变换排列组合的思恋，它们变换姿态让我刻意忘记和努力记忆。

上了初中以后，只见过老师一面。

人总是善于遗忘的，特别是我们这群到了新环境，认识了新朋友的小孩子。该怎么形容呢？好吧，没心没肺，这个词应该挺贴切。

老人总说，嫁出去的女儿，泼出去的水。

我妈也总说，有了女朋友就不要老娘了。

等到自己长大了，才理解，老师那个时候去到一个陌生的地方，就和我毕业了在外地打拼一样，无依无靠，没有安全感。胡老师却把我们五（4）

班凝聚得就像一个大家庭一样。老师给予我们关爱，我们就像是她的孩子。忘了介绍，我们班是四班，即使我现在会经常搞错初中上的是几班，但永远不会忘记小学的最后三年，我都是在四班，在胡老师的陪伴下度过的。

2012 年的今天，也许有的同学已经成家了。大家都在努力工作，都在不同的地方为了将来努力着。这么多年过去了，老师却一直坚持着在找寻我们。时常打听这个同学的联系方式，时常询问那个同学的近况，虽然有的同学还是联系不上，但老师她从没有放弃过。

最近好吗？工作还顺利吗？处朋友了吗？

都是很简短的问候，却饱含暖暖的情意。

生活中，不仅是父母在远方想着我们，念着我们，盼着我们，默默地关心着我们，盼望我们常回家看看，胡老师俨然也是想念我们的母亲，她有着我们一大群的孩子，在我们展翅高飞的时候，她一直在背后默默地祝福我们。(现在回想，某某和某某，这两个浑小子，以前那么皮，我怎么会和他们那么要好，换个环境换个老师，我早揍他们了，呵呵)

也许老师以前说了什么，我已经不记得了，也许老师以前为我们做过什么，我也不记得了，但我知道，我的内心深处还存在着那么一片净土，记载着最纯真的美好，生活着最真实的我。

想着想着，眼睛不争气地湿润了……

我知道，不管我穿戴多少伪装，在他人看来我是什么样的，在老师的心里，我还是那个我。

是应该积极一点，学会微笑，善待别人，也善待自己。

夜深了，思绪到这儿也该告一段落了。

老师，我现在生活得挺好，工作也还算稳定，目前单身中，不要为我担心。

没有华丽的辞藻，就一句深深的问候：老师，祝您身体健康！

您永远的五（4）班的学生

2012 年 11 月写于绍兴

致老师

衢州市巨化一小 1995 级 4 班毕业生 王海鸣

在我的读书生涯中，有几位老师给我的印象很深刻，他们给予我很大的帮助，引导我从青涩逐渐走向成熟，使我受益匪浅。其中一位就是我的小学班主任——胡老师。她是我读小学二年级的时候接手我们班的，我们班也就是当年的二（4）班。毕竟那个时候我们还是小孩子，只知道天天和玩伴们疯在一起，偶尔还闯个小祸什么的，所以记忆中的只是片段，但每每回忆起来还是会忍不住会心地笑起来。

胡老师：

您好！

小学时代的我很不起眼，自认为无论长相、成绩，还是号召力等都不够出众，就是扔在人群里面你完全不会发现的那种小孩。但是有一次您让我上台读了一篇我写的周记，让我从此对自己有了新的审视。

我记得那篇周记是写去烂柯山的游记，我读完以后您给予我很高的评价。虽然说这篇作文也有我借鉴"他山之石"的成分，但一次小小的激发让我自信起来，一直厌恶的作文课成了我展示自己的一个舞台，慢慢地，我也开始喜欢上了这门学科。还有一句话，那是我小学时代记忆最深刻的一句话，那就是："老师希望你做我的小帮手！"正是您的这句激励促使我再次走上了讲台，不过这次不是读作文，而是读我竞选副班长的宣言。虽然没有如愿，但我还是十分感激您对我的鼓励。虽然我没有成功地当上副班长，但这句话在我心中产生的涟漪一直影响到了我现在的生活工作中。

男孩子总是贪玩，读小学那会儿还没有网吧，只有电子游戏室，还都是开在个人家中的那种。我们几个贪玩的男孩子经常放学以后偷偷跑去，您不知道从哪里得到了这个消息，在我们还没有对游戏成瘾的情况下，及时阻止了我们。虽然说老师的阻止不能起绝对作用，但至少能让有心向好的学生自我反省。这不，我们班最优秀的男孩子就出在这群人里面，当然，这个人不是我啦！

您在教我们的时候完成了人生中的一件大事——婚嫁。没记错的话是张老师娶了您吧？那个时候您还经常邀请我们去您家里玩，给我的感觉就是您一点都没有老师的架子，永远都是那么温柔可亲。

刚开始准备写的时候还不知道写什么东西，后来发现写着写着就停不下来了，班队会啊、小记者啊，诸如此类还有很多很多美好的回忆，我都会好好珍藏一辈子。

上一次看见老师还是在我大学期间和您一起到医院探望一位病重的同学，我记得您知道我们现在在读什么，将来要从事什么的时候满脸自豪，就好像我们是您的孩子一样。是的，胡老师，我们就是您的孩子，永远的孩子，永远的 4 班的孩子。

对了，胡老师，我现在是一名公安干警，我也谈恋爱了，而且快结婚了，她也是老师。

海鸣写于衢州公安局

2012 年 10 月 19 日凌晨

谢谢你，胡老师

衢州市巨化一小 1999 级 1 班毕业生　黄佳琪

回忆童年，以为会记不起来什么，静下心来之后才突然发现，原来的很多事儿，我都一直记着。

上小学，还是十几年前的事情。记得刚开始小学班主任一个接着一个地换。一年级的时候，我们班是一个快退休的老师带的，姓温，数学老师。温老师做我们班主任的时候，记忆最深刻的就是我总是被罚，比如乘法表背不出来——手平举，然后蹲下，这叫"坐飞机"。小时候嘛，也不懂，觉得只要有班主任就行，后来到了三年级，才来了一直带我们到毕业的胡老师，才知道班主任是对自己影响很大的老师。

第一次见到胡老师的场景其实已经记不清了，但是胡老师在我的脑海里的样子就是胖胖的，戴着眼镜，短短的头发。她很爱笑，笑起来很可爱。记得她总是和我说："佳琪，我们俩笑起来眼睛都是看不到的。"嘿嘿嘿，现在想起来心里都是暖暖的。一个老师，并不是高高在上，而是和学生们做朋友与亲人。这种关系很和谐、很快乐，我们班级的师生相处得就像一家人那样。

小学时候，我特别不乖。有一次，记得是因为课文没有背下来，晚上放学后和几个同学留下来背，门口的老师、同学走来走去，自己觉得很丢脸，就蹲下来躲在桌子底下，也不知道怎么就哭了，很伤心的那种，胡老师发现后问我："今天怎么掉金豆豆了……"胡老师那种关切的眼神更让我自责，觉得自己真的太不应该。之后，这样的眼神常常追随着我，每次四目相对的时候，心里就会很暖。这种眼神在以后的老师眼里我是没有看到过的，所以我们的胡老师是很特别的。

2001 年的时候，我和班里的另外三名同学表演了一个节目，是一个打快板的相声，我到现在还记得台词呢——"2001 年，高兴事儿多……"那是胡老师为我量身定做的节目，为了让我在迎新晚会上有精彩的发挥，她常常放弃自己的休息时间指导我、帮助我。正是这样的鼓励，让我变得大胆自信起来。

冬天的时候，教室里很冷，每天午饭之后，胡老师就带着我们坐在走廊的长椅上，背对着太阳阅读课外书或是写作文。那个时候，每写出一段文字，都会觉得很骄傲，即使写得不好，她也不会批评你，有的只是满满的鼓励。她会指出你不足的地方，让你去改正，好的地方她会表扬你，让你继续加油。我觉得，小时候在胡老师身边真的是一件很幸运的事情。

当时的教室虽然简陋，但是很温馨，胡老师总是会变着法子在班里的墙上贴各种可爱的卡通图案，或是班级活动的照片，也有同学们的习作绘画等等。为了激发大家的上进心，胡老师组织我们开展小组竞赛活动。四个人一组，每个组都有名字，我记得我们组叫"红苹果队"。那时候就充分感受到了什么叫"竞争"，什么叫"输赢"，但即使这样，也丝毫不影响同学之间的友情，因为我们没有斗争，只有斗志。

小学是在学校吃中饭，吃完饭之后，胡老师会让我们看课外书。班里有一个图书柜，里面的书很多，各式各样的：要么是同学们自己的书，放在里面，交换着看；要么就是胡老师自己掏钱买来的。没有什么作业的时候，她会带着我们玩游戏、下棋。她常说学生要注意劳逸结合，不能死读书，做个书呆子可不好。

人长大之后，很多东西都会变，人与人之间的关系，似乎不再那么纯粹，夹杂着太多的世故。与我而言，最纯粹最美好的光阴就是童年时代，就是和胡老师和小学的同学在一起的日子。

胡老师在我们毕业之后调到了金华，在那里教书，这之后，我就再也没有见过她，我真的很挂念她。

在这个世界上，学生那么多，老师那么多，但是我相信，我敢肯定，被胡老师教过的学生一定都会一辈子记得她，也会因她而懂得很多，会觉得上学是一件很快乐的事情。

　　这不仅是我的感觉，我的同学们都认同。因为胡老师，从小至今，我都非常喜欢语文这门课，一直以来都是如此。

　　小学的事情，有的印象很深刻，有的却一点都想不起来了，但是和胡老师在一起的点滴往事，总是会在不经意间想起，然后就会偷偷地微笑。

　　到了初二，到了高中，直到大学，我都没有联系过胡老师，说来也真的是惭愧吧！我也就是在初一的时候，和小学的几个同学去看过胡老师两次。可是，说真的，我一直都没有忘记过胡老师。她是第一个让我觉得有活力有爱心有温暖的老师，这种感觉我是一辈子都不会忘记的。

　　我想说：胡老师，真的很感谢您！

2014 年 10 月写于武汉

我的小学班主任

衢州市巨化一小 1999 级 1 班毕业生　徐珂

　　我现在已是个大二的学生了，提起小学，我们这些自称要奔三的大学生总觉得那是挺遥远的事，但不知道是因为儿时的记忆力比较好，还是因为那些日子确实单纯快乐得让人实在难忘，以至于每每想起那些十多年前的事情，画面都会清晰得如同昨日一般。

　　说起小学班主任，我就会马上想起她。第一眼见到她，我就觉得她特别有亲和力，我也从没有想过一个中途接班的老师竟然在我一生中起到了这么大的作用。刚生完宝宝没多久的她毅然决然来带我们班，那时的我只觉得她有种无形的魅力，能够促使我每天乖乖听话，认真听课，按时完成作业，并且保质保量。

　　记得那时候的我总是拼了命似的想回答问题，只为了赢得她奖励的甜筒。那种最普通的甜筒，也许现在街上随处可以买到，但是那种味道再也复制不来了；记得那时候的她总会额外教给我们好多好多课本上没有的知识，我对语文的喜爱就源于对她的崇拜；记得她常常让我们背很多课外的古诗词，所以我上了初中后就省去了一大半背书的时间。我想就是在那时候我找到了方向和目标，就是在那时候明白了成长该经历些什么懂得些什么，就是在那时候拥有了自信和一生挥霍不完的精神财富。

　　虽然那时候的她还很年轻，但是她真的就像我们这一伙人的好妈妈。这话说得虽然俗气，但我不得不说，因为她给我们的爱护和关心太多太多。我至今还记得她写在黑板上整齐漂亮的板书和眯着眼睛的微笑。时间没能够模糊掉她所做过的一切，反而越来越能够测量出她对于我的重要程度。

　　小学毕业之后，我常常与各种各样的人谈论起当年的日子，很多人都疑惑一个小学班主任怎么会对我影响如此深远，这时，我总会在心里默默念叨一句：因为你们没有我幸运，没能碰到这样一个好老师。

2013 年 4 月写于浙江财经大学

忆胡老师

衢州市巨化一小 2005 级 2 班毕业生 曾恺来

　　这个寒假，我和胡老师又一次相聚了。只是这一次不是我去金华，而是她来衢州。她还是那样亲切，那样爱笑，见到我们这些学生和家长，总是掩藏不住嘴角的笑意。我知道她不仅见到我们是这样的，但凡见到她的学生和家长，她都是这样的。

　　胡老师是我的小学语文老师，也是我的班主任，更是我的良师益友。

　　小学一、二年级，我的心思完全不在学习上，从各个方面来说都不能算是"好学生"，但是胡老师非常关心和认可我。我当时特别爱看与动物和自然科学有关的书籍，尤其对恐龙十分痴迷。只要课上讲到与恐龙相关的知识，胡老师就会把发言的机会给我，让我在充分参与课堂的过程中得到大家的认可，树立自信心。如今回想起来，我认为在低年级心智成长的时候，老师给予的鼓励和认可是极其重要的，这很可能就塑造了一个人的自我认知和之后的行为逻辑。如果我当时对自己的认知和定位就是"差学生"，那之后可能就没有动力通过学习来证明自己的能力，反而会效仿"差学生"的一系列做法并引以为傲。很幸运的是我遇到的是胡老师，她让我知道我是有能力有潜力的，她对我的关心让我觉得，如果自己不努力，不仅会让自己后悔，也会让老师感到失望的。

　　胡老师很重视培养我们良好的阅读兴趣和习惯。印象中，我们每天午自习的一部分时间是被定为阅读时间的，从绘本到拼音读物，再到阅读经典名著，循序渐进。至今我还记忆犹新的书籍有《三国演义》《钢铁是怎样炼成的》《爱的教育》等。班级浓厚的阅读氛围，让我常常手不释卷。即使夏天的时候，教室的窗帘被拉上了，同学们已经趴着午睡，我也不愿意放下书本，而是流连在精彩的情节中，在有些昏暗但是非常安静的教室里继续阅读。老师还建立了班级图书角，把大家捐出的书刊置于其中成为集体藏书。课间，我时常光顾图书角，时常会从中挑选书籍，阅读的内容有些到今天还清晰地记得。静心阅读的习惯让我在后来的学习过程中受益匪浅。

胡老师爱笑，她极少生气。但若是我们犯了错误屡教不改，她也会不依不饶地和我们"斗争"到底。在学校里，我们每天都有随堂作业，有时因为贪玩或是沉迷于书海，忘记写作业的情况也会发生。如果出现此类情况，我一定就会在放学后被她留下来补作业。在空空荡荡的教室写作业是一件令人痛苦的事情，我总是心不甘情不愿的，总是盼着家长快来接我，或是老师快点儿下班，但这样的奇迹似乎从来没有提前发生过。胡老师总是非常耐心地陪着我，我的家长也从来没有出现过，最后的最后只能是我灰溜溜地把作业都补好。这样的事情经历过几次后，我自然悟得了学与玩的主次关系，也学会了统筹安排时间，明白了学习的重要性，成绩也越来越好了。

当然，胡老师给予我的远不止是学习上的鼓励和指导，还有生活上的关怀。

一次，我和同学玩耍时，不慎划破了脸，胡老师闻讯心急火燎地赶来，看到伤口后心疼不已，一边说着"以后可千万别破相了"，一边赶紧就给我涂抹了类似芦荟胶的药膏。不久之后，我的伤口就痊愈了。幸好当年她处理得当，如今的我也不至于破相。

同学之间闹别扭的事情也是常有的，但只要胡老师在，矛盾只会被化解，而不会进一步激化。她会和我们坐下来耐心地交流，帮助我们理清头绪解决问题，使我们很快就找不到闹矛盾的理由。记得有一年在跳蚤市场上，王冀杭、张少杰和我一起摆摊售卖，结束的时候，王冀杭和我已经有了一些收入，颇为得意，张少杰却十分焦急，原来他早上带来的光碟不翼而飞，不知道是被买走还是丢失了，他很沮丧，感到自己一天的努力都付之东流了。我们向胡老师反映这件事之后，胡老师详细询问了我们历次交易的情况，在本子上把数字都记录下来，最后发现光碟不慎丢失的可能性最大。胡老师建议我们三个合作经营的同学平摊这个损失，以显示团结合作的精神，我们都欣然接受，这件事最后得到了圆满的解决。这些事情虽小，但老师的一言一行都在潜移默化地影响着我们。

四年级结束，胡老师即将离开衢州去金华工作。临别的时候，我哭得很伤心，紧紧抱着她恳请她能留下来。胡老师也满眼泪水，我知道她也舍不得

271

离开我们。她送给我的树袋熊毛绒玩具，我一直留到现在。

原本以为老师这一走，我们再相见的机会一定少之又少。没想到她虽然人在金华，心里却时常挂念着我们，还时常利用假期回衢州来看望我们。小学毕业的时候，我去参加了金华外国语学校的入学考试，我希望能被金外录取，然后继续和胡老师在同一个城市里，可没想到希望越大，失望越大，我竟然被淘汰了。

从那以后，我暗暗发誓一定要好好学习，取得优异的成绩再向胡老师汇报，绝不辜负她对我的厚望与喜爱。初中阶段，我经历了比较大的心理波折，直到初二下学期，我才渐渐掌握了学习的节奏。这三年的时间里，我虽然取得了不少的佳绩，但我从来没有联系过胡老师，不是不想念她，而是想等到自己足够优秀再去见她。这三年里，我也知道胡老师从来没有忘记过我，因为她经常会通过我的父母了解我的情况。中考前夕，她还委托在我们学校任教的汪颖老师来看望我，鼓励我。

得知自己如愿以偿地考上了衢州二中，我迫不及待地把这个好消息告诉了胡老师，那是时隔三年后我第一次主动给她打电话，那年的暑假里我也终于见到了她。她还是我记忆中那个温柔可亲的胡老师。

高中三年里，我一如既往地努力，胡老师也一如既往地关心着我。成人礼上，我收到她写给我的书信，字里行间流露着她对我的爱与期待；我考上中国外交学院之后，她又专门回衢州来看望我和同学们，她为我们感到无比的骄傲。

高中毕业之后，每一年甚至每一个假期，我们都会和胡老师相聚一次，或者是老师回衢州，或者是我和洪畅去金华。老师还是和以前那样关心我们的学习和生活，关注我们的成长与发展。在我的心中，胡老师是像妈妈一样爱我的人，我参加活动和比赛的照片，她都用专门的文件夹保存下来，真的是把我当作儿子一样，让我非常感动。我想，小学毕业并不是老师对我们的关心和指导的结束，仅仅是我们一生友谊的开始……

2020 年 12 月写于中国外交学院

我的恩师

金华市东苑小学 2009 级 5 班毕业生　　胡懿杰

胡老师是我小学时期的语文老师和班主任。2015 年我们小学毕业后，她就去了湖海塘小学。这个夏天，她的又一批学生毕业了，而我和我们小 5 班的同学都告别了高中时代，即将步入大学校园。

上小学虽然是六年前的事情，但每每回想起那段岁月，我的心里总会泛起幸福的涟漪。

还记得每天早晨兴冲冲地跑进 5 班的教室时，胡老师总会面带微笑地迎接我们；每天傍晚放学，我们又在她亲切的微笑中挥手告别。她的微笑贯穿着我的整个小学生涯，这个简简单单的举动在胡老师的身上似乎有着无穷的力量。它默默地引导着我积极面对生活的每一天，乐观地迎接未来的每一天。

如果说胡老师的微笑是一种力量，那么她的爱就像春雨一样，丝丝入人心脾。每天早晨见面时，她都会对我说："豆豆，我爱你，早上好!"每当我委屈失败时，她都会给予我一个温暖的拥抱。她时常会牵起我的小手，抚摸我的小脑袋，那是我的母亲常常做的事情，而她做着这一切的时候是那么自然而然，毫不做作。她还带着我们阅读《爱的教育》《傅雷家书》……不论是安利柯日记里温暖的同学情，还是《傅雷家书》中父母对儿子深切的关心，都深深扎根在我的心里。她总是在潜移默化中引导我们从小学会爱，去爱父母，爱老师和同学，爱身边的每一个人。

小学六年级的时候，我要考金外。这件事情是我们全家的头等大事，家人对我寄予厚望。可当时的我沉迷在游戏的世界里无法自拔，有一次甚至偷偷摸摸把手机带到学校去玩。很不幸的是我"作案"时被胡老师看见了，她把我叫到了办公室。那是我第一次见胡老师对我发火,她很严肃地跟我分析了这个事情的利弊,并把我的手机没收了。末了,她说如果考不上金外,手机就得送给她了。当时的我不明事理,还不理解老师的良苦用心,只觉得手机绝不可以白白送给她的。大概是这个意念驱使我奋发图强,最终不负众望考上了金外。手机拿回来的时候,我笑了,胡老师也笑了。

上了中学后,虽然不能和胡老师天天见面,但她的关心从未间断,一直持续到今日。在我的眼里,她不仅是我的启蒙老师,更是我人生路上的导师。

高二升高三的那个学期,是我最浑浑噩噩的阶段。情感上的干扰,心绪上的不宁,导致学习时总是三心二意,成绩自然也不见起色。胡老师知道后,不但在暑假里请曾恺来和胡羿两位优秀的学长帮我做规划,还在我高三报到的前一天晚上来家访。那一晚,她和我促膝长谈到深夜,她的言语里有理解,有鼓励,更多的是期望。那一刻,她不仅是我的老师,还是我的益友。我后来所取得的进步和她密不可分。

高考的前一周,有一天我妈妈突然来到学校,给我看了三张我小学时候的照片。每一张照片上的我都是笑脸盈盈、阳光灿烂的。我正纳闷这些照片是从哪儿来的时候,手一滑,屏幕上立刻又出现了密密麻麻的文字,大概有600多字,原来是胡老师给我写的信。恍惚间,相同的场景又浮现在我的脑海里,中考前,她也曾为我做过同样的事情。读着老师饱含深情与鼓励的话语,想到她这些年以来对我的关心与帮助,感动之余,我也暗暗下决心一定要竭尽全力,用优异的成绩回报她给予我的沉甸甸的爱。

"老师对学生的影响是一辈子的。"这是胡老师经常挂在嘴边的一句话。的确如此,至少对我来说是如此。过去的12年里,她的一言一行都潜移默化影响着我,她的谆谆教诲也一直铭记我心,让我脚踏实地,仰望星空,常怀感恩之心面对这个世界。这正是一位老师应该有的样子。她无愧于这个称呼——恩师!

2021年6月写于金华一中

送你一本书

金华市东苑小学 2009 级 5 班毕业生　申琦

我独自一人身处加拿大读高中的生活，在 2021 年 4 月 6 日落下了帷幕。

那天，我收拾积攒了四年的家当，从一大摞书里翻出了贾平凹的《自在独行》，突然就有些恍惚了。一瞬间，我好像感受到平行时空的那端有一个小女孩，她和我一样翻开了这本书，她天真烂漫，而我落落大方。

15 岁那年，我孑然一身出国留学。出发前，我决定再一次去拜访我的小学班主任——胡亚珍老师。谈话之间，她始终笑盈盈地看着我，她为我感到骄傲，骄傲于我的勇气与独立，可我却看到了她眼眸中流露出来的不舍和担心。或许这是一种感应吧，属于五班学生们和胡老师之间的感应。小学时，同学们就打趣地说胡老师只要一笑起来，眼睛就会眯成一条缝儿，站远了就看不见了。也就是这样看着，看着，我们从这双眼睛中看遍了胡老师六年里的喜怒哀乐，看到了她对我们五班的真情实感。那天临走前，她送给我一本贾平凹的《自在独行》，希望我有空多读读，并反复叮嘱我在外一定要好好照顾自己。那一刻，我俨然看到了一位母亲对远行子女的依依不舍。

看着扉页上那熟悉的字体，读着她给予我的赠言，往事如潮水般涌来。

当年的那个小女孩只身前往加拿大，她没忘记带走老师的赠书，但异国他乡求学的生活远非她所能想象的。在一个没有中国人的学校里，初来乍到的她是孤独的，语言上的障碍，交流上的困难，让她看不到风花雪月，有的只是没日没夜的学习，她必须尽快适应新环境里的一切，而那本《自在独行》自然也就成了压箱底的家当。

新冠肺炎疫情席卷全球之后，父母担心我的安危要求我回国。收拾行李的时候，我把胡老师送给我的《自在独行》放进了背包里。在被隔离的 14

天时间里，我终于有机会静下心来，细细品读这本书，也终于悟到了她送给我这本书的良苦用心。

胡老师就像一个先知一样知道我会碰到什么样的困境，而她也知道这本书中蕴含着的那些道理可以很好地帮助我。一如我们小学的时候，她除了让我们学习课本上的知识，还教会我们许多生活上的技能和道理。她教我们六年，心里想的却是我们未来的六十年。她清楚地知道哪些习惯和知识是可以让我们受益一辈子的。

她教给我们许多餐桌上的礼仪，比如别人在夹菜的时候，你不能去转转盘；吃饭喝汤的时候不要发出声响，入座进餐都应该让客人或长辈先行；等等。为了训练我们的口头表达能力，她会让我们每天口头复述一件当天发生的事作为家庭作业。至于她当年挂在嘴边的那些至理名言，我一直铭记在心并履行到了现在。印象最深的一句是"你们要记住，走出五班，你们代表的就是五班；走出东苑，你们代表的就是东苑"，那是我们每次去上公开课或是参加重要活动前，她一再叮嘱的。在加拿大求学的四年时光里，无论何时何地，我都时刻牢记着胡老师的教诲，我知道走出国门后，尽管我只是一个人，但我代表的是全中国。

"在这个美好又会令人遗憾的世界里，你我皆是自远方而来的独行者，不断行走，不顾一切，哭着，笑着，留恋人间，只为不虚此行。"当我收到加拿大多伦多大学的录取通知书，当我回首过往四年异国求学艰辛与奋斗的历程，我对书中的这句话有了更深刻的理解，也明白了当初胡老师赠书给我的用意。遗憾的是当年那个小女孩没有好好地读完这本书，但现在我可以替她很自豪地告诉胡老师，对于"自在独行"，我已经深有体会，并且乐在其中。感谢您从来都不拘泥于教我们那些课本上的知识，还教会我们如何做人，如何与别人相处，和这个世界相处，还有和自己相处。

老师，这本书，我很喜欢，谢谢你！

2021 年 6 月写于金华

2021 年 8 月前往加拿大多伦多大学读书

儿童节，我们在一起

金华市东苑小学 2009 级 5 班毕业生　张昕桐

不知不觉我已经 17 岁，成年礼近在咫尺，儿童节自然是早已远去，和我再无关系了。可是，为了重温小学时代的快乐，我还是在儿童节这天，厚着脸皮，拉着几个同学一起去了湖海塘小学看望我的小学班主任——胡亚珍老师。

今天是 2021 年 6 月 1 号，小朋友们都在参加"海塘嘉年华"活动，整个校园里人头攒动，处处欢声笑语。我和同学们一进校门，胡老师就热情地迎了上来："桐桐！快来快来，我带你们去逛逛！"牵着胡老师温暖的手，我脑海中美好的小学时光渐渐清晰了起来，而我印象中的她竟与现在没有丝毫差别：一样的笑容，一样的亲切，将我瞬间带回了童年时期的记忆里。

小学，是小朋友逐渐形成自己想法的时候，老师和家长的引领便显得尤为重要。正因为此，在小学时遇见胡老师对我来说真是一件十分幸运的事。记得那时，我们五班的同学总是被老师们夸奖，倒不是因为优异的成绩或是活动中的出彩，而是因为这个集体的朝气蓬勃，团结向上，这个集体中的每个人都是正直、善良和努力的。

现在的一些家长对于自己的孩子过于宠爱，捧在手心怕摔了，含在嘴里怕化了，家务活之类的更是绝不会让孩子动手。久而久之，孩子便不会有主动分担家务的想法，更有甚者会觉得家务活本就应该是家长的分内事，与自己无关。

胡老师深知父母溺爱的危害性，更明白让孩子从小养成爱劳动习惯的重要性。我们读小学的那些年里，她常常引导我们体谅家长工作和料理家事的辛苦。她说："虽然你们现在年纪还小，但也是家里不可或缺的一分子。既然是家庭的一员，便要学着分担家庭中的琐事。你们可以学着做一些力所能及的家务活，比如洗碗、拖地或者烧菜等。"

五、六年级的时候，老师鼓励我们下厨房做饭菜。她说："做饭炒菜，不仅是一种生活技能，还能激发我们对生活和家人的热爱。"可是，在此之前，我从来没有下过厨房，也很害怕烧菜时从油锅里溅出来的油花，但看到班级群里同学们晒出来的那些形状各异的煎饼之后，我的好胜心终于战胜了怯懦之色，我向妈妈表达了自己的想法。

掺杂着疑惑和惊喜，妈妈决定让我从最简单的蒸鸡蛋开始尝试。抱着接触新事物的新鲜感，我干劲满满地撸起袖子，洗了手，从她手里接过两个鸡蛋。也许是手部力道控制不好的原因，鸡蛋壳零零碎碎地落入碗里。第一步尝试的失败差点让我临阵脱逃，但是胡老师的话突然在我的脑海里响起："要学会体谅父母的辛苦哦！"我暗下决心，拿起筷子耐心地把碎鸡蛋壳挑了出来，又在妈妈的指导下把蛋液搅匀，放盐，倒温水，下锅。十五分钟后，当我揭开锅盖看见自己做的第一碗蒸鸡蛋正散发着诱人的香味时，成就感真是难以言表。我似乎从做菜这件事中发现了乐趣，也为能看见父母欣慰的笑容而感激胡老师。

在美国求学的这几年里，每逢周末，我都会和妈妈一起做中国菜。品尝着家乡的味道，不仅味蕾得到了满足，内心也是快乐的。去年新冠肺炎疫情席卷全美的时候，妈妈在国内，我和同学两个人在美国的家中却并不害怕。虽然闭门不出少了自由，但每天自己动手做一日三餐的过程充满了乐趣。也就是在那个时候，我更加深刻地体会到胡老师当年的良苦用心。

小学毕业多年后的现在，我总是能看见胡老师朋友圈里记录着她学生成长的点点滴滴和学做饭菜的日常，我真心地为我们，也为学弟学妹拥有这样一位负责任的好老师而感到骄傲。

今年的儿童节，我是和胡老师在一起度过的。我坐在教室的最后面，她站在讲台前，一如当年般温柔可亲，让我仿佛回到了天真烂漫的孩童时期。从班级最后面看着一张张课桌前学弟学妹们的背影，听着他们轻松快活的笑声，我感到很幸福。这些学弟学妹很快也要从小学出发，迈入崭新的中学时代，也许多年后的他们也会和现在的我们一样，常常惦念着胡老师，常常感激胡老师教会我们成为一个品行端正，努力勤勉的人吧！

2021 年 6 月 1 日写于金华

今生为师，幸哉

2013 年 9 月 10 日

这一天，我幸福满满……

确切地说，这样的幸福感在昨晚就已经提前来到了——

晚饭后，手机铃声响起，打开一看，屏幕上跳出一行字：

胡老师，祝您教师节快乐！吴佳颖

这是这个教师节前收到的第一条短信，它来自我的第五届学生，当下的弟子，一个漂亮而可爱的小女生。

大约十分钟后，我接到了母亲的来电，这是我从教十七年里，第一次收到她老人家送给我的祝福，感动之情难以言喻，为此，昨晚特别写下文章留作纪念。

七点钟，又收到一位师范同学的短信。或许是因为很久没有联系了，所以即使只是一句普通的祝福，也让人心里觉得暖暖的。

在教师节的今天，虽然课务活动很多，虽然琐事更多，但幸福的滋味只增不减——

身边的这群小不点，很乖巧，没有人违约，这让我很欣慰。

"教师节这一天，努力做最好的自己，让我不会因为你而生气，这就是你送给老师最好的礼物！"每一个教师节，我都会和孩子们说这一番话。这次，也不例外。

全班的孩子们都遵守了这个约定，但是今早见面的时候，他们会把平日的问候语换成：胡老师，我爱您！教师节快乐！

印象最深的是小朵朵，说完这句话的时候，她的小眼睛已经眯成一道缝了。

一个上午，手机铃声不时响起，祝福的短信一条接着一条。班里的家长送来祝福了，曾经的同事送来祝福了，毕业的学生送来祝福了，师范学校的老师送来祝福了，就连爱人也发了一条温馨的短信给我。呵呵，真的觉得好幸福啊！

但是，艳云的祝福，让我颇感意外。这孩子，我好像已经有十年左右没有见过了。去年联系上她，才知道她已经在证券公司上班了。平日里，我们联系得并不多，也因此，接到她的短信感到很惊讶，当然，高兴就更不用说了。

轶文已研究生毕业，现在杭州一所高中任教，如今的她也是教育战线上的一名新兵了。收到她的祝福，我一点儿也不意外，这孩子心思细腻，特别懂得关心人，这样的日子，她一定是不会忘记的。而这一次的教师节对于她而言，也是意义非凡的。因为这是她人生中的第一个教师节。作为她的老师，我给予她的是满满的鼓励与祝福。希望不久的将来，她能成为一颗冉冉升起的教育新星。

午休时分，接到俣豪的电话。虽然是意料之中的事情，但还是格外惊喜。都说男孩子大大咧咧，这孩子却与众不同。但凡是与我能搭边的节日，他都会亲自打电话给我。我告诉他，其实不用打电话的，话费太贵了，发条短信给我，我就可以欢天喜地的。孰料他说："老师，这样的节日，是必须打电话给您的，短信怎么能代表我的心情？老师待我的恩情，我永远不会忘记，以后的每一个教师节，无论我在哪里，都会打电话给您。祝您节日快乐！"有生如此，为师幸哉！

下午三点多，接到影恬的短信。或许是因为有所期待，然后才会特别激动。应该说，影恬和轶文、俣豪一样，都是特别重情意的孩子。自从去年联系上她，我们俩已经陆陆续续通过好多次电话。她总是那么细心，那么贴心，即使是在分别那么多年之后，她依然是那个特别会心疼老师的孩子。回复短信给她之后，她立刻又来了一通电话，听见我的声音无恙，这才放心。每次打电话，她都是这样仔细，一旦听出我的声音异样，便再三叮嘱，再三吩咐：务必注意身体，好好休息。有生如此，为师幸哉！

晚饭时分，接到吴若菡妈妈的电话，惊喜万分。我们俩在电话里调侃个不停，不时就是一阵哈哈大笑。吴若菡小学毕业至今，已经过去八年的时间了，这八年里，他们一家人一直住在杭州。时间久了，距离远了，但是情意丝毫没有发生改变。在这个特殊的日子，作为我曾经的家长，在过去的八年里，她竟然从未忘却，总不忘记给我发条短信，打个电话。今天，她又说，我是他们家格格永远的老师，她是我永远的学生家长。这份恩情，永记在心。有家长如此，为师幸哉！

晚饭后，打开电脑，登上QQ，瞬间跳出好多条信息。杨慧、罗莹、汪颖和蔡妮采都留下了祝福，献上了玫瑰。还有家长、同事、朋友发来的贺卡。再过一个月，杨慧就要成为新娘了，我真心为她高兴，更希望她一生幸福。罗莹和汪颖送走第一批学生后，又迎来了第二届学生，希望行进在教育的大道上，她俩越走越稳。采采如今已是浙江财经大学的一名学生了，希望她在大学里继续优秀下去……

晚上十点半，收到了余艺佳的短信。又是一个惊喜，又是一个意外！这孩子，总是带给我别样的情愫。去年那个突然的来电，在让我狂喜的同时，流下了莫名的眼泪。我从未想过，甚至不敢想象，自己在她的童年记忆中居然会留下那般美好的印象，以至于多年以后让她如此辛苦地寻找我。"在我的心里，您永远是最好的老师！"当我的目光锁定在她短信中的这句话上时，对她的想念，又变得格外强烈了。在她儿时，我曾经为她做过什么，才让她时至今日还能给予我这样的褒奖啊！

深夜十二点，当我的手指敲下这些文字的时候，内心漾起的依旧是满满的幸福。我很庆幸，自己当初选择了教师这个职业；我很庆幸，自己当初坚持担任班主任工作；我更庆幸，在过往的十七年里，遇见了那么可爱的一批又一批学生和家长。正是他们，让我从这份职业里寻找到了快乐的源泉，时至今日，依然觉得这是一份最美好的职业。

第四章

师恩难忘

遇见，何其荣幸

贵州省黔东南苗族侗族自治州黎平县城关第十一小学　石丹

天遇见了地，便有了永恒；春遇见了冬，便有了四季；酸遇见了甜，便有了人生；而我遇见了您，便有了动力。

与胡老师的相识始于 2019 年的那个夏天。

"通知！通知！今日中午浙江省首届十佳智慧班主任莅临我校开展公益讲座活动，在校的各位老师下午两点准时到会议室集中。"

"收到。"

"为什么不是明天！错过了！"

"好的，下午准时赴约啊！"

一下子，微信群里像炸开了锅似的。多难得的学习机会啊！走起！

会上，一句句温柔而有力量的话语吸引着我，我记着笔记，时而抬头望向台上的胡老师。她面带微笑，说起自己的班主任生活，提及自己的学生，就会在不经意间流露出更多柔和的表情，台下的我听得入了迷，嘴角也不禁上扬，内心小小激动着：一是因为我喜欢她和孩子们的相处模式，这正是我所追求的呀；二是敬佩。为何？只因我还在研究教材，想着如何上好课时，胡老师已经在研究学生，做智慧型教师了。

因此，平日里内向腼腆的我在会后鼓足勇气加了她的微信，一路相随到了校门口，只为了向胡老师请教一些教育问题。

晚上，我回味着白天的收获，想着自己与胡老师有相同的教育观，那一刻，犹如伯牙遇见子期般的心情，忍不住掏出手机给胡老师发了一条微信。

在微信朋友圈里，我对胡老师的了解就更多了。她喜欢记录孩子们成长的点滴，我发现她对孩子们的教育不局限于课堂上，还有社会生活实践、融洽的人际关系教育等。每次翻阅，我都思绪万千：能做胡老师的学生是一件

285

幸福的事，与胡老师相识更是一件幸运的事！最让我敬佩的是胡老师能够一切从孩子的内心出发，在枯燥、烦琐、平淡的教学生活中觅得"暗香涌动，疏影横斜"的雅趣。我想，胡老师追求诗意的教育生活，也一定过着一种优雅的教育生活吧！

2020年暑假，通过县里公开遴选考试，我来到县城小学任教。陌生的工作环境，对九潮小学的留恋，再加上面对异地搬迁的孩子，让我一度怀疑自己不会上课了，心态调整不过来，工作也时常不在状态。那段时间，工作还是尽心尽责去做，只是，我发现我眼里的光似乎慢慢在消失。我开始感到害怕，我怕我的初心会变，要知道做一名好老师那可是我从小的梦想啊！

那段时间，我会特意去翻阅胡老师的朋友圈，寻找精神支柱，我的耳边也会不时回响起一个学生对我说的话："老师，你可不可以不要放弃我，我已经尝过被放弃的滋味了。"我还想起了家长给我的留言："我家孩子来到这个班之后，语数成绩进步很大。""我家孩子早点遇到老师你就好了。"迷茫中的我从这些话语中似乎又找到了前进的方向。

那天，收到上届学生家长发来的微信和一张照片，是他家孩子在初中参加作文比赛获得一等奖的消息。当看到那篇作文题目是"与石老师相处的日子"，看到孩子妈妈的留言"石老师，看得出你在孩子心目中的重要性"时，我所有的伪装都轰然倒塌，那句话击中了我的泪腺。那一刻，我终于找到了我要坚持下去的理由，找到了必须要去做好工作的动力。

现在，那个眼里有光的石老师回来了！

"苔花如米小，也学牡丹开"，这是我最喜爱的诗句，农村里的孩子好比潮湿角落里的苔花，容易被忽略。如果把他们的优点放大，他们真的就像一朵朵花一样，很美。在农村这片土地上，我会继续用爱去发现他们的美。

"教学生六年，心里要想着他们六十年"，这是胡老师的教育格言，现在也已成为我的教育格言。我会继续守住自己最初的教育梦，砥砺前行。

在生命的年轮中总有一些不期而遇的朋友，他们给予我的温暖和帮助，始终摇曳于岁月的枝头，铭刻在时光的彼岸。遇见你，遇见你们，我何其荣幸！

遇见你，真好！

2020 年 2 月

再 相 聚

2014 年 2 月 6 日

初七。

晚饭过后，坐在沙发上和姐姐聊着天。也不知道是不是心有灵犀，就是感觉屋外有人，起身开门，徒弟翁素飞便站在眼前了。我的目光越过了她，在她身后寻找，孰料，空空如也。

"小尾巴呢？想见他胜于想念你啊！"

"玩了一下午，累趴了，还在呼呼大睡呢！"她笑着应我。

上一次见面是在什么时候，我真的是不记得了，感觉中已是很久很久以前的事儿了，也因此，再见的时候，我们都有点儿小激动。

"徒弟"一说，源于当年在一小的时候，学校搞的师徒结对的事情。那时候，她从湖州师院毕业，分在我们年级组。考虑到她刚参加工作，既要担任语文教学工作，又要当班主任，大家又是平行班，我就这样成了她的师傅。

说是"师傅"，其实，更多的时候，像是朋友，像是家人。她年纪轻轻的便离开父母，在一个举目无亲的地方工作、生活。这样的经历，我也曾经有过，个中辛苦与寂寞，深有体会，所以在一小的那几年里对她就多了一些关爱。

虽说在她之前之后，也有过一些徒弟，但师与徒之间的情感之深却相去甚远。这倒不是缘深缘浅之说，我认为那是每一个人固有的待人处事之礼不同。在她的观念中，或许还秉承着老祖宗"一日为师，终身为父"的信条。因此，即使我已离开衢州这么多年，她还是常常挂念我。寒暑假里，一定会QQ留言，或是电话短信联系我，希望回衢州的时候，能见个面，聊聊天，叙叙旧。

人与人之间是需要这样至真至纯的情感的，尤其是在如今这样一个有不少人急功近利的社会里。因为有了这样的情感，才让我们始终相信人世间还是有真善美存在的。我感动于她待人的那份真诚，也因此潜移默化地被她影响着、感染着。即使身在异乡，即使忙忙碌碌，也时常会抽空问候她，给予她一些力所能及的帮助与引导。

按照衢州教育局的要求，下乡支教必须满三年才能回到原学校。她是前年申请支教的。乡下的那所小学离家很远，要一个多小时的车程，她每天早上六点多钟就出门，晚上几乎是六点多钟才到家，基本上是"两头黑"。而她孩子的年龄尚小，才上幼儿园没多久。我心疼她，也担心她吃不起这苦，就叮嘱师范学校的老同学（在她支教的小学担任总务主任）尽力照顾她。孰料，老同学来电说："你那徒弟哪里还需要我照顾，没有城里老师一丁点儿的娇气，能干得很！"得知她一切都好，我也就不太担心了。

眼前的她，没有想象中的憔悴之色，脸上还有点儿白里透红，很精神，这让我很欣慰。从谈话中得知，她现在已经基本适应乡下小学的生活，并从中找到了不少乐趣，还感受到乡下同事和学生独有的那份淳朴之情，我真心为她感到高兴。无论在哪儿工作，她都很少抱怨，始终积极地工作，快乐地生活。这一点，我们师徒俩倒是有些相似。

因为陆陆续续有学生来看望我，家里热热闹闹的，真的很有年味儿。我和她的聊天也时不时被中断，几乎没有完整过。不过，她也是个开朗外向的人，在这样的场合，没有半点儿的拘谨，很快就融入进来，和我的学生们也聊得甚欢，并因此又一次深深感悟到担任班主任工作的价值所在。

从工作到家庭，聊学生谈孩子，每一次见面，我们之间总有说不完的话，可是每一次的见面都是匆匆，太匆匆。这一次，也是如此。不过，留有遗憾也未尝不是一件好事，因为这样才会让我们在未来的日子里满怀期待，盼望着下一次相聚的到来。

星 火

2020 年 2 月 7 日

世间一切，都是遇见，

就像冷遇见暖，就有了雨，

春遇见冬，就有了岁月；

天遇见地，就有了永恒，

人遇见了人，就有了故事……

晚上 9 时 40 分看到小石老师的留言，10 分钟后，我就通过微信语音联系了她。手机那头传来的声音依旧是那样清明婉约，随之浮现在眼前的就是她那温婉可人的模样儿：戴着眼镜，乖巧得就像邻家女孩。

"胡老师，不好意思，这么晚打扰你！我是九潮小学的老师。暑假里，你来过我们学校，还给我们开过讲座，不知道你还记得我不?"

我当然记得她，不仅是因为她的模样在听课的老师中那么与众不同，宛如一朵淡雅的白莲花，更主要的是那天讲座之后，她就一直跟着我，先是加了微信，然后就班级管理、学生教育等问题和我聊了很多、很久，给我的印象特别深刻。

"胡老师，其实一直想联系你，但又很忐忑，怕打扰你。今天是鼓足勇气给你留言，没想到你还记得我……"

虽然我们彼此相隔千里，但通过网络，我还是清晰地感受到她内心的激动。

她今天要请教的是班级家委会的组建与工作开展问题。在九潮小学，从来没有"家委会"这样的组织。她是通过我的讲座和我的微信朋友圈才知道家委会组织的重要性的。她说上个学期做得最好的就是用九班的方法引领全班学生坚持每天阅读，进步显著，搭班老师因此常常夸赞她和她的学生们，这让她颇有几分得意。但她觉得当下最困难的是孩子紧跟不舍，家长们却始终原地踏步。她也曾尝试用我的方法去影响和带动家长前进，以期更新他们的教育观念，只是收效甚微。正是这份挫败感促使她鼓起勇气向我求助。

不得不说，听完她的讲述，我的内心是波涛汹涌、百感交集的。如果你和我一样到过贵州省黔东南苗族侗族自治州最贫穷的黎平县，再沿着弯弯曲曲、坑坑洼洼的山路到达九潮中心小学；如果你和我一样看到那里的老师们即使是在暑假里也要挨家挨户走访学生，也要承担起帮助学生家长"脱贫攻坚"的任务，要确保没有一个孩子辍学，两个月的暑假缩水至半个多月，却还能保持对教育的初心，满满的热爱，甚至在寒假期间那些阴冷的夜里也不懈怠，早早开启了工作模式，你能不感动，不诧异吗？更何况，这还是一个看起来仍需父母给予疼爱与呵护的小姑娘，一个工作没几年却一直努力孜孜以求的青年班主任。在那样的穷乡僻壤，在一个班的学生半数以上都是留守儿童的状况下，依然能乐观生活，积极工作，这需要多大的决心和勇气啊！

我毫无保留地倾囊相授，详细地一一做了解答，并把电脑里储存着的所有关于这方面的资料全部发送给她。这不是为了标榜我有多么无私，多么高尚，而是因为我深知在贵州最贫穷最落后的地方做教育真的不易，改变家长落后的思想观念更是难上加难。所以我才会选择继 2017 年黔西县梨花镇留守儿童的走访之行后，在去年暑假坚持去九潮小学做公益讲座。既然改变不了家长，那就尝试影响当地的教师，尤其是班主任，再通过他们去帮助学生，感化家长。

现在看来，这条路是行得通的，小石老师就是最好的证明。她说自从去年暑假相遇相识之后，她一直都在关注九班，紧跟着我的脚步，在班级里不断尝试、不断实践新的做法。如今，她和孩子们相处得非常融洽，班级的管理日趋完善，班风学风越来越好。她很享受和孩子们在一起的时光。她会把我的那句教育格言"教学生 6 年，心里要想着他们 60 年"也镌刻于心，一定会努力做得更好。

放下电话，看看时间已经过去 52 分钟了，却仿佛是转眼之间。此刻，夜已深，窗外清冷而寂静，我的心底却漾起了幸福的涟漪，脑海里突然就跳出雅斯贝尔斯在《什么是教育》一文中说的那句话：教育的本质是一棵树摇动另一棵树，一朵云推动另一朵云，一个灵魂唤醒另一个灵魂。虽然在九潮小学的那一场讲座只有短短的一个半小时，虽然在那个贫困落后的学校里只有一位小石老师砥砺前行，但我已经欣喜地看到了希望的光芒。

或许前方的道路依旧会坎坷不平，或许我们改变不了这个世界多少，但只要我们不忘初心，始终守护心中的那份美好，它就会像一点点微弱的星火一样，越聚越多，历岁经年，终将燎原。

补叙

2020 年暑假，小石老师给我微信留言说，她因为工作业绩出色，已经调入黎平县城关小学任教。在为她感到高兴的同时，我还想说：每一个努力的日子都不会被辜负，每一个努力的老师都会迎来自己的高光时刻。

被风吹过的夏天

金华市兰溪第五中学　曾健桃

"各位新教师，大家上午好！我是来自金华市湖海塘小学的胡亚珍。"

她的自我介绍简简单单，就像她给人的第一印象那样平易近人。她戴着眼镜，脸上总是挂着淡淡的微笑。她的到来，于我而言犹如这炎炎盛夏里吹来的一阵凉风，非常舒服。

这是一种奇妙的缘分，刚刚成为新教师的我在兰溪教师进修学校遇到了她。

初为人师的我，怀揣着如盛夏一般的热情投入这一份事业中，我期待开启人生的新征程。但是，我也有着与所有新教师一样的彷徨，毕竟面对前方的未知挑战，我并没有做好充分的准备。

一开始，我还担心这一次的培训和想象中的那样，或照本宣科毫无生趣，或高谈阔论漫无边际，却怎么也没有想到，胡老师的讲座如此与众不同。她仿佛不是来做培训的，而是来给我们讲故事的。她从自己的求学经历聊到自己的教育人生，字字句句，娓娓道来。作为一个倾听者，我的思绪不再天马行空，它和我的目光一样一刻不停地追随着台上的那个人。

"没有爱就没有教育，作为教师，爱是教育的底色。""教学生六年，我们要想着他们的六十年。""相信相信的力量，每一个孩子都会成为最明亮的星星……"每每说到自己与学生在一起的美好时光，与他们斗智斗勇的故事，胡老师的两眼就会放光，那种光芒温暖而坚定，让坐在台下的我都不禁生出羡慕之意：做她的学生真幸福啊！学生们进步的时候，她会给予热情的拥抱；学生们调皮的时候，她会略施严惩：串珠子、解绳子、挑豆子……无一不体现着她的爱与智慧。

"每个孩子都不一样。有的是柠檬，有的是苹果，有的是仙人掌，有的是小树。我们要做的应该是：让柠檬更酸，让苹果更甜，而不是让仙人掌长成参天大树。"

听完她的讲座，我热血沸腾，心潮澎湃，立刻执笔写下了这一首小诗。然后，我毫无顾忌地冲上台去，体验了一把胡老师的拥抱。我主动加了她的微信，还情不自禁地和她聊起自己支教的经历。万万没想到，她居然饶有兴趣，还与我分享了她在贵州支教的经历。她鼓励我在日后的工作中保持初心，遇到问题可以联系她。第一次和这样一位优秀的老师近距离接触，我没有感受到丝毫的压力和紧张，反倒是觉得未来的职业发展道路上会多一份心安。

终于开始了自己的工作，万万没想到的是，在第一个星期我就碰上了棘手的问题。一个学生在课堂上公然挑衅，使我束手无策，尴尬的场面令我难堪至极，我的挫败感顿生，甚至陷入自我怀疑之中。课后我有些沮丧，却情不自禁地想起了胡老师。当天晚上，我就在微信上给胡老师留了言，说出了自己的委屈。

很快，她的声音就从电话那头传来，柔柔的。她安慰我不要难过，不要和学生怄气，她说我们要感谢这样的熊孩子，正是他们的出现，才增长了我们的智慧……她的那些温暖的话，那些成功经验的分享，治愈了我受伤的心灵，让原本黑暗一片的世界里突然就有了一束阳光，那样明亮，那样给人以安全感。

胡老师说："教学中的经历，等你日后回过头来，都是一笔笔宝贵的人生财富。"我在她的身上，看到了这句话的真谛。我也明白了，教育本身是一个师生双向成全的过程，在这个过程中，我守护着学生的成长，学生的成长又重塑了一个有血有肉有灵魂的我。一个人良好的自我认知，其实来自对自己生活和情绪的掌控，来源于达观的智慧和自信从容的内心，我们要试着多去理解自己的学生，因为教学，并不是美好生活的乌托邦，也不是水到渠成的童话，不会没有一点点人间疾苦。

经师易遇，人师难遇。感谢那个夏天，那个地方，感谢遇见了那个温暖的你！胡老师，谢谢你，在我的教育人生路上，你甘愿做一盏明灯默默指引着我前行。我也会像你一样永远热情，永远执着，永远相信每一位学生，相信爱与智慧会创造教育的奇迹。

有师我幸

金华市东苑小学　张　莉

我与胡老师相识于 2009 年，从 2015 年她调任湖海塘小学至今，我们共处 6 年。我的教育史正是与胡老师的结缘史。虽然现在，我与她不在同一个学校、不在同一个年级，但是当工作中遇到瓶颈，当任务无从下手，当不知如何引导学生，当解不开心结，我总会很顺手地拿起手机拨给那串熟悉的号码，于是那略低沉又温暖的声音就会透过电波，荡漾在寂静的夜晚，回荡在喧闹的午后，萦绕在破晓的早晨。无论何时她总会给我耐心的引导、抽丝剥茧般的分析。有时聊的不尽兴，我们就相约茶楼，仿佛她非把我引上"正道"不可。

她总说年轻人需要吃苦，需要多历练，当我对"谈谈班主任"讲座不知说些什么时，是她约我相聚，一顿饭吃了三小时聊了三小时，她以自己的亲身讲座为例向我传授经验。作为浙江省智慧班主任的她，大大小小的应邀讲座不知有多少场了。她从暖场开始要吸引听众说起，告诉我怎样让人听得进去还觉得有意思，不要谈理论不要讲概念，要说案例、故事，说自己的亲身经历。她说的都是实实在在用得上的，于是我记住了她管理班级的四句话：1. 教室是让小孩犯错误的地方。2. 不犯错误的小孩不叫小孩，是小孩都要犯错。3. 你有犯错误的权利，也有改正的义务。4. 犯了错误，要积极补救，越早越好，越迟越糟。这也成为我管理班级的理念。所以她不仅是我的好师父，还是我的百宝袋，是她教会我家长会流程，是她教会我与学生以诚相待，只问耕耘不求回报。

教育的目的笼统地说是丰富学生的学识以致广博，而我则认为对智慧及性灵的启迪更甚于前者，一个人学富五车只能说明其掌握知识的多少而不能定论其是否富有智慧。在我的教学之路上，胡老师对我的影响最深切，她让我领会了教育的深意。师德育师风，师风塑学品，师德师风乃教师之本，亦是教师之魂。

胡老师还是我与我家先生的媒人呢！我与我家先生的相识是胡老师牵的红线，所以不但工作上的问题，家长里短我也会向她求教。她与张老师的婚姻令人羡慕。他们二人各有追求，共同进步，生活恩爱美满。而她告诉我，两个人相处需要磨合，只要彼此坦诚，互相尊重，生活中的鸡毛蒜皮都不是事儿，婚姻也需要经营。所以她依旧会叫张老师"亲爱的"，无论多晚他们都会互道晚安，张老师也时不时在普通的日子里制造点不一样的惊喜。他们的爱情还新鲜着呢。有如此恩师，何其幸运！无论工作还是生活上，她都指引着我，让我成为越来越好的自己。

一直流逝的是光阴，不停变幻的是时空，不断改变的是环境。不变的是善良执着，不屈的是顽强坚定，恒久的是热爱美好，追求的是纯粹人生，这就是她。我爱她，一直，永远……

我的老师

2020 年 8 月 10 日

上中学期间，我最喜欢的是教语文的杨老师。

杨老师那时二十出头，风华正茂，不但长得高大帅气，而且多才多艺。他的软笔书法行云流水般美妙，他打篮球技术高超，文笔更是出众。青春期正是"少年不识愁滋味，爱上层楼，为赋新词强说愁"的时期，当时的我把闲暇时光都用在写作上。对学习的用心，对习作的坚持，使我得到杨老师的赏识自然多一些。他常常把我的作业当作范本讲评，也常常在班里读我的习作。可是，不管我多么努力，我的作文都没有上过 80 分，这让我好生懊恼。有一次我斗胆问了他，结果他说我若是能获得 80 分以上的分数，就可以去投稿，一定能够发表的。

为了老师的这句话，我更加留意生活，更加用心地写作。当《豆腐坊的小伙子》一文递交上去后，杨老师终于给我打了第一个"80"分，并将我的文章投到《巨化报》，而且真的刊登出来了。这之后我就一发不可收拾，更加沉迷于写作，文章经常被一些报刊录用。现在回想起来，我对习作的喜爱，很大限度上是受了杨老师的影响，我觉得自己简直是为了他才好好学习语文和习作的。"亲其师，信其道"，真的是这样的。

中学毕业后，我考上师范学校，得知杨老师辞职去了嵊州。在那个通信还不发达的年代，我失去了与他的所有联系。直到 2016 年国庆节，在一位小学老师的帮助下，我终于又联系上杨老师。当年的 12 月 8 日，他从嵊州赶到金华，还带来了我学生时代的不少老师，给了我莫大的惊喜。那一天，是我们师生阔别 25 年后的相聚，老师已两鬓斑白，但我们的感情却因为久别重逢而更加热烈。

马老师是我师范三年的语文老师兼班主任，个子不高，胖胖的，一笑起来眼睛就眯成一道缝儿。

记忆中，每天的晚自习，即使大家再吵再闹，只要听见楼梯上传来皮鞋的"哒哒"声，便立刻会安静下来。待那胖胖的身影出现在教室门口的时候，班中已是鸦雀无声，之前的喧哗嬉闹早已遁形。那年头，无论男女，都时兴在鞋底下钉上一块铁片，走起路来，铁片与地面摩擦产生的声音特别响亮。当年，我们便是凭借着这样的声音，躲过马老师一次又一次的检查。现在说起来，同学们依旧洋洋得意，马老师听了也不禁会心一笑。他一定不曾想到，时至今日，那块鞋钉，还能带给我们那么多的美好回忆与快乐。

他极少生气，对待我们这些孩子，就像母鸡护小鸡般疼爱。印象中他的几次动怒都发生在运动会上，我们和邻班在集体项目的比赛过程中有了一些争执，他容不得我们受委屈，甚至不惜和对方班主任吹胡子瞪眼睛，有一次还闹到了校长那里。校长调解了半天，他也不领情。

入校后，他认为我个人素质不错，很用心地栽培我。第二学期，他就鼓励我去参加学生会的竞选，还辅导我写演讲稿，为我写了推荐信，最后我竞选成功，当上了团委宣传部的副部长。在他的影响下，此后，我又相继成为《衢州教育报》《衢师青年报》的编辑，还加入学校的菱湖文学社和记者团，写作能力得到进一步提高。

每一年的元旦基本功大赛，他是绝对不会让我落下书法和演唱这两项比赛的，总是"逼"着我刻苦练习。那时候，感觉马老师就像是我的父亲一样，望女成凤心切。但凡我取得一丁点儿的好成绩，他就喜笑颜开。正因为有了他的鼓励与鞭策，在师范学校的三年里，我从不敢懈怠，始终保持努力，在各方面锻炼自己的能力，练就了扎实的基本功。

记得参加工作第一年的冬天，有一天雪下得特别大，都没过脚背了。我在办公室里批改作业的时候，门突然被敲响，马老师竟然站在我的面前，他像个憨憨的雪人正冲着我笑。他说路过我们学校就想到了我，想到了他曾经的学生们。那天中午，我们师生四人欢聚在一家小小的饭店里，当时吃的是什么、喝的是什么，如今早已不记得，但马老师在席间乐呵呵的模样至今依旧清晰。

我们毕业后，马老师就辞去了班主任的工作，我们这一批孩子自然就成了他的"关门弟子"。又过了一年，他离开衢州师范去衢州广播电视台当了一名编辑，从此告别了三尺讲台，但我们每年都会在衢州相聚。每一次见面，他都像当年在学校里那样，谆谆教导我要做一名好老师，当好班主任，要对每一个学生尽心尽力。他对我在工作上取得的一些荣誉和成绩，除了满心欢喜，更多的是骄傲。那样的一份骄傲，不亚于我的父母。

光阴荏苒，岁月如梭，转眼之间，曾经淘气叛逆的我接过老师手中的棒子，成为一名语文教师，成为一名班主任，已经有 25 年了。一路走来，我遇到过的老师许许多多，他们的脸庞或是模糊或是清晰，但常常会在不经意间浮现于眼前。当年的老师已不再年轻，他们的青丝已成华发，有些人再也没有见过，有些人却再也见不到了。但无论岁月怎样匆匆，我们师生之间的深厚情意始终不会改变，我的人生里始终有着他们的影子。

藏在时光里的温暖

萧山区金山小学　贾红红

　　人的一生中会遇到很多人，他们会陪你走过或长或短的一段生命旅程。就像夜空中的繁星，有的只是一闪而过的流星，有的是明亮的恒星，无论你何时仰望星空都能找到。我的师父——胡亚珍老师就像一颗恒星一样，一直守护着我。可以说，她是我职业生涯的引路人，她的很多做法以及她为人处世的方法一直深深影响着我。

　　2015 年，我从浙江师范大学毕业。因为爱情，我留在金华，进入湖海塘小学工作。第一次见到胡老师是在报到的那一天。当时我则办完手续，正与其他老师闲聊，说起自己至今还没有租到房子，眼看快开学了，很是犯愁。不知胡老师从哪里得知了这个消息，迎面走来："你是不是要租房子？刚好我认识一个朋友在出租，我把电话给你，你自己联系下，如果联系不上你再告诉我。"还没等我反应过来，她就把电话报给了我。刚踏出校门且身在异乡的我第一次感受到了来自他人的温暖，也因此对这所学校多了一份好感。我和胡老师就结缘于她对我的这次帮助，这以后的日子里，我却受到了她太多太多的恩惠。

　　由于我之前是在初中实习，对于小学班主任工作可以说是一无所知，学校的很多工作对于我来说就像是赶鸭子上架，但也只能硬着头皮先做了再说。虽然预想过很多情况，可真正面对 45 个一年级小娃娃的时候我还是败下阵来。尤其是开学的第一个礼拜，简直可以用"焦头烂额""兵荒马乱"来形容。原来，一年级的娃娃从吃喝拉撒睡到站立行走坐都要事无巨细一一教，可那时的我哪里知道这些。

　　看着我每天坐立难安、愁眉苦脸的样子，胡老师忍不住了，问我是不是发生什么事情了，我就像抓住救命稻草般，把发生的事情一股脑儿地告诉了她。那个时候，她其实很忙，事情特别多。刚接手一年级的她要组建新的班级，还分管着学校德育处的工作，真可谓千头万绪。即便如此，她还是愿意抽出时间来教我，至今我还记得她说："红红，遇到事情不要先紧张，一直想着怎么办，而要冷静下来多想想为什么。找到事情发生的根源，再去想解决方法才是正确的。而且，学生的很多事情我们要先想到前面，想着怎么预防，而不是等事情发生了再急匆匆去补救。"我听了如醍醐灌顶，是啊，每次我一遇到事情脑子里就只剩下三个字——"怎么办"，可越想越焦虑，事情没处理好还把自己弄得神经兮兮。于是，我照着胡老师说的去做，慢慢地，我不再害怕学生发生事情，处理起来也淡定了很多，从容了很多。

现在想来，一定是上天的眷顾让我遇见胡老师，而且分在了同一个办公室。更幸运的是学校在师徒结对时让我成为她的徒弟。

作为师父的胡老师更加认真地手把手教我，恨不得把毕生所得都倾囊相授。她邀请我进班参观她一天的管理，还告诉我为什么要这样做。好的师父不仅让徒弟知其然，还得让徒弟知其所以然。虽然我这徒弟不是特别聪慧，往往只能依样画葫芦，有时候葫芦还画不好，可师父从未对我疾言厉色，她总是耐心地指出我做得不对的地方，告诉我正确的做法是什么。

在处理突发事故时，她告诉我一定要牢记"大事化小，小事化了"的道理。记得一年级下学期，班里的两个孩子在玩耍时不小心磕到了牙齿，要知道这是一件可大可小的事情，当时的我早被孩子那一嘴的血吓蒙了。师父看到了，立刻亲自给孩子检查伤口，询问情况，然后让我打电话通知双方家长，还逐一教我怎么和两位家长说明情况，幸运的是双方家长都很通情达理，现在回想起来，也深知得益于师父将事情处理得十分妥当。

就这样，在师父的指点下，我慢慢成长起来，后来她还邀请我给学校的青年教师做危机事故处理的分享。这样的事情在我们相处的四年中不胜枚举。她总是尽自己所能为我提供机会，激励我前进。她对班主任工作的热爱、对学生的关爱无时无刻不影响着我，当我对班主任工作感到筋疲力尽时，师父的话语，师父与学生之间的故事就如一针强心剂让我重新充满了信心与斗志。

不仅如此，生活上的我也时时受到她的照拂。得知我孤身一人留在金华，男友又在部队工作，她总是心疼不已，得空就把我叫到她家中吃饭，有时还会带我认识她的一些朋友，丰富我那单调的生活。也因为师父，我在金华结交了一些好友。不止对我，师父也非常关心身边刚入职的年轻教师。她总是感叹现在的年轻人太不容易了，于是常常对年轻教师伸出援助之手。只要有老师求助于她，她总是知无不言言无不尽。师父身上仿佛有一种魔力，越接近就越容易被她的人格魅力所吸引，相信只要接触过她的人定会被她的笑容和温暖所感染。

师父说人和人的相遇是一种缘分，你是什么样的人便会吸引什么样的人。我时常想：是不是因为我也是良善之人，所以才这么幸运地遇到了如此美好的师父？她的身上有很多荣誉与光环，这些都与她的为人息息相关。她说教学生六年，心里就要想着学生六十年。我何其有幸，能成为她的徒弟，聆听她的教诲。虽然后来因为爱人的工作调动我离开了金华，但是只要我一个电话，她总会竭尽所能地帮助我。每次听到她的声音，就能想象到她定是眼含笑意的。

师父就如一股春风，吹拂着她身边的人。再顽劣的孩子，经她的教诲定会变得乖巧万分；再难缠的家长，她也能用智慧将其化为盟友；再棘手的事情，她也能从容地一一化解。她爱生如子，对班主任工作乐此不疲；她用春风化雨、润物无声的方式影响着身边的人。师父就如一束光，温暖着她所爱的人，我也是其中之一。

时光悠悠，离开金华已经一年有余，虽然我们已不在一处共事，但我们的故事仍在继续……

美好的遇见

衢州市江山张村小学　高春华

和胡老师的相识，是我实习生涯中最难忘的一件事。

2011 年，根据学校的安排，我和师范学院的同学们一起前往金华市东苑小学实习。当时东苑为我安排的师傅是吴志坚老师，如今的他已是浙江省数学特级教师了，这是我莫大的荣幸。又因为吴志坚老师任教胡老师班里的数学课，所以在班主任工作方面，我又拜胡老师为师，更让我惊喜的是胡老师是我的衢州老乡。所以，在胡老师班级实习的一个多月时间里，无论数学教学还是班主任工作，我都得到了充分的锻炼，受益匪浅。

实习结束之后，我参加了江山市教育局的招考。在新教师的培训活动中，我竟然意外地看到了胡老师，原来她是来为我们做班主任岗位培训的。会上，她邀请我上台分享了在她班级实习的所见所闻，还鼓励我一定要主动承担班主任的工作。她说当班主任虽然会更辛苦，但这个岗位特别锻炼人，一个优秀的班主任，会影响孩子一辈子。

胡老师是一位真正热爱教育、热爱孩子、富有智慧的好老师。在她班级实习的一个多月时间里，目睹她对待孩子、对待家长、对待同事的点点滴滴，我常常被深深地感动，我觉得她无愧于"浙江省首届十佳智慧班主任"的光荣称号。她就像我成长路上的一盏明灯，我在她身边的时候照耀我，我离开她的时候依旧点亮我的心房。其中有这么几件事情，让我久久难以忘怀。

相信对于每一位新老师而言，班级管理都是走上岗位后要处理好的头等大事。在我走进胡老师的班级之前，我的心里也有许多种忐忑和猜测：五班的孩子纪律好不好？会不会特别淘气，甚至欺负我这位新老师？

当我第一次徘徊在胡老师班级门口时，我却被深深地震惊了：没有老师的教室里，只有安静在孩子们的笔尖流淌，只有专注在孩子们的指间翻阅，只有"秩序井然"这几个字在我脑海里浮现。不需要老师的监督，三年级的小小孩子已经学会了如何自我管理、自我学习，这样的"不可思议"来自胡老师成熟的班级管理规章制度，只要有谁去触碰、去违反，惩罚分明。更重要的是她培养了一支强有力的班干部队伍。这些班干部在三年级时就已经能独当一面，班里的孩子要是出现了矛盾或者争吵，基本不用胡老师出面，班干部就能妥善处理。这让我很受用。学着胡老师的方法，走上教师岗位第一次担任班主任的我也给自己的班级建立了比较全面的规章制度，让学生们懂得自我约束的重要性，懂得赏与罚的意义，因此我这个班主任当得很幸福。

胡老师不仅管理班级有一套，她的智慧和她对学生的热爱更让我钦佩不已。当年，她用几颗小小的糖果串成了一个温暖的故事，时至今日再回想起来，我仍觉得不可思议。

故事的主人公除了胡老师，还有一个倔强固执的男孩子，名叫余舜杰，但他不是胡老师班里的孩子。

那天，他和同学争吵后，被他的班主任郑老师领进了办公室。在郑老师的一番教育下，吵架的两个孩子不仅内心的怒火没有得到平息，反而"斗争"得更加激烈。见此状况，胡老师毫不犹豫地伸出援助之手。时隔多年，我已然记不清楚胡老师和余舜杰具体说了什么，但我始终记得那孩子得到开导之后释怀的模样，始终记得胡老师给孩子四颗糖的原因——

第一颗是奖励他之前接受胡老师的建议写字条给郑老师道歉，表扬他懂得听取他人建议，可是余舜杰知道自己犯了错，没有领糖果，所以胡老师奖励给他第二颗糖，夸奖他有勇气面对自己犯下的错。在一番和蔼的开导后，余舜杰又说出了"以后再和同学吵架就退一步开阔天空"这样懂事的话，胡老师抓住时机又奖励他第三颗糖。最后，在余舜杰主动跟吵架的同学道歉后，胡老师奖励他第四颗糖，让他明白了在同样犯错的前提下主动道歉是大气的表现。我想，四颗糖到了胡老师手里已经不仅仅是糖果，它代表着老师对学生的一种鼓励，一种宽容，一种信任和一种热爱。

在我走进班级走上讲台的时候，我的口袋里也时常会揣着胡老师带给我的这"四颗糖"。我的班里有一位特别不爱做作业的孩子叫刘凯，同学们戏称他"刘不做"。当我第一天布置家庭作业的时候，他只做了两道题就交上来了。于是，我把他叫到办公室，我告诉他："今天高老师要奖励你三角学习币，因为之前有人跟我说你是一道家庭作业题都不做的，可是昨天你做了两道题，而且字写得很端正，这是你进步的表现。学习币要保管好，集满两元可以到高老师这里换奖品。"听了我的话，刘凯很吃惊，也涨红了脸。他点了点头，却只字未说。

第二次我再检查家庭作业的时候，发现他又多做了三道题，尽管有一些步骤是错的，于是我又奖励他五角学习币，并表扬他超越了昨天的自己，老师很高兴。同时我故意告诉他，开学才三天，班长也才赚了八角学习币，而他已经赚了一元了。他闻言显得特别激动，紧紧攥着手中的学习币。当天晚上，他妈妈就打电话给我，告诉我他的孩子做数学作业比以前自觉很多。第三天、第四天，我还是找各种理由去表扬他、鼓励他，一直到半个月后，不用组长和科代表催，他也能按时上交家庭作业了，而我也都认真批改，在他的作业本上写一些鼓励的话语。

经过近半年的努力，曾经的"刘不做"变成了现在的"刘按时"，数学成绩也提高得很快。这件事情让我明白，在学生犯错的时候，宽容比指责更有效；在学生自卑的时候，鼓励比命令更重要；在面对学生的时候，热爱比一切都重要。

由此，我联想到自己。曾经的我是一名有着两年代课经历的老师。在第一年的教师招聘考试中，我以一分之差落榜，一年的准备和努力就这样宣告失败。在我失落的时候，也是胡老师鼓励我再接再厉不要放弃，今天的我终于如愿以偿。作为新老师，在工作之初难免遇到很多问题和困难，我们的前辈会给我们很多鼓励，我们的师长会给我们很多指导，这样，我们才会更加快速地成长、成器。我们的学生也是如此，他们幼稚纯真，会犯下很多我们意想不到的错误，所以作为老师，我们应该多给予他们一点鼓励和宽容，因为他们的成长有太多的可能性。

胡老师对工作专注的态度和对学生宽厚的情怀，在多年以后，仍然深深感动着我、影响着我。如果说我对数学教学的钟情离不开吴志坚老师的影响，那么我对班主任工作的热爱是受到胡老师的感染。遇到胡老师，真的是一件幸运的事情。

清浅的时光里，我遇见了你

衢州市江山城南小学 张 娟

滚滚红尘中，人与人的相遇是命运的偶然，相识是缘分的安排。我和胡老师的相识实属偶然，可就是这样一次偶然的相识对我的教育生涯影响至深。

2017 年一个阳光明媚的午后，在一位好友的相邀之下，我们驱车百里到达胡老师位于金华市区的家里。那次是初见，却让我有一见如故之感。我们在客厅喝着茶，亲切地交谈着。我们谈了很多，关于教育教学，关于孩子，关于班主任工作，等等。胡老师获得过诸多的荣誉，但坐在她面前，我并不觉得拘束。她温婉可亲，阳光透过客厅的窗户洒在她和煦的笑脸上，感染力十足。

胡老师是一位自带光芒的人，哪怕在黑夜，她身上的光芒也能照亮前路，并带给身边的人以光亮。

这个下午，一直困扰我且不得其解的问题，在与她的笑谈间云开雾散。她为我推开了一扇窗，让我看到了别样的风景。这风景犹如沙漠中的一捧清泉，又如黑白画卷中的一抹色彩，使我印象深刻。在她的影响下，我的心激动无比，它在那里跳跃着，为即将付诸实践的一切而兴奋不已，难以自持。

往后的工作中，但凡遇到困惑、遭遇挫折，我总会情不自禁地想起胡老师，情不自禁向她请教。她就像一座灯塔，在我迷茫的时候，不知多少次指引着我前进的方向。

两年前，初到城南小学的我任教一年级。初入学的孩子纪律涣散，调皮捣蛋，许多事情不能自理。作为班主任，我整天处在麻烦的旋涡中，经常气得连饭都吃不下，先生看着日渐疲惫的我无奈地叹息道："要不跟学校商量一下，不当班主任了？"可生性好强的我心有不甘地拒绝了。

似乎是心有灵犀，恰逢此时，胡老师给我打来电话。她听到我诉说一年级的孩子难教时笑着说：孩子的心思很简单、很纯真，谁爱孩子，孩子就爱谁，只有爱孩子的人，才可以教育好孩子。为了让小孩子亲近你、爱上你，首先你得让孩子们感受到你对他们的爱。默默无声的爱很多孩子是不知道的，所以，爱就要大声说出来。

于是，每天清晨和傍晚，我也学着胡老师的样子，用爱的语言与孩子们互致欢迎与道别辞："张老师，早上好，我爱你！""早上好，张老师也爱你！""张老师再见，我爱你！""小朋友再见，张老师也爱你！"当整个班级被浓浓的爱包裹着时，当师生之间亲如家人时，孩子们变得守纪律了，上课也认真听讲了，写的作业更是清楚整洁，我的心情如雨后的彩虹，我的脸上时时洋溢着甜蜜的笑容。

"亲其师，信其道"，胡老师的教导让我深刻地理解了这句话。

我一直很喜欢胡老师班级开展的"玩转厨房"活动。近两年，我也紧跟她的步伐，在班上尝试着实施，没想到深得家长和孩子们的欢迎。"热爱厨房的人是热爱生活的，热爱生活的人是热爱学习和工作的"，通过"玩转厨房"活动，我真切地感受到孩子们的点滴变化。他们的动手能力强了，不再"十指不沾阳春水"，他们的身上也少了"公主气""少爷气"。当我看到他们系着围裙在厨房里认真烹饪和展示厨艺成果的一张张照片时，我也获得了莫大的满足感和成就感。

做胡老师的学生毫无疑问是幸运的，而作为胡老师的朋友又何尝不是幸运的！每每回想起一路走来我们之间发生的点点滴滴，我都会发自内心地感恩上天让我遇见了她。她似一缕春风，使人心旷神怡；又似一阵细雨，悄然滋润心田。

静坐在时光的一隅，感怀尘世的美好，辰光摇曳间总闪现出你的身姿，在清浅的时光里遇见你，我收获了无尽美好，感谢你，胡老师！

她是我们全家的老师

衢州市巨化职工医院办公室　傅　铭

第一次见到胡老师，是孩子上小学前胡老师上门来家访。温和的笑脸，纯净的眼神，尽管是炎炎夏日，但身上透着一股让人心灵沉静的气质，望之俨然可亲。

我连忙拉过儿子让他向老师问好，孩子那时胆小且倔强，低着头就是不说话。我觉得失了礼仪，对着他大声呵斥。胡老师连忙制止了我，她蹲下身子，把孩子搂在怀里，慈爱地说："害羞的孩子本性纯良，他只是不熟悉，不是没礼貌。我相信开学的那天，他一定会向我问好的。我们拉个钩好不好？"果然，开学的那天，儿子主动叫了胡老师，也拿到了胡老师给他的小学生涯的第一朵小红花。

孩子在刚入学时，比较调皮，进入不了学习状态，几次测验成绩都不理想，我们非常着急，心情沮丧。是胡老师让我们认识到犯错误是每个孩子的天性，当孩子犯错误时，她让我们学会站在孩子的角度去看问题，找到他们的思维和认知短板，她说这样才能找到孩子犯错的根源，帮助孩子补足短板。

父母总希望自己的孩子是最优秀的，因为有了过多的期望，失望便在所难免。所以，对孩子的语气里便多了苛刻，多了不满，觉得自己的孩子过于平庸，但胡老师一直以一种宽容和赏识的心态来对待洪畅。她从他的固执中发现他做事情的认真态度，让他当了劳动委员，洪畅也将老师的信任当作动力，认认真真地每天做好值日工作。在胡老师的鼓励下，洪畅在一天天进步。从胡老师的口中，我看到了孩子的许许多多优点，也增添了对孩子的信心。

　　胡老师在教育中也注重赏识与批评，"长善而救失"是她的风格，她对洪畅因为贪玩而屡屡迟到的现象，就采取了赏识性批评的方法，让洪畅感觉到犯了错不要紧，老师相信你能改正，洪畅之后再也没有出现过因为贪玩而耽误上课的现象。

　　在洪畅四年级的时候，胡老师因工作需要调离了巨化一小。我们深以为憾，也一度认为以后的联系会很少。她安慰我们说，她不会和孩子们断了联系的。本以为只是随便说说的一句客套话，没想到她一直在用行动实践着。在洪畅生命中的重要时刻，她总会出现：小升初的时候、初升高的时候、十八岁成人礼的时候、高考的时候，今年寒假又会见面，因为孩子要考研啦……

　　胡老师不仅是洪畅的老师，也是我们这些父母的老师。她让我们学会了宽容和等待，逐渐认识到，每一个孩子都有所长，也有所短，全面优秀的孩子毕竟是少数，家长如果总是对孩子表示不满和批评，会伤害孩子的自尊，使他失去自信。胡老师也给了我们信心，我们开始相信每朵花都有自己盛开的光泽与时间，开始不奢求他一定是人群中最优秀的，但是要帮助他在能力范围内盛开出自己的美丽，不留遗憾。我们懂得了要以耐心与欣赏注视着他的成长，并且引导着监督着，给他成长的时间与空间。

　　以前，不知不觉中，总喜欢在孩子面前保持严肃的形象，以为这样才有尊严，看到胡老师和孩子们的亲热劲，才知道尊严并不在一张不苟言笑的脸上。和孩子一起快乐地玩耍，和孩子一起欢笑，并经常给孩子一个拥抱，这些才是最好的爱的表达，才能使我们真正地走进孩子的心中，才能得到他们真正的尊敬。

　　前几天，因为孩子给我的一封信中提到小时候对他的管理过于严苛，他感觉压抑，我看了后觉得有些委屈和茫然，和胡老师倾诉后，得到了她的开导：每个父母都是不完美的，孩子在这个年龄段还不能完全理解父母当初的做法，他能够说出来，说明家里还是民主的。为人父母就是修行，是孩子让我们发现自己的不足并且不断完善的。听了之后，我释然很多。

　　真的非常感谢胡老师，她让我学会享受培养孩子的过程，用心体会点点滴滴的感动与喜悦，以宽容的态度对待孩子的缺点，以愉悦的心情养育孩子，在使孩子感到愉快和开心的同时也让自己享受快乐，让我在宁馨的日子里与孩子一起快乐地成长。

　　我们一家是幸运的，因为我们遇到了这么一位宽容、睿智而温柔的老师。每每想到她，在为孩子感到高兴的同时，心里也一直是温暖的。在胡老师的心目中，每一个孩子都是最美丽的，每一个孩子都是她的最爱。她的脸上总是挂着发自内心的充满母性的笑意，似冬夜窗户里透出的橘黄灯光。她望向孩子的眼睛永远充满慈爱，那种发自内心的喜爱，常常让我觉得她身上有着天使般圣洁的光。只有在老师宽厚的爱里，孩子才会如此快乐、恣意、无拘无束地生长。我想，她教的每个孩子心中的春天，应该都是从她这里开始抽芽吐绿的吧！

她是我们全家的老师，也是我们全家一辈子的朋友。期待寒假的相聚！

2020 年 12 月 30 日

努力后，你才能说运气坏

金华市东苑小学　郑晓丹

2009年9月，我怀着一颗无比激动的心情，踏进了金华市东苑小学。她是我向往已久的学校，在这里当老师曾是我学生时代的最大梦想。

"初生牛犊不怕虎"，初当班主任，每一天，我都会用尽最后一丝力气；每一天，我仿佛都时刻不停地旋转着；每一天，我都觉得过得很长很慢……

参加工作的第一个月就这样在艰辛、陌生和忙碌中过去了，起初的向往、神圣感渐渐地变为疲惫、压力。这个时候，我不禁开始动摇，难道是自己不能胜任这份工作吗？难道这份工作需要牺牲如此多吗？

2009年的秋天，我没有发现金桂飘香，没有发现秋日的天高气爽。我想我是累了，心情一度沉到了谷底，不明白每一天的目标是什么……

这个时候，她走进了我的心里，她就是我的师父——胡亚珍老师。还记得那是一次班主任培训，结束后，我们一行三个人一起回家，在车里的时候我们聊起了自己对工作的想法，我淡淡地说只要过得去就好了。胡老师仿佛听出点什么，接下来的时间，她特别地关注了我的状态，想办法了解我的心理感受。在得知我是因为遇到陌生的环境无法适应而产生挫败感才变得如此消极时，她总是找各种机会与我交流。她让我明白，一个班主任的成长需要一个过程，每个人都是这样成长起来的。如果一开始就不努力，那就不会成熟。

师父的话在我的心里停留了很久。我不禁陷入深深思考的状态。我真的是一个对自己要求只是过得去的人吗？真的准备放弃努力了吗？答案是否定的。我不禁开始分析自己是哪里出了问题：是政教主任每一天的提醒？是同事之间的比较？是每天层出不穷地质疑的家长……我想我是受伤了，孤独无助到想要逃避。

明白问题后，我积极地面对自己的困惑，尽量克服这种想要逃避的心理，更加努力地投入工作中。好的表现渐渐获得大家的认可，我对班主任工作渐渐感到顺手、喜爱了，形成了良性循环。

从逃避、害怕到顺手、喜爱，我用了三年时间。如果没有师父的关注，我想我不可能这么及时地发现自身的问题。如果没有她的帮助，我不可能这么快融入班主任这个岗位中。不论有什么好的点子、建议，师父都会与我们分享，绝对不留一点私心。如果我们有疑惑、困扰，她就会非常热心地帮我们分析原因，出谋划策。

记得有一次，我被班里的一个学生气回办公室，盛怒之下，我又把那个孩子叫到办公室教育。可是这个孩子由于被我用批评的方式教育得太多，已经对我产生了敌视态度。我的话他自然不爱听。眼看着我越来越生气，师父接过了话茬，足足用了半个小时了解了这件事情的原因，她在教育孩子的同时，也语重心长地开导我。直到这一次，我才发现，原来是我伤害了孩子。

师父就是这样一位老师，不管是不是自己班的孩子，都会当作自己的孩子来教育。那么有耐心，那么有爱心……我们班的这个孩子到现在还对胡老师敬爱有加，连孩子的妈妈都曾对我提起胡老师，称赞她真是一位好老师。是啊，胡老师就是这么一位有智慧的老师，她让我明白，教育的契机有时候是批评，有时候是理解和宽容。

还有一次，我班的一个孩子发生了意外伤害。他的头被铁锹铲伤了，当即血流不止。见到这一幕，我顿时惊慌失措。师父第一时间做出了非常重要的举动，她到班级药箱里取来一叠干净的纱布，又带着孩子先到卫生间清洗伤口，然后在伤口处覆盖上纱布按压止血，接下来马上送往医院。我慌忙扶着学生上车，这个时候，师父又嘱咐我，一定要让孩子到医院的整形美容科缝针，不然伤口的疤痕会很难褪去。就是师父这个建议，让后来这件事情的处理变得简单。从医院回到学校，师父又叮嘱我当晚去孩子家中探望，向家长诚恳地道歉……我按照师父的吩咐做，结果家长不但没有难为我，还表现

311

出了理解的一面。现在想起这件事，我还是记忆犹新。真是多亏了师父的细致、当机立断。

　　我的师父胡亚珍老师是一位普通的语文老师，是一位爱生如子的班主任老师，是一位带领着25位老师共同成长的年级组长，是一位妈妈，是同样从事教育岗位的张老师的妻子……在这么多社会角色中，她始终能游刃有余地处理好各种关系，在家是母亲、是妻子，在校是全身心投入工作的好老师、好同事。她虽然是一位普通的老师，但她带给我的榜样力量却是那么强大。

一位外婆的来信

敬爱的胡老师：

您好！

请允许我这样称呼您，因为在我的心目中，您是当之无愧的好老师。

我是董露嘉（小名丫丫）的外婆，今天早上拜读了您写给家长的第二封信，感慨良多。我是一个生性刚烈、脾气暴躁的人，过去在教育子女的过程中走过很多的弯路，现在在第三代的身上有时还会故伎重演。我做事认真，责任心强，但在教育孩子的过程中，经常大声训斥，一不顺心，非骂则吼，结果是虽出于好心，但收效甚微，给我的女儿的心中留下了不堪回首的记忆。我想，倘若我在当时就遇上您这样的高人指点，我女儿的命运可能就与现在大相径庭了。

您推荐的薛瑞萍老师写的《心平气和的一年级》，我用了很短的时间就看完了，可以说这是我这辈子读得最快的一本书。我是在卫生间看、在厨房看，哪怕有一丁点儿的空闲时间，我都会打开看上几页。这本书真是写得太好了。

胡老师，您是薛老师教育理念的极力推崇者和忠实的执行者。您的学生是幸运的，丫丫能遇上这样的班主任真是三生有幸。我们深深体会到了启蒙老师有多么重要。这些天，丫丫的外公正在筹备一个小学同学会，有几个同学都是从千里之外赶来参加的。他们的每一次同学会到会率都在80%—90%以上，这除了有一批热心的组织者，最为关键的是他们有一个受人爱戴的班主任您，是她用辛勤的汗水培育了这样一个令人难忘的集体。他们小学毕业至今已经48年了，同学之间的情谊还如此深厚，真是少见啊！由此，我联想到了现在丫丫的班主任——您。在您的精心培育下，一个努力向上、充满朝气的、温暖的集体的形成指日可待。几十年后，当他们聚集一起回忆往事，感激您的称职与恩情时，您也一定会感到欣慰的。

313

　　前几天放学后，在教室里碰见您的女儿贝贝，当她说您回家后因劳累懒得写博客，但想到家长期待的心情又不得不放弃休息继续为我们奉献精神大餐的时候，我的眼前顿时浮现出您那靠在沙发上的疲惫不堪的身影。当时，我就产生了一种给您写信的冲动。文科很弱的我退休八年来，就没有动笔写过东西，有时碰到一个不难写的字都要找字典求证，但是今天出于对您的感激之情，我还是提起了笔。我感到内疚的是孩子经常出状况让老师费心。要知道，若是全班47名同学都出状况，老师要费多少心啊！都说小学一年级的班主任是最辛苦的，几乎要包揽学生的吃喝拉撒，像您这样富有爱心，又甘于平凡、自找苦吃的老师，辛苦程度更是可想而知。我们的心里很矛盾，一方面希望天天看到博客里有孩子成长的故事，另一方面又希望您累了一天要早点儿休息，我们真希望您是个"铁人"（这种想法是不是太自私了），可您又不是，您也有一个家，需要您这个妻子、妈妈去打理。贝贝很幸运，她有优秀的爸爸和妈妈，但是她也有遗憾，无私的爸妈已把大部分的爱给了他们的学生。当然，你们那种为人师表的敬业精神也是送给孩子的最宝贵的财富。

　　胡老师，还要告诉您一件事。有一次，我碰到丫丫幼儿园同学的妈妈，在谈起小孩入学后的情况时，我向她推荐了您的博客内容，她很感兴趣，向我要了博客网址。我是真心想让更多的人从中受益。胡老师不会介意吧！

　　好了，啰里啰唆，写到这里。又要浪费您的不少宝贵时间了，希望您保重身体！

　　祝您

国庆节快乐！

丫丫外婆：朱云芝敬上
2009 年 9 月 30 日

温暖如你

金华市兰溪游埠镇中心小学 成楚楚

一提到胡亚珍老师，我就想到一个词——温暖。

我们初次见面于新教师培训会上，真正认识则是培训过后的第二个月。

八月的夏天，热浪翻滚。在教师进修学校的报告厅里，我却感觉如沐春风。彼时，我坐在台下，是数百个新教师中的普通一员，我的眼神却从未离开过台上的胡老师。时光在她的脸上刻下了印记，但丝毫不影响她上扬的嘴角和眉目之间绽放的美丽。

她做老师怎么会如此快乐？她当班主任怎么会如此充满智慧？在她的娓娓道来中，我真切地感受到了她和学生相处时的轻松愉悦，那是一种让你羡慕、让你嫉妒的情感。我就像被一股神秘的力量牵引着，迫切地想要向她靠近。

她说："要做孩子心中温暖的灯，教师首先要成为一个温暖的人。"她给好好午睡的小朋友大大的拥抱，她坚持每天为孩子们写教育日记，她号召全班同学寻找"熊孩子"的优点和进步之处，她在学生毕业多年之后依然牵挂、关心着他们……

她说："教学生六年，心里要想着学生的六十年。"我们知道，整个教育的基石在小学，小学是一个人三观形成的初级阶段，是培养学生学习兴趣、端正学习态度、养成良好行为习惯的重要阶段，每一个教师，尤其是班主任都要以高度的责任心和使命感去教好每一个学生。因为小学的孩子可塑性和模仿能力都很强，老师的一言一行会潜移默化地影响他们一辈子。

作为一名新教师，我对教育事业是憧憬的，尤其是听了胡老师的讲座之后，我更加踌躇满志。开学之后，我满腔热情地想要把培训时候的收获一股脑儿全用在教育上，但没想到意外总先于惊喜来到，一名学生竟然在我的课堂上画了一幅侮辱我的图画，我顿觉五雷轰顶，内心崩溃。我难以相信一个平时温和有礼貌的孩子居然能做出这样的事情。他的那幅画犹如一盆冰冷的水将我对教育事业的热情浇了个透心凉。

当天晚上，我就给胡老师留了言，期待她能帮助我。没想到她马上就给我打了电话。她先是教我如何看待这个学生的年龄段特征，然后耐心教我和这个孩子的沟通方法。她鼓励我要向那个学生勇敢地表达自己对这件事的感受，了解原因并表达期望……

虽然看不到胡老师亲切的面容，但听着她温柔而有力量的话语，我焦虑不安的心终于平静下来，那一晚我兴奋不已，又重拾信心。当我把胡老师教给我的锦囊妙计付诸行动时，我发现美好的一切果然在悄悄地发生。这个学生从此以后再也没有做过类似的事情。这之后，每当我遇到学生不做作业，或是上课捣蛋等情况，我再也不会气急败坏，而是学着像胡老师那样温和而坚定地处理。如今，我也不断地收获成长，赢得了学生对我的喜爱。

从教之路必定会坎坷崎岖，但我毫不畏惧。因为在迷茫或是彷徨的时候，我总会情不自禁地想起胡老师。她就像一缕烛光，不仅点燃了我对未来的期望，也为我指引着方向。

温暖如你。感恩胡老师！

我和师父

金华市开发区汤溪小学　　翁和青

"亚珍老师，您好，我是有幸被您培训的新教师翁和青。"

2018 年的新教师培训会是我与胡老师的第一次见面，不论是与老师交谈，还是与学生聊天，我都能从胡老师的话语中感受到她的温柔与似乎要溢出的爱。我多么想成为这样的老师啊！

加了微信后，我和师父起初并没有过多的交流，当我带着迷茫和焦虑向她寻求帮助时，她向我释放的却是满满的善意与耐心。被学校安排接班并同时任教两个班的数学，面对班级已有的规章制度，第一个学期我选择了适应，在寒假期间则思索着改变，却丝毫没有头绪。

虽然距 8 月份的培训已时隔多月，我还是怀着忐忑的心情向师父袒露了自己的担忧和思考。接到语音电话已是晚上，师父竟向我解释白天没有及时回复的原因并询问是否方便探讨，这让我又震惊又惭愧，贸然打扰她的是我，令她深夜无法休息的也是我，她却向我说着抱歉的话。

在电话那头，她耐心地听我讲述面临的问题，宽慰我说这是新教师的必经之路。师父以所任班级为例，条分缕析地讲解如何挑选家委会成员、确定家委数量及职责、选拔的方式与流程……她的一字一句仿佛拥有魔力，我的心慢慢沉静，明确了自己该做的事儿。

佛说"缘深则聚"，的确如此。这个电话不仅使我和师父的缘分更深，而且我们的联系开始密切起来。没有刻意而为，一切都是那么自然而然，我们从未行师徒之礼，却有师徒之称，乃至师徒之实。究竟是什么时候我把称呼从"亚珍老师"变成了"师父"的？仅仅是缘于那通深夜电话吗？显然不是。

"和青，我这里有一个学习的机会，我向主办方推荐了你，等会儿你就说我是你师父哈！""好嘞，谢谢师父！"我秒回了。从文字不难看出，我当时有多么欣喜。有学习机会固然高兴，主要还是"师父"这两个字实在讨人喜欢！该怎么形容才贴切呢？就像小女生收到喜欢男生的告白一样，光是想想就能笑开花！

回回听师父讲教育那些事儿都会有不同的感悟，我也时刻提醒自己要怀揣一颗仁爱智慧之心。临近期末的一节课上，我没收了两名男生传的纸条，下课后才发现事情远没有那么简单。纸条上的言语和画面让我不知所措，我无法用之前的经验来解决，更不知道面对两个对"性"有错误认知的孩子该如何开口教育。我的第一反应就是找师父。与师父通了电话，这事也暂时得以完美解决。

暂时解决是因为当时临近期末，不宜放大处理。但是，对孩子的性教育问题在新学期必须提上日程，只有这样才能避免他们出现错误的认知。这也恰好体现了师父的教育理念："教学生六年，心里想着学生六十年。"正是有师父如水般的教导，一年年的坚持，才会有一届届学生对她真心的喜爱，才会有学生父母对她道不尽的感谢，以及包括我在内的一个个"迷妹"。

今天是 2 月 12 日，是新春佳节，新的一年容我重新介绍一下自己——

"师父，您好，我是有幸成为您徒弟的翁和青。祝您新年快乐！"

2021 年 2 月 12 日

一位母亲的手记

——写给胡老师，写给五班的孩子

骆旦莉

作为一个普通的母亲，我和普天下的母亲一样，总希望自己的孩子能够健康、快乐地成长。

由于家庭因素，我的孩子一直在杭州上小学。记得孩子九岁那年，姐姐跟我说，孩子过年来金华那几天，几次重复"活着没有意思，还不如死掉算了"这句话。问及原因，说是在学校天天被老师批评，被同学孤立，回家还挨揍。我马上跟孩子的爸爸沟通，被告知只是孩子的胡扯。可是，孩子为啥不说其他的？九岁的孩子有这种念头正常吗？

突然感觉事态很严重，我马上请假去杭州，跟班主任进行了交流。被告知在学校表现一切正常。还是不甘心，于是，放学后跟班里的小朋友一起回家，一路上问了孩子们几个问题，小家伙们争先恐后地告诉我：老师告诉大家，茹屹脑子有问题，有多动症，大家都不要搭理他。

进一步了解，事态更严重：每天放学时，在校门口迎接孩子爸爸的是班里孩子们写的揭发纸条，内容无非是茹屹打人了，茹屹说脏话了，茹屹不做作业之类的，每天不少于 10 张。几乎每天，孩子的爸爸都要被老师叫到学校接受教育。因为茹屹常常和同学有肢体冲突，所以那时候，双方父母在校门口协商的事情时有发生。孩子爸爸笑称，每天送孩子到了学校，那颗心也就马上被拎了起来，因为随时会有电话通知去学校处理孩子的"战绩"。

孩子有了抵触情绪，上课再也不愿意认真听课，作业拖拖拉拉。我的孩子真的有这么糟糕吗？于是，我跟孩子爸爸沟通：是否试着改变一下孩子的学习环境？孩子爸爸也有疑虑：是不是孩子真的有问题？学校是培养学生的地方，不可能会有这种偏见跟不公平吧？人家都是这样过着，难道我们的孩子就不能继续好好完成小学的课程吗？

但是人的童年只有一次，我们赌不起，我想把对孩子幼小心灵的伤害最小化，改变孩子的生活环境、学习环境，让他忘记以前的一切不愉快。我想看看到底是教育方式的问题，还是孩子自身的问题，我们决定跟现实赌一把！

这之后，我就忙于穿梭学校，给孩子办理转学事宜。

三年级，茹屹来到了新的学校、新的班级：东苑小学三（5）班。报到那天，看到窗明几净的教室，看到井然有序的摆设，看到每一个孩子发自内心的灿烂笑容，看到班主任老师胖胖的和蔼的样子，我和孩子打心眼里喜欢。胡老师请全班同学热烈鼓掌，请茹屹同学上台自我介绍。我的孩子哪有过这种高级别的待遇啊！他都有点不知所措啦，但是看得出来他很开心。

班主任胡老师的教育教学水平是早有耳闻的，我知道她是一位富有爱心与耐心的好老师。

可是上课后的第一天，我的心情跟当初孩子爸爸的心情一样，惶恐极了，生怕有电话"召见"，但是没有，接下去一天也没有。两天之后，我还是主动找了胡老师，我觉得有必要将茹屹在杭州的情况告诉她，让她心里有数。说实话，当时真的蛮担心老师拒收这个"问题学生"的，至少我自认为鉴于杭州的表现，茹屹应该属于"问题儿童"。没想到胡老师并不这么认为，她觉得那是因为茹屹没有生活在一个爱的集体里。她说，有爱的集体里就没有问题学生。她安慰我不要太担心，不要操之过急，对待茹屹的教育，只能慢慢来。

也许，期望的幸福总是伴随着不断成长的痛苦。几天之后，随着新鲜感的逐渐退去，孩子在过去两年里养成的一些不好的学习习惯又显现出来。没有认真听课的意识，没有完成作业的意识，待人没有宽容之心，隔三岔五就会伸出拳头。多少次，我被孩子折磨得抓狂，想就此放弃，让他还是回到杭州他爸爸身边去。可是，胡老师总是安慰我：再给彼此一些时间，孩子需要一些时间去规范自己的行为，做妈妈的也需要一些时间去等待，毕竟两年的坏习惯不可能说改就改的。这么多不良习惯，至少需要半年的时间纠正。胡老师这样告诉我。

茹屹跟同学打架、闹不开心的事情在开学的那一两个月里时有发生，我总担心班里其他的孩子会因此疏远他，孤立他，可没想到这一切都没有发生。胡老师在孩子们的面前总是给予茹屹特别的呵护，她希望大家都能给茹屹时间，帮助他改变，也教育茹屹如何与同学相处，如何在犯了错误的情况下积极补救。慢慢地，茹屹学会了克制，学会了道歉，学会了和同学友好相处，渐渐融入了这个大集体。

在胡老师和同学们一天又一天的耐心帮助下，茹屹开始进步起来。作业认真完成了，上课专心听讲了，也学会积极举手发言了，人也自信了很多。看得出，他热爱这个集体，热爱老师和同学。他在这个集体里感受到了温暖。

孩子的阅读习惯没有培养好，写作是个大难题，每次写作文，即使抓破脑瓜也写不出什么东西。胡老师建议我先从培养阅读习惯开始，还买了一些适合茹屹看的书，让我督促茹屹坚持每天阅读，每次十页十页地看，现在孩子已经能自觉地拿起课外书看了，虽然时间不是很久，但是起码他对阅读有了兴趣。朗读也是孩子的弱项，声音轻轻的，缺乏自信，为了锻炼他，胡老师让他当领读员，孩子很来劲，总是提前一天在家预习复习，不会的字查字典注好拼音，每天早上起大早赶往学校，就是为了能带领全班同学晨读。

回首过往的一年，再看看儿子如今的样子，我为一年前那个大胆的决定叫好。事实证明，我的选择没有错。

好几次，孩子偷偷告诉我：妈妈，我觉得自己现在是天底下最幸福的孩子了！问他为什么，他说因为妈妈把我接到金华来读书，不光是妈妈喜欢我，胡老师和同学们都不嫌弃我，他们都很关心我，愿意帮助我，如果我早两年就能在这里读书，多好啊！孩子的话说得我直掉泪。孩子本来就应该有一个美好的童年，只是以前的有点变味了。不过，现在一切都好了。作为茹屹的妈妈，我真的由衷地感谢胡老师，感谢五班的孩子和家长。在茹屹成长的道路上，你们不但给予了帮助，还给予了宽容和爱，这将会温暖孩子的一生！

附记

茹屹同学在 2019 年全国青少年单人皮划艇 200 米绕标比赛中荣获冠军。

2013 年 10 月

走在成长的春天里

金华市东苑小学　张小丽

　　走在成长的春天里，那些说不尽的绵绵思绪，如同枝头的嫩绿，时时给人以希望和鼓励。

——题记

　　时光荏苒，三年的教学生涯转眼而过。我背着智慧的行囊，跟随着师父胡老师，迈着坚定的步伐，踏上了未来的征途，且行且学习。我学习班级管理和教书育人的本领，虽未硕果累累，枝头却也长出了些许耀眼的绿。许是成长本身足够美丽，走在成长的春天里，总是有着说不清的绵绵心绪，回忆起来，却又多了几分激励与欣喜……

宁静的教育是智慧的教育

　　大学时代一直喜欢并积极聆听于永正老师的课堂教学讲座。还记得那时，于老师常说："不要追求课堂教学的热闹，小手如林，你说我说，有时可能是'虚假繁荣''泡沫经济'。宁静以致远，可不要把孩子教浮躁了。"踏上工作岗位以后，我时时刻刻都不忘提醒自己"静能生慧"，要让自己"静"，让孩子学会"静"。然而，口号似乎只是喊喊，观摩了无数高潮迭起、精彩纷呈的公开课，我又常常为课堂上生动的对话、美妙的朗读、智慧的点拨感到惊叹，于是，急于模仿，却很少去思考这些精彩背后的教学真谛。

　　直到有一天，我走进了胡老师所带的班级，看到胡老师在课堂上带领学生们静心阅读思考，安静地交流自己的想法，课间又与孩子们亲密地交谈，忽然间就明白了什么是真正的"静"。在"静"的氛围中，学生可以做深层次的思考，老师可以做理智的交流而不必为学生的课堂纪律担心，也能更好地保护好自己的嗓子，保持旺盛的精力。教师与学生、学生与学生间的距离是那样近，关系是那么融洽。十多分钟的课堂交流，不仅令我羡慕不已，更给我留下了不可磨灭的印象。

那时候，我刚毕业，接手第一届孩子，面对闹哄哄的课堂，我常常又急又气。胡老师告诉我："不管你想要做什么，首先得让学生静下来。静不仅是声音轻，更重要的是心静。"只有心静下来，做任何事情才能有效，进而达到高效。在她的教导下，秉持着"安静的课堂是智慧的课堂"这一理念，我开始对每一堂课进行反思，教学过程也逐渐变得快乐起来。

宁静是课堂教学的一种境界。这样的境界应该是本色的，一个好的课堂应该是返璞归真的。

教书与教人

说到教书与教人，我不禁又想起了博客里一位老教师教学《落花生》时的场景——

老教师姓沈。在讲到第一自然段时，沈老师请北面靠窗的一个男生朗读课文，他读得疙疙瘩瘩，还没有读完，其他同学就纷纷举手，嘴里嚷嚷着："读错了，读错了!"老师就请其他同学做评价，其他同学当然说的都是缺点，如把"翻地"读成了"耕地"，把"播种"的种读成了第4声，"居然收获了"这句话中惊讶的语气没有读出来……当这些学生做评价的时候，沈老师走到了南面，离那个朗读的男生只隔了两排学生，然后不知道什么时候，这个男孩子就坐下了。我发现这个男孩先是一声不吭，后来就东张西望，沈老师也没有让他再读一遍。

我觉得，在同学评价这个男孩子的缺点的时候，他最需要的是老师的鼓励和帮助，老师应该站在他的边上，最好能用手抚着他的肩，和他一起听同学的评价，然后再解释"种"的两种读音。那样学生就会明白这个词有两个读音，不同的读音含义不同。而不会把"播种"（zhòng）当作一个错误的读音来对待了。当学生评价之后，再请男孩子练一练，并通过鼓励性的话语让他读一读，一般来说，学生这时候会比任何时候都练得认真，因为他能从中感受到老师对他的关爱。

　　看到这里，我的内心里思绪纷飞，久久不能平静。回想自己三年的课堂教学，虽然也有令自己满意的时候，但是，很多时候，我都会觉得"累"，不仅是工作烦琐让身体觉得累，心里也常常十分烦躁：学生怎么就这么不懂事？学习的主动性和积极性之差总是令我感到气愤。然而，每每与师父交流，却发现出问题的总是自己，而不是学生。"教书先教人。一个孩子知道自己想要做一个什么样的人，养成一个良好的习惯，一个班级就会有一个良好的学风。那么，学习风气、学习状态就不再是一个难以解决的问题了，学生自然而然就能做好。"简单的话语却道出了教育的本质：教书先教人。教会学生做一个积极向上、正直善良，自信勇敢的人，远比教他们知识更加重要。

了解学生与了解自己

　　没有爱就没有教育，这是每个教师都明白的道理。但是，只有爱也不能解决所有的教育问题。爱与惩戒都是教育的方式，关键是要在了解学生的基础上，适当地运用。

　　爱得过多，和学生太过亲密，学生就会不听话，不按要求行事；爱得太少，批评太多，学生就会情绪低落，自信心受损，学习兴趣下降。

　　刚走上讲台的我，对学生缺乏了解，常常处于一种主观、想当然的状态。尽管天天与学生在一起，却整天忙着备课、上课、批改作业、应付各种检查，唯独没有与学生深入地、面对面地促膝交谈，再加上从小到大与孩子接触较少，所以很难读懂学生的内心世界。

　　"爱，要建立在学生需要的基础上！"师父很爱她的学生，每每问及孩子最爱、最佩服的老师是哪位时，孩子们总是脱口而出地说出相同的三个字——"胡老师"。即使是批评，胡老师也能使孩子们感受到老师满满的爱。在她的世界里，爱孩子是最大的快乐，爱的艺术也时时刻刻存在于她生活的每个细节中。

　　学高为师，身正为范。在知识的海洋里，我还是一株尚未苗壮的幼苗，还须跟随师父的脚步继续前行，在学习中发展，在实践中运用，一路学习一路摸索。我相信，行走在成长的春天里，幼苗的枝头一定会长出更多的嫩芽，开出更美的花儿。

2012 年 9 月

一场明媚的相遇

金华市湖海塘小学 周天梅

对师父而言,我可能是最"黏人"的徒弟吧?回想这几年,不管是生活还是工作,我都离不开她。无论该怎么处理棘手的工作,还是该找个什么样的人共度一生之类的问题,在她那里,我总能得到特别有力量也特别有温度的答案。借机回想与师父相处的时光,真觉得每一个故事都太精彩,三言两语又怎么说得完呢?

第一次见面

那是学校办学第一年的七月,懵懵懂懂的我来到一座"遗世独立"的学校。说是学校,不如说只是四幢四层高的楼房以及一地的黄泥斑驳……但是,就在这座新得像是建筑工地的楼道里,作为职场小白的我突然和一群业内前辈相遇了。

一直沉浸在膜拜的心理状态中的我突然听见校长说了句"大家自我介绍一下",如同听到"咣当"一声般,本就紧张的我仿佛觉得自己的心都砸地板上了。

虽然还没完全掌握各位前辈的情况,但哪一位的学术地位、哪一位的学识成就不都够"吊打"我800遍的,第一次见面就在大家面前露了怯可咋办?咋说啊?说啥啊?瞬间,我有了想和我自己的嗓子一起"离家出走"的冲动。

突然,在离我四张桌子远的地方,一副深红色边框的眼镜和一双弯成月牙儿的眼睛转向了我这边——她的眼神里是挡不住的满满的慈爱,满满的鼓励，以及一种不可名状却又让我倍感温馨的东西……

我当然不会觉得她一定是注意到了我的局促才这样，她传递出的满满善意此刻对我而言是最为宝贵、最为需要的。

这便是我们的初见，藏着我的心跳和她的温暖。虽然我们还是陌生人，但在我的心中，她已拥有吸铁石的属性，让我不由得想要靠近……

第一声"师父"

时间像是上了发条的绿皮小青蛙，跳着跳着，就把我跳到了她的面前。

第一次正式喊她"师父"，是在她的鼓励下，我负责策划并主持的"拜师礼"上。

仪式开始前，我在脑海里预演了一遍又一遍拜师的过程，但在现场，领读"拜师词"时，仍不免红了眼眶，甚至有些不敢直视她的眼睛……

眼前的她是那样宽厚，而且这份宽厚背后的温情是我不曾想象的。

多少个夜晚，我们俩抱着手提电脑，窝在办公室里加着班。繁多又杂乱的校务工作让我们疲惫不堪，但她总能变着法地让我们的氛围轻松起来。有时候是分享一段青春往事，有时候是攻占一堆美味的小吃，有时候是触发一场嬉笑的调侃……摸索着前进的每一步，她不仅给予我指导，还让我明白工作的快乐得自己去寻找。同样，在磕磕绊绊的班主任岗位上，她也总能抽丝剥茧般为我点明努力的方向，让我感受到努力的意义就是努力本身。可以说，有她的地方，即使夜深，我也总能感受到光亮。我想这便是她的人格魅力吧。

最让我觉得神奇的是，朝夕相伴那么久，我却从没见过她为什么事情红过脸。以"开荒者"的姿态投入校园建设是多么不容易，多么累人的事情，真不是三言两语就能说明的，何况她的身边只有一群像我这样不懂事的小年轻，事事都得由她张罗着来。现在回想起来，都觉得这样的设定就是没打算让她好好过日子，可她永远带着她那春风般温和的笑容面对我们，给予我们百分之百的支持和肯定。

我实在想不通她为什么总是那样信任我，愿意一直鼓励我。甚至当我自己都觉得自己不行的时候，她仍会真诚地告诉我："你能行！一定可以！"我也想不明白我得怎样做才配成为她的"徒弟"，但这声"师父"我一定要庄重地喊出声，因为这声"师父"背后注满师父对我的帮助，也充溢着我对师父的感激。我坚信，我们还能有更多的故事，我们还会一起看到更多美好的风景。

第一次危机

其实，师父的身体一直都不是很好。连轴转的工作更是让她那些早就"飘"过红线的指标雪上加霜。有一段时间，她真的病倒了。而当时，我们刚好在申报"示范性"家长学校。

这个家长学校是师父最喜欢，也最愿意投入时间去做的项目，承载着大家很多的心力。我们都期待着能在这个平台上去与更多的家长交流，向大家传递更多的家庭教育理念，为更多的家庭带去成长的可能性。

时间紧，任务重，我不出意外地又收获了一个加班日。可身边没有了熟悉的师父，只剩下黑洞洞的教学楼与我做伴。审核材料，归档整理，制作导引，布置会场……那晚，走廊里的灯看到的是我上上下下奔走的脚步，看不到的是我那早已咬酸了的牙关。

我——极度怕黑！这是个连校门口的保安大叔都知道的秘密。

第一次没有师父陪伴的加班，第一个独立在外的深夜，我实在没法忽视廊道里那些不可名状的怪影，也没法拒绝窗外那飘忽不定的寒气。但是，我的目光依旧坚定，因为我知道师父希望我完成好它。即使她不在，我也应带着她的工作态度去完成这次申报。

临近十一点，最后一个表格填完就能收工了，我开心极了。突然，"咔嗒"一声，灯黑了。我吓得忘记了尖叫，脑袋里飞快地转着：什么情况？该怎么办？我在哪儿了？我鼓起勇气想往门框摸去，但当时地处偏僻的校园，哪有什么光亮能给我方向。

"周老师——周老师——你在吗？"是门卫叔叔的声音。我忙扯着嗓子回应他。不一会儿，走廊上的脚步声响了起来，我才稍稍安心了点。

在手电筒的帮助下，我跟着保安叔叔找到了学校的电闸。叔叔边检查边和我聊了起来——

师父每次路过保安室都会热情地和他们打招呼，遇上有人跟她聊家长里短的事情，她也总能真诚地倾听，给予安慰。

师父常常会把自家的水果和小点心带来和他们分享，就像是邻居一样亲切，大家都觉得特别温暖。

　　师父会特意把一些废旧的报纸或者其他可回收的东西整理起来，拿给他们去卖，为他们补贴点小零钱。

　　师父常常加班，他们总劝她注意休息，但她总是笑笑说：再努努力。

　　知道师父最近请假了，只剩下我在加班，所以他们特别关注了这栋楼。看见灯黑了，所以他们赶紧过来找我……

　　与人和善的师父，即使她不在现场，仍然能为我化解危机。更重要的是她对人的真诚，让我在这个深夜感受到了前所未有的力量！这种力量让我不自觉地热泪盈眶，让我看到了成长该有的模样！

　　这样的故事还有很多很多。第一次去听师父讲座，第一次和师父一起出差，第一次被师父抽测班主任情景模拟题，第一次在师父面前试讲自己的讲座内容，第一次和"男神"师公见面，第一次请师父和师公陪我相亲，第一次在师父面前大哭，第一次认识师父的朋友，第一次去师父家过元宵节……这都是属于我们的故事，也都是我成长的印记。时至今日，我仍在期待有更多的第一次可以让我去经历。

　　相信我的师父在很多人心目中是个"神"人，在教育教学上是个"牛"人，是名副其实的智者。而我知道，她的智慧源于她对生活、对学生最朴实、最真诚又最热烈的爱。有师如此，是我的幸运。这场明媚的相遇之旅，我们必将走得更远！

遇见你，是一种幸福

金华市东苑小学　　王慧敏

胡老师，在我初涉教坛的时候，就能够遇见你，是多么幸运，又是何等幸福的事儿啊！

——题记

一直觉得非常荣幸能在这么优秀的班主任身边，学习着，充实着，快乐着。胡老师的感召、鼓舞和人格魅力就像一个磁场，吸引着学生，感染着同事，愉悦着家长。有了这样的磁场，四年级的一切工作都在和谐运转并时刻准备着演绎令人难忘的精彩桥段。

作为胡老师的副班主任，我有幸跟着她的脚步学习着班主任工作的点点滴滴。一年多的朝夕相处，惊叹于她的出色的工作能力与成绩的同时，我更加相信她的成功在于她具备了一些最为根本的、最有价值的素质或品格，以及在学生的教育和班级的管理上的独特性。

胡老师兢兢业业、一心教学的风格自然不用多说，作为一位优秀的年级组长和公认的优秀班主任，更让人钦佩的是她的人格魅力。她的亲和、她的热心、她的善良、她的大度总是感染着身边的每一个人，她从来都是为人着想，替人解忧。正是在她的感召之下，全年级 25 名不同性格脾气，不同年龄层次的老师们才能紧紧团结在一起，不分你我，不搞"内战"。这样的和谐在女教师居多的小学里是少有的现象。

胡老师平时除了注重培养孩子的学习能力之外，在孩子的人格塑造方面也倾注了许多心血，并卓有成效。从她的学生身上，我们可以看到诚信、正直、善良、爱心、自律等优秀品质，当"五班的孩子"在其他老师和家长口中成为某种标签的时候，谁也无法想象胡老师在他们身上花了多少的时间，倾注了多少的耐心、责任心，还有智慧。

329

在教育教学过程中，她给予学生适当的宽松的成长环境，在孩子遇到困惑或犯错误时，她给他们以建议，耐心地引导他们，而不只是强加给孩子某种期望。我们稍加列举，足以明了——其一：教孩子"自己想办法"的习惯。无论在班干部分配劳动还是管理纪律的时候，胡老师都尽量让孩子自己去思考如何更好地解决遇到的问题，让他们在失败中通过自省来找到解决问题的方案，很好地培养了孩子的判断力。其二，不包办代替，放手让孩子自己做。不论是班干部的培养还是平时班级规划乃至每个同学的特色作业上都渗透着胡老师的此种理念，这样除了锻炼孩子们的独立能力，还增强了他们的责任感和自信心。胡老师就如一座宝库，她的各种方法、理念、创意不胜枚举。有师如此，如沐春风。

在五班，总能找到一个提倡探索、容许失败、积极夸奖、正面回馈，能引发孩子自信心的环境。在五班，没有一维的成功模式，每个孩子在胡老师眼里都能用多元化的成功来解读：成绩好是成功，作为班干部做事得力是成功，热爱劳动、诚实谦让是成功，虚心求教、态度端正、努力向上是成功。虽然他们还是小学生，说建立人生观还显得为时尚早，但胡老师切切实实地给孩子们内心塑造了一个完整均衡的态度模型，希望更多的孩子懂得如何做一个快乐的、永远追逐兴趣并能发掘出自身潜能的人——一个更好的自己。作为一名教师，在传道授业的同时更应该成为促进孩子身心健康成长的导师。这难道不是作为老师更大意义上的成功吗？

总之，胡老师的教育方式让我想起了李开复的教育理念，那就是努力培养一个个理智明理、成功学习、自主独立、自信积极、快乐感性的孩子，然后和他们成为无所不谈的朋友。在这些方面，胡老师一直做得非常出色，值得大家学习，她也正朝着更卓越的方向努力着。我为身边有这样一位智慧的班主任，这样一位智慧的引路人而欣喜自豪。我也相信，酒香不怕巷子深，胡老师的教学成就和班级管理办法会被更多的人所学习和欣赏。我更相信，只要我能紧跟着她的步伐，努力向她看齐，假以时日，我也可以在班主任这条道路上走得更自信，更成功。

2012 年 10 月

一份特殊的任务

2009 级 5 班家长　厉　凌

周五刚下班回家，儿子就一脸庄重地告诉我："妈妈，周日上午我们学校有个重要的活动，你一定要参加哦！"

"是学雷锋日活动吧！"我笑呵呵地问。

儿子非常认真地说："对！告诉你，我们三（5）班还申请了一份最特殊、最有意义的工作。我已报名参加了，希望你也能和我一起为大家服务！"

猜测了半天，我终于拿到了答案——儿子周末申请到的任务是清扫三年级的公共厕所！

周日上午，天下着倾盆大雨，儿子却早早起了床，带着脸盆、手套等工具到学校去了。为了履行诺言，我安排好手头上的工作便急忙赶到了学校。一到学校，七八个孩子就兴奋地朝我招手："林厉瑜妈妈来了，又有人来支援我们了！"

有些脏乱的厕所散发着阵阵难闻的味道，但里面已挤着十来个小孩。我走近一看，却看到了令人震撼的一幕：孩子们的班主任胡老师，正蹲着身子，手拿一块抹布，一下又一下地擦着小便池上发黄的瓷砖。而她的身边，围着一群可爱的孩子，小家伙们每个人手上都拿着一把刷子，低着身子，学着老师的样子，专心地刷着厕所坑边上的每面瓷砖，每个人的脸上都洋溢着掩饰不住的自豪和喜悦。

原来，这位可敬的老师正在用自己的言行带动着每个孩子做着一件如此神圣的工作。我被这一幕深深地感动了，快速加入了他们的队伍。应男生们的邀请，我加入了男厕所的清洗工作。我们迅速进行了分工：我负责小便池的清洗，林厉瑜和胡老师负责 1 号坑，胡懿杰和他的妈妈负责 2 号坑，茹屹和他的妈妈负责 3 号坑……为了鼓励大家快速完成这项工作，胡老师还提议男生与女生打一场擂台赛。

厕所里仍然散发着令人作呕的异味，但没有一个孩子捂着鼻子。大家开始七嘴八舌地讨论着如何与女生打好这场擂台赛。孩子们天真、快乐的笑容也感染着在场的每位家长，每个人都自发地投入这份特殊的任务中。孩子们清洗时不小心溅起的脏水弄脏了相互间的衣服，但一句轻轻的"对不起"与"没关系"很快就将不快冲散，换来更多的是齐心协力。冲洗下来的污水将每个孩子的球鞋都泡成了雨鞋，也浸湿了家长们的时髦的皮鞋、裤子，但彼此间没有一声埋怨。此时的大家，已完全沉浸在劳动的快乐中。

通过几个小时的劳动，黑黄的地砖终于被清洗得洁白发亮，墙上还贴上了漂亮的宣传画，原本散发着阵阵异味的小便池也被清新的洗洁用品味道所替代，一种前所未有的成功与喜悦感在每个人心中油然而生。原来，一份原本如此平凡的工作也能让人感觉如此快乐！

回家的路上，我再一次向孩子询问选择这份特殊任务的理由。孩子又一次理直气壮地回答说："我们老师说，工作不能分好坏，要看你是不是真正为大家服务！"看着浑身上下早已湿透的儿子开心又自豪的样子，我由衷地佩服那位给予孩子们各方面锻炼与引导的老师。

几十年来，雷锋的名字都是激励我们几代人成长的路标，雷锋精神是一种充满真善美的道德情怀。无论社会多么浮躁、功利之风如何盛行，对助人为乐、与人为善等道德价值的弘扬都不能放弃。当一些人开始对雷锋精神持怀疑态度时，我却从这位可敬的老师和这群可爱的孩子身上找回了当年！

2012 年 3 月

和师父在一起的日子

衢州市巨化一小 翁素飞

从教六年，我碰到了许多好同事，学到了许多教书育人的道理，但对我帮助最大的应该是我的师父——胡老师。

2006年，我被分配到巨化一小。初次见胡老师是在校门口，她三十多岁，胖胖的，一副黑眼镜下藏着睿智的眼神，甜美的笑容挂在白净的脸上。她是那种你一见面就会喜欢上的人。学校领导告诉我，她就是我的师父，让我以后多向她学习。从此，我们的师徒序幕就拉开了。

刚参加工作，我做事没有条理。记得报到那天，大家都在整理办公室，总务主任找到了我。因为当时我们班的教室在一楼，而年级组的办公室在二楼，如果我要在一楼办公，那就意味着与其他年级的老师在一起；如果选择二楼，我就可以和本年级的老师在一起。说实话，那时我真不知道怎么选择，也不敢在领导面前说什么。后来还是师父帮我做了决定，说那就在二楼吧，刚刚工作，需要学习和交流的事情很多，和本组老师待在一起，有助于自己的成长，只不过要楼上楼下多多跑动。当然，这对于我来说，并不是什么问题。现在回头看，师父为我做的这个决定是非常正确的。

由于在同一个办公室，这之后，我经常主动找师父沟通，听师父上课，看师父管理班级。每次上练兵课前，都是师父在旁边不厌其烦地帮我修改教案，晚上在学校里试讲、评课，更是家常便饭，甚至到师父家修改教案也是常有的事。那时候我刚进学校，接手二年级，遇上学生调皮捣蛋，自己就变得心浮气躁，动辄发火生气。每每看到师父班的家长配合，学生乖巧，羡慕之心就油然而生。师父看到这一切后，除了日常的悉心帮助，她又悄悄地塞给我一本薛瑞萍的《心平气和的一年级》，让我好好读读。可以说，这本书对我班主任工作的引领以及我的学生精气神的培养起了关键性作用。

有一次，学校要举行英语演讲比赛，要求学生自己报名。那天，很多家长和学生一起进班级，有的是来报名的，有的是来咨询的，有的说要报名，但是要自己买书……我从没有见过这样的架势，顿时慌了手脚，整个班级也乱糟糟的。第二天下课时，班里来了一位家长，他气势汹汹地责问我，大意是他是给孩子报了名的，但是今天孩子并没有上课，说是老师宣布的名单里没有他的孩子的名字。

作为新老师的我，一看这场面就吓呆了，支支吾吾，难以自圆其说。正在这时，师父恰好路过，她连忙走了进来，问我怎么回事。我讲清了事情的原委，师父安慰我不要害怕。她转过身就拉着那位家长先坐下，然后笑眯眯地对他说道："这位家长，你先消消气，别着急。小翁老师是我徒弟，今年才刚走上工作岗位，缺少经验，做事难免有疏忽的时候，你要多多谅解。每个人都有年轻的时候，有犯错的时候，对吗？我理解你此刻的心情，不过既然事已如此，互相埋怨显然于事无补。这样吧，我帮你打电话给学校负责的老师，一定把这个事情解决了，你看，行吗？"说完，师父就着手做了起来，把这件事情妥善解决了。这时，家长的气也消了。事后，师父对我说："以后遇到这样的事情，切不可心急火燎，家长急，你不能跟着急，心平气和的交流很重要。其次，在工作中一定要有未雨绸缪的思想，一切可能产生的后果都要有所预料，防患于未然，这样才会杜绝此类事情的发生。"话语虽然简单，却包含了她的殷殷关切。

班级博客的创办，学生倾听习惯的培养，与家长沟通的技巧……这一切的一切，胡老师都让我受益无穷。最佩服的是师父与家长的沟通能力，无论怎样的家长，师父都可以把他们变成朋友，即使学生毕业之后，她和家长之间的情谊也不会间断。许多家长遇到难以解决的家务事都会请师父帮忙想办法解决。

两年后，师父因工作调动去了金华。刚调走时，我觉得自己在学校里就像浮萍没有了根，又像无父无母的孩子，没了依靠，心里空落落的。

虽然现在的我也有好几年教龄了，但是每当自己遇到比较棘手的问题，第一个想到的就是师父。当师父从金华回衢州时，我都喜欢去找她聊一聊，从班级的事到家庭的事，都会开诚布公地与她交流。与师父聊天，就像是与智者对话，自己的管理理念就会得到一次提升，精神也会得到一次洗礼。

我们的人生旅途中会遇到许许多多的同路人，在和师父同行的日子里，我受益匪浅。她给予的帮助与教诲将永远留在我的心中。

我们的故事未完待续

2015 级 9 班毕业生家长　刘　英

时隔六年，我依然清晰地记得第一次见到胡老师的场景。当然，对她而言，肯定已经模糊了，因为那时的我只是湖海塘小学一年级新生报名家长队伍中的普通一员。

那天的天气怎样，我已然忘却，只记得自己的心情是一片阴霾。

那天是报名的日子，经过漫长的排队等候后，我被告知孩子不符合录取条件。我有些不明所以。审核老师很年轻，拿不定主意，于是让我进去找老师再咨询一下。就这样，我坐到了一个身材微胖、皮肤白皙、戴着眼镜的女老师的面前。

在仔细看了我的材料后，她温和耐心地解释了报名细则——我家孩子的情况如果没有教育局的审批暂时不能办理入学手续。我一脸的沮丧尽收她的眼底，或许是同为天下父母吧，她一边宽慰我，一边建议我再去教育局咨询确认一下。

想必是冥冥之中自有安排吧，经过教育局的确认审核调剂，我的孩子最终进了湖海塘小学。开学报到的那一天，我才发现班主任竟然是之前接待我报名咨询的老师，姓胡。和上学没做过功课一样，我对她一无所知。

可是，当我得知胡老师是有着诸多称号的一位名师之后，和其他家长兴奋不已所不同的是，我喜忧参半。名师是不是意味着更高不可攀呢？她会不会对晨宇有看法呢？我心里打起了鼓。

晨宇六年的小学生涯从此拉开了序幕。六年的光阴，让我对胡老师从一无所知，到现在的心服口服。

在第一次家长会上，我见识了她的风趣幽默，她没有高高在上的姿态，仿佛坐在她面前的都是相识已久的故人。她妙语连珠，话语间不时会穿插一

335

些她和往届学生的小故事。那些或刷着手机或窃窃私语的家长开始停止小动作，所有人的目光都投到了她的身上……我庆幸自家孩子遇见了一个业务能力强，人也温和友善的老师。

晨宇成为小学生后，开始有小学作业。但低年级的时候，孩子几乎没有书面作业。胡老师为我们准备了家校联系本，要求家长记录孩子在家的表现，每天必写。但凡看到我们的留言里有错别字，她就会一一纠正。这时候，她俨然成为我们的语文老师。谁想让自己的留言被老师挑出错别字呀？这么一来，家长们就更认真了。

不光纠错，她还给我们布置读书任务，还要求我们写心得，写读后感。她深知"授人以鱼，不如授人以渔"的道理，她说，与其化身消防员给家家户户去灭火，还不如让家长自己学会"消防知识"，学会正确地处理亲子关系。六年来，在一个重视家校共育的班主任的领导下，我们一起阅读了许多教育类书籍，还参加了她组织的阅读测试。家长们越来越关注孩子的教育，也慢慢学习着如何和孩子更好地相处。假日里，她经常组织家长和孩子共同参与社会公益活动、各种集体活动，家长们因此很快熟悉起来，班级的凝聚力自然就变强了，大家切身体会到了班级大家庭民主和谐的良好氛围。

从胡老师身上，我看到了身为班主任的工作之繁重，任务之琐碎。学校本来安排她承担德育处的管理工作，这对于有些老师来说可能是梦寐以求的事情，但为了孩子们，她毅然决然地放弃了。她说她只喜欢班主任这份工作，我知道她是放不下孩子们，她常说："教学生六年，要想着他们六十年。"

都说教师的福利好，有寒暑假，但在胡老师的身上我并没有感受到，相反，她非常忙碌。孩子们的假期作业，她从不一概而论，而是分层布置，而且不是布置完就了事，她会每日在手机那端一一批改。她教会了孩子们合理地安排学习和生活，不要放纵自己。每当假期来临，她就会在班级群里留言："我把孩子交还你们，希望大家珍惜与孩子在一起的日子……"似乎"我们领回家的是她寄养的孩子。用情至此，不得不令人感动。

平日里，她不仅要兼顾各科的平衡，还要关注孩子们的身心。她认为，学习固然重要，但身体是学习的本钱，一定要保证孩子有足够的睡眠。若是当天各项作业超负荷了，她就会毫不犹豫地删减自己的语文作业。每当天气有变，她都会像个气象播报员似的在群里唠叨，嘱咐我们要记得给孩子增添衣物。雨天路滑，她又会唠叨：路上要注意安全，孩子迟到也没关系。

让我记忆特别深刻的是胡老师的拥抱。在三年级的秋季校足球赛上，我儿子是后备队员。有一天气温较低，我儿子把外套遗忘在教室里，等待上场期间不禁瑟瑟发抖。胡老师看见后连忙找来一件外套给他披上，并从身后给了他一个大大的拥抱，嗔怪他不会照顾自己。放学后，儿子见到我一边回忆着一边述说着，眼睛里闪烁着幸福的光芒。作为母亲的我，至今回忆起来依旧感到满满的暖意。在九班，这样的拥抱很多，也许是在孩子委屈的时候，也许是在孩子脆弱的时候，也许是在孩子成功的时候，也许是在孩子愤怒的时候。无论什么时候，胡老师温暖的拥抱都像一股春天的暖流，温暖着孩子们幼小的心灵。在她的影响下，有更多的老师也用一个个温暖的拥抱传递着爱与能量。孩子们被爱和宽容包围着不但没有变得放纵，反而更向上向善了，发生矛盾的时候，他们从不会选择用武力解决问题。

从一、二年级开始，晨宇就时不时地就把老师的话往回搬——澳大利亚的励志青年尼克胡哲的故事、美国枪支管理存在的问题、美国的种族歧视、美国打压中国企业华为……我们也从孩子嘴里得知，他们的胡老师不仅教他们文化知识、做人的道理，也会和他们探讨当下的国内外时事政治。她还经常布置亲子看电影的周末作业，这不仅是孩子们喜欢的，也深得家长们的支持。好的电影不仅促进了亲子关系，也让大人、小孩从中领悟了道理。

从二年级开始，胡老师就化身为生理卫生课的老师。她买来专业的书籍，一边学习一边给孩子们上性教育课，以帮助他们更好地了解自己的生理结构，使男女生之间能多一些相互理解和包容。她还特别重视培养孩子们的实践能力，她鼓励孩子自己备课自己上课。因为输出才是最好的学习，在那一方讲台上，孩子们学会了梳理、表达、沟通、共情……胡老师始终觉得孩子们才是世界未来的主人，他们一定要和世界一起成长，所以九班的孩子并没有因为身处象牙塔而不知窗外事。

时下很流行的一句话是，孩子是站在父母的肩膀上看世界的，父母的格局影响着孩子的未来。我很庆幸，胡老师为我们的孩子打开了另外一片天窗，她不仅倾其所有，还会经常请她的已毕业的优秀学子回校演讲，以此告诉每一个孩子，他们的未来有着无限的可能，只要自己愿意脚踏实地去努力。

我自己读了那么多年的书，最怀念的是一个没把我当孩子看，不曾对我颐指气使的物理老师，她会在大扫除的时候请我到她的实验室喝茉莉茶，我人生中的第一顿KFC也是她掏的腰包。而胡老师"笼络"学生的方法简直有过之而无不及。她会鼓励懵懂的孩子表达出自己稚嫩的爱慕之情，并很认真地帮助他们实现自己的小小心愿（比如安排彼此有好感的孩子同桌）。原来，喜欢一个人是多么正常的一件事，可以被允许大声表达出来。原来，喜欢一个人可以让另一个人变得更上进、更美好。也许这份喜欢不会那么持久，但美好的感觉永远不会被忘记。在处理青少年学生的情感问题上，胡老师从来不用笨方法，她认为，与其堵还不如疏导。

这个学期有一段时间，晨宇因为看武侠小说入了迷，学习状态非常不好，不光是在家里时时惦记着，甚至把书偷偷带到学校。胡老师发现后并未指责他，只是告诉他要拿捏好时间。可我就没那么淡定了，当我向胡老师发出求助的时候，她却在电话那头哈哈大笑起来，宽慰我说："这是很正常的，爱看书，哪怕武侠小说也没什么不可以。晨宇是个要强的孩子，他现在会一时沉迷，但当学习成绩受到影响时，不用我们说，他自己就会着急的，到时候你适时引导，他不但不会反感，还会虚心接受……"她从来都是主张要让孩子自己去发现问题、分析问题、解决问题。很奇怪的是，不管我有多急躁，只要一听到胡老师电话那头的笑声就会瞬间平静下来，就像突然吃了颗定心丸似的。

如今，孩子们已然是一副翩翩少年的模样了，这也意味着他们的小学阶段已步入尾声，但我相信，我们和胡老师的故事仍将继续……

2021 年 1 月

第五章

且行且思

感悟幸福

　　腰椎间盘突出诱发的右腿疼痛已经有一段时间了，虽然吃了药，也按医生的吩咐积极锻炼，但要想立竿见影，简直是异想天开。

　　每每坐下后，我就担心自己站不起来；而一旦站久了，我又害怕坐下去。因为那种钻心的疼痛会让你的内心充满恐惧。我真想离开课堂，躺在床上休息几天，但怎么可能呢？非但不可能，我还得在课堂上激情四射，光芒万丈，因为我面对的是一张张鲜活明丽如花朵一般的笑脸，因为我面对的是一个个求知若渴如泉水般澄清的眼神，所以注定我无法就这样挥挥衣袖潇洒地离开。也因此，我再一次深刻地认识到教书育人真的是一个良心工程，我们必须有崇高的境界。

　　"老师，您的腿好些了吗？"伴随着一张张生动的脸蛋，清脆甜美的问候和关心不绝于耳。"老师，我给您捶背吧！"不容我回答，那小拳头就有节奏地落在我的肩膀上，轻重总是恰到好处，于是疼痛的感觉就这样慢慢地、慢慢地散去，而后，微笑便一点一点地聚拢，悄悄地绽放在隐忍着疼痛的眉睫之上，绽放在还有些清冷的空气之中。它暖暖的，就像那午后的阳光，将无形的触角伸向孩子们内心最温柔的地带。于是，寂寞的灵魂又重新焕发出勃勃生机。

　　幸福是什么？灰姑娘说：幸福就是每天夜里和心爱的王子一起跳舞；睡美人说：幸福就是在黑暗中沉睡时得到甜蜜的一吻；海的女儿说：幸福就是要让自己爱的人幸福，哪怕失去生命；而在我的眼里和心中，幸福就是拥有眼前这些纯真的孩子——即使我身在炼狱，也能得到他们天使一般的微笑！

心怀一缕阳光

　　临近开学，大家都异常忙碌，不光是我，整个年级、整个学校的老师，尤其是班主任，都像陀螺似的转个不停。大家要思考的问题太多，要做的事儿太多。这期间，抱怨的话语、不满的声音总是不绝于耳，这不禁让我联想到曾经看过的一则寓言故事——

　　上帝路过一个工地，看到三个人在搬砖，便想看一看他们三个人是怎样看待自己的工作的，于是问他们："你们在干什么？"第一个人唉声叹气地说："我们在做苦差。"第二个人平平淡淡地说："我们在搬砖。"第三个人则非常高兴地说："我们在盖一座教堂。"于是，上帝对第一个人说："你继续在这里受罪吧。"然后对第二个说："你好好地干吧。"最后对第三个说："跟我来吧。"

　　有人不解，问上帝这三人之间有何区别。上帝说："第一个人是悲观主义者，这样的人干啥都不会干好；第二个人是职业主义者，这样的人干啥都不会出成绩；第三个人是理想主义者，不论干什么都充满乐趣。"

　　由此，我想到我们所从事的这一份"太阳底下最光辉的事业"；由此，我想到为师者的千姿百态……

　　有的老师整日唉声叹气，闷闷不乐，觉得为师者实在辛苦，从中找不到一丁点儿的乐趣，花儿一样的孩子在他们的眼里却面目可憎，神圣的三尺讲台在他们的眼里却没有一点吸引力。为师一天，度日如年，如此这般，谈何快乐？

　　有的老师踩着钟点来，踏着钟点回，按部就班，他们不偷懒，但也不勤快。八小时以内，认真工作；八小时以外，不谈工作。为师一天，平平淡淡，如此这般，快乐几何？

　　而有的老师满怀激情，斗志昂扬，他们的身上仿佛有使不完的劲儿。他们对待学生总是笑脸相迎，他们对待工作总是竭尽所能。为师一天，奋斗一天，如此这般，收获良多，怎不快乐？

我想说——心态决定状态，状态决定成败。

常常患得患失，常常斤斤计较，常常抱怨与憎恨，这样的人格局很小，也会活得很累，到头来一定是两手空空，白活一场，这样的人一定不会拥有幸福与成功。

心态积极，状态就会阳光。积极的心态像太阳，照到哪里哪里亮；消极的心态像月亮，初一十五不一样！海伦·凯勒说："只要我们面向太阳，那么黑暗永远在我们的后面。"我们往往试图改变世界，却不愿改变自己。我们有时只要转换一下看事情的角度，调整一下自己的心态，就会豁然开朗。有好的心态，才会有好的生活状态！

从教十几年，所幸自己一直都没有停下跋涉的脚步，所幸自己一直都没有放弃过追求的目标，也因此收获了不少的快乐，收获了不少的硕果。工作辛苦时，更需要拥有良好的心态，如果把工作只是当作养家糊口的一种职业，只是为了能够挣钱，那么生活这座大山一定会压垮你，一定会让你步履沉重。

所以说，工作的时候，我们需要有那么一点儿激情，需要有那么一点儿理想。若是我们都愿意心怀一缕阳光，我们必将收获更多的快乐。

我们都需要赏识

2009 年 9 月 18 日

那天早上，我到学校才七点十分，却发现朱伯扬已经坐在教室门口等我了。我领着小家伙进了教室后，想起他妈妈曾经告诉我孩子还缺乏一点爱心的事情，就让他和我一起打扫教室。小家伙起先犹豫了一下，但接着就去拿来扫把不声不响地干了起来。后来，我在全班孩子的面前表扬了朱伯扬，让大家为他鼓掌，还奖励给他"小星星"。孩子当时小脸蛋红通通的，还怪不好意思，不过，那种自豪感和成就感溢于言表，私下里还偷偷告诉我他很喜欢为班集体劳动，以后有这样的机会希望我一定要给他。

那天放学后，因为杜灿辰书写拼音不够规范和美观，我将她留在了教室里，她当时很不高兴，嘟着嘴。毕竟看见其他同学都回家了，她觉得特别孤单，重写的时候，也就提不起精神。见势不妙，我采用了"矮子中间拔高个"的方式，先在相对写得美观的声母上画了一颗五角星，对她说这个写得真漂亮，只要努力还能再得五角星。孩子一听来劲儿了，一笔一画地写着。这两天，她的作业本上居然多次得了三颗五角星。

那天批改家校联系本的时候，看见吴佳颖妈妈写给我的话，说是前几天没有及时发现孩子的错别字，孩子的字迹也不够美观。反思过后，她觉得自己也有责任，决定要当一个合格的好家长。看到家长有这样的态度，做老师的当然乐不可支，随即给她留言表扬了她。后来的几天，孩子妈妈不但真的做到认真负责，而且每一次的签字都工整漂亮。

许多个夜晚，当我打开博客，看见家长们给我的留言，心中总有一股暖流在暗暗地涌动。在他们的留言中，赞赏永远比批评多，他们夸我尽心，夸我负责，夸我是一位称职的好老师。周五的一年级教师会议上，校长和主任给大家上了一堂生动的、充满睿智的教育课，最后还在会上表扬了我，让我受宠若惊。但是，我也深深地知道无论是来自家长的，还是来自校长的表扬，对我而言只是一种包容与鼓励，因为"金无足赤，人无完人"，我还有许多的不足之处，还有许多不尽完美的地方。家长们和校领导都以他们的宽容和等待给我以充分的信任与期待，这是一个教师莫大的幸运与福分。

著名心理学家杰丝·雷耳曾经在《孩子，我并不完美，我只是真实的我》这本书里这样说道："称赞对温暖人类的灵魂而言，就像阳光一样，没有它，我们就无法成长开花。"

哈佛大学心理学家威廉·詹姆士也曾说过："人性最深刻的原则就是希望别人对自己加以赏识。"他在调查中惊奇地发现，一个没有受过激励的人仅能发挥其能力的 20%—30%，而当他受到激励后，其能力则是激励前的 3—4 倍。

所以，我们期待赏识，我们需要赏识，同时，我们应该给予别人更多的赏识。

回想起在东苑的这三周，不管是孩子，还是家长，乃至我自己，都在彼此的赏识中愉快地度过了每一天。赏识就像是我们大家生命中无形的土壤、空气、阳光和水，滋润着每一个生命的蓬勃成长。赏识沟通了我和孩子、我和家长之间友好交往的桥梁。赏识也让我更加热爱每一个生命，善待每一个生命。

因此，尊敬的家长们，请给你们的宝贝和老师多一点儿赏识！

因此，可爱的老师们，请给我们的学生和家长多一点儿赏识！

我可以，我们都可以

2014 年 10 月 12 日

开学至今已经有一个多月了，这期间经历过许多事情，有快乐的，也有烦恼的……不过，愉悦的时候总是多一些，偶有怒火也能尽量克制。三年级了，孩子们在成长，仿佛日日有长进，感觉自己也在随之不断进步，尤其是心平气和方面，我做得更好了！

原来，我可以，可以给我的孩子们一个这样的环境：有爱，有宽容，有智慧……

原来，我可以，可以在成就孩子们的同时，成就我自己。

原来，我可以，可以给予孩子们幸福感的同时，自己也获得莫大的喜悦。

而这一切需要我时刻提醒自己，努力做一个有思想、有行动的老师。我必须学会坚守与放弃，必须比别人付出更多的努力！

当各门功课的作业如雪花一样飞来的时候，我必须学会适时地放弃，我不想也不能让孩子们提到作业就连连叹息，弯着脊背，戴着厚片眼镜，在美好的童年时期却苦苦挣扎。虽力不能至，但心努力之。我应该多给他们一些自由，一些放松，一些悠闲。

当考试的指挥棒在暗处挥舞着的时候，我必须坚守住自己的教学理念，我不想也不能让孩子们成为考取高分的读书机器，我希望自己的目光长远些，再长远些，为孩子的成长而教，我希望培养他们做真正的人，有文化素养的人，有思考力量的人，有人格魅力的人。

当生活的琐事与烦恼挥之不去的时候，我必须学会隐忍，我不想也不能让自己的不良情绪影响孩子们的快乐心境。我必须时刻保持自己的理性，选择科学的方法、合适的形式，始终微笑着走近他们，以自己对语文的热忱让他们获得语文学习的方法与能力，给予他们语文素养的濡染。

　　当我的学生犯了错，在我面前低下小脑袋的时候，我必须学会宽容，懂得谅解，我不想也不能冲着他们破口大骂，因为那样只会让我的学生更加疏远我、蔑视我。我只想摸摸他们的小脑袋，心平气和地和他们交谈，让他们明白：虽然你错了，但老师依然爱着你。

　　看着孩子们像蝴蝶一样在我的身边飞来飞去，听着他们围坐在我身边叽叽喳喳说个没完没了的时候，我就会情不自禁去抱抱他们，摸摸他们，把自己对孩子的爱无限放大。

　　当我选择这样去做的时候，我总是能自然而然地收获更多的快乐与幸福。一声响亮的"胡老师，我爱您"，一个甜蜜而羞涩的微笑，一张画满爱心的卡片……我是多么珍视这美好的一切啊！未来的十年，甚至二十年，只要我依然努力，依然保持这样的热情与平和，就可以幸福地面对一切，让清新的空气在我和孩子们的身边永远地萦绕。

　　我可以，为师者，我们都可以……

天使与魔鬼，你是哪一个

　　浙江省实验学校组织的巡讲活动结束后，我就匆匆上了火车。刚坐定，就看到两个二十岁左右的女孩：一个身材高挑，素面朝天，坐在我的对面；另一个小巧玲珑，淡扫蛾眉，与我相邻，甚是养眼。

　　漂亮女孩随身携带着一只拉杆箱，因为个子矮小，路途也不远，所以她决定将箱子塞入我们的座位底下。她蹲下身子将箱子往里推的时候，一不小心碰到了我的脚，便很不好意思地连声说道："对不起，对不起，对不起啊！"

　　我笑着摇摇头，告诉她没关系的。她便很开心地笑起来，露出好看的牙齿、浅浅的酒窝。

　　毕竟青春年少，一落座，便听见两个女孩子你一言我一语地聊起来。我在一旁听了一会儿之后，便知晓了她们此行的目的，原来她们是到金华游玩的。

　　于是，我主动向他们介绍了金华的几个好玩的地方。或许是看着面善的缘故，两个女孩在我的面前毫不掩饰，毫无拘谨之色，也因此便知道得更多，她们是浙江工商大学的大三学生，利用周末的时间，来金华走走，就近玩玩。

　　彼此熟悉了，她们也就知道我是一名小学老师，还是班主任。似乎是我的这个身份勾起了她们尘封已久的记忆，两个女孩便提起自己的小学班主任。话匣子一打开，便滔滔不绝，激动和兴奋之情溢于言表。

　　漂亮女孩说，自己最难忘的便是小学的班主任，至今还记得她的模样，即使已经很多年没有见过她了。她说，一路求学，最值得感恩的便是小学的班主任。曾经有一次在自动柜员机上取钱，发现银行卡怎么也插不进去。仔细一看，才发现前一位取钱的人忘记将卡取走了。当时，没有一丝一毫的犹豫，连忙将那张卡取出，交到银行的柜台，请求寻找失主。后来才知道，那卡里有二十几万元钱。她开玩笑说，现在想起来，觉得那时候还真有点儿傻，怎么就没想过取个两三千元给自己花呢？何况，当时因为是冬天，戴着帽子和口罩，就算有摄像头，估计也拍不到。当然，玩笑归玩笑，她说自己从未后悔过。即使以后再遇到这样的事情，也仍然会不改初衷："不是自己的东西，绝对不能要。拾到别人的物品，应该及时归还。这是我的小学班主任老师告诉我的话，直到现在我都清清楚楚地记得。"

"我的小学班主任也是一位很好的老师。我记得她常常教导我们说，一定要有一个良好的卫生习惯，不能乱丢纸屑和垃圾，要爱护环境。有时候，教室的地上有了纸团或是其他垃圾，只要她看见了，便会弯腰捡起，也不追究是谁丢的，也不会发火生气。看到老师这样做，大家都不好意思再乱丢垃圾了。所以，每一次卫生检查，我们班都不会扣分。因为大家都自觉养成了好习惯。我现在越来越深刻地感觉到良好的卫生习惯的重要性。每次看到有的人乱丢垃圾的时候，我都特别鄙视他们的行为。"对面的女孩说完最后一句话的时候，甚是愤愤不平。也难怪，她是山东女孩，直率得很。

我坐在一旁，静静地听着，虽然她们赞赏的老师并不是我，但是，我还是因此而欢喜，为我的同行能带给学生如此幸福美妙的感觉而欢喜。

我不禁又想起了今天早上，我们三位参加巡讲活动的班主任在一起聊天时黄老师说起的一件事情：女儿转学到了新学校新班级，遇上了一位甚为苛刻严厉的班主任，她在教育方法上有点儿粗暴简单，于是师生之间的矛盾和冲突不断。她的女儿也曾受到过惩罚，甚至是体罚。有一次，女儿居然哭着说道："妈妈，你千万不要剪成短头发，因为短头发的老师不但最难看，而且最可恶了。"

同样是小学班主任，学生眼里、心里的他们却是如此不同，差别之大，令人无法想象。时至今日，在这两位女大学生的眼里，即使岁月流逝，容颜易老，但她们童年时代的班主任依旧美丽如天使。而在一个不久前才步入中学大门的初中学生眼里，即使小学生活刚刚结束，却已经不愿再去忆起，心灵上的伤口还在隐隐作痛，老师俨然成了她眼里最想逃离的魔鬼。

"我们这一届学生是有波折的。小学时期是我记忆最深的时期，老人们说，遇师不淑或是良师迟遇是不幸的。用现在的话说，那就是悲剧。最早的一个班主任姓余，是一个年纪很大、很严厉的人。但是这个女老师在带了我们两年之后，就早早地退休了，好像后来曾经遇上过一次，但时间已经抹去了我对她的印象。只是隐约记得她是一个很严厉的、会罚我们的老师，她的教棍曾经打在我手上很多回，也罚我们做半蹲姿势，直到年幼的我们都已经蹲不住站不直为止。当年我很恨她，如今想来，她大概也是恨铁不成钢吧。

直到三年级的时候，来了一位姓胡的女老师，她教我们直到毕业。她是一个非常和蔼的人，很少看见她生气，脸上总是挂着微笑，似乎在她的感觉中，我们每一个人都是她快乐的源泉……"

这是我的学生应斯宇作文中的一段话。当初去接手这个班级的时候，正是女儿嗷嗷待哺的时候，遇上这样一个班级，遇上这样一批孩子，真的是千不甘心，万不情愿。但现在想来，当初所有的付出与努力都是那么弥足珍贵。若不然，我在他的记忆中，又怎会如此这般美好与可爱呢？

中学毕业填报志愿的时候，我一再坚持要当一名医生，觉得救死扶伤是特别崇高的事儿，但是，在家人的劝说下，我放弃了最初的梦想，当了一名小学教师，当了一名班主任。二十几年的工作经历，在和一届又一届的学生朝夕相处的过程中，我越来越深刻地感受到这份职业的神圣与不可亵渎。医生若是医术不高，无非伤人一命；老师若昧着良心，就会祸害一批人，而且这样的祸害是潜移默化、无声无息的。

这样想着，是不是应该以更加认真负责的态度去做好这份工作呢？

"一个老师的力量是渺小的，他所能面对的只是几十个几百个孩子，但这种微小的能量能够汇聚，不断放大，直至光芒万丈。评价一位老师，并不应该看他是否有一两个成绩多么出色的学生，而应该看他带出的这一群人是否积极向上，是否有思想和无限的活力，因为正是这个群体构成了社会的希望。"

很喜欢学生张梦珂在写给我的信中说的这番话，借此，与所有的小学班主任老师共勉。期待大家能给更多的学生带去福音，努力成为他们心目中最美的天使。

为他人开一朵花

今晚读了《种一盆花给"仇人"》这篇文章后，感触很深。

文章的主要内容是：一个人在正月初一早晨起床开门时发现，他的仇人在他家门前放了一个装骨灰用的陶罐，其用意非常明显。但是这个人看到后一点也没有生气，反而在那个陶罐里种下了一株百合。来年春天，在百合花开得正旺的时刻，他亲自把种有百合的陶罐送给了他的仇人。他的仇人看了后十分愧疚，并承认自己输了。

人生在世，不如意之事十有八九，不易相处之人也在所难免，产生各种不快与摩擦，怎样处理，怎样对待，不同的人会有不同的方法。有的人斤斤计较，睚眦必报；有的人则宽宏大量，大事化小，小事化了，一笑而过。两种态度，将会产生两种不同的结果。

你会是哪一种人呢？

我认为与人相处不要强人所难，不要给他人造成伤害，多体谅，少指责，多关爱，少抱怨。关爱他人是仁慈，体谅他人是智慧。《论语》里有一句话说得好："不念旧恶，怨是用希。"意思是不记旧仇，怨恨怨气因此就很少。

对人宽容，对己克制，学会放下，学会原谅，仇恨少了，不如意之事自然也就会少了。

学生顶撞你，用愤怒的眼神注视着你，小小的脑袋歪斜着。这副桀骜不驯的样子的确让你很受伤。你可以选择师道尊严不可触犯进而惩罚他，你还可以选择暴跳如雷。可是你是否想过，他只是一个懵懂无知的小孩子，他无意冒犯，只是率性而为。你的怒火与苛责只会在他幼小的心田里埋下一颗仇恨的种子。而这，是你愿意看到的吗？

同事不喜欢你了，言语之中，举手投足之间，处处流露出对你的不屑不满，甚至有时候会有污蔑欺侮之言行，这让你很受伤。你可以选择奋起反抗，以其人之道还治其人之身，你还可以选择趁其不备，落井下石，可你是否想过，当你以牙还牙的时候，他就成了你眼前的一面镜子，你可以清楚地看到自己的模样，不知不觉中，你就变成了他。而这，是你愿意看到的吗？

…… ……

仇恨只会让彼此的积怨更深。学会宽容，才能收获敬重，赢得信任。宽容是一种非凡的气度，是对人的包容和接纳，是精神的成熟、心灵的丰盈，是对别人的释怀，也是对自己的善待。

宽容冒犯你的学生吧！在他与你怒目相对的时候，走上前去给他一个拥抱，给他一个温柔的眼神。你的宽容，只会让他变得越来越温顺。

宽容伤害你的同事吧！在他诋毁轻视你的时候，仍然笑脸相迎，依旧彬彬有礼。你的宽容，只会让他相形见绌，并因此而自惭形秽。

为他人开一朵花吧！一张真诚的笑脸，一声美好的祝福，一句鼓励的话语，一个信任的眼神……为他人开一朵花，那是来自内心的爱的流露，那是一首心灵的赞歌，那是一种高贵的思想品质在绽放！

为他人开一朵花吧！这样一来，美丽的不仅是他人，还有你自己！

静听花开的声音
——一个离异家庭孩子的教育案例与启示

一、引言

2010 年 9 月 1 日是开学的第一天，宁宁的奶奶却一脸忧愁地告诉我，宁宁的父母已经正式离婚，宁宁判给了父亲。因为宁宁的父亲工作繁忙，今后将主要由他们两位老人负责孩子的学习和生活，希望老师一方面能给予孩子更多的关心，另一方面能给予两位老人在教育方面更多的帮助。

二、案例背景

宁宁是一个很漂亮的女生，白里透红的脸蛋，大大的眼睛，一笑起来就有两个深深的酒窝。爷爷奶奶就这么一个小孙女，对她自然疼爱有加；爸爸妈妈虽然工作忙碌，但对她的关爱从未缺失。这个在蜜罐里泡大的孩子，整天无忧无虑，快乐得就像一只小鸟。在过往的一年里，老师们都特别喜欢她。这样的宁宁，将如何面对家庭变故呢？

三、案例描述

虽然宁宁父母离婚的消息让我深感意外，但更让我揪心的是宁宁。面对母亲的离去，家庭的破裂，小小年纪的她怎么能承受得住这样的打击？

林花谢了春红

宁宁的奶奶说，关于父母离婚的事情，宁宁不准她告诉老师，这是开学前宁宁哭着求她的事儿。究其原因，是怕老师和同学们知道以后，会瞧不起她，那会让她觉得自己更不幸。我的眼前仿佛浮现出宁宁在奶奶面前流泪哭诉的情景，这令我心如刀割。父母的离异给宁宁幼小的心灵带去了多大的伤害啊！

这个原本整天都不知道"忧愁"是什么的花儿一般的小女孩，变了！变得让我仿佛不认识她似的：那总是合不拢的嘴，很少张开了；那灿烂的笑脸，很难再见了。上课的时候，她目光游离，精神恍惚，漂亮的大眼睛不再熠熠发光，常常莫名地盯着一个地方，一动也不动。她不再举手发言，即使老师叫她起身回答问题，她也是低着脑袋，声音轻得就像蚊子在叫。下课的时候，她总是一个人待在座位上，要不发呆，要不看书，不再像以前那样欢呼着、蹦跳着和同学们一起玩耍。

表现在作业上，更是让我忧心忡忡。无论是书写上还是质量上，都不尽人意。种种迹象表明，父母的离异，已经严重影响了宁宁的日常生活与学习。此时的她犹如一只惊弓之鸟，惶惶不可终日。这朵原本娇艳无比的花儿，已不再有往日的生机与璀璨。

心事说于谁听

这样的宁宁，让我看在眼里，痛在心头。我决定不再遵守和她奶奶之间的约定，我必须找她好好谈谈。

一天放学后，我找了一个理由留下了她。

"宁宁，你是不是有心事？老师发现你上了二年级后，突然变得安静起来了，学习状态也不是很稳定。老师很担心你，也很想帮助你。你愿意告诉我吗？"

听了我的话，宁宁只是默默地摇了摇头，两只小手一个劲儿地扯着衣角，半天也不说一句话。

我见状，拉过她的小手，给了她一个紧紧的拥抱。然后，我附在她的耳边说道："宁宁，老师知道你心里有很多委屈与不安，不要将它们都藏在心里，默默忍受。你这样让老师很心疼很心疼。"

不知道是因为我的拥抱让她觉得温暖，还是因为我的话语让她觉得感动，宁宁突然就抱着我放声大哭起来。孩子心里很憋屈，她需要这样释放一下自己的压力。我什么也没有说，只是轻轻地拍着她的背任由她哭泣。

大约五六分钟后，她停止了哭泣，只是偶尔抽噎一下。

"老师，我不想让爸爸妈妈离婚，我想让他们还像以前那样每天都能陪在我的身边。你能不能劝劝妈妈，让她回来？"

看着满眼噙着泪水的宁宁，我的心又一次被揪了起来。

"宁宁，妈妈即使回来，她和爸爸之间还是会不断吵架，那样的情景，你难道忘记了吗？听你奶奶说，你每一次面对爸爸妈妈的吵架，都害怕得捂上耳朵跑进爷爷奶奶的房间里。即使这样，你也希望妈妈回来吗？还有，妈妈和爸爸只是因为实在没有办法一起生活才决定要分开的。即使分开了，他们也会像以前那样爱你，你还是他们的心肝宝贝。如果他们因为你勉强生活在一起，可是他们会很不快乐，会天天都很痛苦，你还愿意他们在一起吗？"

宁宁似懂非懂地摇了摇头，过了一会儿，她又说道："老师，有时候我很想见妈妈，想给妈妈打电话，但是爸爸就是不同意，有时候还凶我，说不准我在他面前提妈妈。"说着说着，她又泣不成声了。

事后，我找宁宁的奶奶了解了一下情况，得知离婚的事情是宁宁的母亲提出来的，因为宁宁的父亲玩游戏成瘾，在工作上不太追求上进，这让事业心很强的宁宁母亲不能容忍。过去的一年里，两人常常因此发生矛盾，而且越演越烈，直至宁宁母亲一气之下搬了出去，提出离婚，宁宁的父亲才慌了神，但宁宁的母亲去意已决。因为宁宁的父亲心里对宁宁的母亲还有积怨，所以有时候宁宁闹情绪的时候，父亲就会冲她发火。

解铃还须系铃人

我决定进行家访，和宁宁的父亲进行沟通。我将宁宁自开学后在校的种种表现及她内心的愁苦都告诉了她的父亲，希望他能从离异的事件中尽快走出来，不要将负面情绪延伸至孩子的身上。父母离婚的事情已经给宁宁造成了很大的伤害，作为一个理智的父亲，就不应该将孩子作为筹码去为难曾经的爱人，因为这无疑是对孩子的第二次伤害。在我的劝说之下，宁宁的父亲心悦诚服地接受了我的建议：孩子想妈妈的时候，可以让她和妈妈打打电话，每个月的双周周六可以去妈妈那儿玩一天；平时，尽可能抽出时间与孩子多沟通多交流，多陪伴孩子参加班级的各项集体活动，鼓励孩子"请进来"和"走出去"，通过和同学的接触，享受与正常儿童共有的快乐，培养积极向上的情绪和开朗的性格，以淡化父母离异对孩子造成的心灵创伤，让孩子尽快走出阴影。

家访之后的第二天，宁宁在课间附在我的耳朵旁悄悄对我说："胡老师，谢谢您！爸爸说他以后不会再冲我乱发脾气了。他还说我只要想妈妈就可以给妈妈打电话，他还允许我看妈妈。我很开心。"难得一见的笑容终于在宁宁的脸上泛起。这是自开学以来我第一次看到她如此阳光的笑脸。这之后，我还欣喜地发现宁宁在课堂上发呆、游离的情况明显减少了；下课后，她也偶尔会跟着同学们出去玩了。这让我对她的担心少了许多。

暗喜春红依旧

我家访之后，宁宁的确有了一些改变，但父母的离异、家庭的破裂始终不能让她真正释怀。在学校里，她总是担心别人知道她的秘密，因而变得敏感、自卑。

为了帮助宁宁放下全部的武装和戒备，走出困境，走向自信，我首先召开了班干部会议，引导班干部们给予她更多的关心与爱护。比如在班队活动中，邀请宁宁承担一些任务，参与一些活动，既锻炼她的能力，培养她的自信心，也可以转移她的注意力，使她不至于整天胡思乱想。再比如，在她生日的时候，班干部提前悄悄告知其他学生，通过写纸条、送贺卡等方式传递大家对她的喜爱，鼓励她，赞美她，从而增强她对集体的归属感和信任度。三年级的时候，我又邀请她担任我的语文科代表，一方面让她感到被关注，另一方面也有更多的机会接近她，帮助她。每当她帮我做了事情后，我都会立即夸奖她，"宁宁，你真能干！作业收得很及时！""宁宁，谢谢你帮老师做事，你可是帮了我一个大忙哦！"课堂上，我也常常创造机会鼓励她发言，乘机肯定她。每一次得到我的表扬，她只会羞涩地笑一笑，但从她的目光中，我分明看到了欢喜与激动。在这种自信心的驱使之下，她更加热情，更加认真地对待自己的本职工作。偶然有一次，我发现她踢毽子的水平很高，我就推荐她参加校队的训练，她因此大受鼓舞，一下课就练习踢毽子，觉得这是她的看家本领，甚是骄傲。上个学期，她的绘画作品先是选送市里比赛获得二等奖，后来又被推荐到省里，竟然获得了一等奖，这让她特别有成就感。再过几天，她将要代表学校参加全市的多媒体课件制作比赛。在家庭和集体的共同帮助之下，如今的宁宁早已摆脱了自卑感，变得越来越自信。她不但在学习上有了很大的进步，而且在与人相处的过程中更大方更自然了。最关键的是她脸上的笑容多起来了，她又重新变回了那个开朗乐观的小女孩。

四、案例反思

曾经的宁宁，郁郁寡欢，心事重重；如今的宁宁，开朗乐观，积极向上。这样的改变，不是一朝一夕就能做到的，是过去四年里，父母、老师和同学给予她不断引导与帮扶促成的。

1. 消除戒备，建立信任

在得知父母离婚消息之后的很长一段时间里，宁宁都是郁郁寡欢、心事重重的。她总觉得自己成了单亲家庭的孩子是一件很丢人的事情。内心的痛苦，她不愿意与人倾诉，更担心旁人，尤其是老师和同学知道她的家事。对于这样一个敏感、忧郁的孩子，及时消除她的戒备心理就显得尤为重要。平等而坦诚地对待她，帮助她卸下所有的武装，使她乐于向你倾诉她的需求和所思所想，有助于建立起师生之间良好的信任感，这是打开她紧闭着的层层心门的第一把钥匙。

2. 润物无声，关爱无限

著名教育家苏霍姆林斯基曾经说过："热爱孩子是教师生活中最重要的东西。"有爱才有教育，爱是一切教育的源泉。对于离异家庭的子女，我觉得教师应该倾注更多无私的爱去抚慰他们受伤的心灵。宁宁学习上有困难，我会耐心地帮助她；宁宁感冒了，我会亲自给她泡药喝；宁宁上课发言了，我会向她竖起大拇指；宁宁帮我做事了，我会美美地夸奖她……在学习上多给予帮助，在生活上多给予关心，在精神上多给予引导，不吝啬赞美，不忘记关爱，正是这种潜移默化、润物无声的爱促使宁宁慢慢忘却了父母离婚带给她的伤痛，促使她能正确地看待自己，把握自己。

3. 捕捉亮点，树立自信

苏霍姆林斯基说："世界上没有才能的人是没有的。问题在于教育者要去发现每一位学生的禀赋、兴趣、爱好和特长，为他们的表现和发展提供充分的条件和正确的引导。"只要教育者愿意去观察与发现，每一个孩子都是一颗小星星。离异家庭的孩子则更需要教师拥有一双慧眼，充分挖掘他们身上的积极因素，帮助他们克服消极情绪。得知宁宁从小学画画，我就鼓励她去参加比赛，不料最后居然一路过关斩将，获得了全省一等奖；在班级踢毽子比赛中，宁宁有着出色的发挥，我便推荐她参加校队的训练，在校级运动会上，她为班级赢得了荣誉；在我的激励之下，宁宁不但在学习上有了动力，在艺术方面更表现出浓厚的兴趣，潜能得到充分发挥，自信心也大大增强。

4. 家校合作，群策群力

一个孩子的健康成长需要家庭和学校之间的密切配合。宁宁的父母虽然离婚了，所幸的是他们对宁宁的关爱并没有因此而减少。在对待宁宁的教育问题上，无论是她的父母还是爷爷奶奶，都能虚心接受我的建议，积极配合我的工作。上学期，宁宁有一段时间完成家庭作业有拖拉和偷工减料现象，我及时进行家访，才得知她的父亲忙于工作，忽视了对孩子学习上的督促。考虑到爷爷奶奶退休在家，文化程度也很高，我就建议让两位老人来管理宁宁的学习，他们也毫不犹豫地答应了，平时还经常向我探讨教育的问题。宁宁的进步和家庭的配合也是密不可分的。

此外，温馨、和谐、友爱的班集体对宁宁的帮助也是非常巨大的。丰富多彩的班队活动，给宁宁搭建了一个展示自我的舞台；可亲可爱的同学给了宁宁无私的帮助，尤其是班队干部。在纯真友情的滋养之下，在班集体的温暖之下，宁宁变得越来越活泼，越来越自信。

文学巨匠托尔斯泰在《安娜·卡列尼娜》一书中说道：幸福的家庭都是相似的，不幸的家庭各有各的不幸。宁宁是不幸的，因为父母离异，没有给她一个幸福完整的家庭；但宁宁又是幸运的，因为在家长、老师和同学的积极引导和热情的帮助之下，宁宁正朝着健康阳光的方向不断成长着。

我相信，只要我们愿意付之以爱，静心等待，一定能听到花开的声音……

此文曾发表于《浙江教育报》

丑小鸭也能变成白天鹅

一、引言

2011年9月1日，学校教务主任领着一个小男孩走进我们的教室，这个小男孩名叫小曾，是从杭州转学来我们班的。

二、案例背景

那天上午放学后，孩子的母亲特意找到我，说是要和我聊聊小曾的问题。从谈话中我得知，在小曾五岁的时候，父母就因为性格不合离婚。父母离异之后，孩子跟随父亲留在杭州，母亲则仍然在金华工作，这些年，母子聚少离多。孩子是爷爷奶奶唯一的孙子，是他们心头的宝贝疙瘩，溺爱使得孩子从小就很自我、倔强、霸道。不良的性格因素、不良的学习生活习惯，导致这个孩子入学杭州某小学之后产生了一系列的问题，比如，上课不听讲，作业不做；经常有一些攻击性行为；等等。据孩子的母亲说，到了二年级的时候，孩子几乎每天都要带回一沓的"告状信"给父亲，那都是同学、老师，甚至是同学家长写给小曾父亲要求严加管教的书信。因为父亲的教育方法过于简单粗暴，家校之间缺乏有效的沟通交流，班主任老师逐渐对孩子的教育失去耐心，从而使得这个孩子成为班级的"问题学生"，并逐渐被边缘化。"小曾在原班级里就是一只丑小鸭！"孩子的母亲这样形容道。担心孩子如此发展下去，会无可救药，经过慎重思考，他的父母决定让孩子换一个环境，跟随母亲来金华就读，在这种情况之下，小曾转学来到我们班。

三、案例描述

虽然说孩子母亲已经提前给我打了"预防针"，但是当小曾真的开始进入我们班级学习和生活后，我发现实际情况比我想象的还要严重得多。因为没有良好的学习态度和学习习惯，他在课堂上几乎从不听讲，不是做小动作，就是骚扰同桌；他磨蹭拖拉，不爱做作业，一下课就往外跑。因为不懂得如何与别人沟通交流，他习惯于"不动口先动手"，结果一出手往往就伤人。开学后的两个月时间里，我几乎每天都要处理他的"打人事件"。曾经有两次，他将我们班的一个小女孩的眼睛都打肿了，甚至进了医院，原因只是他想找这个女孩玩，女孩没答应，他冷不丁就一拳打过去了。打人事件产生的后续问题就是家长之间矛盾的激化，而这又是需要我去化解的。可以说，他的到来，仿佛是往一汪平静的湖水里投进了一块块巨石，激起的不是涟漪，几乎是惊涛骇浪了。那时候，一下课，我的耳朵就被塞得满满当当的，科任老师投诉他，孩子们也投诉他。除此之外，其他孩子家长的来电、来访也持续不断，虽然家长们碍于我的面子没有过多激动的言语，但是透过那些委婉的话语还是可以感受到他们的种种担忧之情。这给我的班主任工作带来了很大的压力。面对这样的状况，如果说我从不生气也不发火那是假话，但是每一次为他犯下的那些错误找他谈话的时候，面对他时而桀骜不驯，时而戒备警觉的样子，怒火虽然在我的心头熊熊燃烧着，理智却告诉我需要心平气和，需要竭力相助，需要耐心等待。这孩子就像一只刺猬，发怒的时候浑身都是刺，害怕的时候又会缩成一团。"如果说过去两年对于这个孩子而言是一片的黑暗，那么未来，我所应该努力的就是尽力多给他一些阳光。"这是小曾来我们班一周之后，我写在日记本上的一句话。

四、案例分析

付出爱心、等待是必需的，那是先决条件，但是光有这些远远不够，还必须找到问题的根源所在，因为只有这样才能"对症下药"。经过持续观察和不定期家访，我对这个孩子的情况有了更为详细的了解，发现造成这种现状的原因是多方面的，有主观因素，也有客观因素。

一是父母的离异让孩子失去了一个理想的家庭教育环境，并因此让孩子产生了自卑心理。他的易怒、烦躁、反抗、敌视等性格中的不良因素，其实正是内心极度缺乏安全感、不够自信的表现。入学之后的几个月里，小曾从未在我的面前提起自己的父亲及家庭，每次我和他谈论起这个话题时，他都有意岔开。

二是原班级老师、同学和家长对他的不友好、不信任，甚至是心灵上的伤害造成了他的叛逆和仇恨心理。他缺乏对身边人的信任感，总觉得大家会嘲笑他，会欺负他。过度的敏感僵化了他和同学、老师之间的关系。

三是他的意志力薄弱，自制力差，没有相对稳定的学习和生活习惯，对学习没有兴趣。一、二年级是树立良好学习态度，养成良好学习习惯的关键期，小曾恰恰错过了这宝贵的关键期，如今身上的一些不良习惯已成定势，这给今后的教育带来了更大的阻力。

四是一直以来，他都缺乏正确的引导与帮助，加上本身的语言表达能力不是很好，他不懂得如何与人正确交往，不懂得怎样表达自己的情感。这也是他频繁出现攻击性行为的主要原因。

五、转化对策

综上所述，我认为在教育小曾的问题上，必须十分慎重和用心。为了转化他，我采取了以下一些措施：

（一）优化家庭教育环境

首先，在开学后一周，征得小曾母亲的同意后，利用周末时间，我邀请孩子的父亲来金华，与孩子的父母进行了一次诚恳的谈话。通过谈话，希望他们明白孩子的成长离不开良好的家庭教育。父母的离异已经给孩子带去了伤害，这样的孩子相对会缺乏一些安全感。所以，作为父母，应该多抽一些时间来关心孩子的学习和生活。即使现在父母亲分居两地，作为父亲起码应该做到隔三岔五给孩子打个电话，关心慰问一下，一个月应该来金华看望孩子一次。其次，作为母亲，除了在生活和学习上给予孩子更多的关心和帮助之外，还应该学会耐心，学会等待，面对孩子的犯错行为，切记采用辱骂、殴打的教育方式。再次，应加强学校和家长之间的联系，采取教师家访、家长校访的方式，了解孩子在家的活动情况，介绍孩子在校的表现。

（二）优化班级教育环境

每个学生都有自尊心，都需要关爱，尤其是像小曾这样的孩子，平时受到的批评、冷落太多，爱的需求得不到满足，当他犯错误时，如果只是一味地指责、批评，只会加重他的逆反心理。因此，针对小曾的情况，我觉得首先要做的就是尽快地让他接纳老师和同学，尽快融入新的集体，感受到班级的温暖。首先，在安排座位上，虽然他的个子很高，但是考虑到我们的班长是个富有爱心，又特别有耐心的孩子，所以我让他俩同桌，以便及时提供学习上的帮助。在班队干部会议上，我要求他们率先垂范，主动找小曾玩耍，并在学习和生活上给予他尽可能的关心与帮助。其次，要求全班同学一起影响和帮助小曾。尤其是在学习和交往方面给予正确的督促与引导。再次，积极争取和赢得各位科任老师的帮助与配合。开学后，我就及时将小曾的情况告知了各位科任老师，一方面是让老师们有一个心理准备，另一方面则希望他们能尽可能地对他多一些关注，多一些鼓励与宽容，少一些批评与指责。生生之间、师生之间、师师之间都统一思想、统一战线之后，对待小曾的教育问题，就会减少一些分歧，增添一些力量。

（三）给予人际交往的具体指导

通过观察，我发现他的攻击性行为并不是恶意的行为，每一次都只是因为他想找同学玩，但是他不善于言辞，所以常常用拍人家一下、拽人家一下这样的方法表达需求，同学们不理解，若是遇上一个性子火暴的，"战争"就打响了。因此，遇上他和同学之间有了矛盾和冲突的时候，我一方面请同学们多多谅解他，给他多一点的时间成长；另一方面，我及时给予他人际交往方面的具体指导。比如"君子动口不动手"，先和同学打个招呼，让对方明白你的需求，如果对方答应，那就去玩，玩的过程中，也要注意有礼有节，不能强人所难；如果对方不答应，切不可死缠烂打，可以下次再约。遇到自己做得不对的事情，要诚恳道歉，若是对方不接受，那就一直道歉，用真心打动对方，直到获得原谅为止。起初一两次，在他与同学发生争吵之后，我还没有开口了解事态，他就开始据理力争，处处维护自己的利益，挖空心思地指责对方，其目的就是想减少一些批评，赢得老师的同情，这种心情完全可以理解，所以我也从不点破，任由其畅所欲言。当全面了解了争吵的来龙去脉之后，就会发现事情多是因小曾而起，另一方在被激怒的情况下也有了一些反击行为。在处理这一类事情时，我班的孩子已经训练有素。如果自己有错，往往就会当着我的面主动承认自己的错误行为，并向对方鞠躬道歉。所以，在处理与小曾有关的争吵事件时，班里的孩子即使有错在后，也会选择道歉在先，而且是诚恳地鞠躬道歉。这样的次数多了，小曾也受到了潜移默化的影响，遇事也能主动认错和道歉了。放下自己的架子，多一些理解和宽容，使得他和同学之间的关系融洽了许多，并因此收获了更多的友情。

（四）建立有效的激励措施

按孩子自己的说法，过去的两年时间里，因为贪玩，因为磨蹭，课堂上他总是不能集中精力听课，课后也不能按时完成作业，久而久之，对学习已失去兴趣，很讨厌学习。如今要改变他的这种状态，让原本松弛的弦重新绷紧，这对于懒散了两年的他而言，真的是一件非常痛苦的事情。对我而言，也是一个巨大的挑战。如何帮助他消除懒散的情绪，如何培养他的自信之心，如何帮助他学会克制与自律，这些都是需要认真思考、周密计划的。我主要采用了以下一些激励措施：

1. 降低标准，开辟"绿色通道"

和班中的孩子相比，在学习上，小曾已经落后一大截了。没有良好的学习习惯和学习态度，过往两年薄弱的学习基础都导致他在完成学习任务的时候常常力不从心，疲于应付。为了不因此而挫伤他的积极性，不让他产生厌学情绪，对他的要求就不能和其他孩子一样，必须适当降低标准，让他

"跳一跳就能摘到桃子"，因为这样有助于培养他的自信心和成就感。比如背诵课文，他不需要一气呵成，可以逐段背诵；再比如完成作业的截止时间，他可以延长至放学前。平时的小测验有一定的难度，我会提前一天将自测卷发给他带回家让他先复习，第二天再做的时候，他往往也能考个七八十分了。降低要求，区别对待，开辟"绿色通道"，让他从"我不行"，变成了"我能行"。当然，随着良好学习习惯和态度的逐渐养成，对他的要求也会逐渐提高。

2. 给予机会，培养责任意识

课堂上多给他发言机会，不管对错都要肯定他的勇气；分配一些难度不大，容易胜任的班级工作给他做，让他感受到自己也有能力为班级为同学服务，更重要的是这有利于培养他的责任意识。上学期，我请小曾担任我们班的路队长的工作，他特别高兴，在此之前，他还从来没有担任过任何班级工作。这个学期，为了培养他按时到校不迟到的好习惯，也为了锻炼他的口头表达能力及胆量，我又分配给他一份领读员的工作。当然，我们班的领读员有好几位，只有谁先到校谁才能领读，为了使自己的工作不至于被同学"抢"走，他每天晚上在家认真准备，第二天又早早到校，再也没有迟到的现象了，胆量、说话的声音都大了不少。

3. 少责备多赏识，少埋怨多帮助

每个孩子的内心深处都是渴望成功的，小曾这样的孩子尤其渴望。带有赏识的爱的语言、爱的眼神都可以成为催他奋进的因子。在日常的学习生活中，我总是努力创造机会赏识他、鼓励他，努力挖掘他身上的亮点，帮助他充分树立起自信心，保持良好的心态。他主动拾起地上的纸屑，我会表扬他；他把饭菜都吃完了，我会赞美他；他的书写端正漂亮了，我会在本子上画上一个笑脸，写上一句"你真棒"；他在抽血的时候没有哭，我会给他一个温暖的拥抱。赏识、鼓励、帮助的结果就是他变得越来越信任我，亲近我。记得有一次我故意逗他说："你爸爸想让你回杭州读书，你去不去？"结果，他立刻就生气了，并且很认真地对我说："胡老师，我哪儿都不去，我就要在五班，就要一直跟着你。"

六、案例反思

通过以上措施，收到的效果是明显的。具体表现在：

1. 自我约束能力和责任意识有所增强，犯了错误能敢于承担，勇于负责，积极补救了。表现在学习上，主动性和自觉性有所提高，完成学习任务过程中很少出现拖拉磨蹭的情况，学习成绩也有所上升。对于自己的本职工作能尽心尽力，乐于为班级服务，集体荣誉感逐渐增强。

2. 在人际交往方面有了很大的进步，懂得与人友好相处了，懂得人与人之间应该彼此尊重了。尊敬老师，顶撞父母的情况如今鲜有发生。团结同学，很少产生矛盾冲突，即使有也能自行解决。在周记里，在与家人或是和我的谈话中，总会不时流露出自己对新同学、新老师、新班级的喜爱之情。整个人的精神面貌有了很大的转变，变得开朗、阳光了。

过往的一年，小曾在成长，在悄悄地发生着改变，曾经的"丑小鸭"正在不断改变，正朝着"白天鹅"的目标前进；过往的一年，陪伴着小曾，我也在不断成长，我的思想也在悄悄发生变化。

对待"问题学生"，不可以有"急功近利"的思想，也别奢望"立竿见影"，更别想"一劳永逸"，因为它一定是一个缓慢而长久的教育过程，需要你有足够的耐心和毅力。对待"问题学生"，需要讲究方法，需要"因材施教"，需要"动之以情，晓之以理"，一味地批评、说教、规劝，都是空洞而无力的。对待"问题学生"，还需要班主任老师练就一双慧眼，善于寻找孩子的闪光点，及时把握转变的契机，因为教育有时需要的是一份不动声色的智慧，而智慧的产生往往只需换另一个角度。

本文曾发表于《素质教育》

努力做一个"三好"家长

著名哲学家康德说过：教育是世间最难的事。的确如此，自从加入微课堂之后，我几乎每天都会浏览大家发在群里的留言，我也真真切切地感受到了为人父母、养育子女的艰辛。

关于养育，对于大多数家长来说，"养"在当下并不是一件很难的事情，如何教育好我们的孩子，才是如今许多父母深感焦虑之处。

那么，如何成为一名合格的，甚至是优秀的家长呢？我认为，家长朋友们可以从以下三个方向做些思考和行动——

第一，努力做一个爱学习的好家长

关于如何做好家长，我们需要学的东西很多，然而现实情况是家长们都是"无证上岗"，绝大多数家长的教育经验主要来自父辈们的影响与传承。当年父母怎样教育我们，我们就依葫芦画瓢用在自己的孩子身上；当年总是被父母厉声呵斥或是拳脚相加的，在自己有了孩子之后，也常常会在怒不可遏的状态下对孩子举起棍棒。社会在发展，文明在进步，一些人的教育观念却没有与时俱进，这势必会导致亲子之间矛盾重重。当然，我们也欣喜地看到，有许多家长比自己的父辈更加重视对子女的教育，他们会向身边优秀的、智慧的父母学习，会向孩子的老师请教，会参加一些教育培训活动，还会买一些家庭教育方面的书籍来阅读，以此不断提高自己的教育水平。这样热爱学习的家长，他的教育理念一定会有所改变，教育方法一定会有所改进，教育效果也一定会更加美好。

但是，如何学？学什么？怎么学呢？在我看来，这也是很有讲究的。群里的家长提出了许多问题，比如孩子做事总是三心二意，或是拖拖拉拉，还喜欢一不顺心就发脾气等，家长们希望群里的老师、专家们能指点迷津，最好来个立竿见影的好办法。殊不知，孩子任何一个行为问题的背后都有原因，即使是同一个问题行为，因孩子的个性使然，或是受家庭因素等影响，教育的手段和方法也将有所不同，所以永远不存在"放之四海而皆准"的教育方法。作为家长，我们必须系统地学习，充分地了解我们的孩子，只有了解他们，才能理解他们的行为，才能给予他们尊重，有的放矢地教育他们。

比如，有家长反映三、四岁的孩子常常表现得很任性，稍不合意就撒泼耍赖，又哭又闹，常常把"我就要""就不行"等语言挂在嘴边。这貌似孩子在无理取闹，实际上是家长不了解孩子造成的。如果你阅读了儿童教育专家孙瑞雪教授的作品《捕捉儿童的敏感期》，你就会释然。因为三、四岁的孩子都会经历一个敏感期，叫作执拗敏感期。这个阶段的孩子思维先于行动，并且以为思维就是行动，所以他们比任何时候都显得"任性"，他们总是预想事情是什么样子的，如果你把他的预想破坏了，他会火冒三丈，大发脾气。比如家里有人来敲门，他预想他去开的，结果你去开了，他就很生气，甚至一定要让客人出去他再开。如果不了解这个阶段孩子的特点，我们就容易给孩子贴上"不听话""不讲理"的负面标签，轻则训斥，重则动手，这样不但没有把孩子教育好，反而会害了他。有的成年人在做事情时对时间没有掌握感，不能在特定的时间内预定完成一件事情，总是因迫不及待把一件事情搞坏，若是追根溯源，就是三、四岁时执拗敏感期没有发展好。

再如，有的家长反映孩子十二三岁以后就很难沟通，很不听话，喜欢顶撞父母。如果你读过著名的教育专家孙云晓的专著《亲子关系决定孩子一生幸福的秘密》一书，你就会理解这个年纪的孩子所有的情绪反应以及他们的行为特点了，因为青春期的孩子就是这个样子。你不能再把他们当成小孩，更不能让他们对你唯命是从。这个阶段的他们独立性和自我意识变强，喜欢和同龄人在一起，情感变得细腻，但也多变。只有读懂孩子的这些信息，你才能知道如何与他们相处，也才能更好地教育他们。

在此，推荐大家去看看青少年研究中心首席专家孙云晓的新浪博客。其次，英国教育家洛克的《教育漫话》、孙瑞雪教授的《捕捉儿童的敏感期》《爱与自由》，美国心理学家简·尼尔森的《正面管教》，以及美国著名教育专家马兹丽施写的《如何说孩子才会听，怎样听孩子才肯说》，这些家庭教育著作都很不错，值得阅读并实践。

第二，努力做一个能坚持的好家长

思想决定行动，一位爱学习的家长，他的教育理念一定会更加先进，但是光有理念，缺乏行动，那是没有用的。在生活中，有许多家长很善于向书本学习，向身边的智慧父母学习，向有经验的老师们学习，但往往是请教得多，实践得少。即使实践了，也难以做到持之以恒，自然成效不大。所以说，思想决定行动，行动决定习惯，习惯决定结果。

一年级刚入学的孩子普遍会表现出好动、注意力不集中的特点，家长们很焦虑，也会向我讨教方法，我就建议他们让孩子坚持每天挑豆子、解绳结40分钟或是1个小时。同样的建议，同样的做法，有的家长因为孩子有抵触情绪，坚持了三五天就放弃了；有的家长坚持了十天半个月，因为孩子略有进步也放弃了；但那些坚持了两个月，甚至半年的，孩子就逐渐养成了安静、专注的品性，表现在学习上也会有很大的进步。从教二十多年，当了二十多年的班主任，我发现但凡家长意志坚定，做事很有原则性的，他们的孩子往往都是很有责任感的，做事也特别有毅力，各方面都会表现得较为出色。

好的父母总是努力引导孩子去尽力坚持一件事，而不是陪着他一起随意放弃。"不喜欢的事，就可以不做"，这是一句错误的话。我们必须明白，好多事，孩子不坚持，那是缘于我们不坚持。

北京师范大学教授边玉芳表示：12岁以下的孩子，意志力薄弱、自制力差，当家长表现出对子女所学内容的兴趣，并给予陪伴，孩子面对学习困难会更具坚持性。美国教育专家经过研究也发现，决定孩子未来的并不是智商，而是坚持的品质。而让孩子遇事能坚持，最好的方式就是家长陪着他一起坚持。最好的示范，才是最好的教育。

所以，当我们批评孩子不懂得坚持的时候，也不妨扪心自问：这么多年以来，自己又坚持了什么？在我们指责孩子总是轻言放弃的时候，也不妨扪心自问：对于他们的放弃，我们是不是也是默许的呢？

第三，努力做一个会"偷懒"的好家长。

值日的时候，时常会遇到一些家长，尤其是一年级的家长，他们的手里端着牛奶，肩膀上挂着孩子的书包，一路护送孩子到了校门口还要再逼孩子吸上几口牛奶，然后，千叮咛万嘱咐，久久不肯离开。遇上下雨天，孩子从车上下来，有的父母也会随之下车，目的只有一个——帮孩子把雨伞打开。

放学时，按照学校规定，没有特殊情况，家长是不允许进入校园的。但也会遇到有的家长坚持要进教室找孩子的情况，问其理由，说："我孩子今天当值日生，我想帮他打扫一下教室！"

每当遇到这样的家长，我真的是又好笑又无奈。生活中还有太多熟悉的画面——有的家长一边责怪自己的孩子把房间弄得乱糟糟的，一边跟在孩子身后不停地收拾；有的家长一边批评自己的孩子做一小时作业，找半小时橡皮，一边不厌其烦地帮孩子整理书包；有的家长一边埋怨孩子整天要人伺候，一边却给孩子端茶倒水，穿衣喂饭……

我国著名教育家陈鹤琴先生说：凡是孩子自己能做的事，让他自己去做。哈佛大学学者经过长达 20 多年的跟踪研究，得出了一个惊人的结论：爱干家务的孩子和不爱干家务的孩子相比，成年后的就业率为 15∶1，犯罪率为 1∶10。中国教育科学研究院对全国 2 万名家长和 2 万名小学生进行了家庭教育状态调查，结果表明，在孩子专门负责一两项家务活的家庭里，子女成绩优秀的比例为 86.92%，而认为"只要学习好，做不做家务都行"的家庭中，子女成绩优秀的比例仅为 3.17%。让孩子从小养成劳动的习惯，既可以培养他们的责任感，增强他们的自信心，也有助于练习他们的动作技能，还可以让孩子学会关心长辈，懂得感恩。

我要求我们班的孩子从一年级入学开始，每天都要为父母盛饭夹菜。通过这样的作业，孩子们就会知道父母亲的喜好，知道他们爱吃什么不爱吃什么，就学会了关心、孝敬父母。十月份之后，开始学习扫地、擦桌子、倒垃圾、洗袜子、洗内裤和红领巾、收晾衣物，叠衣服；寒假里全班孩子学习叠棉被。这些基本的劳动技能一旦掌握了就会受益一生。到了二年级，我们就开展"玩蛋行动"，即每个周末做一道菜，以鸡蛋为主材，从最基础的煮鸡蛋、煎荷包蛋、蒸鸡蛋开始，到后面可以做鸡蛋糕、蛋挞，以及用鸡蛋做成的各种菜肴共计 35 道。到了三、四年级，孩子们就开始学做各种凉拌菜、荤菜、煲汤等，现在每一个

孩子已经熟练掌握了 58 道菜的做法，接下去的两年时间里，我们还将继续这样的周末作业。

在完成这些作业的过程中，许多胆小的孩子变得勇敢了，许多懒散的孩子变得勤快了，许多孩子对美食和烹饪情有独钟了。当然，更重要的是他们对生活充满了热爱，对家庭有了一份承担，对父母有了一份孝心。周末的时候，家里的一日三餐，常常是孩子们掌勺完成的。当一道道美味佳肴端上餐

桌的时候，孩子有了成就感，家长们也充满了幸福感。

许多孩子之所以变得糟糕，那是因为做父母的太"好"了。"好父母"从不给孩子们劳动的机会，自然孩子们也就不知道劳动的辛苦。"好父母"始终有一个不正确的思想观念，那就是孩子只需要读好文化课，至于生活常识，长大后自会知晓，其实这是大错特错的。

陈廷在《做个坏父母，教出好孩子》一书中写道："坏"父母懂得将孩子的幸福观融于对孩子的教育中，能够不动声色地让孩子从"艰苦"中锻炼出成才的潜能。他们凡事都放手让孩子去干，不会轻易否定孩子的想法，甚至比孩子对梦想还要执着。

我认为，在生活中，我们的父母有时候应该学会偷懒，凡事都应该学着放手让孩子自己去干，不动声色地让孩子从劳动和摔打中锻炼出自主能力。从小培养孩子的劳动意识，不管孩子多忙，孩子能做的事父母绝不帮忙。唯有这样，孩子的责任感以及他们的生活能力才能得到很好的培养。

学校有"三好学生"的评比，对于家长们而言，我觉得若是能做到以上三点，你们也可以成为"三好家长"。想让孩子改，家长先要改；想要孩子变。家长先要变，这是我们在实施家庭教育过程中应该遵守的基本原则。希望家长朋友们在今后的家庭教育过程中，不断学习，不懈努力，争当智慧的优秀父母。

此文曾发表于《金华晚报》

2019 年 7 月 24 日

从 "0" 到 "138"

8 月 10 日,本年度最强台风利马奇登陆。

早上七点,我就开车出门了,到了高速入口才知道封道,匆忙下来改走省道,幸运的是八点二十分的时候顺利到达兰溪教师进修学校。今天,我要为 198 位新入职的教师做一天的岗前培训。

讲座开始前,我先做了一个调查:九月份入职后希望当班主任的老师请举手。

很遗憾,现场居然没有一只手举起来,这样的结果虽有遗憾,但我也能接受。事实上,许多新老师在实习期间担任过班主任工作,想必这份工作的烦琐与辛苦,他们早就感受过了。不过,我有信心通过这一次交流,感染和影响他们中的一部分人。至于那数字是多少,我不敢多想。

讲座结束后,按照程序要有 5 位老师上台分享感悟,没想到最后上来了 14 位老师。其中一位女老师很有趣,她迫不及待地跑上来不是为了分享,而是问了大家一个问题:"听了胡老师的讲座后,你已改变想法,决定要当班主任的请举手!"

这原本是我想问的,居然被她抢了个先。我不由得期待着即将呈现的结果。

在一片欢声笑语中,伴随着一个个灿烂的笑容,一只又一只手陆陆续续地、高高地举了起来,瞬间就成了一片林。

我又惊又喜,继而担心这其中会有心不甘情不愿,为了顾及我颜面而违心的。于是,我又强调了一句:"大家可以先不着急举手,慎重思考一下,听从自己心底的声音,真的做好挑战准备的再举手。"

　　没有一只手放下去，每一张年轻的脸庞都是坚定而自信的，那渴望的眼神分明不容我怀疑。

　　施老师比我还激动，她已经迫不及待地开始数数了。最后的结果是：138。

　　从"0"到"138"，这个数字超乎我的想象，更让我惊喜不已。一天5小时的讲座，能够影响这样一大批年轻的老师对班主任工作有向往、有期待，这一天的来回奔波，我所付出的所有辛劳都值得了。

最后抢了话筒要发言的居然是我的衢州老乡，站在她身边听她说话的时候，我感觉到她的嗓音因激动而颤抖，不仅如此，她的整个身子都在颤抖。她对教师这份职业的喜爱，通过她的娓娓道来，她的一言一语，还有眼眸里含着的泪水，我都充分感受到了，并被她深深感染了。最后，我情不自禁地拥抱了她，希望未来的她始终不忘这一刻的决心。

　　结束讲座的时候，许多老师聚集在我的身边，希望加我的微信，希望未来可以有我相助，我很认真地一一添加，一一允诺，并给予他们满满的鼓励。我深知这个时候的他们有的是决心，有的是憧憬，但不久的将来，他们会被现实碰得头破血流，满身伤痕。我希望在那样的时候，我可以为他们做点什么。

　　此刻站在我面前的这一群人有青春有活力，他们意气风发，踌躇满志。他们让我想起了二十多年前的自己也曾经是这个样子的。幸好，一路走来，无论坎坷还是艰辛，我从未忘记自己的初心，希望未来的他们也是如此。

　　祝福新老师们！希望从今天开始，希望未来的每一天，你们都不要忘记自己为何出发，又要走向哪里。加油吧！

2019 年 8 月 10 日

劳动，孩子成长的权利

在全面建设小康社会的今天，人们的物质生活水平越来越高，但与真正的体力劳动渐行渐远。我们很少参与劳动，孩子们更是如此。每当看到他们喜滋滋地享受着家长奉上的好吃好喝，看到他们在乡下见到耕牛、水稻如见到天外来客般大惊小怪的时候，我就觉得孩子们的幸福感来自云端——他们仿佛飘在这个世界的云端。

幸福感应该是沉甸甸的，应该在实践中产生，而这种实践就是劳动。作为一名小学班主任，随着每一届学生的到来，我对他们的劳动教育与培养也就紧随其后开始了。

孩子在一年级的时候，重在掌握最基本的劳动技能，我们班的学生，每个月有主题，每一天有劳动作业，寒暑假则开展"挑战 21 天"活动。如：9 月份为父母盛饭夹菜培养孝心，10 月份学习擦桌扫地倒垃圾，11 月份学会洗碗洗菜刷锅，12 月份开始练习晾晒衣物，寒假里天天叠棉被……一年时间，20 项基础劳动技能，人人都要熟练掌握。

二年级开始，我就积极鼓励孩子们进厨房进行"玩蛋行动"：从煮鸡蛋到学做鸡蛋羹，然后是煎鸡蛋、摊鸡蛋饼、做鸡蛋面、西红柿炒鸡蛋……"玩蛋"文化，层出不穷，不仅令他们乐此不疲，也令家长倍感欣慰。

下面是施怀远爸爸的手记：

昨天孩子放学后，带回的作业中有一项是"学做鸡蛋面"。周六，孩子妈妈准备好面粉、砧板等物品，准备开始教孩子做"鸡蛋面"。正在学写书法的怀远兴奋不已，剩下的那一页书法也不肯写了，洗净双手，就跟妈妈一起在桌边干活了。双手沾满白色面粉的他，饶有兴致地打鸡蛋、和面、擀面、切面，当他看到自己亲手切出的细细的面条时，不禁欢呼起来，仿佛在过一个盛大的节日……

这是一项简单的家庭作业，也是一项高尚的劳动。这个劳动以及之前的一系列"玩蛋"作业带来的客观效果就是：孩子喜爱劳动。有一次他春游，回校时间是中午 12 点。我接孩子回家的路上，我们有了下面的对话：

"爸爸，你吃饭了没有？"

"还没呢。"

"那中饭我给你做吧？"

"不用了，我烧个青菜鸡蛋面，很快的。"

"那我来帮你烧吧？我也会！"

诚然，老师没有给他布置过"青菜鸡蛋面"的作业，我们也没教过他，我们只是在路上简单地讨论了一下该怎么做。到家后，他真的从冰箱里拿出鸡蛋，打碎，然后开始煎鸡蛋，然后拿青菜，放在水龙头下洗（之前老师布置过这类作业，所以做起来没问题）……虽然接下去是我自己放水煮面，但是他的这份心思着实令我感动。更令我欣喜的是，劳动已经成了他自然而然的一种行为。

"玩蛋行动"已持续整整一年，孩子们以鸡蛋为主材完成了 30 道菜的制作任务。这一年的下厨经历不但激发了他们对周末下厨作业的浓厚兴趣，也培养了他们对于美食的热爱与研究。

从三年级开始，我们又开始尝试凉拌菜以及各种汤、地方特色菜的制作，一直坚持到了六年级。今年的国庆节，在家委会的组织下，孩子们在金华农耕园的土灶上来了一场规模浩大的"厨艺大比拼"展示活动。从洗菜到切菜，从烧火到炒菜，从装盘到上桌，全程都由孩子们合作完成。事实证明，六年的劳动教育与培养，孩子们受益匪浅。

从历史唯物主义角度来说，劳动是人类生存和发展的必然选择，因此，它才具有崇高性。但是，要让孩子们爱上劳动，第一要义应该是让孩子们感受到参与和收获的乐趣。要让孩子们爱上它，必须让他们感受到这种实践的"好处"才行——这种好处可以是参与的乐趣（"好玩"），也可以是收获的成就感。

这种劳动应该和家长一起参与。全家人一起动手，孩子能从中体会到平等、互助，也能体会到集体合作的乐趣。这时候，劳动将变成他自我实现的高层次心理需求的满足。蒙台梭利说，工作是人类生命的本能，孩子天生就爱做事。事实上，他们也正是通过劳动来发展自身的。

这种劳动还能够让他体会到收获的乐趣。只有劳动才会有收获。要培养孩子踏踏实实的品格，劳动就是一条可行的途径。只有通过体力和脑力的付出，孩子才会充分理解书本上的知识，也才会感到由衷的喜悦。蒙台梭利说过："我看到了，我忘记了；我听到了，我记住了；我做过了，我理解了。"

当孩子眼看着面粉和鸡蛋在自己手里变成面团，面团变成面饼，面饼变成面条时，这种收获的兴奋一定会令他们动容。

卢梭曾经说过，要达到教育孩子效果最大化，前提是让孩子明白所教东西对他们的有用性。在这里，劳动参与的极大乐趣和收获的那一份沉甸甸的成就感，对孩子而言都是极其有用的东西。有了这种乐趣，孩子就不会选择玩手机游戏了。因为他们找到了比这更高层次、更充实的爱好。

在现实生活中，很多家长因为工作太忙、时间不够，无暇在家做饭，这可以理解，但只要有机会，不妨和孩子一起发起、参与劳动，让他收获劳动的乐趣，收获这份属于他自己的沉甸甸的幸福感。因为劳动不仅是优良的习惯，也是孩子优秀的生活方式；不仅是孩子的乐趣，也是孩子成长的权利。

本文曾发表于《德育报》

让孩子变专注的 "神器"

金华职业技术学院　　刘向蕾

转眼间，小天从幼儿园小朋友变成了一名小学生，从每天只需要游戏玩耍到每天必须完成作业。我和小天都在尽快地适应这一转变，但从每天接他放学时看到的那张灿烂的笑脸上，从他兴奋的话语中，我能够充分感受到他的快乐。他喜欢老师，喜欢同学，还交到了好朋友，貌似他已经完全适应了小学生活。

10月份，孩子们终于要成为少先队员了，我有幸被邀请参加学校组织的入队仪式，这也是我第一次看到儿子在学校里的表现。仔细观察过后，我的担忧也随之而来，因为儿子在老师讲话和提出要求等过程中总会不时地有一些小动作——他不是那么专注！

为了求证我的所见，我向正副班主任了解了情况，得到的回答正如我所见的那样，"的确还不够专心，小动作挺多的"。身为一名教师，我非常清楚专注力对于一个学生的重要性。虽然在幼儿园阶段，我们并没有发现孩子有这方面的问题，但毕竟幼儿园和小学对学生的要求有所不同。于是，我开始反省并思考如何提高他的专注力，最后确定了我们的整改方案：

1. 无论他在做任何事，我们全家任何成员都不去打扰他。

2. 每两天与他谈心一次，以了解他的心理，调整他的状态为主。

3. 每天抽出一定的时间陪他静静地看书。

方案执行了一段时间之后，从老师的反馈中发现没有多大的效果。正在我们困惑不已的时候，胡老师在《海塘之语》中留言，建议我们尝试让儿子解绳结。

解绳结？我还是第一次听说有这样的方法。抱着试试看的态度，我和孩子开始了解绳结之旅。

　　都说好习惯的养成需要 21 天，为了帮助儿子养成坚持的好习惯，每天我都会在《海塘之语》中记录解绳结的时长和天数，以便小天在家校的共同监督下不至于懈怠。因为有了我之前的说教，小天也深知自己需要加强注意力，所以很配合。他每天用 10 分钟以上的时间解绳结，在这个过程中同样不给他任何干扰。几次观察之后发现，他在解绳结的时候还是很专注的，甚至可以用"聚精会神"来形容。

　　就这样一天都没有中断过，每天我都会抽空为他打好结，即使外出也会随身携带着绳结。渐渐地，我们感觉到儿子的进步了。他不仅变得安静下来，而且这期间的四次数学测试都是 100 分。相比较而言，他更加喜欢看书了，作业也不再拖拉。

　　看到儿子悄然发生的变化，我有着说不出的惊喜，看来"解绳结"真的可以称作"神器"，这一"神器"真正发挥效果了。

　　解绳到了第 28 天，我再一次向老师询问小天的状态，得到的回答让我心花怒放。

　　"小天最近的进步非常大，课堂上专注多了，责任心变强了，也爱举手回答问题了。我建议暂停解绳结，先观察一下。"

　　胡老师的反馈，让原本一直悬在我心里的那块大石头终于落地了。开心的岂止是小天，还有作为家长的我们，那种辛苦付出后得到回报的喜悦之情是无法形容的。

　　解绳结是胡老师赠予我们家庭教育的"金点子"，陪伴和坚持是我们"解绳结之旅"取得阶段性胜利的法宝，这些都是我们生命中再宝贵不过的财富！

2016 年 1 月

城市生存挑战，一场属于孩子的成长之旅

有一种挑战，叫作"生存挑战"；有一种勇敢，叫作"与陌生人说话"；有一种智慧，叫作"合理分工，团队协作"；有一种尝试，叫作"自力更生，填饱肚子"。

这是一次对孩子们智商、情商、财商的多重考验。

在这个繁华的城市里，他们能 Hold 住这一天的挑战吗？

也许挑战从来都不简单，但勇士从不退缩！

为了让孩子们体会生存的艰辛，增强与人沟通交流的能力，培养团队合作精神，湖海塘小学三（9）班于 2017 年 10 月 29 日组织了"城市挑战生存大赛"活动。

一双手，一双腿，一个大脑，没有娇气、懦弱、胆怯，放弃就会面对挫折、困难、艰辛、无助……这样的挑战，你敢来吗？

也许你们会迷路，会饿肚子了，会被陌生人无视，但是换来的是对交通路线的全面掌握，能体会到"获得"的来之不易，学会强大自己的内心。

生存之道从来都不简单，孩子们需要面对太多的第一次实践、太多的自我突破……

4 人一组，每人以 30 元钱作为"本金"去超市购物，然后售卖之，将售卖获得的钱款用于午餐及指定路线往返乘车费用，最后扣除必要的费用以外剩下钱款多者为胜。每组由两名家长跟随，但是家长只负责安全保护工作，孩子的"生存活动"方案则由他们自己协商解决，家长不能介入、不能干预。

29 号上午，秋日暖阳晒得每个人都很舒服。三（9）班小朋友们八点半准时在大润发超市门前广场集中。抽签决定各组的路线以后，小朋友们就要开始为"生计"奔忙啦！

超市购物

孩子们 4 人一组，欢天喜地地奔向大润发超市。或许是这么大以来第一次完全由自己决定在超市里买东西，或许是等一下就要在大街上向大家兜售他们买来的商品，孩子们都很兴奋，叽叽喳喳地讨论着要买什么。

买什么东西很关键，因为这关系着是否能成功售出去。孩子们为此还真动了一番脑筋。他们一开始很迷茫，后来逐渐明确了方向。

庞棋天组的几个人驻足讨论后，确定了几个想法：一是客户要以带着小孩的父母为主；二是小金额物品更好卖；三是要介绍好这次活动的真实性……倪梓阳和郑裕缤不怕辛苦，买了好几瓶水；盛昱泽、施怀远顺应"潮流"，买了即将到来的万圣节用的面具和糖果包。

池雨馨这组也是买了水和酸奶；郑佳骏和唐艾琳组则买了手帕纸……后来的事实证明，这些生活必需品"销路"很好，"利润"也可观。

而尹书畅组、王晨宇组和周彬宇组都买了玩具，这就不太好"脱手"了。

售卖经历

拎着一包包、一袋袋商品，同学们出了超市，到了马路上，开始了以"回拢资金"为目的的售卖活动。这个活动非常关键，它直接关系着钱能否收得回来，生存目的能否实现。

为此，孩子们个个摩拳擦掌，见缝插针，小胳膊小腿小脑瓜小嘴都施展出全部力量，非常团结、非常卖力地实现着"销售目标"。他们表现出的智慧、独立和勇敢让随行家长惊讶不已。

在倪梓阳组，徐子昊说不能卖太贵，要不卖不掉，结果第一块棒棒糖 2元买来，2 元卖出，一分钱没挣。大家发现问题后，决定重新开会商量，最后定好价格，棒棒糖 2 元进价，卖 4 元，矿泉水 1.1 元进价，卖 3 元……

张越组在公交车里遇见倪梓阳组，当得知倪梓阳组矿泉水居然可以卖到3 元的"天价"之后，他们也果断地将自己组里的水的价格改为 3 元。

这里说说周彬宇组卖矿泉水的事。彬宇向坐在舞台前的家长"精准营销"，依恬向排队的家长"连续营销"，怡宁走进大厅"深入营销"，他们都在遇到几次拒绝后，顺利地把成本 0.7 元的矿泉水以 1 元价格卖出。品尝到胜利的滋味以后，他们乐不可支，竟然将水的价格涨到了 2 元……

倪梓阳组在公园遇到几个家长带着孩子玩，于是上前推销。这位家长对自己的孩子说，你自己还价。结果这孩子和倪梓阳开始了讨价还价。孩子想要价值 10 元的面具，但又嫌贵，梓阳说 10 元不贵的，进价都要 8 元，我才赚 2 元，还要吃饭，还要捐款……孩子被说服了，向妈妈要了 10 元钱买了面具。

高毓淇组认定水能畅销，于是一下子买了两箱，另外还有面包、牛奶等。四个"女汉子"轮流抬着水边走边卖。水终于卖光了，她们所有的劳累都化成了那无比珍贵的成就感和满足感。

在郑佳骏组，唐艾琳卖力地推销着她买来的牙刷，一连四次都未能成功，但她还是不泄气，继续坚持，第五次终于成功了，推销出去了。

施怀远组从大润发一路向北，边走路边营销。半路看看收益还不够，于是又进了一次货。陈俊钰和申斓同学都很累了，但他们还是坚持走到了八一南街双溪西路路口（顺便省了 4 元钱的坐车费用），最后在 BRT 站边上的几个电动车店里屡有斩获，成功脱销，小伙伴们笑得特别开心，他们坐着 BRT 回来了。

张越组在出发前，4 个组员就进行了分工：除了大家都要卖东西以外，张越负责钱款收支，叶入欣负责销售收入的记录，尹书畅负责举宣传海报，郑心怡负责送货售卖。一个强有力的销售团队就这样组成了。张越为了把面具卖给小朋友，自己还充当模特，把面具戴在头上吸引众人；书畅卖力地吆喝着；郑心怡忙着运送货物；叶入欣一边收钱一边记账，忙得不亦乐乎。很快，一箱矿泉水就卖完了，面具也卖了一半多了。事实证明，这样合理分工的销售团队，效率确实很高。

在盛昱泽组，大家分别选取商品去卖，团队分工明确。盛昱泽和徐子昊分别负责卖万圣节面具和儿童玩具。两人专门找带小孩的叔叔阿姨售卖（"精准营销"）。两人分别介绍完自己的商品后，有个叔叔同意买其中一样商品，让他们俩决定谁的卖给他。这下为难了吧？结果盛昱泽灵机一动，跟叔叔商量说能不能两个一起买，价格可以便宜点。"叔叔你两个一起买，我们可以打折，两个本来卖 20 元，就卖你 18 元吧，超划算的。"叔叔想了一下，也行，这笔生意就愉快地成交了。

值得表扬的是，有的同学自己选的商品卖完了，还帮助其他同学售卖，他们觉得大家都是一个团队的，理应互相帮助。他们不仅没有相互博弈，反而做到了互利共赢，这已经达到了营销的最高境界。

利润分配

各小组都成功地完成了既定任务。回到集合地点，组员们小心翼翼地摊开收到的人民币进行清点。因为从未如此感受过辛勤劳动的快乐和幸福，所以孩子们从没像现在这样懂得钱的珍贵，一张张皱巴巴的钱，一个个新旧不一的一毛、五毛、一块钱的硬币，都被孩子们折叠和堆放得整整齐齐。

扣除午餐、车费等必要的费用后，最后金额最多的是第11小组（共售卖235元，人均58.75元）。令人感动的是，面对挣来的"巨款"，每一组的孩子们都没有急切地想占为己有，相反，不少组都将大部分钱（从60元到198.2元不等）捐给了班级基金，自己只留下十几元；有的组将售卖所得全部捐给了班级基金，自己不留分毫。孩子们既能辛苦赚钱，又能慷慨做公益，这份大气，确实没有理由不给他们点一万个赞！

活动收获

活动结束了，但是有一些感人的和有趣的画面，至今依然浮现在我的眼前。

懂得感恩：庞棋天组完成销售并捐款后，每组每人分到了10元钱，还剩下5元。这5元钱该给谁呢？大家一时没了主意。这时，吴姝乐提议："给家长义工吧！他们也陪了我们半天了。"

学会礼让：疲惫地走了很多路的施怀远组坐上BRT公交车以后，不一会儿就有了位置。终于可以舒舒服服坐下休息一下了，可是不一会儿却上来了两个老奶奶，施怀远和申斓、陈俊钰都给她们让了座。周彬宇组在330路公交车上看到几位白发苍苍的老爷爷上车，彬宇、怡宁、依恬都主动让座。

不图安逸：一个好心的叔叔看到张越组卖东西辛苦，说把他们的东西全买走。叶入欣不肯，她说："叔叔，今天我们是来义卖的，我们要通过我们自己的努力完成任务。谢谢你！"

牛刀小试：施怀远组经过一个英语培训班的时候，一个装扮成万圣节鬼怪形象的外国朋友很热情地跟孩子们打招呼，并"慷慨解囊"地买了棒棒糖。当对方问多少元时，怀远说"six"，外国朋友掏出 10 元钱说不用找了，孩子们就又送给他两根棒棒糖。郑佳骏组也碰上了外国朋友，交易成功以后，孩子们也没忘记向外国朋友说声"Thank you"，这要被英语陶老师和陈老师听见了，定会开心不已！

经过这意义非凡的半天，孩子们收获良多，完成了一场不一样的蜕变。

城市生存挑战的魅力，在于这一天的经历在孩子们的成长之路上留下的烙印，有难过也有喜悦，有忐忑也有笃定，有失败也有圆满，有争吵也有团结……生存挑战路上的酸甜苦辣都将变成最难得的回忆。

在路上，爸爸妈妈看到的是孩子们不一样的一面，平时娇气的"小公主"学会了团结帮助队友，一直都有挑食习惯的"小王子"居然吃完了米饭和青菜，从来不愁零花钱的宝贝根据赚的钱多钱少去选择是吃比萨还是小馄饨……

在这里，原本唾手可得的变得困难重重；在这里，时间变得格外珍贵。路途的劳累，简单的午餐，无数次的拒绝，放弃或是坚持只在一念之间，康庄大道或是羊肠小道都要靠自己去走。

这一天，对于家长们来说也意义非凡，物质的富足并不一定带来精神的提升，但每一次的生存挑战活动，都会收获朋友圈爸妈们的一片称赞。在保证孩子人身安全的前提下，让宝贝离开父母的怀抱，独立生存遇挫成长，这样难得的学习成长机会，在众多的活动中，有着独树一帜的魅力。

在这次活动中，同学们通过身体力行，真切地感受到了生存的艰难和生活的不易，感受到了通过自己劳动收获的成就感和幸福感，也感受到了团队和沟通的重要性。半天的城市生存活动，考验了孩子们的勇气、能力和智慧，培养了他们的情商、智商和财商：他们或许行路疲惫，或许饥肠辘辘；他们或许被陌生人无视和拒绝，或许有些商品最终没有卖出去；但是他们在城市行走中经历了一次突破、一场蜕变——在世界的眼里，他们只是一群孩子，可是在孩子的眼里，这是个正在慢慢属于自己的世界……

世界，因爱而宽广

2017 年 5 月 15 日

这里是浙江金华。这里天高云淡，阳光普照。

上午，在湖海塘小学校门口，二（9）班的孩子和家长们正忙个不停：整理、打包、填写单子……乍一看还以为他们这是在给谁送行呢！仔细一问才知道，他们在给西藏儿童捐献衣物。

今年 5 月初，二（9）班家委会发起了为西藏地区贫困儿童献爱心的活动，活动内容主要是动员小朋友和家长们捐献各种不穿的冬衣、裤子、鞋子，送给西藏的贫困儿童。活动一经提出，就得到全班大小朋友的热烈响应，大家回家纷纷翻箱倒柜，于 5 月 15 日这天带来了自己的衣物，集中于湖海塘小学校门口，准备打包寄送。

这天的湖海塘小学校门口因为有了这些爱心的聚集而显得格外热闹。孩子们因为能为远方的兄弟姐妹献上一份爱心而激动万分，他们认真地填写着快递单子，一笔一画格外专注，仿佛一不小心这份爱心就要飞错地方；家长们也因为能和孩子一起参加这个善举而兴奋不已，他们有的看着孩子填单子，有的和快递员一起细致地捆绑、打包——在他们眼里，送给远方孩子们的这些包裹里装的不是普通衣物，而是他们送给这些孩子的温暖和幸福……

送爱心的不仅有老师、孩子和家长们，还有快递公司。他们一开始就按照最低标准收费，后来他们认为，捐赠是公益行为，越早到达受捐赠人手中越好，所以他们主动决定改用空运方式运送货物，费用仍按平价收费！同献爱心，共襄盛举，这一切，令我们无比感动！

同学们捐献的衣物被封装成七个大包裹，沉甸甸地整装待发。或许这些衣物里有过孩子们小时摸爬滚打的记忆和酸甜苦辣的经历，或许这些衣物承载过爸爸妈妈们关切的眼神和慈爱的目光，或许每件衣服都曾代表一个故事，或许这些衣物曾经让家长们在人群里一眼认出自己的孩子，但是现在，它们和它们曾经象征的爱和幸福将要被传递到世界屋脊——中国西藏。我们为爱和幸福向那方净土传递而感到欢欣鼓舞。

　　西藏的天，蓝得格外高亢；西藏的湖，清得格外深沉。西藏作为西南边陲、"世界屋脊"，离我们一直很遥远，可是孩子们纯粹而真挚的爱，让我们头顶的两片蓝天连在了一起。爱，让世界变得更宽广。

这份暑假作业"火"了

2017 年 8 月 5 日

暑假是学生们最期盼的，但往往也是安全意外的高发期。暑假期间，湖海塘小学二（9）班的班主任和家委会给全班学生布置了一份特殊的作业——和爸爸妈们一起学习急救知识，参加相关的培训，以便在遇到皮外伤、骨折、溺水、气道异物等突发事件时能够及时救人和自救。

遇到紧急状况拨打 120 应当注意什么，心肺复苏急救规范动作是怎样的，头部或手部受伤了该如何包扎……这些都是非常专业的医学知识，也是危急时刻的救命稻草。七月刚过，酷暑依旧，二（9）班的孩子及家长们就来到金华市中心医院完成这份特殊的暑假作业，大家在专业人员的指导下详细地学习了这些急救知识。孩子们身穿湖小的校服，仿佛在学校上课那般聚精会神地听着专业人员的讲解。

授课的赵老师来自"小脚丫"公益基金会，她首先通过 PPT 让同学们对于自己生命的来源有了准确的认识。随后她拿出了一个 3 公斤左右的书包，让余若菲同学挂在胸前，并绕着空地走了一大圈，还上下楼梯，这是在干什么呢？原来这个特殊的书包就好像妈妈怀孕期间怀在肚子里的宝宝，赵老师是想让孩子们体会妈妈的辛苦！当赵老师问到若菲同学的感受时，她说："很累，而且上下楼梯时有些害怕！"这一刻，很多妈妈已泪流满面。

接下来的"深情对视"环节，让孩子和爸爸妈妈对"心灵的窗户"有了一个神奇的感知。草木有根，生命有源，认识到了自己的"由来"，也学会了凝视爸爸妈妈的"心灵之窗"，同学们对爸爸妈妈深沉的爱多了一分理解。感恩父母，给我生命和智慧！感恩孩子，给我带来再次成长的机会，带着我们的梦和爱起飞，任凭雨打，任凭风吹，我们永远相依相偎。

随后进入急救学习过程。急救包括五个阶段：拨打急救电话、现场自救、医护人员组织施救、救护车运送以及医院救护。同学们今天所学的急救知识，主要包括前两个阶段。"急救电话号码是多少？""拨打急救电话应当注意些什么？"当赵老师面带笑容提问的时候，同学们一个个争先恐后地举手回答。他们稚嫩但又基本准确的回答让赵老师很满意。除了同学们说到的注意事项以外，赵老师又补充了非常重要的一点：一定要保持电话通畅，不要手忙脚乱地刚打完急救电话就忙着给亲戚朋友打电话告急，免得医院电话打不进来。同学们听后，都郑重地点了点头。

现场急救知识之一，是心肺复苏术（CPR）。它是突发意外，医生又不在现场的情况下，我们可以用双手拯救家人、挽救生命的救命稻草！有数据统计，"心搏骤停"发生的地点中，医院仅为 5%，公共场所约为 25%，70% 的患者发病是在家里，救命的黄金时间只有 4—6 分钟，因此，每个家庭中都应该至少有一个人掌握心肺复苏的操作。无论是疾病还是意外，如溺水、触电、心脏疾病等导致的"呼吸、心搏骤停"，都需要立即进行心肺复苏。

在培训过程中，赵老师通过 PPT、双手示范方式，耐心细致而又准确地教会了大家动作要领。

接着，钱奕含同学毛遂自荐当"人体模特"，赵老师给同学们讲解了如何对一个神志不清的人进行正确的呼叫、查看呼吸、翻身等急救动作。钱奕含同学十分配合，躺在地上"任人摆布"，很有"职业"精神。然后，医生在假人身上演示了正确的心脏按压和人工呼吸的操作，并告诫同学们，在练习 CPR 时一定不能用真人！

同学们对这些动作并不是很陌生，但听到如此详细规范的讲解，还是第一次。最后，赵老师请同学们在假人身上进行 CPR 操作。早已摩拳擦掌跃跃欲试的同学们一个个试了起来，"先生，先生，你怎么了？""1001、1002、1003……1030，好，人工呼吸两次！"稚嫩但认真的声音不停地响起，动作虽然不够娴熟，但已经基本规范。

同学们的热情，老师们的专业讲解，吸引着医院里很多路过的人也跟着学习起来。其中，一位白发苍苍的老奶奶驻足观摩学习的时间最久。

现场急救知识之二，是如何包扎伤口。赵老师给每个同学发了三角巾和绷带，先后给同学们演示了如何包扎头部伤口、手臂伤、手臂骨折、膝盖伤。三角巾看似普通，可在赵老师的手里犹如神奇的魔毯，可以包裹各种伤口，而且包裹得清爽干净，令同学们啧啧称叹。

大家在赵老师的指导下，两人一组，饶有兴趣地相互"包扎"起来。头部受伤时一块纱布不够止血就直接放第二块纱布，而不是把第一块换下来，三角巾要包到眉毛边，要打"平结"（这也是个技术活，好多同学练了好一会才学会）……瞧，大家掌握以上要点后，已经可以包扎得有模有样啦！

此外，赵老师针对平时成人、孩子及婴幼儿非常容易发生的气道异物梗阻的处理做了示范，此方法简单有效，赵老师曾经就用这个方法救了自己妈妈一命！

这份特殊的"暑假作业"在同学们饶有兴趣的听讲和试验操作中完美地完成了。这份作业让同学们受益匪浅，大家不仅掌握了急救的动作要领，更加深了关爱家人、帮助他人的责任感和使命感。这些急救知识让我们在危急时刻不再束手无策，甚至可以挽救生命。因此可以说：人人学急救，急救为人人！

在培训结束后的第二天，张越和曹唯奕同学就在高铁站实习了一次CPR。熟练技能，以备救人！看来这份暑假作业绝对可以满分了！

助力公益，你我同行

——班级暑期公益活动回顾

金华职业技术学院　施俊波

　　时光如白驹过隙，转眼之间，两个月的暑假生活就画上了圆满的句号，9班的孩子们又欢聚一堂。回顾假期，他们笑容满满，因为每个人都上交了一份令自己骄傲的暑假作业。

　　是什么作业呢？

　　事情还得从放假前说起。秉持为他人为万物着想的善良，进而形成根植于内心的修养，这是湖小对每一个孩子提出的希望，也是9班一以贯之的要求。在此之前，他们为贵州山区儿童捐过书籍，为西藏的贫困学子送过冬衣，为永康的"西瓜男孩"献过爱心……这个暑假，班主任胡老师又布置了一项让大家既熟悉又陌生的作业——尽己所能，主动参与一项公益活动。

　　那么，孩子们都做了些什么呢？我们一起来看看吧！

　　刚放假不久，郑皓诚妈妈就带着儿子跟狮子会成员一起去慰问了抗战老兵。他们分成几个小队，在队长的带领下走进了抗战老兵的家里。首先，队长代表狮子会向抗战老兵表达了问候之情，并亲手为他们献上礼品。然后与他们促膝交谈，了解他们的晚年生活、身体状况。他们拜访的第一位老兵今年已经100多岁。虽然年事已高，但老人精神矍铄。他深情地讲述了当年的英勇事迹，一下子就把大家带回到了那个革命战争年代。最后，孩子们为爷爷表演了节目，并送上自己亲手做的小礼品。"忆往昔岁月峥嵘，叹和平来之不易"，这些光荣的抗战老兵在自己的大好年华里为祖国勇担重任，把青春和理想献给国家、献给部队，他们是当之无愧的"最可爱的人"。通过此次活动，孩子更好地了解了革命战争历史，感受到抗战老兵身上不屈的民族

387

意志和勇于担当的崇高精神，进一步增强了他们的爱国意识。

7月15日，万达广场开展了"夏日公益，烟头不落地"的活动。消息一经传出，立即得到9班孩子们的响应，大家纷纷行动起来。无论是烈日当空，还是夜幕降临，在城市的许多角落你都能看到一个个小小的身影，他们躬着背弯着腰，一丝不苟地捡拾地上的烟头和垃圾，以实际行动美化着金华这座城市。他们不仅身体力行，还发动身边的亲人一起干，昱泽同学就连续十天利用晚饭后散步的时间，带着弟弟妹妹沿途捡烟头。他们说金华是我家，美丽靠大家。怀远一家在出门骑行的时候也不忘捡路边的垃圾，叶昱希同学更是身穿红马甲，敲开小区每一家每一户的门，为大家送上垃圾分类的学习手册。8月初，同学们又自发地参加了湖海塘社区组织的"垃圾分类就是新时尚"的活动，一人拾柴火不旺，众人拾柴火焰高，相信我们的城市因为大家的努力一定会变得越来越美。

8月4日晚上，曹唯奕、陈曦等20多个孩子一起参加了"万达公益集市——暑期跳蚤市场"活动。孩子们从家里带来了书籍、文具和玩具，张越、钱奕彤等孩子还亲手制作了各种口味的冷饮搬至现场进行叫卖。通过近3个小时团结一心的努力，大家赚到了1300多元钱并毫无保留地捐了出去。9班娃用实际行动证明："做公益，我们是认真的。"

郑佳骏妈妈说，这个暑假，孩子好像一瞬间就长大了。她很清楚地记得8月8日那天，一家人去四川成都大熊猫繁殖研究基地游玩。当天气温很高，游人如织，当他们走到募捐点的时候，佳骏居然停住了脚步，央求妈妈说："能不能借我200元钱，我想为我们的国宝大熊猫献上自己的一点心意，我保证接下来几天都不买冷饮。"接下来几天的游玩过程中，因为天气炎热，佳骏妈妈多次提出要给孩子买冷饮，都被他严词拒绝了。妈妈真为他感到骄傲，原来爱的种子早已在孩子幼小的心田里扎下了根。

爱之花开放的地方，生命便能欣欣向荣。8月的夏天，骄阳似火，酷热难当，孩子们发现有这么一群可爱的人——环卫工人依然每天坚守在烈日之下。左如一和苏子睿用自己的零花钱购买了矿泉水，然后来到大街上，向环卫工人深深鞠上一躬表达敬意，又将一瓶瓶水递到了他们的手中。爱之星火可以燎原，受到这两位同学的影响，陈俊钰、熊梓仁、刘欣予和申斓4个小伙伴也决定要自己挣爱心经费，为"城市美容师"和"守护者"送上一份清凉的爱意。他们向家长赊了3箱水，连续两天晚上到公园叫卖，除去本钱净赚了72元钱。接着，他们又到超市买了毛巾和西瓜，把爱心送到了交警和环卫工人的手中。这是一场考验耐心与毅力的公益，他们的行动感染了大家，唐英豪、周彬宇也用自己的零花钱买矿泉水，递给有需要的人，这一幕幕，感动了街头的许多人。

还有一个群体也吸引了孩子们的目光。现在社会上老龄化现象严重，那些为建设祖国奉献了青春而今垂垂老矣的人现在生活得怎么样呢？高毓淇、庞棋天、包殊维、盛昱泽、郑骏文、虞涵砚、钱奕含不约而同地想到了一起。他们走入不同的养老院，为老人们做力所能及的事，毓淇用自己的零花钱给老人院的爷爷奶奶买了几箱牛奶，还为他们演奏了葫芦丝；小天、阿维为老人们包起了饺子；昱泽、竣文、涵砚和奕含结伴到工商城进行了募捐活动，用所得善款买了毛巾和洗漱用品送到了敬老院，还帮老人们整理房间，打扫卫生。是他们在这个炎热的夏天，为孤寂的老人们带去一丝清凉；是他们用自己的爱心，温暖着老人们的心房。

目之所及，皆是所爱，心之所向，皆是牵挂。不仅是身边的人，庞棋天、唐艾琳更是想到了贫困山区的孩子，他们将自己和家人闲置的衣物捐赠出去。帮助他人，快乐自己，满满的成就感让他们的内心更丰盈，让他们的精神更高尚。他们懂得：行小善，方能至千里。

开学前夕，包殊维跟着老师，和"豁然晴朗"口才班的同学们一起参观了红十字生命体验馆并学习了急救技能，经历了在武义客运中心候车大厅自寻15位陌生人的公益演讲，并为武义200辆公交车驾驶员赠送急救包，接受了武义电视台的现场采访，参加了纪念第20个世界急救日公益公众演讲。通过这些活动，她懂得了生命的可贵、奉献的伟大。

这个暑假，孩子们在做公益，班主任胡老师也没有闲着。七月底，她和她的先生再一次走进贵州，来到黎平县的九潮小学。在学校老师们的陪同下，他们先后走访了七户贫困学子的家庭，将随行带去的文具、书籍等赠送给孩子们。当天下午，他们又和学校的领导们面对面交流，胡老师还为九潮镇3所学校的近百位老师做了公益讲座。

教育家苏霍姆林斯基说："如果善良的情感没有在童年形成，那么无论什么时候，你也培养不出这种感情来。"善良的情感是良好行为的肥沃土壤。"秉持为他人为万物着想的善良，进而形成根植于内心的修养"，这是我们每一个湖小人为之努力的目标。怀大爱，行小善，9班人不仅是这样说的，更是这样做的。他们说：我们会一直坚持做公益，做对他人对社会有用的人。

海塘娃助力"西瓜男孩"梦想启航

2018 年 8 月 15 日

最近有一个男孩"火"了，他叫李恩慧，今年 18 岁。还有二十几天，他就要上大学了。可是由于家境贫寒，为了给自己凑够 14000 元的学杂费，李恩慧这个暑假要卖掉 7 万斤左右的西瓜，他自强自立的精神令人敬佩，他也因此被人们称为"西瓜男孩"。

网友们都说，有梦想的人不会输！"西瓜男孩"拒绝了好心人的捐款，每天为梦想奔波，希望靠自己的双手来实现梦想。他白天运瓜送瓜卖瓜，晚上有时候还出去唱歌卖瓜。直到昨天，他的学杂费还有 2000 多元的缺口。当金华的媒体得知这个消息后，立即决定一起帮助他卖西瓜，实现他的警察梦！

西瓜男孩要来金华卖瓜了！8 月 13 日晚上得知这个消息，金华市湖海塘小学三（9）班的群里立刻沸腾起来，家长和孩子们纷纷表示一定要去现场买西瓜，为李恩慧实现警察梦助力！

8 月 14 日一大早，同学们就来到了卖瓜现场。

"哥哥，我买 30 斤！"

"哥哥，我买 50 斤！"

"哥哥，我也买 30 斤！"

…… ……

包殊维在日记中写道：

大家纷纷报上购买的斤数，迫不及待地掏钱付钱，生怕迟了一点，就会买不到瓜，助不了力。

买西瓜的钱都是我们自己攒的压岁钱或是零用钱，爸爸妈妈和老师们常常教导我们："不能乱花钱，钱要花在刀刃上！"这一次，大家都觉得钱花得很值得！

买好瓜，付完钱，为了减轻哥哥的工作量，大家决定自己搬西瓜。

别看我长得高高瘦瘦，力气可不小，搬运西瓜的过程中，我不停地对身边的女生说："我来吧！我能行！"

哇，这4个大西瓜的确有点重，不过，我能坚持把它们搬上车！

其他小女生也不甘示弱，她们个个都像"女汉子"，大有巾帼不让须眉之势。

现场有志愿者叔叔看到我们吃力的样子，主动伸出援助之手，但他们已经够忙的了，因此，我们婉言谢绝了。我们相信只要齐心协力，再大的困难也能克服的！

包殊维同学还接受了记者叔叔的采访，她说出了大家共同的心声："我们被哥哥的自强不息所感动。能够帮助他卖掉西瓜，帮助他赚取学费，我们很开心。希望有了大家的助力，他能圆梦成功！"

她还写道：

在现场，我们还看到了许多爱心人士：有年长的爷爷奶奶，有年轻的哥哥姐姐，有善良的叔叔阿姨……大家都毫不吝啬地奉献爱心，现场没有一个人去讨价还价。相反，我们看到有很多人偷偷地用微信、支付宝付钱的时候多付一些，这一切的一切都让我们感动不已！当得知哥哥今天在金华卖的西瓜全部售空，他已经凑足了学费这一消息时，大家都欢呼雀跃起来。不仅为他能够实现警察梦而激动，更为这学费中也有我们的一份爱心而自豪！

帮助哥哥的同时，我们也被他那自强不息、乐观向上的精神深深打动着。有梦想，谁都了不起！敢拼搏，谁都可以成为生活的强者！我们也要向哥哥学习，做一个自强不息的人！只要学会自强自立，我们就能勇敢地面对生活中的挫折和困难，就一定能战胜它们，开拓美好的人生之路。

赠人玫瑰，手有余香，这次为"西瓜男孩"助力，让我们又一次深刻地体会到"帮助他人，快乐自己"的道理。未来，我们还将继续做一盏盏明亮的灯，照亮自己，也温暖他人！

一次阅读测试"测出"了班主任的管理智慧

是什么，让孩子像盯贼一样盯着爸爸妈妈？

是什么，让父母像当年参加高考一样紧张？

家长又做了什么，被孩子严厉批评，但心甘情愿地接受批评？

近日，记者了解到一桩趣事，市区有个学校有个班，在班主任老师的带动下，家长参与了一次特别的测试：家长是考生，孩子是监考老师。家长想翻下书或者本能地想拿手机搜答案的时候，就被"监考老师"严厉批评，而且各类有可能用来作弊的工具一律被收缴。孩子们手里捏着计时器，家长们硬着头皮做题目……

家长集体喊"可怜"，"讨伐"孩子是"黑包公"

10月12日下午，金华市湖海塘小学四（9）班的班级微信群里，家长们在大倒"苦水"——

苏子睿妈妈：考试开始前，我一拿手机，他就说我有作弊嫌疑！还说是胡老师让他们观察我们的表现，笑死我了！他还收缴了各类有关物品，然后才发试卷！秒表计时伺候着，比高考还严格，想想都搞笑！

李晗顾妈妈：我们家那位的表现是姐姐在旁边翻了下书，就一把夺了我的卷子，说有作弊嫌疑。

庞棋天妈妈：原来娃们都如此严格。我昨天考的时候，都是秒表倒计时的，字典都不让查。书和手机被藏好了，然后我一拿到试卷就有点傻眼啦。不过，我们得学习孩子们的认真劲。

包殊维妈妈：我也很可怜啦！一早就来叫我起床考试，睡眠不足，重感冒，外加没复习，直接考了。孩子还留了一句话：成绩出来，胡老师报成绩时，我会很难为情的啦！

施怀远爸爸：孩子们充满了正能量。

……　……

家长们你一言我一语地聊着，班主任胡亚珍老师发上来一段话：今天查看了家长们上交的《骆驼祥子》阅读，发现大家好认真，绝大多数写了批注，或者做了标记，令人感动！从家校本的留言来看，普遍有反省，有努力的方向和目标，满满的正能量，谢谢可爱的家长们！

原来，该班家长于前一天晚上做了一项特殊的家庭作业，由捐赠《骆驼祥子》一书的家长和班主任共同出了一份试卷，以检验一个月以来亲子阅读的效果，实行的是闭卷考试，家长答题，孩子当监考官。

家长乐谈别样"考试"：孩子那么崇拜老师，家长不能拖后腿

据了解，家长每天告别手机半小时，阅读纸质书籍，孩子读书的时候，家长也要读书，是9班为期已有一年的"亲子共成长计划"中的一项内容。一个月读一本书，家长读家长的书，孩子读孩子的书，然后月底分别进行测试，看看家长和孩子谁的分数高，谁读得认真，谁的收获多。

上周和上上周，家长和孩子相继完成测试后，班级还举行了亲子共成长表彰会。因为题目难易程度不一样，家长和孩子的成绩有差异，总体来说，家长的分数比孩子"漂亮"。但比成绩更"漂亮"的是家长和孩子的共同成长。

"几天前，儿子带回来《骆驼祥子》这本书，每天晚上要求我跟他一起看半个小时的书。叫我看书时还要把精彩的词句写上标注，说过段时间会搞内容测试的。一开始我没有在意。三个晚上就把《骆驼祥子》看完了。然后儿子说不行，胡老师到时候要把书收回去检查的。因为我在看的时候没有写过批注。所以后面我陪他看书的时候，又重新翻了一遍，马马虎虎地画了一些词句，也写了一些感受。总之还是没有认真对待。直到两天前，吃完晚饭，儿子突然拿出一张试卷，说是要测试《骆驼祥子》阅读了。我看了一下试卷，本能地就伸手去拿书，结果儿子一把就把书抢了过去，说这次测试跟他们在学校考试是一模一样的，不但不能碰书而且要计时，时间一到就收

卷，说完就把计时器打开了，一脸严肃，没有商量的余地。

"我当时还真的有点蒙了。因为书是粗略地看的，没怎么去记，也不知道重点。儿子这么较真我也没办法，只能凭印象和自己的理解去答题。"尹书畅爸爸告诉记者，好在改卷不算太严，差不多意思对了就没有扣分，他最终得了98分，一个让儿子还算满意的分数。

"今天又交给我一本《钢铁是怎样炼成的》，这次看来要认真对待了。"尹书畅爸爸说，"看来胡老师是要'逼'着家长陪孩子认真读书了。"尹爸爸之前也会看书，但不会细读精读，"现在看书还得拿支笔，随时准备考试了。呵呵！不过效果不错，这样会保证亲子阅读的时间和质量。儿子是早就在胡老师的影响下养成细读的习惯了，我是刚刚开始。胡老师是很有智慧的班主任，孩子们这么崇拜她，我们家长没理由拖后腿"。

班主任的智慧"管理经"——
《亲子共成长》考评手册

胡亚珍老师是浙江省第三届最美教师、浙江省首届十佳智慧班主任、金华市最美教师和金华市优秀班主任。胡老师称，在班级尝试这种亲子阅读方式，并积极推进阅读检测，是她自三年级带班以来，根据班里的实际情况推行"亲子共成长"班级管理中的一个增设内容，也是9班的原创。

家长朋友大都有这样的经历，每天要在家校联系本上写写孩子当天的表现，可是在9班，每个孩子在学期初都会收到一本《亲子共成长》考评手册，孩子和家长各有10条"努力目标"，家长和孩子相互评价，且每天必须填写并签名。孩子的部分有：我能按时起床，穿衣洗漱，15分钟内完成；我能诵读经典或英语10—30分钟；我能和父母分享所见所闻，交流所思所想；我能和父母一起坚持每天锻炼身体……家长部分则包括：我要和你一起吃早饭，送你去上学；我会给你拥抱，说"我爱你，加油"；我乐意倾听你的故事和见闻，而不是玩手机；我会控制好情绪，心平气和地与你对话；相亲相爱的父母，不吵架、不生气……

胡老师称，刚开始在班里推行这项亲子考评制度时，内心其实有点忐忑，怕家长不理解、不支持，没想到试行一年之后，家长们普遍认为这个方法挺好的，让大人和孩子都臻于完美。不过，也有家长提出，还可以进行微调，比如阅读非常重要，家长应该放下手机，跟孩子一起进行纸质阅读。于是，就有了这次班级家长和孩子每月读一本书、进行一次测试的"亲子阅读共成长计划"。

其实，早在一、二年级的时候，在胡老师的引领下，家长们就看了不少书籍，其中相当一部分还是教育名著。"孩子上了小学后，家长们很迷茫，很困惑，不知道怎样去教育和帮助孩子，所以在那个阶段，我就让家长通过多看书、多学习，汲取营养，然后改变育人的方法和手段，也可以促进自我成长。"胡老师如是说。

9班家长的阅读因此就有了基础和氛围。"之所以在四年级的时候又鼓励家长开始阅读经典名著，一方面是基于孩子的要求，另一方面也希望家长能继续保持阅读的习惯。一开始，有些家长看书时如坐针毡，现在是一天不看书就不舒服。大人都有了阅读习惯，孩子就更不用说了。"胡老师说，"家长们阅读的书籍目前还不适合孩子们阅读，但一两年后，当孩子拿起父母读过的书，看到他们当年在书上写下的批注，一定会肃然起敬，也一定会有更深的体会与感悟的。"

家长反思：
孩子对大人有更多的理解和宽容

孩子明白看书不能囫囵吞枣，要看得仔细一点，家长也对自己有了更高的要求。在胡老师的带动下，除了收获阅读的快乐，9班亲子间已形成了你追我赶的阅读氛围，此外，家长们还收获了一些珍贵的感悟。

测试成绩出来，左如一母女俩的成绩半斤八两，母女俩说好谁也不责备谁，如一妈妈更是答应孩子一定精读第二本书："虽然年纪一大把，记性不如从前，但我会努力，下次测试我们继续PK。"包殊雅这次阅读《小王子》不是很仔细，测试分数不太理想，妈妈和她商量好了，要用朗读的形式，一起再读《小王子》，帮助女儿"啃下它"。

苏子睿妈妈除了阅读的收获，还产生了一些家庭教育的反思："说实话，之前我自己的阅读量很少，现在有了这么一份作业，让自己又重新拿起书本，陪孩子一起成长，真的非常好！亲子关系更密切了！这次测试，有两个地方错得很可惜啊！书没仔细看！不过从这件事上也更理解孩子了！这么简单的错误我也会犯，以后孩子如果遇到这种情况，我们大人要宽容一点，不能一味地指责。还有，我只考了 91 分，但孩子对我这个成绩还是满意的，对我可宽容了，还安慰我：没关系的，妈妈，继续努力。现在又开始第二本书了，这次要更加努力了。"

《金华晚报》记者　董金姣

2018 年 10 月 24 日

我们与电子产品这样断舍离

用集体的力量帮助个体对抗沉迷：
这位智慧班主任的尝试值得借鉴

"我家孩子现在对电子产品好像没什么念想了，都亏了我们班主任！"小学生家长梅女士（化名）前天给记者微信留言，说了孩子班主任帮孩子预防沉迷电子产品的做法，还夸班主任用心、有智慧。

"复工复产后，我们去上班了，孩子在家没人管，用起手机、电脑来简直刹不住车，为此，我跟他关系弄得很僵。我没有办法，只好给班主任打电话。班主任给了我一些建议，然后我们母子关系真的慢慢缓和了。复学后，班里开了'云家长会'，对如何合理使用电子产品，老师、学生和家长有了约定。现在全班每天都有表单跟踪，我儿子对手机已经没有多大念想了。"梅女士说。

每日跟踪
孩子在家使用电子产品情况

梅女士口中的这位智慧班主任就是金华市湖海塘小学五（9）班班主任胡亚珍老师。她是浙江省第三届最美教师、浙江省首届十佳智慧班主任、金华市最美教师和金华市优秀班主任。

胡亚珍老师告诉记者，所谓的"表单跟踪"，是指每日在家使用电子产品情况表的填写，是复学后班里 44 个家庭的一份特殊作业，家长每天就孩子在家使用电子产品的情况进行登记。

为了了解孩子复学一周的学习、心理状态，为线上线下学习做衔接，根据学校要求，4月26日，五（9）班开了云家长会。在几项议程中，胡老师特别强调了一个主题：网瘾不断，后患无穷。她对家长和学生提出要求：孩子使用电子产品，须父母同意；电子产品由父母保管并设密码；孩子如需使用，禁关房门，使用完及时交还父母。

胡老师要求学生填写每日在家使用电子产品情况表。从4月26日开始填写以来，胡亚珍老师每天晚上都在后台盯着数据。"今晚，孩子使用电子产品的时间""今晚孩子使用电子产品的原因""孩子使用电子产品，是否经过家长同意""请对孩子今天在家的表现进行评分""对于孩子的不足之处，可留言告知"……通过这些题目的设置，她掌握着班里孩子近期在家使用电子产品的动态情况。

昨天胡亚珍老师告诉记者，从班级约定到集体实施，从数据反馈来看，在"五一"放假前整个班级使用电子产品的态势已经开始好转。她尤其提到梅女士的孩子，自云家长会开过后，孩子几乎没有摸过电子产品，"念想断得特别快"。

但是，在"五一"放假期间，她有点担心部分孩子又会回到复学前那个失控的状态。"除了是否经父母同意这组数据外，我特别关注孩子使用电子产品的时长是不是超过一个小时，还有使用电子产品的原因。目前从数据来看，假期里孩子们使用电子产品的情况并没有反弹。"胡老师说。

为何把"断念想"当成班里的大事来抓？
"云家访"访出一个普遍现象，内心产生了隐忧

胡亚珍老师说，把预防网瘾放在云家长会上专门提出，其实是复学前"云家访"带给她的震撼。

受新冠肺炎疫情影响，孩子们有了一个特殊的寒假。借着网上学习的机会，部分自律不足、家长监管不力的孩子渐渐产生了对手机、平板电脑等电子产品的依赖。玩游戏、看网络小说、追剧、刷抖音……不管平时成绩好的还是不太好的，多数孩子出现了过度使用电子产品的情况。胡老师在"云家访"时了解到一个普遍现象，一方面，孩子不当使用电子产品出现"井

喷现象"，另一方面，家长普遍出现焦虑，迫切希望得到老师的帮助。

在"云家访"前，班里已有家长通过短信、电话、微信留言等多种方式，向她反映孩子玩游戏、追剧等情况。梅女士就是在复工后因儿子使用电子产品失控求助的胡老师。胡老师当时给出的应对策略是，让她儿子就近到班里一个高度自律的孩子家一起学习，"学习结束回到家，基本上就该洗洗睡了，没时间来摸电脑、手机"。有的孩子家长管不住，又不能跟同学一起学习，胡老师干脆就自己盯着。她每天中午吃完饭，就微信视频联系孩子，让其在自己的手机镜头下学习。每天下午4个小时盯下来，孩子基本能保质保量完成学习任务。该交的作业都交了，孩子也就没有其他理由继续使用手机了。

胡亚珍老师在寒假接触过几个中学生网瘾的案例，看着身边的朋友因孩子染上网瘾而焦虑、痛苦，看着原本学习成绩优秀的孩子因网瘾影响了学业，甚至改变了人生轨迹，她深感网瘾的危害。她也做过一些努力，想把这些孩子拉回来，但很难很难。

"小学生对父母还有敬畏之心，现在管还来得及，一旦到了初、高中，网瘾越陷越深，想要拉回来就太难了。"正是这些亲眼看到、亲耳听到的事实，让胡亚珍老师的内心产生了隐忧，于是有了云家长会上关于断绝网瘾的主题。

"断念想"不是"不准用"，
用集体力量对抗沉迷是"摸着石头过河"

庞棋天妈妈应该是对班里孩子使用电子产品情况掌握得最清晰的家长，因为她每天要把孩子在家使用电子产品情况表中的"使用电子产品时长"和"家长打分"两项数据罗列出来单制表格。

"之前还有一些家长打3分、4分的，现在绝大多数是5分了，说明孩子使用电子产品的情况正在得到有效约束。"庞棋天妈妈说，每天盯数据、根据家长留言及时跟家长沟通，这些是非常细致且很费精力的工作，但胡老师做得很用心。如今，在她的主导下，家校正在形成合力，共同约束孩子，渐渐减少了复学后孩子对电子产品的依赖，同时引导他们合理使用电子产品。

据了解，跟踪一段时间后，胡亚珍老师将向班里家长打分较高、进步特别大的孩子颁奖，让榜样的力量带动班级朝着良好的方向发展。

当然，在"断念想"的进程中，对电子产品依赖较大的个别孩子确实出现了手机一拿掉情绪就焦躁的表现，但让她欣慰的是，这些孩子一方面跟老师、家长坦承"没得用、很难受"，另一方面又说自己会坚持。

"'是否经父母同意'这个问题，所有家长填的都是'是'。"胡亚珍老师特别高兴看到这组数据，因为这说明家校已经形成了紧密的配合，家长监管意识到位，孩子也能自觉遵守约定。

基于班里的实际情况实施的班级约定，胡亚珍老师说自己也是摸着石头过河。除了班集体的力量，这期间，家长和科任老师也成了这股家校合力中的重要力量。此外，针对个别学习基础薄弱、自律较弱的孩子，班里尝试实施"一对一"结对帮扶，学习、自律都比较好的小助手发挥了作用。

"断念想不是说完全不让孩子们用电子产品，这样做跟我们的时代发展相悖，也跟我们的一些课程要求相违。所以还得引导孩子们合理使用电子产品。未雨绸缪，在孩子还听得进话的时候，借助集体的力量，帮助个体对抗沉迷，或许是一个值得探索的方向，对中学生或许更有用。"胡老师说，在网络时代，电子产品不是洪水猛兽，老师、家长要引导孩子合理使用电子产品。在"五一"假期，五（9）班继续"断念想"，同时，孩子们被鼓励在网上看经典电影、打电子作文稿等，还可以跟同学聊聊天，以满足社交需求。

《金华晚报》记者　董金姣

2020 年 5 月 6 日

400

要做更好的自己

"偷偷告诉你，我的心愿是向她喜欢的男生看齐"

上周，网上一封出自一名小学生以"我想抓住爱情"为由写的换座位申请书火了。

"以前爱情于我是幻想，现在我想抓住它！"这名小学生想抓住爱情的样子，在网友看来是"超 Man"的。

"同意请打√""不同意请打×"，面对学生的这个特别申请，老师的做法被认为是温柔又可爱的：同意申请，先试坐一个月，下次考试 95 分的话，可以继续……

"想抓住爱情"的学生，我们身边也有，看看四（9）班的孩子是怎么写的吧——

"当你看见这封信时一定很奇怪，是谁给你寄的呢？就是我，那个和你度过了三年多时光的我；那个和你一起住院、看书、游戏的我；一个盼星星盼月亮般想见你但又不能如愿以偿的我……"

"我这么喜欢她，胡老师就安排我坐到她身边，跟她比赛。这个我喜欢的人，还在无形中督促我进步，因为我只有一回到家就写作业，才能保证我不输给她……偷偷告诉你，我的心愿就是向她喜欢的男生看齐，努力学习，超越他们！"

……　……

幸好的是，在四（9）班，孩子们遇到了温柔可爱且有智慧的胡老师，胡老师把他们安排坐一起只是小 case（小菜一碟），还专门为他们上了性教育课，鼓励他们大胆说出自己喜欢的人……此外，他们还有开明包容的家长用心呵护他们的"爱情"。

A. 小学生的"爱情"很奋勇——
喜欢你，就向你心目中的男生看齐

在"我想抓住爱情"前，网友还被一个小学生写的暗恋文章《第一次奋进》感动了。这篇文章末尾写道："如今我有了很大的改变，从一个阴暗绝望的人变成了一个憧憬未来的人。我不会忘记她，是她让我的心里有了光明。"

网友直呼：这爱情观也太正了吧！为小学生的爱情流泪了……然而，在我市湖海塘小学四（9）班，这样奋进的"爱情"也真实地萌动了。

"因为我们两个人从小一起长大，所以，人人都说我俩是青梅竹马，天生一对。既然别人这么说，那我肯定会喜欢她，也肯定希望她喜欢我。可是，事与愿违，她并不喜欢我……"

这是小睿（化名）同学在作文《童年的朋友》一文中表露的对班里女生——（化名）的喜欢。他的"心意"某一天被老师知道后，他就成了心仪女生的同桌。

——是班里不少男生喜欢的人，小阳（化名）在一次作文中这样写道："虽然你其貌不扬，但你温柔大方、善良正直，对待学习总是孜孜以求、一丝不苟，你的好品质深深地感动了我，于是我在一年前就慢慢喜欢上了你。可那节课上我知道了你并不欣赏我，你欣赏的人是小畅（化名）和小宇（化名）……这个消息如同晴天霹雳一般，使我的心非常悲痛，但我转念一想，他们两个人身上一定有过人之处，于是，我列举了他们的优点，一一对照，发现我还有一些不足。"

小睿和小阳得知自己并不是心仪女生欣赏的人后，都暗下决心要向她喜欢的人看齐，努力学习，争取超越他们。尤其是小阳，还一一列出了她喜欢的男生的优点。首先，小畅和小宇都是风趣幽默的人，他们时不时冒出来的冷笑话经常逗得同学们哈哈大笑。相比较而言，"我显得过于一本正经，没有情趣"。其次，小畅和小宇每次考试都数一数二，他算不上差，也算不上好。为了提高成绩，他决定更加认真听讲，课后多温习功课，加强阅读，提升各方面的能力。最后，他希望喜欢的女生能指出他的坏习惯并帮他改正，这样他会越来越向她心目中的男生靠近。

B. 老师的教育温柔有智慧——
孩子的朦胧情感显现，性教育迫在眉睫

孩子在不同的作文里提到了相同的情感：喜欢某人，要努力做更好的自己，向他（她）喜欢的人看齐。

其实，在写作文前，孩子们已经历了一次以情感为主题的性教育。今年10月，班主任胡亚珍跟孩子们探讨了这种懵懂的情感。

胡老师历来重视性教育，孩子们上一年级时，她就结合绘本给学生上过性教育课，二年级时，她购得北京师范大学出版社出版的性教育教材《珍爱生命》，就开始跟着教材有系统地给孩子们上性教育课。

日前，在探讨孩子对异性的情感问题时她说，一方面是教材使然，四年级的孩子已经显现出了朦胧情感，确实要学这方面的内容了，另一方面是有一位家长跟她反馈：儿子提到班里有自己喜欢的人了，而他到学校接孩子的时候，有的女生也会跟他说："叔叔，你知道××喜欢××吗？"

就在那次探讨活动中，小睿很大方地告诉老师和同学，他喜欢的女生是一一。当时全班哄堂大笑，小睿显得有点尴尬。胡老师随即对孩子们进行引导，希望帮助他们建立一个正确的概念：其实你们的喜欢更多的是一种欣赏，他（她）身上有某一方面的特质，或者说有优秀的地方让他（她）区别于别的同学，从而使他们在心理上产生了好感。

那节课之后，班里的孩子个个都能坦然地说出自己喜欢谁了，他们并不认为这是一件需要遮掩、难为情的事。在

后面的作文作业《写给某某的一封信》《童年的朋友》里，胡老师看到不少孩子写自己喜欢的人。"我一点不意外他们会这样写，他们的感情很纯真、朴实，跟成人的感情不一样。"胡老师说，孩子们要做更好的自己，她很喜欢。

胡老师是一名有着 20 多年教龄的教师，也是浙江省最美教师和智慧班主任。她说，时代在前进，学生对异性产生情感的时间也在不断提前。以前是五、六年级才开始，现在四年级就萌芽了，有的孩子完全模仿成人，写纸条、递情书，甚至还有肢体行为。出现这种现象的原因很多，如不健康的书本、电视电影电脑里成人化内容的播放等，使得孩子的"爱情"来得比以往要早一些。根据教学经验来看，一般小学生的"爱情"走不远，初一可能还会延续，初二以后几乎就没有了。即便如此，老师和家长也应该对孩子进行正确及时的引导，引导他们追求正确的友情，并让它带动孩子更好地学习和发展。否则，孩子们懵懂无知，一味效仿，老师和家长恐慌、谈性色变，我们的孩子就会无所适从。

如今在班里，孩子们说起谁喜欢谁很坦然，因为有喜欢的人，因为被喜欢，很多同学有了很大的进步：小睿成了一一的同桌后，进步更大了；因为被"嫌弃"不讲卫生，尽管成绩好却不被喜欢的某个"女汉子"也变得干净整洁了……班里孩子不仅能正确看待"爱情"，还能共同促进，胡老师说后者的收获是意外的。

C. 家长的态度有点开明——
欢迎孩子分享"我有喜欢的人"

孩子放学回来跟你说，我有喜欢的人了，你听了会紧张，还是不以为然呢？下面是部分家长的观点——

一一妈：孩子为什么会被男生喜欢？肯定有她的过人之处，再说，现在的喜欢又不同于早恋，仅仅是因为某一方面吸引对方，从而得到对方的好感。我喜欢女儿跟我分享她的点滴，我也会适时引导，我常常跟她说，让自己努力成为全班男孩子的女神，努力让自己变得越来越优秀。

有时我也会跟她分享我们懵懵懂懂的时候。我告诉她，我之所以会对那个男孩子有好感，纯粹是他的优点正好是我所缺少的。我也会问她喜欢班里哪个男孩子，为什么会喜欢，是不是因为她所缺少的或是不足的，刚好是那个男孩子所特有的。我告诉她，要想让他关注自己，自己必须努力，跟上他的步伐。

小阳妈：孩子们现在的喜欢和大人的喜欢是不一样的，我不觉得这是"早恋"，或者说是大人想象的那种感情。儿子跟我沟通，要写一封信给自己喜欢的女生，我觉得这是一件很好的事。我们会一起讨论，我也会说那要想一下，自己拿什么东西去吸引女生，让人家觉得你是优秀的。其实这个蛮关键的，要帮助他健康成长。

孩子第一次跟父母亲说自己喜欢某个女生或者喜欢跟哪个人交往的时候，我觉得我们应该给孩子一个比较正向的引导，让他们知道，其实这是一件美好的事情。千万不要让他觉得跟女生交往、喜欢谁是可怕的事情，然后在他心里留下不好的印象，或者说害怕去做这件事情。

怀远爸：孩子的情感世界纯真而美好，但也孕育着往后更为复杂的情感萌芽，因此面对孩子的情感萌芽，也许可以这样做：

首先，与孩子产生共鸣是进一步交流的前提。孩子如果表示喜欢某个男生或女生，一是他或她由衷欣赏对方的表现，二是孩子信任家长的表现。作为家长，我们应客观评价并充分肯定那个同学的优点，跟孩子产生共鸣。这样孩子才会愿意跟家长持续交流，而这是孩子和家长的福分。孩子上了初中，有了自己的朋友圈和个人情感小天地，和家长的交流却日益减少甚至枯竭，是绝大多数家长不愿意看到的。如果对孩子的这种倾诉不闻不问或严肃说教，都会扼杀这种交流。

其次，善于"稀释"孩子的某种情感可能性。家长要鼓励孩子多交朋友，多发现其他同学的优点，有时候我会给予儿子物质奖励。如孩子送某位女生回家，跟我说其实这个女生不错，我会不失时机地表扬他；孩子带另一个女生来家里一起做作业、吃晚饭，我会表示欢迎，并特意多买点菜。我想通过这些引导，"稀释"某一个孩子表示过好感的女生"过重"的分量，也让他感受到交友的乐趣。

再次，保持适当关注，家长可以给孩子提供更清新、更有正能量的家庭环境。家庭环境是孩子习得情感的重要场所和源头，影视剧、网络新闻以及家人茶余饭后的谈资，孩子无一不受影响。家长不宜在孩子面前追剧，尤其是偶像剧、言情剧。

《金华晚报》记者　董金姣

2018 年 12 月 25 日

"玩蛋行动"进行时

西红柿炒鸡蛋、黄瓜炒鸡蛋、蛋黄南瓜、茶叶蛋、蛋挞、牛奶鸡蛋瓜子饼……不要以为这些以鸡蛋为主要食材的美食是美食达人或厨师做出来的，在市区，有一个班的孩子每周都在做有关鸡蛋的美食，他们的创意颠覆了老师和家长的想象。这个班就是金华市湖海塘小学三（9）班，班主任胡亚珍老师从二年级开始就给孩子们布置了一个任务：每周进厨房一次，以鸡蛋为主要食材做一道菜，并取名"玩蛋行动"。

近日，"玩蛋行动"已接近尾声，一路陪着孩子们成长的家长被孩子们的劳动精神深深感染，有家长还专门写了一篇研究劳动内涵的文章，研究基础就是"玩蛋"模式。

"玩蛋行动"怎么来的？
孩子不能只会学习，还要会劳动

提到"玩蛋行动"，三（9）班的孩子们很兴奋，个个都会说出自己做过哪些有关鸡蛋的菜，家长也会在微信朋友圈里"晒娃""晒幸福"。如果某一天早上醒来，你发现餐桌上已经备好了早饭，而为你做早饭的竟然是你的孩子，你的内心是不是很感动、很幸福？这样温暖而幸福的场景，在该班孩子家里经常发生。

说起"玩蛋行动"的初衷，胡亚珍老师说是想培养孩子掌握劳动技能，懂得感恩家人的辛苦付出。其实，早在3年前孩子们刚踏入小学之际，她就有意给孩子们布置劳动任务。刚开始是引导孩子在家里给爸爸妈妈、爷爷奶奶、外公外婆等家人添饭、夹菜，然后学做一点简单的劳动，比如擦桌子、扫地、拖地、洗衣服等。进入二年级，孩子们已经有了一定的劳动意识，胡老师就要求孩子们进厨房，每周做一道跟鸡蛋有关的菜品。

"如果享受父母创造的幸福是孩子快乐的唯一源泉，而不是通过他的亲手劳动克服困难去获得快乐，那么他在家里就会是一个无情无义的人，而且长大以后也将是一个无情无义的人。在物质条件相对富足的当下，许多父母一门心思想着孩子只要学业成绩优秀就好了，往往忽视对孩子劳动能力的培养，甚至剥夺了孩子劳动的权利。等孩子真的学业有成，长大成人了，孩子已经习惯了衣来伸手、饭来张口的生活，父母又埋怨孩子连基本的家务活都干不了，对自己一点儿也不孝顺，就没有想过那是自己当初种下的因。"曾在一次采访中，胡老师提到自己在班里开展"玩蛋行动"的目的，其实，这也是她引导孩子培养劳动习惯过程中的一个实践环节。

老师"没招了"孩子自主创意：
一款鸡蛋炸鸡腿突破了家长想象

上周末，历时一年多的"玩蛋行动"进入一个全新环节——由老师布置菜谱到孩子自创菜谱。胡老师接连几天在微信朋友圈"晒娃"，点赞孩子们的创意。她说，主要是她已经黔驴技穷想不出更多有关鸡蛋的菜谱了，而班里44个孩子已经可以烧出二十几道有关鸡蛋的菜。

"小家伙们的厨艺太厉害了，关键是创意无限：蛋挞、鸡蛋南瓜馒头、莴苣鸡蛋、焦糖布丁……他们用实际行动证明——没有做不到，只有想不到。"老师不再布置菜谱，孩子们就完全自由发挥了，胡萝卜丝炒鸡蛋、白萝卜丁炒鸡蛋等各种菜谱都来了，孩子们创意无限，让她甘拜下风。

家长们也反馈了孩子自创菜谱的趣事。余若菲妈妈说，她家孩子在"自创玩蛋"的时候，冥思苦想了一道菜谱——鸡蛋炸鸡腿。当妈的从没有吃过这样的鸡腿，跟孩子一样充满期待。看着鸡腿慢慢炸成酷似肯得基的鸡腿时，孩子欣喜万分，迫不及待地尝了一口，兴奋得直喊：好吃。她也尝了一口，确实"超级好吃"。余妈妈感叹孩子创意的美食让她"想都想不到"。

家长研究"玩蛋行动":
笑称一手厨艺或是孩子日后的"追妹利器"

鸡蛋饼、蛋炒饭、紫菜蛋汤、洋葱炒鸡蛋……各种食物、菜肴不一而足。孩子的手和家长的手齐飞,无数鸡蛋共无数食材一色,精彩纷呈,令人垂涎。施怀远爸爸是"玩蛋行动"的"铁粉",他甚至以"玩蛋"为研究模式,专门写了一篇探究劳动内涵双重性的文章。胡老师在微信朋友圈称:"怀远爸爸总结得很到位,我只负责配图。"

施怀远爸爸在文章里写道,以胡老师为代表的新锐教师推出的以"玩蛋"文化为载体的劳动教育模式,是学生实践活动和学校德育活动的重要实现方式。这项活动开展至今,收到了非常好的教学效果和社会效果。这不仅是孩子们的劳动体验和劳动实践,也是家长们的亲子实践活动。孩子们至少收获了以下三方面的知识和素养:

一、五花八门的以鸡蛋为主要食材的各类主食或菜肴的制作方法,以及基本的厨房劳动技巧(打鸡蛋、洗菜、切菜、翻炒等)。劳动从娃娃抓起,这必将让孩子们受益匪浅,也说不定这一手厨艺以后就是孩子们的"追妹利器"或者"贤淑内涵"。

二、孩子们通过以"玩蛋"为切入点和主题的各种劳动,体验到了劳动的不易、劳动的充实和劳动的快乐,进而培养了他们热爱劳动、热爱生活、勤劳踏实的好品质。一个人优秀品质的养成,靠阅读和课堂学习是远远不够的(即便可以,也是不易真正固化于内心的),一定要靠实践。劳动就是这么一种非常有必要的实践活动。

三、感同身受的认识。孩子如果被大人宠溺于掌心,大人如果舍不得让孩子干这干那,孩子珍惜劳动果实、体谅他人的品质和情商势必很难培养。在"玩蛋行动"中,涌现出了诸多孩子们体贴家长、主动劳动的感人事例,甚至有的孩子已经能以一己之力,在没有大人在场的情况下做出一桌饭菜,这已经远远超出了"玩蛋行动"的范畴。

《金华晚报》记者 董金姣
2017 年 12 月 27 日

智慧班主任常挂嘴边的四句话

家长说，班主任的睿智可以让家长内心变得柔软。

前天晚上，记者看望了一位在一线教书的老教师，得知她当天为处理两个学生的磕碰事件而忙碌伤神。其实，她不是这个班的班主任，只是在协助年轻的班主任处理班级事务。

时间再往前推一天，有家长跟记者倾诉了孩子在学校跟同学玩耍时被另外一个同学摔倒而被吓到的事情。

孩子在学校读书，跟同学玩耍时，或上体育课、走台阶、跑步时，都有可能和同学因追赶、碰撞而受伤，或自己不小心摔倒受伤。

安全教育，毫无疑问，学校老师会天天讲，时时刻刻讲，但意外是不可预知的，如何第一时间处理伤情，跟家长做好沟通，把事情处理好，避免矛盾升级为家庭跟家庭的矛盾、家庭跟学校的矛盾呢？

记者前天看望的一位班主任刚刚完美地处理了一个突发状况。这位智慧班主任的经验，或许能给年轻班主任一些启发和借鉴。

学校老师的爱：
学校第一时间处理突发事件

这位智慧班主任就是金华市湖海塘小学五（9）班的胡亚珍老师。

上周四，胡老师临时接到一个任务，给学校低年级和工作年限未满6年的班主任就"如何做好家校沟通"做培训。

因为在她的引导下，她们班的孩子刚刚集体呈现了一个温暖有爱的真实故事。在她的朋友圈，本校、外校的老师、家长和朋友纷纷点赞、送花。

故事是这样的。11月11日，学生子睿在早训时因为走神，不小心踩空台阶而摔倒，额头立刻鲜血直流，在场的体育组老师一边向校领导汇报，一边拨打 120 急救电话，第一时间把孩子送到医院……

接到学校德育副校长詹丽娜的电话后，班主任胡老师也连忙请假赶往医院，出发前，她又打电话给子睿妈妈，并开车接她一起往医院赶。

当时是早高峰，等胡老师和子睿妈妈赶到医院时，子睿的伤口已经得到紧急处理，因为伤口比较深，清理后缝了 8 针。

温暖从胡老师接到子睿妈妈开始。在去医院的路上，子睿妈妈反倒说让学校、让老师操心了，给大家添麻烦了。到了医院后，目睹了詹副校长和 4 位体育老师对子睿的悉心照顾，子睿妈妈深受感动，并多次提出让老师们回去上课，她留下来陪孩子。

"子睿妈妈的理解和宽容，让我感动和钦佩。"当天晚上，胡老师把班里这件突发事件记录在微信朋友圈：

初步的感动还有其他三点：1. 受伤的子睿缝了针，瘦瘦弱弱的他比我想象中勇敢，自始至终没有叫过一声痛，也没流过一滴泪。2. 体育组 4 位老师和詹丽娜副校长第一时间护送孩子到中心医院，全程陪同，细致照顾，这期间吴志坚校长也多次打电话给予关心与问候，小马老师下班后又去看望子睿。做学生心中温暖的灯，我们一直努力践行着。3. 从医院回到学校后，孩子们见到我问的第一句话就是"子睿怎么样了"。晚上，孩子们利用电话、微信纷纷表达了对子睿的关心。小天和思蕴在妈妈的陪伴下，还登门探望了子睿。

胡老师记录这段文字的时候，心里想，麻药过后，伤口一定会隐隐作痛，但子睿的心里一定是暖暖的。记者看到，在微信评论区，全是感动、点赞和鲜花。

更多的感动在后面，不断有孩子去看望子睿，子睿的"女神"左如一还很认真地亲手为他炖了乌鸡汤。第二天，子睿回班级后，同学们一拥而上，全班掌声雷动。胡老师说，那个场面太热烈，局面不是她所能掌控的。这之后，学校领导和其他老师也陆陆续续来到班里看望子睿、拥抱子睿。

班级的爱：
班主任的四句话温暖了孩子，柔软了家长

"心疼肯定心疼，但是事情已经发生，多说也没有意义。我们 9 班的氛围一直很好，不论孩子跟孩子，还是家长跟家长……"子睿妈妈告诉记者，孩子受伤固然让家人心疼不已，但因此也收获了更多的爱，这也是十分难忘的。在她看来，这跟胡老师的引导分不开，那么多同学、老师来关心、看望子睿，家长没有理由不放下。"因为班主任的睿智，我们家长的心也变得柔软，处理事情也变得简单了。"

是怎样的智慧，可以让一个班的家长的内心变得如此柔软？胡老师告诉记者，作为班主任，在决定接手一年级的时候，就要有一个规划：要打造一个怎样的班集体，带着孩子们走向何方？这是值得好好思考的事情。

她说，在学校，孩子之间发生碰撞或打闹太正常不过，即使学校安全教育天天讲，安全措施做到位，但学生受伤的意外也难以避免。尤其是一、二年级，这类事情太高发。

她一直非常重视引导孩子做一个温暖有爱的人，不仅是 9 班，在她带往届学生时，她也一直把这 4 句话挂在嘴边：

1. 教室就是给学生犯错误的地方；

2. 不犯错误的小孩不叫小孩，是小孩都要犯错误；

3. 犯了错误要积极补救，越早越好，越迟越糟。

4. 你有犯错误的权利，也有改正的义务。

有了这样的引导，从一年级到四年级，班里几乎没有发生过让她费心的事情，即使出现一些事情，几乎打个电话就能沟通解决，直到出现了一次"好心办坏事"的事情。

同学 A 以为一个他喜欢的同学在和另外一个同学打架，上前劝架，却不小心抓伤了想帮助的同学。当时，A 吓坏了，以为自己闯祸了，躲了起来。后来被找到，情绪好转后，才接受老师的建议，晚上跟妈妈一起登门道歉。妈妈认为，孩子做错事必须承担责任。

让胡老师感动的类似事情还有一件。那次是"闯祸"一方的孩子和妈妈要主动去上门道歉，"受伤"一方的妈妈反而要"躲起来"，因为她觉得是自己孩子先做错事在先。

孩子上一秒在打闹，下一秒就可能玩到了一起。当同学之间出现碰撞等意外事件时，在意的往往是家长。胡亚珍说，这个时候班主任的作用非常关键，因此，她有以下两个原则：第一个原则是不激化矛盾。班主任首先要勇于担责，诚恳地跟家长表达歉意。事实证明，老师越诚恳，越容易得到家长的理解。第二个原则是加强家校沟通，以诚相待。人是情感动物，班主任全身心投入教育教学工作中，爱岗敬业，保持与家长的沟通交流，与家长真诚相待，在点滴事情中就会给家长潜移默化的影响，彼此之间有了良好的感情基础，处理突发事件自然会省力一些。

胡老师说，在处理防不胜防的"安全事件"时，对孩子，要加强教育；对学校，要及时汇报；对家长，要真诚沟通；对班级，要借机引导。把班级打造成温暖有爱的集体，胡老师还有一招：每当班里有同学生病或住院请假时，她都会跟全班孩子说，没来上学的孩子在家很孤单，我们要主动送上问候和祝福，让他们感受到集体的温暖，并且要求班委们率先垂范。这次子睿受伤，4 位正副班长在放学后第一时间问候了子睿，左如一和庞棋天同学在父母的陪伴下还登门探望了子睿。

对于班里的暖心事，胡亚珍老师一直保持着记录的习惯。这对于她来说，不仅是日常工作内容，更多的是一种无声的引导和正能量的传播。因为在她的朋友圈里除了家长，更多的是老师，尤其是班主任，她希望把好的做法传播得更远。

记者手记：

孩子在学校意外受伤，家长肯定心疼。但是，作为老师，他们的紧张和心疼不会比家长少。作为家长，你或许正在为孩子的"伤"或者"恐惧"而担心，但是诚如采访中一位老教师所说，家长要相信老师在处理这类问题时肯定会公平的，只是处理事情有个轻重缓急，紧急的事情紧急办，没来得及办的，请多一点耐心、多一点理解、多一点等待……

作为年轻的班主任，你或许正在为解决学生之间、家庭之间的矛盾而焦头烂额，希望上述智慧班主任的经验能让你产生共鸣。

《金华晚报》记者　董金姣

2019 年 12 月 4 日

我们会做 100 道菜

两个小时给爸妈烧了 17 道美食

"这么隆重，今天也太幸福了吧！"在孩子们列队欢迎家长入席时，家长们边进场边笑着说。一般来说，都是父母烧好饭菜等小孩子吃，你见过小孩子烧好饭菜请父母吃的吗？昨天 11 时 30 分许，在金华万景生态园就发生了感人的一幕：湖海塘小学六（9）班的孩子们鼓掌欢迎家长入场开席，他们刚刚忙碌了两个多小时，为父母烧了一桌饭菜。

两小时后每组孩子都烧好了两桌饭菜

昨天上午，六（9）班进行了一场特别的"劳动，让生活更有味"的厨艺汇报活动。全班 42 个孩子分成 6 组，每组 4 个灶台，在两个半小时内分工合作完成 17 道菜品的两桌菜：4 道凉菜、9 道热菜、1 个汤、2 道主食和 1 个水果拼盘。

8 时 30 分，活动准时开始。"谁帮我打开油？""谁帮我撕开一下盐袋？"除了活动刚开始极个别同学有点慌乱之外，多数孩子全程都在有条不紊、安安静静地做着自己的活，谁洗菜切菜、谁炒菜、谁制作水果拼盘，每个人都有明确的分工。陈俊钰同学就淡定地在土灶前烧了 3 个拿手菜。

据了解，"劳动最光荣"的理念在六（9）班已深入人心，"自己动手，丰衣足食"的劳动教育也是班级常态，大家都养成了爱劳动、善劳动的好习惯。在班主任胡亚珍老师的有意识培养下，孩子们自一年级开始就为家人盛饭夹菜，学做扫地、擦桌、洗碗、倒垃圾、叠被子等基础性劳动。随后他们尝试自己洗红领巾、洗袜子、洗内衣、收晾衣物等，难度系数逐渐上升。

从二年级开始，孩子们每周末都要参与"玩蛋行动"：从最简单的煮鸡蛋、蒸鸡蛋羹，到蛋炒饭、西红柿炒鸡蛋等，全班孩子围绕"鸡蛋"这一主材展开了一系列菜品和甜点的制作。仅这一年的"玩蛋行动"，孩子们就掌握了30多道菜的做法。从三年级开始至今，每个周末的下厨房做美食活动深得全班孩子的喜爱，他们已经能烧出100多道美食，独立制作包括荤菜、素菜、汤品在内的一桌子10多个菜都不在话下。

在昨天的活动现场，大人们还低估了孩子们的能力，因为孩子们提前半个小时就完成了所有菜品。令大人们欣喜的是，吃完饭后，孩子们还主动把锅碗盘都洗了，不仅清理了现场，还打包了剩饭剩菜。

现场拉了警戒线：家长临时被请出场

"二、三年级的时候，孩子们站在小板凳上烧菜，我们不放心，怕他们被油溅着。其实，孩子们能干得很。"有家长告诉记者，平时父母不在家，只要冰箱里有菜，孩子就能自己烧饭吃，有时候父母下班晚了，还能烧好饭菜等他们回来。孩子们的这些变化让他们很感慨。周子臻爸爸说，前两天他因为身体不太舒服，早上本来叫儿子去外面买早饭。没想到的是，孩子不仅给自己烧了早饭吃，还给他做了一碗水饺。

在这次活动中，家长、孩子和老师有一个共识：完全放手让孩子自己做，家长不准干预。记者在现场看到，在孩子的厨艺展示区和家长的休息区之间拉了一条红色警戒线。孩子们的活动区域，只能留下抽签抽到的负责烧火和拍照的家长。本次活动还设置了由各科任老师组成的评委，他们不仅要为孩子们做的美食打分，还有一个特别的任务——盯牢场内的家长，但凡提醒、指导或干涉孩子，该组就要被扣分。有意思的是，即便比赛规则明确了这一扣分标准，还是有在场的家长忍不住要"帮"孩子，迫使家委会不得不临时改变规则：把各组负责拍照的家长也请出场。

"土灶大家都不习惯，刚撕开的盐袋盐放多少也可能把握不准，但是没有关系，都该由孩子自己来体验。"有一位家委会成员说，"学习和烧菜其实也是相通的，班上烧菜好的孩子往往学习成绩也不差。"

看着自己的孩子在灶台前和同学们一起认真地忙碌着，一位妈妈忍不住眼睛红了。她说，去年以来，她家孩子进步特别明显，能力也提升了。如果自己以前早点舍得放手，她认为孩子应该会更好、更自信。

学习是为了更好地生活，而劳动能创造更好的生活。胡亚珍老师告诉记者，孩子的生活不只是学习，一周学习下来，能为自己、为家人烧顿饭，这就是真实而温暖的生活。学校一直倡导"五育并举"，从孩子烧的一道菜、一顿饭里，就能见到他们的德、智、体、美、劳的全面发展。

据介绍，孩子们即将迎来小学毕业，五一劳动节期间，他们将会统一着装、戴上厨师帽，再来一次正式的厨艺成果展示，向爸爸妈妈、向老师、向学校汇报。届时，从9班中途转出去的孩子也将"回家"，共同参与活动。

《金华晚报》记者　董金姣

学会烧 108 道菜：
两小时给爸妈烧了一大桌菜

这个班的孩子个个是大厨

在你眼里，一个十一二岁的孩子是什么样的？是周末忙着上兴趣班还是百无聊赖地宅在家？金华市湖海塘小学六（9）的孩子却个个是大厨。与其他同龄孩子不同，这个班的孩子们一有空闲时间便往厨房钻，从 2015 年 9 月至今，这群孩子已学会烧 108 道菜。

5 月 1 日，趁着阳光正好，孩子们动手给父母露了一手厨艺。说起来，这门"手艺"得益于他们从一年级就开始的一项家庭作业。

厨房初体验：
怕油飞溅用锅盖挡

"你还记不记得她第一次做的是什么菜？""记得，是煎鸡蛋。"面对记者的提问，左如一妈妈回忆起女儿第一次下厨房的场景时忍俊不禁："哪里是煎鸡蛋，简直就像是打仗一样，把厨房弄得乱七八糟。"

2015 年 9 月，湖海塘小学迎来首批学生。作为班主任的胡亚珍给新生布置了第一项家庭作业：坚持每天给父母盛饭。于是，在开学第一个月里，孩子们每天坚持给父母盛饭，坚持每天擦桌子扫地分担家务。在胡亚珍的微信朋友圈里，至今还保存着当时发的一条微信：比学习更重要的是品行，比成绩更重要的是习惯，我相信我可以更好地陪伴他们成长。

417

每天、每周、每月、每个寒暑假，胡亚珍都会给孩子们布置一项劳动作业。经过一年的锻炼，9班的孩子们在一年级就学会了擦桌子、倒垃圾、叠被子、洗菜、切菜等基本劳动技能。

从二年级开始，孩子们就参加了"小鱼当家"特色课程，从此走上了"学艺"之路。

"玩蛋行动"是孩子们每个周末必做的功课。从最简单的煮鸡蛋、水蒸蛋，到蛋炒饭、西红柿炒蛋等，孩子们围绕鸡蛋这一主材开展了一系列菜品、面点和甜品的制作活动。一开始，有家长认为，这项家庭作业并不重要，交给孩子们做纯属糊弄事儿。但是，接下来的情况却令所有家长感到震撼。

"一开始煎鸡蛋煎失败了，鸡蛋外面一圈都是焦的。"郑佳骏妈妈说，随着时间的推移，儿子对做菜的热情超出了家长的想象，"有时候作业没做，一回家就钻进厨房捣鼓做菜。""有时自己在厨房里钻研，玩得不亦乐乎。"何冉姝妈妈也说。

回想起第一次进厨房，叶昱希坦言当时最怕的是锅里飞溅的油。"当时害怕油溅起来，就用锅盖挡着，厨房也弄得很乱，菜烧完还要好好收拾厨房。"叶昱希的厨艺在一点点长进，成就感也在一点点增加。害怕油溅起来的还有陈俊钰，她父亲是厨师，陈俊钰从小就对做菜有兴趣，但真正轮到自己上场却慌了。"要戴袖套，烧的时候躲躲藏藏，就怕被油溅到。"陈俊钰爸爸回忆起女儿下厨房的初体验时说。

大厨初炼成：
一人完成一桌菜没问题

为了此次汇报展示，孩子们制订了总菜单：8道凉菜、10道素菜、6道荤菜、6道汤菜，还有一个水果拼盘。每个小组有6名成员，在规定的两个小时内完成一桌菜。面对有限的时间和没有家长的帮助，小厨师们个个信心十足，丝毫没有怯场。

"你这个水蒸蛋，要加水、加淀粉才好吃。""你那个鸡翅要解冻一下再切，不然太硬。"在比拼现场，李晗顾一边指挥着同组的小伙伴们，一边拿着刀在鸡翅上娴熟地处理着。"我们今天要做可乐鸡翅、红烧带鱼，还有其他的。""你们能做这么多？""对啊，一点问题都没有。"面对记者的提问，李晗顾颇为自信。

同样充满自信的还有班里的"学霸"王晨宇，他拿着小圆勺认真地挖西瓜，认真地摆盘。"看了孩子们摆盘，顿时觉得酒店里摆盘也不过如此。"一旁的志愿者家长拿出手机拍照留念。除了西瓜，王晨宇告诉记者，平常在家还喜欢给火龙果、橙子、哈密瓜等做造型。

在活动现场，由三个小姑娘组成的面点组十分受欢迎。得知要举办比赛，已转学的池雨馨、高毓淇、郑意特意赶回金华。为了做好面点，郑意还虚心请教了饭店的面点师傅。红糖馒头、花卷、五彩馒头、造型馒头……在三个小姑娘的手里，面团出奇地"听话"。

从三年级开始，九班的孩子们就开启了厨艺进阶之旅。在一次次尝试中，无论是洗菜切菜还是点火上锅，无论是大火爆炒还是小火慢炖，孩子们都驾轻就熟，不在话下。从凉菜到煲汤，从冷饮到甜品，从家常菜到地方菜，在学习美食制作的过程中，他们兴趣盎然，乐此不疲。

"学会做饭后，我感觉自己的自理能力更强了，爸妈不在家也不慌，能自己解决一日三餐。"掌握了烧菜做饭技能，唐英豪很有成就感。叶昱希也表示学会做菜后有自豪感。"做饭过程是快乐的，听到爸妈的夸奖，内心是自豪的。"陈俊钰说。

回归生活：
在坚持中提高自理能力

看似简单的烧菜做饭，九班孩子坚持了整个小学时光。在这个过程中，成长的不仅是孩子们。有家长一开始对孩子们学烧菜做饭持怀疑态度，说"别把家里烧起来就行"，也有家长缺乏耐心，觉得孩子动作稍慢，就想直接上去帮忙。后来，慢慢地，他们愿意拿出更多的耐心去等待了。

"我们是北方人，听到做乌饭的作业后懵了，因为不知道乌饭是什么，只能一边打电话求助朋友，一边上网查资料。"何冉姝妈妈回忆起女儿的做饭时光颇为感慨，"这几年和女儿一起成长，看着女儿一点点成熟，动手能力也越来越强。"

让唐祎璠妈妈感动的是孩子在学做饭过程中学会了感恩。"有一次我身体不舒服，女儿让我多休息，她来做饭、做家务，当时心里很温暖，觉得孩子长大了。"采访期间，记者发现，动手能力强、责任意识强、对父母有感恩之心是所有九班家长对孩子们的评价。六年来，有的家长在孩子的带领下逐渐学会了做饭，有的家长感受到了孩子的爱，有的家长对孩子越来越放得开了。

在胡亚珍老师看来，爱劳动的孩子也是热爱生活的孩子。谈及为何能把劳动教育坚持六年，胡亚珍说，从精神层面而言，可以缓解学生的学习压力，培养学生的爱好与审美情趣；从生活能力而言，做菜无疑提高了学生的动手能力、自理能力，使他们学到了今后独立生活的基本技能；从亲子关系层面而言，做菜增进了亲子之间的互动交流，对家庭教育是一种有益的探索。

"劳动教育是学生成长的必经之路，我们希望给孩子们种下一颗爱劳动的种子，教育他们从小热爱劳动、热爱创造，通过劳动和创造播种希望、收获果实，也通过劳动和创造磨炼意志、提高自己。"胡亚珍说。

如今，九班的孩子即将小学毕业，"劳动最光荣""只有劳动才有收获"等价值观已深深刻在孩子脑海中，伴随着他们成长。

2021 年 5 月 7 日，《金华日报》记者吴璇

姐姐的烦恼，老师一次谈话解决

樱花树下，一对姐妹突然打起架来，妹妹打不过姐姐，也争不过姐姐，气得歇斯底里地哭着对妈妈说"要切了姐姐"，妈妈听了又好气又好笑。而这种分分钟就有的姐妹掐架是他们家的日常，每到这个时候，这个妈妈就特别头大、烦躁。

这是清明假期，记者在金华国际友城公园见到的一幕。作为二孩家庭中的母亲，你是否也常常为两个孩子的争吵打闹而烦躁？可你知道吗？手足间小摩擦多了，孩子内心也会积累出困惑和痛苦。

小茜（化名）是金华市的一名六年级学生，她就有一个"妹妹带来的烦恼"。不过，在一次跟老师谈话后，她不但没了这个烦恼，反而觉得妹妹越来越可爱了。

一个月前的求助

自从家里有了妹妹，小茜就至少多了两个烦恼：一个是爸爸妈妈的偏心。她和妹妹如果发生争执，爸爸妈妈总是认为，姐姐应该迁就着点妹妹。一个是妹妹的干扰。她想静下心来学习，可妹妹会时不时来敲门，或在她写作业的时候，把她的书翻乱。

这些烦恼，小茜曾用自己的方式向爸爸妈妈提过抗议，希望他们公平对待她和妹妹，也希望他们能管好妹妹。但是，爸爸妈妈似乎并没有在意她的诉求，或者没有想到好的办法来解决这个问题，使得这样的状况一直在她的家里存在。

3月8日，小茜主动约了班主任，把心里的烦恼一股脑儿地说给老师听。说到委屈、伤心处，她的眼泪大颗大颗往下掉。老师听了格外心疼，不断地点头，鼓励孩子继续说，还递给她纸巾擦拭眼泪。

一个月来的变化

向老师倾诉后，小茜得到了老师的理解、引导和建议。她慢慢学会反思，用心感受妹妹的好，并把自己的实践体会，用"悄悄话"的形式反馈给老师。

"老师，我要感谢您。您是否还记得那天的谈话内容？我还记得，并且把您说的一句话刻在了心田：一定要全面地观察一个人，不能只记住缺点或者优点。我今天就做到了。妹妹来打扰我的时候，我没有像以前那样恼火，而是心平气和地跟她讲道理，她也就走开了。这使我明白：原来只要我心平气和，妹妹也是十分听话的。我相信这样的好现象会一直持续下去。"

"我所有的作业在晚饭前就完成了，妈妈同意我和妹妹玩一会儿。妹妹想了想说：'要不我们玩捉迷藏吧？''好。'我点点头答应了。游戏开始了，整个屋子里都是我们的笑声，我们玩了一轮又一轮。虽然这个游戏很无聊，但是和妹妹在一起的时光十分快乐。而且，我发现妹妹越来越可爱了。"

"今天，我正在房间里背书，妹妹突然端着一碗切好的苹果走了进来。我心想：难道她又要来炫耀了？令我意想不到的是，她竟然说：'姐姐，你吃点苹果吧！'看着她满脸的笑容，我的心中十分高兴。老师，在此，我要对您说声'谢谢'，是那次谈话，让我改变那么大。"

老师做了什么，让孩子变化那么大

金华市湖海塘小学六（9）班班主任胡亚珍就是小茜要感谢的老师。最近不少人看了一部名叫《我的姐姐》的电影。这部据称"虐"哭了上亿人的电影，从某种程度上来说，揭露了"二孩家庭"的一些真相。有人说，长幼之间的矛盾，错往往不在孩子，而在于他们平时被对待的方式。心理治疗师苏珊曾说过，明智、成熟的父母会考虑家庭中每位成员的感受和需求。作为一名智慧班主任，胡亚珍从老师的视角帮助孩子化解困惑，收获了成长。她打开小茜的心门，引导小茜的过程，或许对不少老师以及"二孩"

家长会有启发。

一、做一名倾听者

孩子主动来找她胡老师说心里话，胡老师向孩子表达了对她信任的感谢，称"这是一件很荣幸的事情"。她和小茜分享了椪柑，小茜静静地说，她静静地听，看到小茜流眼泪，她及时表达对孩子心里有委屈的理解，递纸巾，注视孩子，握着孩子的手，不断点头，鼓励孩子说出烦恼。"现在都说出来了，心里是不是稍微好受一点了？"她告诉小茜，"下次有难处、有心事不藏着掖着，只要你愿意，都可以来找胡老师倾诉。"

二、要帮助澄清感受、给予分析

胡老师认为，孩子倾诉烦恼只是第一步，老师光倾听还解决不了问题，还要结合孩子及其家庭的实际情况给予分析。小茜提到不少爸爸妈妈和妹妹不好的地方，这些来自她的认知可以理解，但需要引导。事实上，通过她开学前对小茜家的家访，了解到小茜的父母非常朴实，为了给孩子们创造好的成长条件，非常努力地在打拼。而小茜的妹妹非常可爱，懂礼貌、大方。胡老师跟小茜交流了她对小茜家人的印象和看法后，展开了引导："我想问你一个问题：你觉得这个世界上有没有完美的人？有没有一无是处、全身缺点的人？你妹妹和你的父母是没有优点的人，你觉得这可能吗？"小茜听了摇摇头，开始有点不好意思。

"你能说说他们的优点吗？尤其是对待你的时候，不着急，慢慢想。你自己有没有缺点呢？他们有没有表扬过你，夸奖过你呢？"小茜说，其实她写作业的时候，爸爸也会带妹妹下楼玩，妈妈也跟妹妹说过"不要吵姐姐"之类的话。她很快意识到，其实自己脾气有点大，跟妹妹说话的声音也大，会引发妹妹和妈妈的情绪反应。

三、建议孩子根据问题找应对办法

妹妹没出生前，父母的爱都给了姐姐。有了妹妹后，姐姐可能认为爸爸妈妈分了50%的爱给妹妹，但妹妹喜欢姐姐才会当姐姐的小尾巴，妹妹对姐姐是100%的爱。有了妹妹后，原来自己获得的爱更多了，小茜忽然意识到这一点后笑了。针对小茜对妹妹最大的不满（她写作业时，妹妹来找她玩），胡老师引导小茜想应对办法：1. 改变跟妹妹说话的态度；2. 与妹妹约定时间，并请爸爸带妹妹出去玩。此后，胡老师跟她的父母也做了沟通。

四、有准备的教育谈话，帮你走进孩子的内心

4月1日，湖海塘小学开展了"有准备的成长、有方向的远航"班主任

工作坊研讨活动。小茜的真实案例就来自胡亚珍老师跟学校五、六年级班主任的分享。在一页"做有准备的成长导师谈话记录表"上，她记录了小茜3月8日找她谈话的情况。

这学期，胡亚珍老师改变了和学生谈话的方法，她鼓励学生主动找老师谈话。这样的好处很多：学生是主角，教师是配角，有利于消除被老师约谈导致的焦虑感、恐惧感；学生掌握主动权，充分体现了师生之间的平等，教师不再居高临下，真正做到了以生为本，为学生服务；学生的问题只有学生自己知道，学生找老师谈话，有利于教师更好地发现、引导与帮助，让学生的心理问题消灭在萌芽状态。

金华市心理健康教育指导中心办公室主任赵晶老师全程参与了研讨。他说，跟孩子谈话，建议老师们把握三个方向：每个孩子都有想把事情做好的动机，解决问题要拿方案，找到积极正向的谈话时机。

专业引领蓄能量，教育谈话助成长。胡老师表示，语言是沟通的桥梁，行动是教育的载体，良好的师生谈话是走进学生内心的重要方式。希望大家在班主任工作坊的带动下，发挥团队智慧，做好有准备的教育谈话工作，投身实践，提升师生谈话效能，让班级更加和谐，让师生更加有爱。

2021 年 4 月 8 日《金华晚报》记者　董金姣

后 记

　　2021 年在许多人的眼里可能是平淡无奇的一年，于我而言，却是意义非凡的。

　　1996 年，我从衢州师范学校毕业，进入衢州市巨化集团公司总校下属的巨化第一小学工作，2009 年调入金华市东苑小学，2015 年又来到了金华市湖海塘小学任教。不知不觉中，我已经在三尺讲台上度过 25 个春秋了。

　　25 年里，我一直从事语文教学工作，并承担着班主任工作，先后带过五届学生。今年，我在巨化一小带的最后一届学生——2005 级 2 班的学生大学本科毕业；东苑小学的 2009 级 5 班的学生高中毕业，不久之后，他们就要步入大学的校园；湖海塘小学的 2015 级 9 班的孩子们则即将迎来中学时代。所以，选择在今年出版我的个人专著，对过往的 25 年从教经历做一个回顾与整理，的确非常有必要，也是特别有意义的。

　　王尔德在《巨人的花园》里说："有孩子的地方才有春天。"25 年里，我天天和孩子们在一起，真切地感悟到了这句话所蕴含的深意。小学生单纯天真，他们对老师爱得热烈，爱得直白。陪伴他们成长的过程中，固然有苦有泪，但收获更多的是快乐。目睹他们的喜怒哀乐，聆听他们的欢声笑语，看着他们从懵懂无知的淘气包成长为意气风发的翩翩少年，这种成就感是任何一种职业都难以企及的。每每翻阅一届又一届学生、家长写给我的书信、文章，在字里行间感受着他们给予我的爱与感恩，我都会为自己感到骄傲。学生的童年，因为遇到我而充满快乐；我的人生，因为拥有学生而幸福满满！

　　对于出版这本书，我是犹豫而忐忑的。虽然工作后因热爱而写，且笔耕不辍，坚持记录日常的教育点滴已达上百万字，但这些文章大多是随性而写，随感而发，没有体系，所以一直没有下定决心将它们整理出版。衷心感谢浙江省教育学会德育分会和实验学校分会的老会长王炳仁教授、浙江省德育特级教师谢玲玲和浙江省数学特级教师吴志坚的鼓励与支持，衷心感谢我历届的学生和家长们，还有所有关心我、期待我出书的教育界朋友，你们给予的力量让我的梦想成真。

　　感谢大家！